Österreichische Aquarellisten der Gegenwart

Österreichische Aquarellisten

der Gegenwart

herausgegeben von:
Gottfried Layr
Kurt Panzenberger

mit Beiträgen von:
Angelica Bäumer
Axel Corti
Wolfgang Grüner
Georg W. Hirtz

mit einem Text und einem Aquarell von:
Wolfgang Bauer

Verlag Wilhelm Maudrich Wien – München – Bern

Umschlagentwurf, Grafische Gestaltung:
Kurt Panzenberger
Lay-out Beratung: Gerhart Baresch
Dias: Günter Schön, Wien
Reproduktionen: Atelier Laut, Wien
Filmsatz und Offsetdruck: Ferdinand Berger
& Söhne Gesellschaft m. b. H., 3580 Horn,
Wiener Straße 21–23
Gesetzt aus Helvetica leicht
Papier: Magnomat 135
Printed in Austria
ISBN 385 175 378 X

Inhalt

Diese Seite darf nicht leer bleiben

und muß daher mit einem erläuternden Vorwort gefüllt werden. Den Impuls zum vorliegenden Buchversuch setzten die immer wieder von Galeriebesuchern und Wasserfarbensüchtigen aller Art gestellte Fragen: „Welchen Stellenwert hat das Aquarell hierzulande?" und „Welche Aquarellisten gibt's denn so . . .?" Der Wissensdurstige eilt in Galerien, durchwühlt Buchhandlungen und findet: Prachtbände, meist umfangreich, auch an Gewicht, im Bett nicht lesbar. Mit Aufarbeitung der Vergangenheit, mit Fragwürdigem für die Gegenwart *„zurechtgeschnitzelt, wenn es so für manches und mancherlei dafürsteht".*[1]

Oder: Monografien kürzlich verstorbener „großer Söhne unserer Heimat", als Alibi-Dank für den Ärger zu Lebzeiten mit eben diesen Heimatbewohnern, den wenigen Freunden gewidmet. Und schließlich: Alternativ und „chic provokant" gestaltete Broschüren, die sich durch spröde und allzu kopfschwere Aufmachung scheinbar absichtlich den Zugang zu einer breiteren Leserschaft versperren.

Unsere bescheiden „dilletierende" Antwort soll weder vollständige Enzyklopädie, noch analytisch selektierte Auswahl sein. Das wäre doch, bitteschön, Aufgabe öffentlicher Stellen in Zusammenarbeit mit den Hütern von Sammlungen moderner Kunst in den einzelnen Bundesländern, den brillanten Kunstköpfen und professionellen Kritikern, die ihr sensibles Kennerauge auf unsere Kunstlandschaft und ihren sonst warnend erhobenen Zeigefinger fühlend an den Puls der „Szene" legen. Sie könnten und sollten mit den Medien – Gespräche mit den Künstlern im Rundfunk, Filme über ihre Arbeit im Fernsehen und Wanderausstellungen – und letztlich in Buchform alle 5–10 Jahre einen fundierten Überblick über herausragende Leistungen der österreichischen bildenden Kunst geben. Doch: Wer zahlt's, wer will's und wer macht's?

Zurück zu unserem Buchtitel, der auch falsch ausgelegt werden könnte. Denn nicht alle Maler, die in unserem *„bunten Hund"*[2] auftauchen, sind Aquarellisten *„reinsten Wassers"*[3]. Wie man sieht, leisten manche Künstler im Aquarell Hervorragendes, auch wenn ihr Hauptmetier sozusagen in anderen Techniken liegt.

Die Einteilung in Kapitel wurde, um die Vielfalt zu ordnen, in Zusammenarbeit mit Angelica Bäumer getroffen und soll keinen Hinweis auf bevorzugte Themen in der Arbeit der betreffenden Künstler darstellen.

Es sei nicht verschwiegen, daß uns einige sehr namhafte Meister des Wasserfarbenpinsels ihre Mitarbeit trotz unserer Einladung versagt haben. Vielleicht aus Angst, in ein schlecht gestaltetes Buch zu gelangen, was durch unsere unberühmte Herausgebernamen verständlich erscheint. Umsomehr möchten wir uns bei allen Künstlern, Verlagen und Galerien, die sich an unserem Projekt beteiligt haben, für ihr Vertrauen und ihre Mitarbeit herzlich bedanken.

Setzen Sie sich an unser Bilderbuch *„wie zu einem guten Essen"*[4] und verdauen Sie gut. Sollte das durch zuviel „Aqua" nicht möglich sein, trinken Sie ruhig Wein nach. Vielleicht malt einmal jemand „Vinorelle".

Für die Herausgeber:
Kurt Panzenberger

[1] Otto Breicha
[2] Gerald Brettschuh
[3] Walter Koschatzky
[4] Gerald Brettschuh

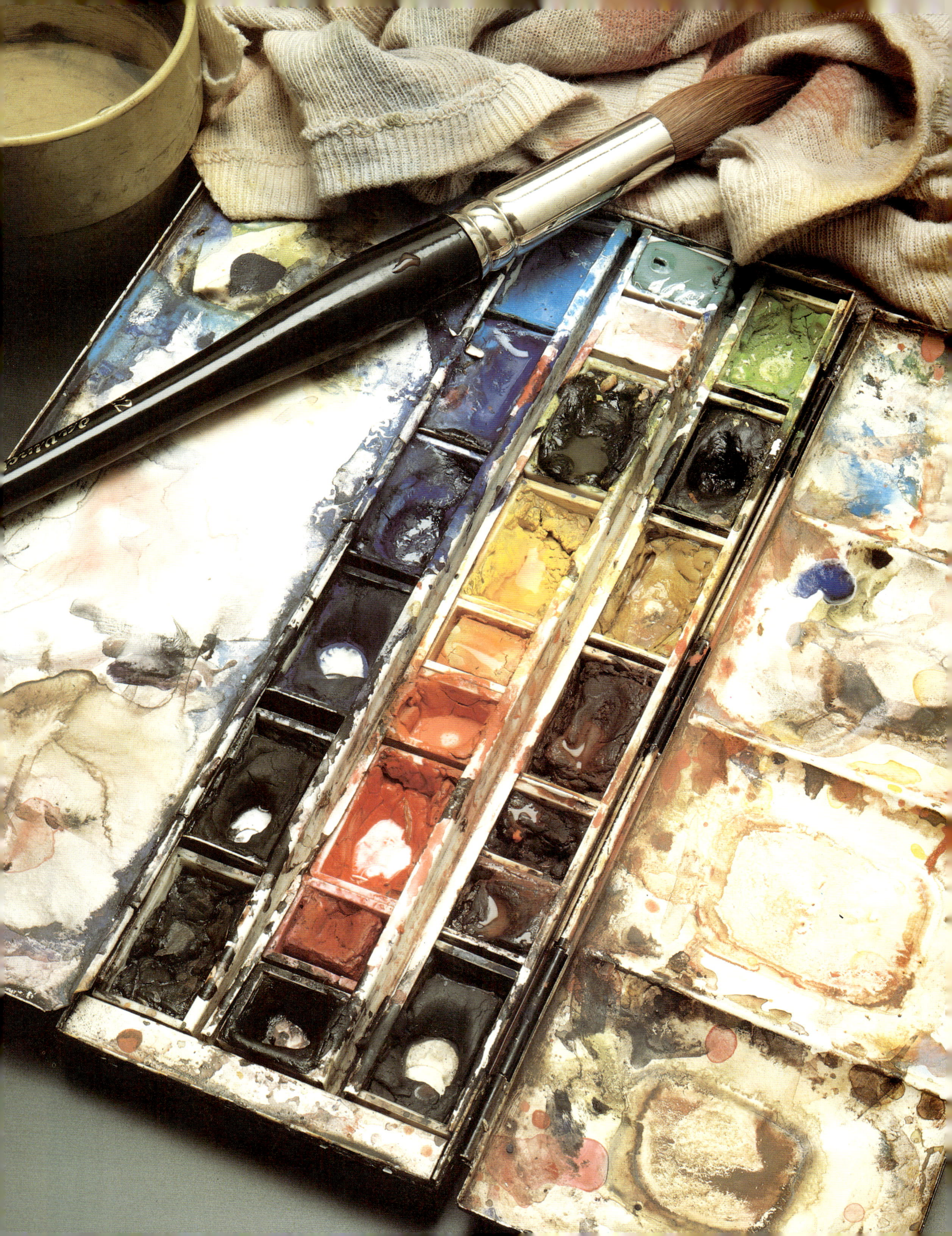

Axel Corti

Alleinsein dürfen. Mit Wasserfarben.

Endlich sitze er dann vor seinem Tisch, kann der alte Mann manchmal erzählen, blicke zum Fenster hinaus, über'n Nußbaum weg hinunter auf die Straße, die da weit unten an der Tankstelle vorbeigeht und sich den regenschwallernden Reifen der Lastautomobile hinhält, blicke hinüber zu der kleinen Kirche, die aus den nassen Birnbäumen aufragt und eben ein neues Dach bekommen hat, unter dessen Rechnungen das Dorf stöhnt. Und dann sehe er seine weißen Blätter an, die auf einem kleinen Stapel lägen, bestes, ein wenig saugfähiges Papier (aber manchmal auch nur eine Art festeres Packpapier, das komme darauf an) sehe dieses Papier an, das da so geduldig warte. Und . . .

Und der Malkasten. Die einfachen Aquarellfarben. Den habe er schon elf Jahre, ein paarmal seien Zinnober oder Preußischblau zu ergänzen gewesen, Grün und Erdbraun noch nie, die hielten länger vor. Und da sehe man doch, wie selten er die Erde male, und wieviel mehr ihm offenbar an Himmel und Feuer gelegen sei. Und auch an der Sonne oder an Dotterblumen. Denn auch an Gelb herrsche zuweilen Mangel, selbst Zitronengelb gehe gerne zur Neige.

„Aber mit Zitronengelb", sagt der alte Mann hinter all seinen Türen und hoch überm Nußbaum und über der birnenumlagerten Kirche, „mit Zitronengelb kannst du halt immer noch etwas retten". „Wie denn? Sag doch! Bitte!" „Ganz einfach: du mischst es zu einem unentschlossenen Blau oder einem faden, spinatigen Grün – und plötzlich ist da die Sonne drin oder doch wenigstens ein Licht, so eine Art Reflex. Aber wie beginnen? Wie ein erstes Blau ansetzen, wie hell ist es zu mischen? Darf da schon Weiß dazu? Ist Grau vonnöten?

Und was ist denn GRAU? Nur ein dünnes, schwachblütiges Schwarz? Oder nicht vielleicht doch eher . . .?" Das sind so die Fragen, die der alte Mann stellen zu müssen glaubt, die er sich abverlangt, an denen er sich nicht vorbeischmiert.

„Ein Schreiber muß einem Maler immer in der Schilderung körperlicher Gegenstände unterliegen. Und gerade so geht's dem Maler im Gegenteil mit Handlungen." Das habe er einmal bei Wilhelm Heinse gelesen und dann vor lauter Schreck und Erkenntnis ein halbes Jahr den Farbenkasten nicht aufgeklappt. Damals sei das Weiß ganz eingetrocknet, eben dieses Weiß, das er so gerne an den Rand seiner Blaus, seiner Gelbs setze. Selbst dem Orange könne man nicht nur mit Zinnober neue Bekenntnisse entlocken, sondern auch mit Weiß. Eben dieses just eingetrocknete Weiß könne dem vom Malkastenfabrikanten vorgemischten Orange neue Lichter abverlangen. Könne es zu zarteren Bemerkungen veranlassen. Denn das Orange habe das Vorlaute in sich und wenn es einem ausrutsche, könne Orange alles verderben, was bis dahin auf's Blatt geflossen sei.

Da brauche er dann bald keine Türen, sagt der alte Mann, um in die Ruhe zu geraten. Die Farbe sei ein Mittel, um direkten Einfluß auf die Seele auszuüben. Das sagt er auch. Und taucht den Pinsel in sein Wassertöpfchen und ist wieder einmal am Anfang.

„Kandinsky soll das gesagt, a u c h gesagt haben? Das mit der Seele. Das mag schon sein, das war ein kluger Mann, der Kandinsky, und hat trotzdem s o malen können, so neu und so herrlich unberechenbar jedesmal. Und hat dabei auch noch so kluge Sachen formulieren können, was ich nie möchte und was ich nur bewundernd lese. Oder mir erzählen lasse von meinen gelehrten Freunden, die alle Bücher „über" gelesen haben und nach immer neuen Ausschau halten. «Warm nennt der Maler alle Farbtöne, die sich dem Gelben, dem Feurigen nähern. Gelb klingt wie in die Höhe gebrachter Fanfarenton. Kalt sind die Töne, die zum Blauen neigen, zum kühlen Blauen.» „Sagt er auch, der Kandinsky. Und natürlich ist kalt, was zum Kühlen neigt. Da ist er nicht so besonders schlau. Aber das mit der gelben Fanfare, das mit der Feuernähe . . . da weiß er, wovon er spricht. Das ist zu empfinden. Das geht mir bei allen Anfängen so, immer schiele ich nach den aufgebrauchten Gelbtiegeln, möchte da erst einmal hinein, da feuchten und vorbereiten und wässernd anrühren, aber das geht doch nicht jedesmal!"

Überhaupt der Anfang:

Wasser. Und die Pinsel. Dachshaar, Marderhaar, welchem Tier zupfen sie noch die Schwanzhaare oder die Rückgratwolle aus, damit ich hier meinem Krapplack so naß zu Leibe rücken darf? Farbe und Wasser. Kleine Tümpel verdünnten Gelbs, gemischten Brauns, Grün und Hellgrün und Schwarzblaugrün. Und noch das Grün, das nur die Buchen im Mai haben, noch ein Grün, dem will ich keinen Namen geben, das muß ich jetzt festhalten und auftragen, da darf keine Zeit verloren gehen, denn da wartet auch noch ein Pfützchen Blau (preußisch!) mit Indigo verfließend, da entsteht eine Kraft, da dominiert etwas, da muß ich entschlossen hinein, da muß ich mich mitbewegen, das Wasser darf nicht auftrocknen, bevor dieses Blau mit meinem Grün eine abgegrenzte Gemeinschaft eingegangen ist. Bevor die sich nicht aufeinander eingelassen haben, darf nichts eintrocknen, denn das gibt böse Verwirrungen, eingetrocknete Zuneigungen.

„Aber was will ich denn?" fragt sich der alte Mann. „Was soll es denn werden? Wieder ein Stuhl – oder zum erstenmal ein Stuhl in der Ecke eines gelben Zimmers? Oder die Kinder mit ihren Lampions und als Chinesen verkleidet, winters gemalt in den sommerlichen Garten hinein? Was erwartet sich denn dieses wieder bevorzugte Gelb als Inhalt?"

Er malt, was er sieht und woran er sich beim Sehen erinnert. Manchmal malt er beides zugleich, beides ineinander. Erblicktes und Erinnertes in Einem. Erinnert sich an die Gegenwart und malt sie. Sieht die Vergangenheit, sieht sie an, sieht hin, sieht ihr zu, vergangen wie sie ist. Und da ist sie dann nicht mehr ganz vergangen, weil er sie malt! Mit dem Pinsel notiert und mit Indischgrün. Jedesmal ein neues Erlebnis.

In die Bilder versteckt: Begebenheiten und Phantasien, Erlebtes und Erfundenes. Er scheint immer noch mehr zu sehen als gemalt ist, etwas Geheimnisvolles, das sich noch verbirgt. Das nur er selber empfindet und sieht, als sei er eben im Begriff, es noch einmal aufs leere, weiße, lauernde, geduldig abwartende Papier zu malen.

Der Mensch sitzt und läßt die Farben ineinanderfließen. Sich zueinander begeben. Aufeinander einstellen. Wasser. Farben. Wasserfarben.

Eine neue Wirklichkeit.

Georg W. Hirtz

Weisheiten müssen nicht laut verkündet werden,

Kurt Moldovan
Wiener Reichsbrücke
1965, 47 × 32 cm

echte Schönheit ist immer still, Qualität kommt auf leisen Sohlen. Goyen baut Häuser aus Hauch, Moldovan Bildwirklichkeiten aus Wasser. Landschaft, Raum, Licht und Luft, Frohsinn und Melancholie aus Wasser und ein wenig Farbe.

Er war ein Wissender und kannte die lautstarken Galoppaden der Zeitgenossenschaft und die verbindlichen Glanzlichter der Avant-Bourgeoisie. Es war kein Geheimnis, daß die riskantesten Techniken des Bildnerischen, die Zeichnung und das Aquarell, an minderer Stelle stehen. So war er Zeichner und Aquarellist.

Die Gegenständlichkeiten sind wie Zeichen gemeint, zu deren Deutung der Maler den Betrachter auf eine Weise ermuntert, die Zuwendung, Eingang und Aufnahme mit allen Sinnen verlangt. Meist bemühte sich Moldovan durch das Vermeiden von Übermalungen die Intransparenz der Gouache-Technik zu vermeiden. Das Atmosphärische, das Atmen der Farbe sollte größeren Raum auch für die Sicht des Betrachters schaffen, dessen Schau, wie er immer sagte, das Werk erst vollendet. Bilder aus Wasser und Licht. Bild aus Hauch.

Das reine Aquarell beschränkt sich auf seine Mittel – Fläche, Form und Farbe – versucht nicht durch illusionäre Realismen die Deutung der Bildwirklichkeit durch Zitate des vorgeblich Natürlichen in die Gefühlswelten der Alltage zu transponieren.

Der meisterliche Umgang mit der unbearbeiteten Fläche, dem weißen Loch des Bildes, schafft imaginäre Dimension, Tür für weitere Wirklichkeiten, Spiegelung.

Konsequent und gleichwohl immer zum Lachen bereit, vermied Moldovan sowohl formale, inhaltsorientierte und ästhetische Ideologien, die ihm immer als im Dienst höchst zweifelhafter Anliegen schienen. Das Risiko seiner Techniken war ihm voll bewußt und er trieb keinen künstlerischen Handel zwecks besserer Sicherung. Er sagte: *„Ein einziger Fehler zerstört das ganze Blatt, denn im Aquarell gibt es keine Korrektur.*

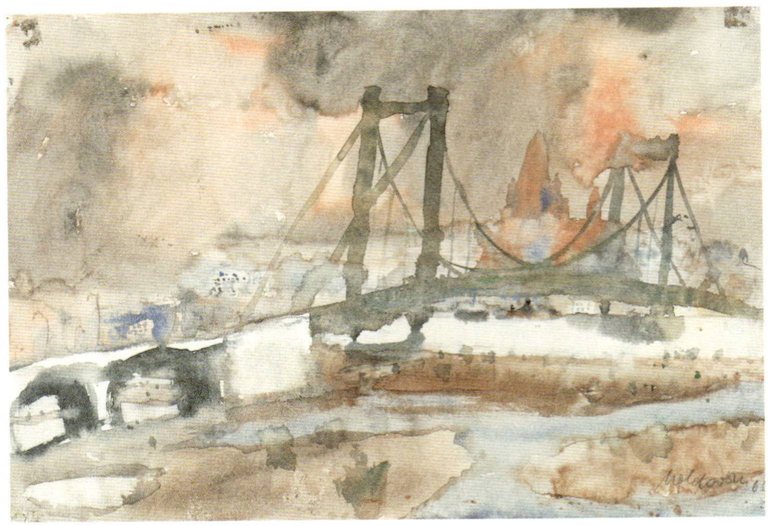

Das Antrocknen ungeduldig überschätzt und die darüber gelegte Form zerfließt. Die Linie zu spät aufgesetzt, und sie fließt nicht mehr. Die falsche Farbe ausgespielt und ich muß passen. Rien ne va plus. Nichts geht mehr."

So, wie er auf die Frage nach dem wichtigsten Werkzeug des Zeichners und Aquarellisten den Papierkorb nannte.

Auch das Risiko der Existenz als Künstler war ihm, den André Heller einmal den Weltmeister der Freundschaft genannt hat, stets und ständig bewußt. Auch hierbei veranlaßte ihn das Wissen nicht zur Einlenkung, zur Verneigung, zur Anpassung. Wie nicht anders zu erwarten, verlangte dieser Weg Geduld, denn die Leisen, die aus Strich und Wasser ihre stillen Wirklichkeiten bauen, sie müssen auf den tosenden Beifall verzichten, damit die Empfindlichen fündig werden können.

Eine Soziologie der Sensiblen sollte ungeschrieben bleiben. Und das wußte er, ein heiterer Kluger, der den Teil und das Ganze sah.

Wolfgang Grüner

Wie delikat Speisen sein können.

Kurt Moldovan
Salmannsdorf
1976, 47 × 32 cm

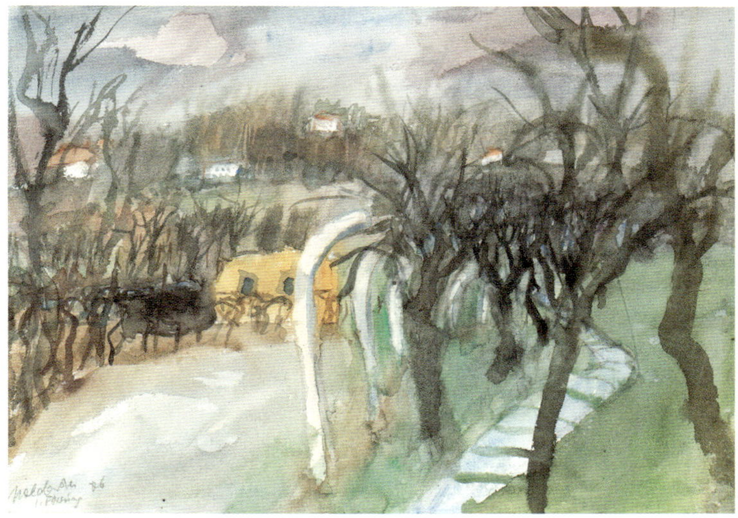

Wie unscheinbar sieht ein Aquarell aus, das eben gemalt von der Unterlage gelöst wird. Selbst sein Schöpfer weiß oft nicht, ob dieses feuchte Etwas gelungen oder reif für den Papierkorb ist. Wie bei einer moorigen Wiese schimmern da und dort noch die feuchten Stellen, wellig harrt das vorher so glatte und unberührbar scheinende Papier der Kritik des Malers und seiner Freunde. Ist es gelungen?

Konnte der Lichteinfall, der das Motiv gestreift hat, wiedergegeben werden? Wie eine Speise des festlichen Rahmens bedarf, um zum Festmahl zu werden, so braucht auch das Aquarell sein Ambiente, das Umfeld, um es zur Wirkung zu bringen. Ganz anders sieht es aus, sobald es vom Passepartout umgeben im Rahmen vorliegt. Plötzlich läßt es die Meisterschaft erahnen, die den Pinsel geführt hat, als dieser Wasser und Farbe auf's Papier spritzte, das Fließen in angedeutete Formen lenkte und die Flächen bestimmte.

Es scheint so leicht, ein bißchen Landschaft und ein bißchen Himmel mit Wasserfarben wiederzugeben. Aber jeder, der dieses Medium selbst versucht hat, weiß um seine Schwierigkeiten, darin zur Meisterschaft zu gelangen.

Ein Zeitungskritiker, erstaunt über die Preise unter den Aquarellen Kurt Moldovans, fragte den Künstler, wie lang er denn eigentlich für sein Aquarell brauche. *„Dreißig Jahre"*, war die schlagfertige und treffende Antwort des Malers, der den Umgang mit dem Aquarell beherrschte, wie kein anderer.

Selbst ein Könner wie er brachte von einem Monat Jagd in den Kanälen und Winkeln Venedigs kaum mehr als zwanzig wirklich gelungene Arbeiten nach Hause. Aber in diesen schwang dann der Zauber der Stadt und erzählte von vergangenen Festen und Schwächen der Menschen. Oder es glühten die Lichter des Praters und es wucherte das stille Grün der Vorgärten Wiens.

Aber man braucht nicht nach den Sternen zu greifen. Immer wieder gibt es auch jüngere Talente zu entdekken, denen es gelingt, den Zauber eines Augenblickes und das Besondere einer Landschaft oder einer Situation für immer festzuhalten.

An uns als Sammler und Liebhaber liegt es dann, dieses Besondere auch zu erkennen und auszuwählen.

Metamorphose III (Herbert Boeckl, 1945)

Gelb schwingt im Raum und Rot belastet
Blau nähert sich im Flug
Ein Schwarz entflieht
Gelb blüht
Blau liegt erdenschwer
unterm Rot und Ultramarin.

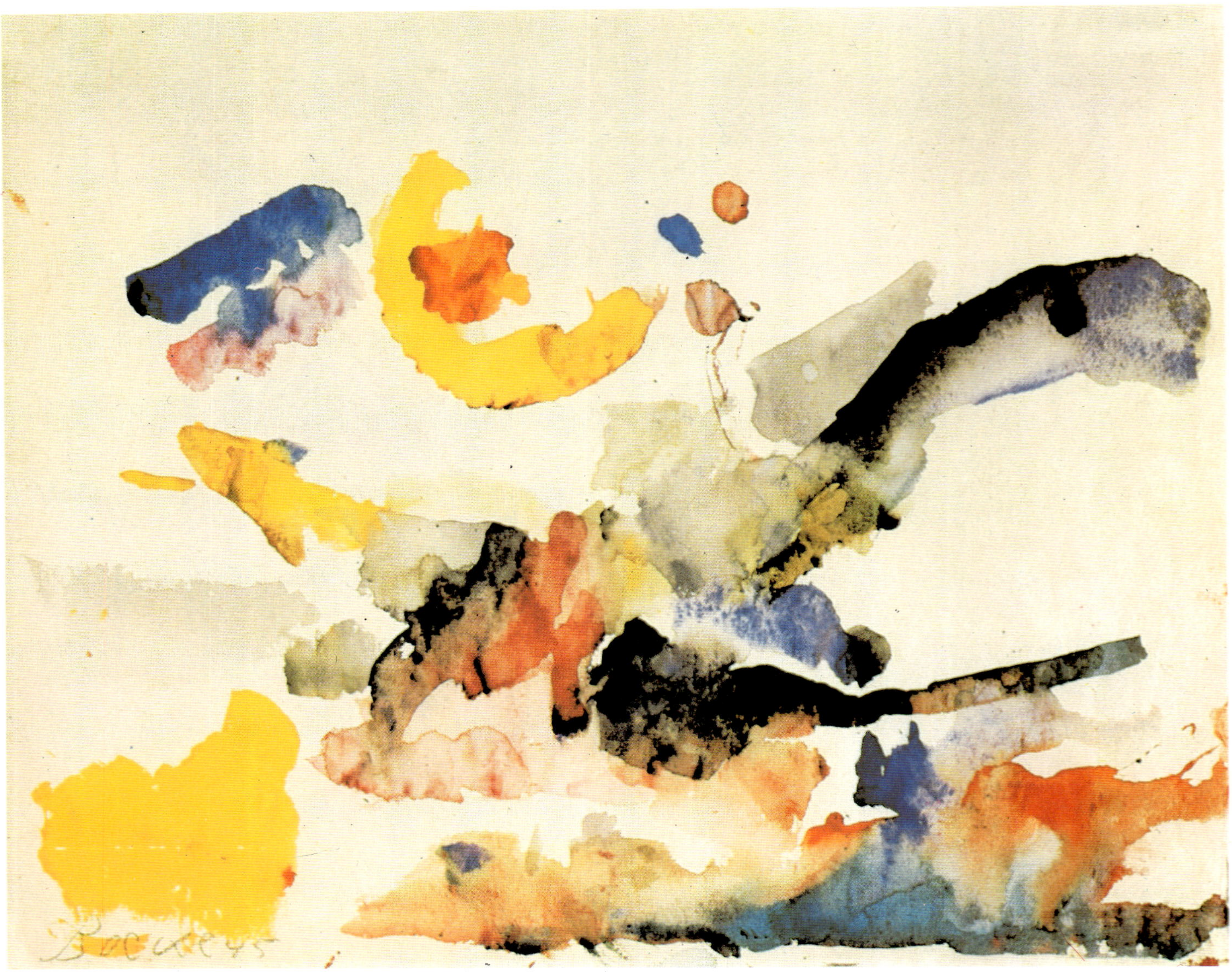

Herbert Boeckls Metamorphose, Inbegriff des Aquarells, wie wir es heute verstehen. Der Gegenstand verblaßt an Bedeutung zugunsten der Farbe und der Empfindung, der Atmosphäre, der Poesie.

Sonnenaufgang (William Turner)

Licht fast ohne Ton
Darüber helles Blau
Gedunkelt und verwandelt
Ansteigend ins Rot wie eine Explosion.

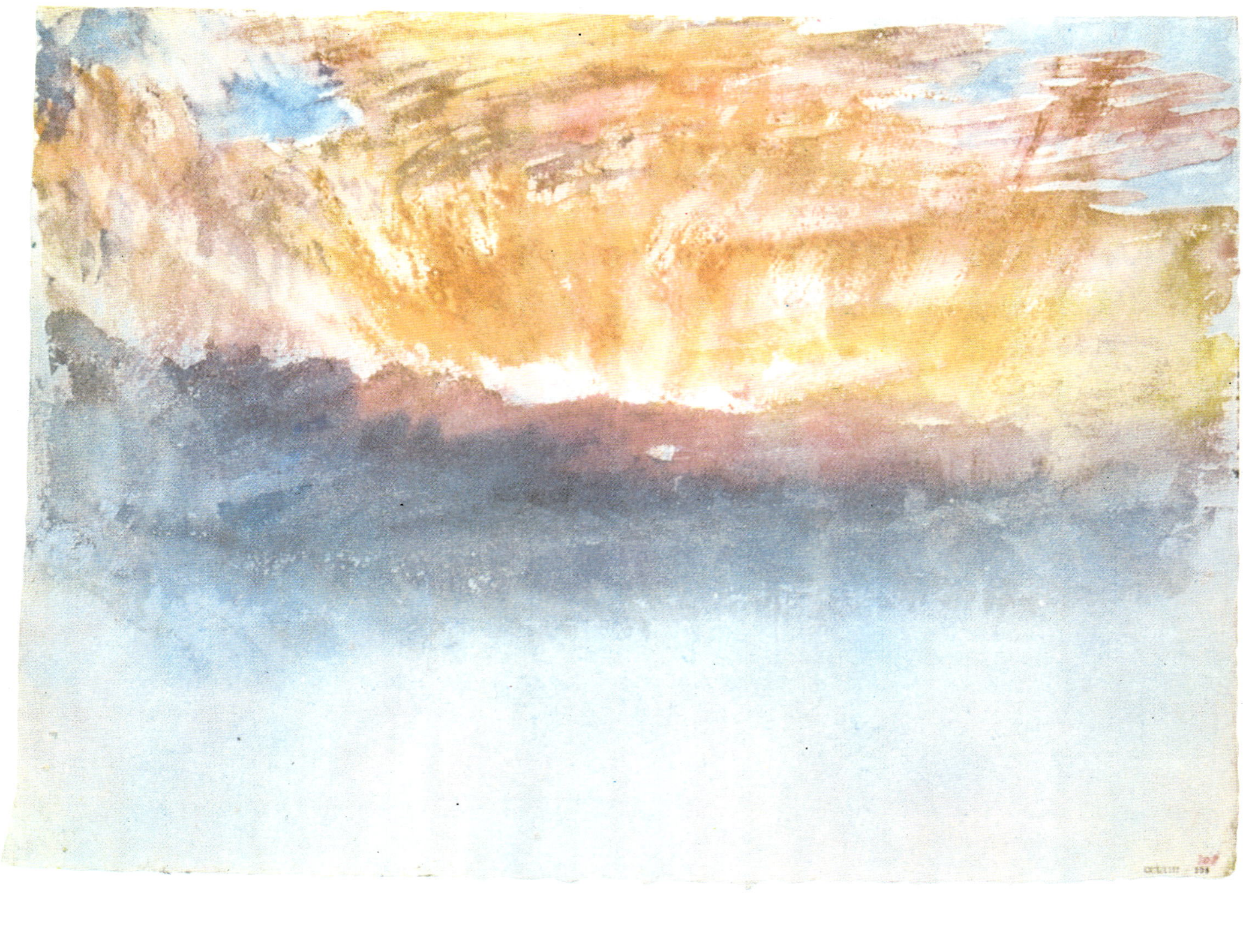

Über hundert Jahre liegen zwischen Turner und Boeckl, die Wahrheit ihrer Bilder aber ist zeitlos.

Angelica Bäumer

Zum Aquarell

Albrecht Dürer
Landschaft bei Segonzano
um 1500, 31 × 21cm

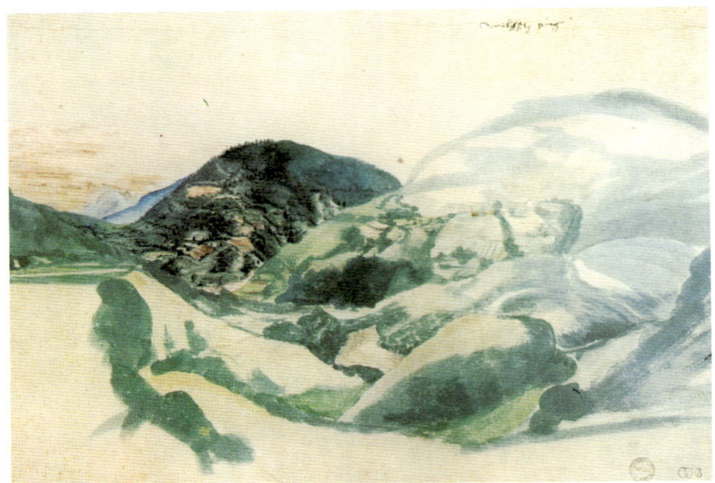

Die Geschichte des Aquarells geht weit zurück, zu **Albrecht Dürer**, der als erster Maler die Schönheit einer Landschaft oder eines Stillebens mit Wasserfarbe in gemalte Poesie verwandelte. Noch weiter zurück haben die Maler der Handschriften des Mittelalters das Aquarell benützt, um ihren Zeichnungen Farbe zu geben. Noch früher haben ägyptische Künstler Wandmalereien mit Wasserfarben für ihre Grabmale geschaffen, haben in den Totenbüchern mit Aquarell ihre kultischen und mystischen Gedanken dargestellt. Und noch einige Jahrtausende zurück erinnern die Höhlenmalereien daran, daß auch sie aus Erden und Wasser gemischt und daher Wasserfarben sind.

Es kann keinen Zweifel daran geben, daß das Aquarell die älteste Maltechnik der Menschheit ist, und sie hat sich weniger gewandelt in den Jahrtausenden, als man das erwarten würde bei all der Technik, die seither unser Leben verändert hat. Zu Beginn war die wassergemischte Farbe die einzige Maltechnik, die man kannte, und später, als man deckende und noch später, als man Ölfarben herzustellen gelernt hatte, war es die ganz eigene Schönheit der Wasserfarbe, die sie für den Maler unersetzlich macht, ihre Transparenz, ihre flüchtige Farbigkeit, die die Möglichkeit bietet, schnelle Eindrücke, Empfindungen, Beobachtungen wiederzugeben, die ihr für alle Zeiten einen besonderen Platz gibt im Spiel der künstlerischen Aussage. Wie der Zeichenstift auch, so ist es der feine Pinsel mit Wasserfarbe, der den Augenblick festhält, als Skizze, als Erinnerung, aber auch als fertiges, eigenständiges Bild.

Verschiedene Erden und geriebene Pflanzen waren die ersten Substanzen, die mit Wasser gemischt Farbe wurden, die den Höhlenmalern die Möglichkeit gaben, Bilder an die Wände zu malen und nicht nur mit Steinen in den Fels die kultischen Zeichen ritzen und kratzen zu müssen. Die eigentliche Geschichte der Aquarellmalerei aber beginnt erst mit der Entdeckung geeigneter Malgründe, sehr geeignet waren die harten Felswände sicherlich nicht. Es waren die Ägypter, die im 4. und 3. Jahrtausend v. Chr. aus der Papyrusstaude Schreib- und Malgründe und aus schräg gekappten Binsen- und Rohrhalmen Schreibzeug zu machen verstanden. In China entdeckte man Anfang des 2. Jahrhunderts n. Chr. die Möglichkeit, aus Lumpen und Holz Papier zu machen. Die erste Papierherstellung in Europa gab es um 800 in Spanien, dorthin hatten die Araber auf abenteuerlichen Wegen die chinesische Kenntnis gebracht. Von da aus verbreitete sich das Papier schnell über ganz Europa und ist im Laufe der Jahrhunderte natürlich verfeinert und perfektioniert, seine Herstellung mechanisiert und industrialisiert worden. Für den Künstler blieb das wertvollste Papier das nach uralten Kenntnissen handgeschöpfte Papier aus gutem Lumpenmaterial oder hochveredelter Zellulose. Der Untergrund ist bei jeder Malerei wichtig, aber bei deckenden Farben ist der Grund meist nicht mehr sichtbar, höchstens spürt man noch seine Struktur.

Beim Aquarell aber, wo das Weiß des Papiers der hellste Farbton ist und deshalb eine wichtige Rolle im Verhältnis von Licht und Schatten spielt, wo außerdem die Farbe so dünn und lasierend auf dem Grund liegt, daß er durchscheint und nicht nur spürbar sondern sichtbar bleibt, ist es verständlich, daß das Papier fürs Aquarell mit besonderer Sorgfalt ausgesucht sein will. Und noch eines ist wichtig: die Lichtechtheit. Nur Papier, das sich in der Sonne nicht verändert, ist brauchbar, es würde ja sonst die Farbe verfälschen und zu Verfärbungen führen, die nichts mehr mit dem ursprünglichen Bild zu tun haben, die die Absichten des Malers ins Gegenteil verkehren können. Seit dem Ende des 18. Jahrhunderts stehen Papiere mit allen guten Eigenschaften zur Verfügung, verschiedene berühmte Papiermühlen sind entstanden, alle mit ihrem eigenen großen oder kleinen Mischgeheimnis, auf die man sich verlassen kann, die man an ihrem Wasserzeichen erkennt und die ab einer gewissen Qualität wahrscheinlich alle ziemlich gleich gut sind. Erfahrene Aquarellisten kennen jedes Papier, haben längst ihres gefunden und wissen, für welchen Effekt sie welches Papier, welche Oberfläche, welche Körnung, welche Dicke, Härte brauchen – denn nur ein guter Malgrund garantiert die technische Qualität – und die Lebensdauer – eines Aquarellbildes.

Das Wissen um die Bedeutung des richtigen Papiers hindert allerdings Maler nicht, auf allem zu malen, was sich ihnen spontan anbietet. Das kann dann auch schon mal Packpapier sein, alte Bücher, Akten oder noch einiges andere. Künstlerische Freiheit und Freude am Tun gehen manchmal Wege, die mit Theorien und Wissenschaften nichts zu tun haben – der Maler hat doch in erster Linie sein Bild im Sinn und nicht technische Lehren und Ratschläge.

Es gibt natürlich noch eine ganze Reihe anderer, zum Teil ganz alter, traditioneller Malgründe, die auch heute noch verwendet werden. Da ist das Pergament z. B., das aus enthaarten, geglätteten und getrockneten Tierhäuten gemacht ist, heute aber auch schon chemisch hergestellt werden kann. Seide ist ein möglicher Malgrund und Elfenbein, das vor allem für Miniaturen. Alle diese Aquarellgründe sind heute eher selten und spielen für den Maler höchstens die Rolle einer originellen Möglichkeit, eines Experiments oder einer Spielerei. Manche Maler haben auch Freude am Erfinden neuer Gründe, aus Gips z. B., aber das bleibt doch die Ausnahme, die meisten Maler sind mit dem Angebot an Aquarellpapier aus Asien und Europa ganz zufrieden, es gibt ja genügend Auswahl.

Bindemittel der Farbpulver aus Erden und Pflanzen sind seit vielen tausend Jahren fast unverändert Eiklar, Honig, Kandis, Gummiarabikum, Ochsengalle. Daran hat auch die Herstellung der Farbpulver auf chemischem Weg nicht viel geändert. Viele Maler schwören auf Individualität und fertigen sich ihre Farben noch selbst, nach streng geheimen Mischungen. Manchmal passiert es dabei auch, daß ein Rot absolut nicht trocknen will, da war halt irgendein Mischungsverhältnis nicht in Ordnung. Aber egal, ob fertig gekauft oder selbst gemischt, Ziel der Aquarellfarbe ist der ganz bestimmte Zauber, der in ihrer Transparenz liegt, in ihrer Reinheit und Strahlkraft, in ihrer Unverfälschbarkeit. Das Aquarell ist die anspruchsvollste aller Maltechniken, sowohl was die Farbe – sie muß feinstkörnig sein und vor allem lichtecht – besonders aber was das Können des Malers betrifft. Aquarellmalen ist die höchste Stufe der malerischen Meisterschaft und setzt unentwegte Übung voraus, große Erfahrung und eine ganz eigene Begabung. Nur solch ein Maler wird ein

Aquarell malen können, das inhaltlich, formal und technisch den Ansprüchen hoher Qualität genügt. Gerade darin aber mag auch der Reiz liegen, weshalb Maler seit Jahrhunderten das empfindliche Aquarell lieben. Es ist wie ein besonders zartes Kind, das man auch besonders liebt und behütet. Beim Aquarell kann man nicht lügen, nur wenig – und das mühevoll – korrigieren, der erste Pinselstrich entscheidet über das Gelingen des Bildes. Dazu ist nicht nur Routine nötig, sondern auch das Wissen um die Komposition wie um die Wirkungen der Farbe. Gerade weil Aquarellfarben eine so außerordentliche Strahlkraft haben, diese Strahlkraft aber durch ungeschicktes Manipulieren leicht verlieren können, heißt es sparsam mit der Farbe umzugehen. Was aber sparsam ist und was nicht, entscheidet letztlich natürlich die künstlerische Absicht, die Vorstellung des Malers; es gibt keine Regeln, die sagen dieses ist falsch und jenes richtig, der Künstler wird selbst entscheiden müssen, welche Wirkung er erreichen will, welchen Inhalt er formulieren möchte. Aber es gibt wenigstens Empfehlungen, von **Max Doerner** z. B., dessen maltechnische Unterweisungen wohl die weiteste Verbreitung gefunden haben. Er schreibt:

„Man muß vorsichtig aufzeichnen mit leichten Bleistiftstrichen und nicht viel radieren oder die Malfläche berühren, damit das Papier nicht Schaden leidet und überall gut Farbe annimmt. Der Geübte zeichnet frei mit dem Pinsel. Man feuchtet das Papier mit dem Schwamm an, läßt das Wasser etwas einziehen, so daß es nicht mehr auf der Oberfläche steht, die Fläche matt, nicht mehr glänzend aussieht und beginnt sofort mit dem Malen. Möglichst kalkfreies Wasser, mit Notfalle abgekochtes oder destilliertes Wasser ist das alleinige Malmittel. Man muß die Farbauswahl so eng als möglich halten, das Bild wird dadurch nur farbiger werden. Mit Indischgelb, Krapplack, Pariserblau und Chromoxydgrün-feurig wird man die meisten Töne erreichen können und nur selten Ergänzung brauchen. Man kann sofort breit und in voller Stärke den Farbton hinsetzen, wenn man seiner Sache sicher ist, und beginnt zweckmäßig vom Schatten, Ton neben Ton frisch hinsetzend, fortschreitend zu Übergängen und Licht. Auf die Frische kommt hier alles an, verquälte Farbe ist schmutzig und stumpf."

(Max Doerner, „Malmaterial und seine Verwendung im Bilde", 7. Aufl. 1941, Seite 217)

Für die intuitiven Künstler ist die Gesetzlichkeit und die Wirkung der Farbe verständlicherweise eine andere als sie es für den Chemiker und Physiker ist. Und der Bauhaus- und Farbenlehremeister **Johannes Itten** sagt: *„Ich weiß, daß das tiefste und wesentlichste Geheimnis der Farbwirkungen selbst dem Auge unsichtbar bleibt und nur mit dem Herzen geschaut werden kann. Das Wesentliche entzieht sich der begrifflichen Formulierung."*

(Johannes Itten, „Kunst der Farbe", Studienausgabe, Otto Maier Verlag, Ravensburg)

Farbpsychologie, Farbsymbolik, Farbenlehre und Farbwirkungen – ein weites Feld für Wissenschaft und Kunst, für Theoretiker und Praktiker. Für den schaffenden Künstler gilt hier sicher weniger die Theorie als die Praxis, das künstlerische Anliegen entscheidet über die Farbwahl, und der wahre Künstler wird intuitiv die richtige Farbe treffen, um das auszudrükken, was ihm für sein Bild wichtig ist. Er wird aber sicher durch theoretisches Wissen in seiner Sicherheit unterstützt und gefördert. Die Wirkungen der Farben wie der Komposition zu kennen, hindert ja nicht die Spontaneität des Malens. Wer sich je mit Farbenlehre beschäftigt hat, ob mit Goethe, Runge oder Itten, wird überwältigt sein von der Aussagekraft und der Gesetzmäßigkeit der Farbe.

Johannes Itten
Zwölfteiliger Farbkreis

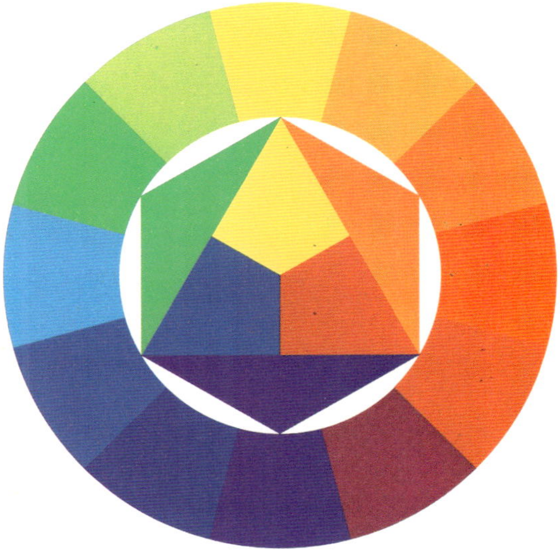

Farbe ist gestalterisches Mittel, ist, vor allem beim Aquarell, Aussage an sich. Darüber hinaus ist sie Mysterium, Geheimnis, Wahrheit und Wirklichkeit, denn die Farbe mit ihrem übernatürlichen Ursprung und ihrer irdischen Erscheinungsweise ist die letzte Kunst, das heißt, das höchste Erreichbare für den Künstler. Und so muß er ihre Möglichkeiten so genau wie möglich erkennen, um sie so gezielt wie möglich anwenden zu können.

„Farbe ist Leben, denn eine Welt ohne Farben erscheint uns wie tot. Farben sind Ur-Ideen, Kinder des uranfänglichen farblosen Lichtes und seines Gegenparts, der farblosen Dunkelheit. Wie die Flamme das Licht, so erzeugt das Licht die Farben. Farben sind Kinder des Lichtes, und Licht ist die Mutter der Farben. Das Licht, dieses Urphänomen der Welt, offenbart uns in den Farben den Geist und die lebendige Seele der Welt."

(Johannes Itten, „Kunst der Farbe", Studienausgabe, Otto Maier Verlag, Ravensburg)

Wenn man aber schon vom Papier und der Farbe spricht, dann darf der Pinsel nicht fehlen, mit ihm kommt schließlich die Farbe aufs Papier. Hauptbedingung für einen guten Aquarellpinsel ist die Elastizität der dazu verwendeten Haare. Der Pinsel muß eine feine Spitze haben, er darf sich nicht spalten und keine Haare verlieren. Man braucht breitere und feinere, runde und flache, die besten sind aus Marderhaaren, auch aus Zobel- oder Fischotterhaaren, beliebt sind auch die japanischen, die besonders geeignet sind für zarte Zeichen, die von dick zu dünn oder umgekehrt gezogen werden sollen, manche Maler benutzen auch Schwämme in verschiedenen Größen um Flächen anzulegen oder kleine Tupfer aufzusetzen.

Was hier nur auf wenigen Seiten mehr angedeutet als ausgeführt wurde, füllt viele Bücher und Zeitschriften, eine ganze Literatur hat sich mit Malmaterial beschäftigt, mit Vorschlägen für alles, was der Aquarellmaler braucht an Papier und Pinsel, welche Staffelei, welche Palette und Wassernäpfchen. Vor allem natürlich mit der Farbe haben sich Künstler wie Wissenschaftler immer wieder auseinandergesetzt, haben ihre physikalischen Gesetze wie ihre metaphysischen zu erkennen gesucht, sie auf ihre praktische und inhaltliche Anwendbarkeit hin untersucht und beschrieben. Der Maler wird selbst seine Erfahrung machen, wird seine Mittel finden. Ob mit dem geschaffenen Bild dann Liebhaberei oder Kunst entstanden ist, das entscheidet sowieso nicht die Technik sondern das Genie, die Begabung des Malers. Und das ist nicht erlernbar, das ist ein Geschenk, oder auch eine Last, weil ein Mensch, der zum Künstler geboren ist, nicht mehr frei ist, zu tun was er will. Es gibt den inneren Zwang, das innere „Du Mußt", und das läßt den Künstler nicht frei – ein Leben lang nicht.

Angelica Bäumer

Die Tradition der österreichischen Aquarellmalerei

In der Mitte des 19. Jahrhunderts hatte sich die Kunst aus den Ateliers befreit, die Maler waren in die Natur gegangen, hatten das Licht da gesucht, wo es entstand und es nicht künstlich erfunden. Das war auch die entscheidende Stunde für das Aquarell. Ein Wasserfarbenmalzeug war nicht schwer zu transportieren, findige Hersteller boten kleine, kommodenähnliche Aquarellkästen an, zierliche Staffeleien und Reißbretter, geleimte Aquarellblocks, all das kam dem Wunsch der Maler entgegen, hinaus in die Landschaft zum Malen zu gehen. Der Reisemaler war geboren.

Z. B. **Rudolf v. Alt.** Er reiste für seinen Fürsten, Kaiser Ferdinand I., in die österreichischen Lande und skizzierte und aquarellierte, was dieser von ihm wünschte, aber auch was ihn als Maler interessierte. Wenn man so will, ist Rudolf v. Alt – und in gewissem Sinn schon sein Vater Jakob – der österreichische Maler, der über das Künstlerische hinaus sich als kulturgeschichtlicher Chronist verstand. Im Sinn der Romantik hatte man plötzlich auch für die kleinen Dinge des Lebens Augen. Es mußten nicht immer Schlachten sein, Portraits und Kirchenbilder, es durften Dorfszenen sein, alte Stadtansichten, Straßen, Plätze, auch Mode. Eigentlich verdanken wir diesen romantischen Malern sehr viel Kenntnis des Lebens unserer Urgroßeltern im 19. Jahrhundert. Diesem neuen malerischen Aufgabenkreis kam das Aquarell entgegen. Es war geeignet für schnelle Eindrücke, es erforderte weder viel Zeit noch viel Aufwand, war Alltagskunst und durfte heiter und unbeschwert sein. In wenigen Stunden war ein Bild vollendet, eine Stimmung festgehalten, ein Sonnenuntergang, ein Sommerspaziergang, eine bürgerliche Tafelrunde. Es war die Stunde vor der Fotografie.

Rudolf von Alt
Salzburg

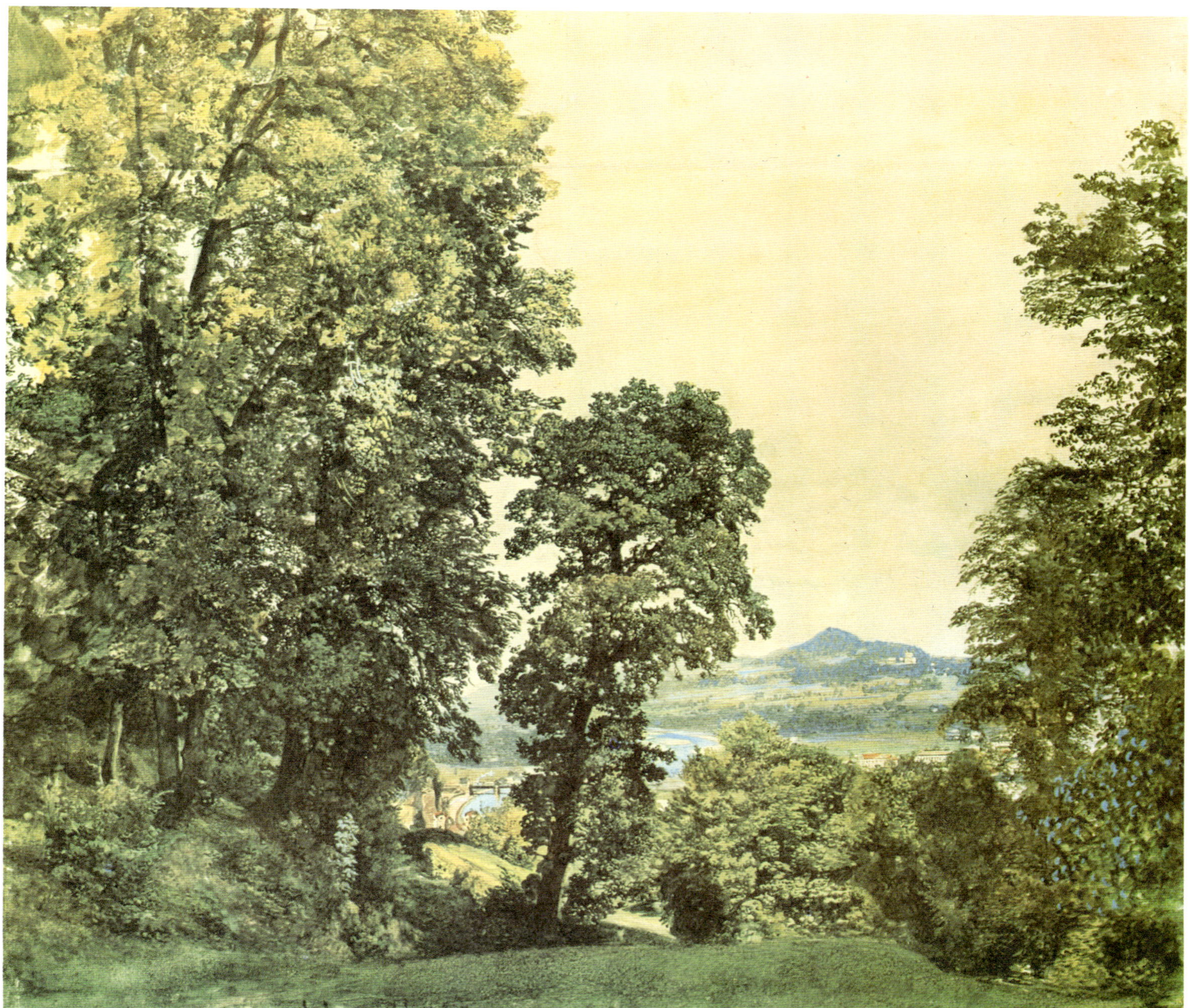

Egon Schiele
„Den Künstler hemmen ist ein Verbrechen, es heißt keimendes Leben morden."
23. IV. 1912

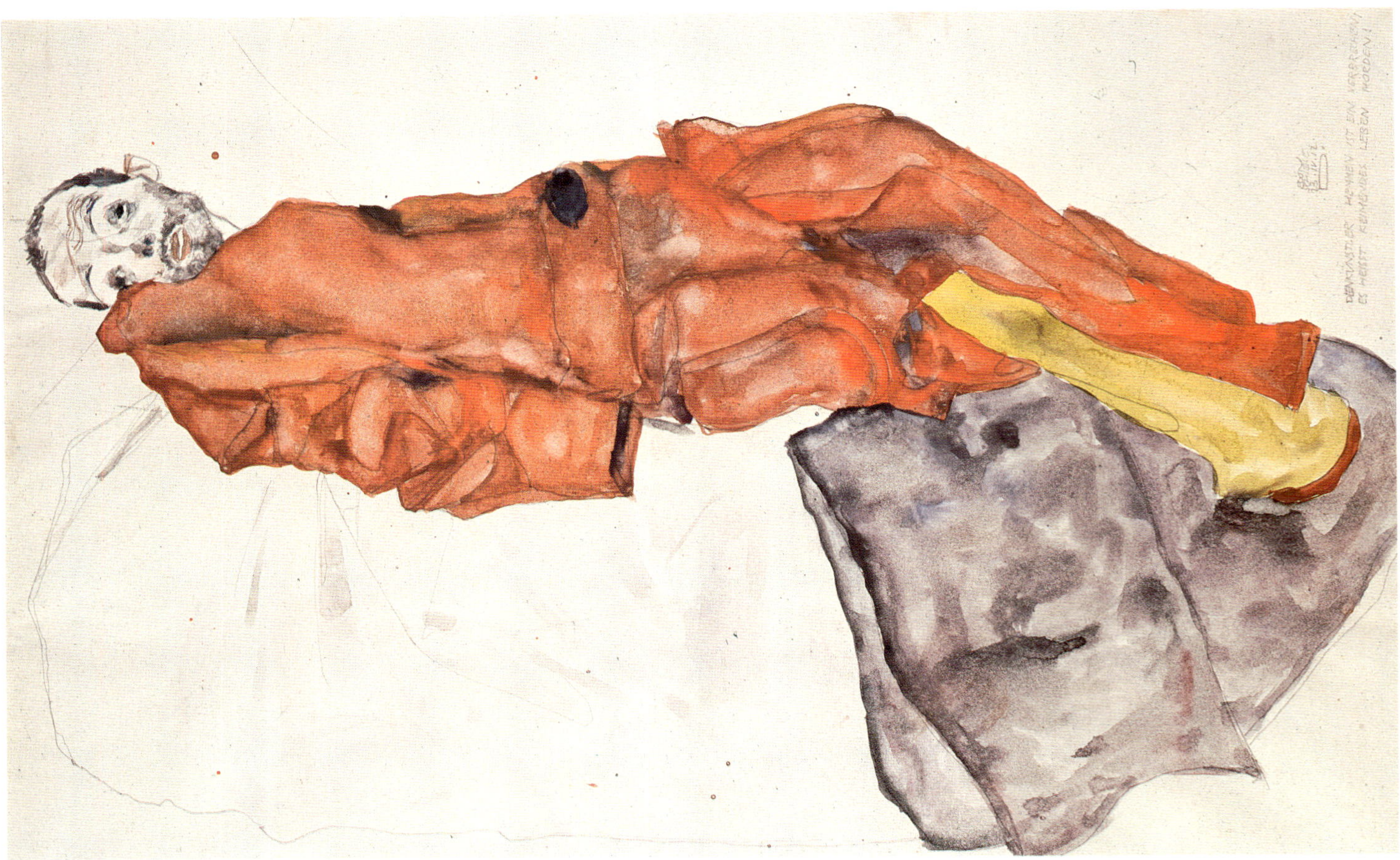

Aus dieser Romantik und Beschaulichkeit brachen mit Macht **Egon Schiele** und **Oskar Kokoschka** aus. Ihnen ging es nicht um das Darstellen von Sichtbarem, sondern um das Sichtbarmachen von Seinszuständen. Und auch für diesen expressiven Aufschrei eignet sich das Aquarell vorzüglich. Die Wasserfarbe ist wie das Leben, unmittelbar, direkt, impulsiv, sie fließt und strömt, sie läßt sich über- und untereinanderlegen, scheint durch, bricht auf zu Kaskaden von Licht, verströmt ins Unsichtbare, ist Zufällen unterworfen und läßt sich doch vom Willen des Malers bändigen, sie ist reine Natur, hat ein stolzes Eigenleben, dem Genialen aber gibt sie sich hin, läßt sich aufzwingen, was er von ihr verlangt. Störrisch ist sie nur beim Unbegabten, da verweigert sie sich, bleibt launisch und unerreichbar.

Mit keiner Technik sonst kann man soviel an Zwischentönen formulieren wie mit der Wasserfarbe, kann so vielseitig mit ihr umgehen. Großes Verfließen und strenges Nebeneinandersetzen, kleine und große Form, auf unendliche Variationsbreite kam es den Malern zunehmend an.

Oskar Kokoschka
Das kranke Mädchen
1917, 44 × 32,5 cm

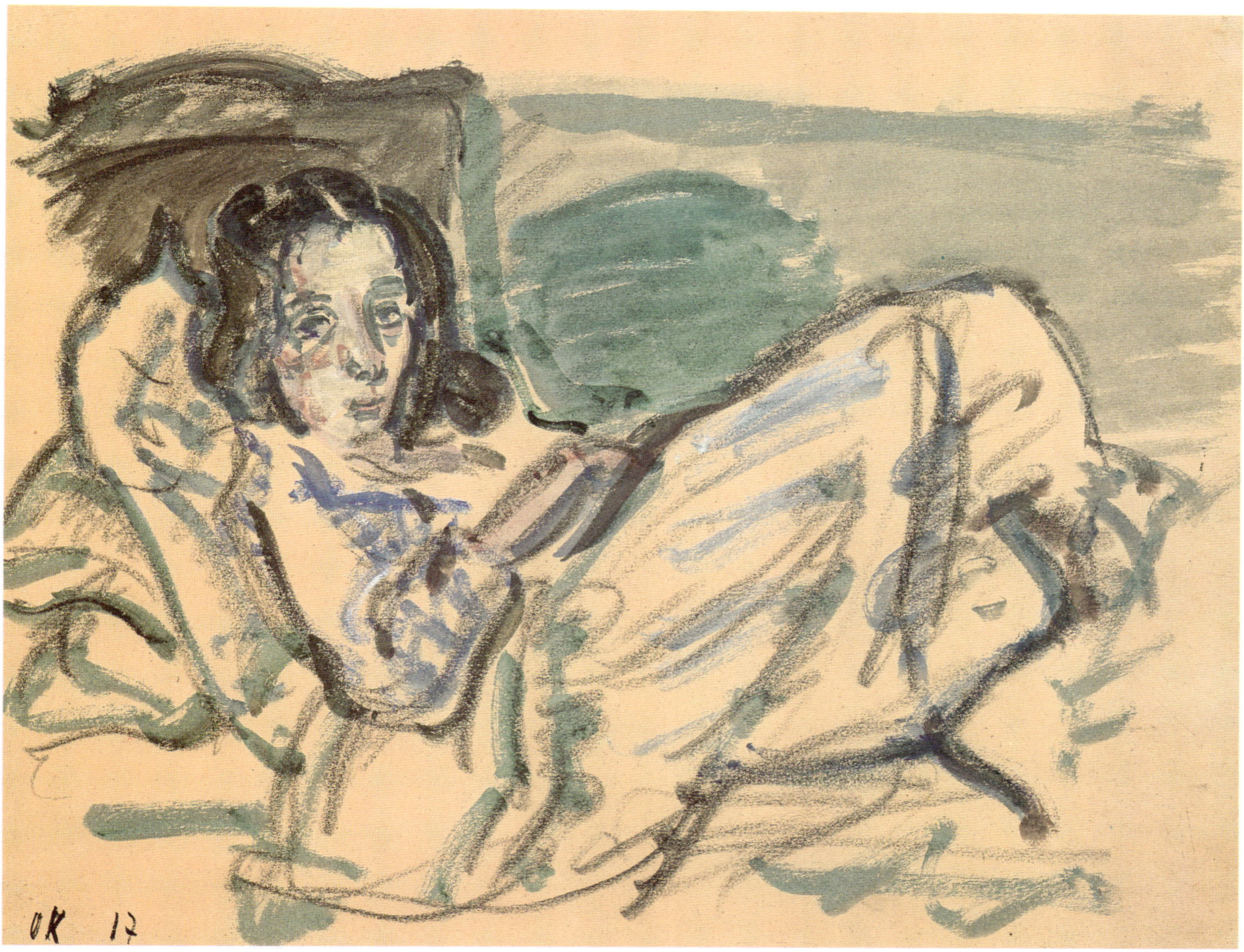

Paul Cezanne
Badende
1906, 21 × 13 cm

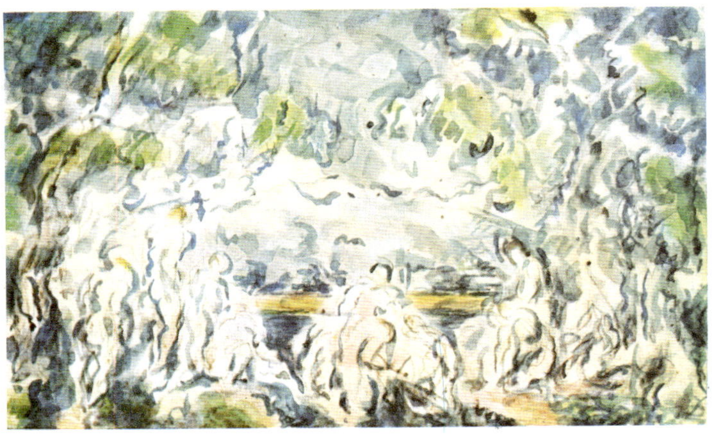

1906 war **Paul Cezanne** gestorben. Aber seine Kunst hatte die Welt verändert. Auch für das Aquarell hatte eine neue Ära begonnen.

„,Die Natur ist nicht an der Oberfläche, sondern in der Tiefe', sagte Cezanne. ,Die Farben sind der Ausdruck dieser Tiefe an der Oberfläche, sie steigen von den Wurzeln der Welt auf.' Dieses nicht leicht durchschaubare Glaubensbekenntnis gab tatsächlich von da an allem Malen einen ganz anderen Sinn, den des Deutens des Nicht-Sichtbaren durch Malerei anstelle des Vorführens von ohnehin gegebenem Sichtbarem, eine Schwelle also, die unvorgebildeten Kunstbetrachtern bis heute Schwierigkeiten bereitet, eine Schwelle, die aber einen bisher unbekannten Wende- und Höhepunkt einleitete. Für Cezanne hieß das Ziel zwar nicht, (einer) Theorie, Ideologie malend zu folgen (Cezanne: ,Im Grunde denke ich an nichts, wenn ich male – ich sehe Farben'), sondern durch die Natur wieder klassisch zu werden, um die ,Harmonie mit allem Sein' zu erlangen, allein durch Farbe das ,Gefühl des Alls' zu schaffen."

(Walter Koschatzky, „Die Kunst des Aquarells", Residenz Verlag Salzburg, 1982)

Mit Schiele und Kokoschka hatte Österreich nicht nur Anschluß an die Entwicklung der Kunst Europas gefunden, es bestimmte sie mit. Edvard Munch in Norwegen und Kokoschka in Österreich, welch Unterschied und doch welch innerer Gleichklang. Die tiefsten Urgründe des Menschen, menschlicher Um- und Zustände deckten diese Maler auf. Hier war keine malerisch-romantische Verklärung und Verniedlichung, keine Dokumentation idyllischer Klein- und Großstädte, kein gesellschaftlicher Pomp, wie sie Makart, Stuck und Klimt noch pflegten, keine Oberflächlichkeit und Selbstgefälligkeit, hier brach sich ein Element Bahn, das Sigmund Freud in Worte gefaßt und damit dem 20. Jahrhundert eine neue Richtung gegeben hatte: die Erfahrung des Unbewußten, die Ergründung der Seele durch Analyse. In die Kunst floß aus diesem Wissen Neues über das, was uns treibt und quält, was aber nichtsdestoweniger unser Ich ist, unsere Persönlichkeit und unsere Individualität. Des Menschen Leid brennt in den Aquarellen von Schiele, der Schrei von Munch gellt unbarmherzig. Die Tiefe, ja, aber auch die Abgründe wurden sichtbar.

Das Aquarell war für diese neue Malerei nicht die einzige Technik, aber durch seine besonderen Eigenschaften war es ein gerne und häufig benütztes Material. Das Durchscheinenlassen war symbolhaft für das Analysieren, das Farbe an Farbe setzen gab, genau wie das Stehenlassen des Grundes und die Leuchtkraft der Farben, den neuen Ideen und Erkenntnissen Glaubhaftigkeit, gab dem Denken ein malerisches Äquivalent. All das unterstützte auch das neue Sehen und gab der Ungeduld des Malers, der seine Leidenschaft und sein Empfinden wiedergeben wollte, die technische Voraussetzung. Die Präzision der Wiedergabe war nicht mehr so wichtig, es galt, Raum auf neuen Wegen zu gestalten, seelische Zustände im Bild darzustellen. Die

Themen hatten sich verändert, waren persönlicher geworden, dadurch war der Maler engagierter, litt mit seinen Inhalten, verlor Distanz und wurde verwundbarer – vielleicht auch ehrlicher. Schönheit im klassischen Sinn war nicht mehr gemeint, sondern Wahrheit, Tiefe, Innerlichkeit, Erkenntnis.

„Denn nicht um das Ewig-Schöne kämpfen wir, sondern um das Ewig-Lebendige. Und der ist tot, der sich nicht mit jedem Pinselstrich noch an der Schwelle unbegrenzter Möglichkeiten wähnt."

(W. Worringer, „Fragen und Gegenfragen", Piper, München 1956)

Schön wurden dabei die Bilder nicht, nicht im herkömmlichen, tradierten Sinn zumindest. Und wenn eine Dame der Gesellschaft sich einmal weigerte, sich von Kokoschka malen zu lassen, weil sie nicht so häßlich sein wollte, wie seine Portraits für sie waren, hatte sie da Angst vor der Wahrheit ihrer Person? Ertrug sie nicht die Bloßlegung ihres Selbst, so wie es Kokoschka in seinen Bildern trieb?

Aber das Portrait im romantischen Sinn hatte die Fotografie übernommen, sie war ähnlich, gab Realität wieder. Der Maler brauchte nicht mehr „salonfähig" zu malen, er durfte, ja er mußte, hinter die Dinge sehen.

Das taten die Maler auch. Aber nicht nur die Portraitisten, auch die Landschaftsmaler sahen neu und malten anders. Bäume in Rot und blaue Pferde, und als eine Besucherin indigniert meinte, daß Pferde doch nicht blau seien, antwortete Franz Marc: *„Das sind auch keine Pferde, das ist ein Bild."* Ein neues, ein unerhörtes Bewußtsein hatte sich entwickelt, die Sinnlichkeit, wie sie seit den Griechen als Fundament der Kunst gesehen wurde, hatte einer Geistigkeit Platz gemacht, und dieser Aufbruch drückte sich besonders auch in der neuen Farbigkeit aus. Die Kunst war in eine neue Dimension gestoßen, sie hatte sich von der dienenden Rolle in eine fordernde gewandelt, sie war damit in einen Freiraum geraten, über den sie selbst verblüfft war, den sie aber sofort auszufüllen begann, mit unheimlicher künstlerischer Vielfalt und Phantasie. Dennoch war das Wagnis ein totales, die Künstler waren Hochseilartisten ohne Netz und ohne das Verständnis des Publikums, das nicht erkannte, was da geschah und warum. Die, die gerade den Impressionismus zu verstehen begannen, sollten schon mit den Expressionisten leben.

„Sie werden sagen: nun haben die Modernen mit ihrem Gerede von geistiger Kunst der Kunst den sicheren Boden von Sinnlichkeit und Natur unter den Füßen weggezogen und nun, wo sie sehen, daß ihr Weg in eine Sackgasse führt, da behaupten sie, weil sie den Weg verfehlt, gäbe es überhaupt keinen richtigen Weg mehr und mit der Kunst sei es zu Ende. Die so sprechen vergessen eins: daß die Menschheit nie vor der freien Wahl gestanden hat, ob Sensualismus oder Spiritualismus, sondern, daß sie ihren Weg immer unter dem Druck entwicklungsgeschichtlicher Zwangsläufigkeit ging. Die neue Generation ist den Weg zum Spiritualismus nicht gegangen, weil es der richtige *Weg war, sondern weil es* ihr *Weg war. Kein anderer stand ihr offen."*

Dieser Text von Wilhelm Worringer wurde im Jahr 1919 geschrieben – seine Wahrheit ist noch heute in vollem Umfang gültig.

(W. Worringer, „Fragen und Gegenfragen", Piper, München 1956)

Arnold Schönberg
Skizze zu seinem Musikdrama
„Die glückliche Hand" Der Mann
um 1910, 13 × 27 cm

Albert Paris Gütersloh
Die Loge
1950, 12,9 × 12,6 cm

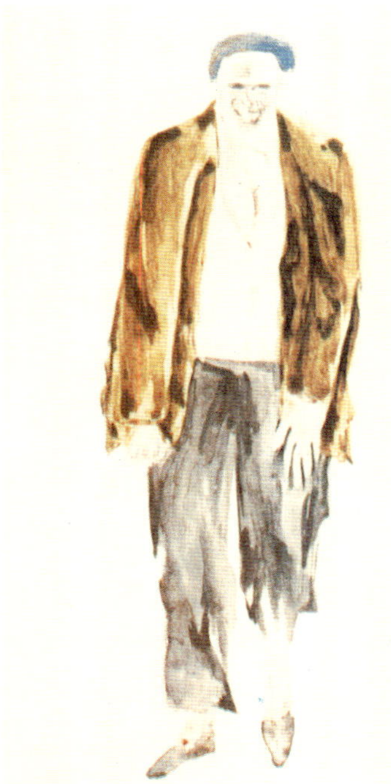

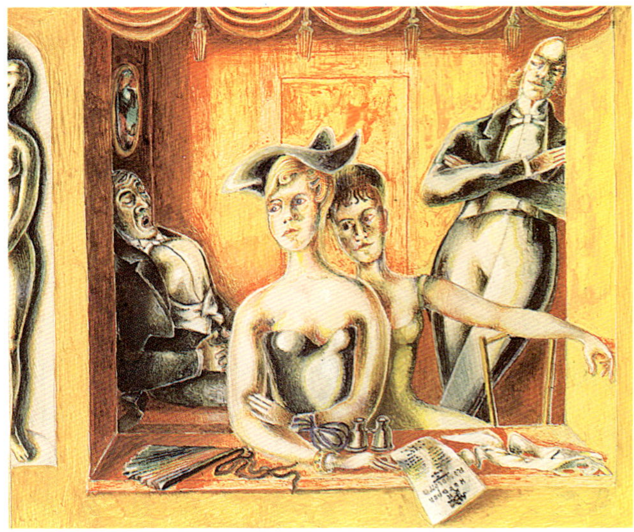

In Österreich war das Interesse an bildender Kunst immer hinter dem für Theater und Musik zurückgeblieben, das änderte sich durch die neuen Entwicklungen nicht. *„Bilder sind etwas Abgeschlossenes, Endgültiges und ganz und gar Wortloses – dahin zogs den Wiener nie"* (Kurt Moldovan, 1961). Das Interesse für Musik galt natürlich mehr dem historischen Musikleben, weniger dem neuen. **Arnold Schönberg** und seine Zwölftonmusik waren auch nicht gerade das, was die Wiener wollten. Daß aber Schönberg und Wassily Kandinsky sich in ihren Zielen aufs Wunderbarste trafen und ähnlich waren, ist ein kulturgeschichtliches Ereignis und kann in dem bemerkenswerten Briefwechsel der beiden, für die Kunst des 20. Jahrhunderts so unendlich wichtigen und fruchtbaren Künstlern nachgelesen werden.

(„Arnold Schönberg, Wassily Kandinsky, Briefe, Bilder und Dokumente einer außergewöhnlichen Begegnung", Residenz Verlag, Salzburg 1980)

Daß Schönberg auch malte, und als Maler von Kandinsky sogar sehr ermutigt wurde, ist eine der außergewöhnlichen Merkwürdigkeiten, denn in Österreich gab und gibt es immer wieder exemplarische Doppelbegabungen. Einer dieser Außerordentlichen war **Albert Paris Gütersloh** (1887–1973), ein Maler und Dichter von so großer Bedeutung, daß es schwer fällt, ihn auf eine seiner Begabungen festzulegen. Er selbst sah das so:

„Die Malerei ist eine Kunst für glückliche Menschen, ob sie nun die Hervorbringer derselben sind oder ihre Genießer. Es wird Bilder geben, solange es Glückliche gibt, und solche dürften immer wieder auftauchen, entweder aus einem Meer von Dummheit oder aus einem Tümpel von Intelligenz, die mit ihrer eigenen Libelle genug hat. Der Unglückliche hingegen stürzt sich in den Abgrund des Worts, welcher Abgrund gerade von jenen Personen aufs ängstlichste gemieden wird, derentwegen er in den Abgrund sich gestürzt hat."

(Tagebuch, November 1948 in Monographie A. P. Gütersloh „Beispiele", Verlag Jugend und Volk, Wien 1977)

Fritz von Herzmanovsky-Orlando
Baumnymphe und Papagei
1930, 23 × 21 cm

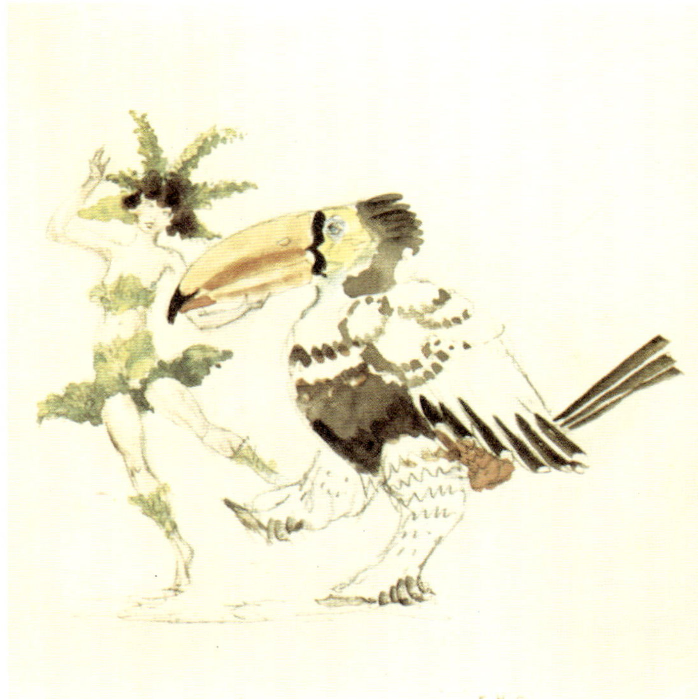

Gütersloh wurde in Wien geboren, sein Lebensbogen spannt sich weit, vom freundschaftlichen und künstlerischen Kontakt mit den Malern der Secession und der „Kunstschau" (um 1900), bis zu seinem Wirken nach 1945, als seine Lehrtätigkeit an der Akademie und der Art Club ihm einen einflußreichen Platz im österreichischen Kunstleben sicherten. Gütersloh schrieb 1911 eine Vorrede für eine Ausstellung von Egon Schiele, und er hielt 1918 die Grabrede für Gustav Klimt. Nach 1945 wurde er für eine ganze Generation von jungen Künstlern deren geistiger Vater, besonders für die Maler, die sich „Wiener Phantastische Realisten" nannten, also Ernst Fuchs, Wolfgang Hutter, Arik Brauer, Anton Lehmden. Gütersloh war ihr Lehrer an der Akademie und er war der Gründer und Präsident des legendären Art Club, in dem sich alle die künstlerischen Kräfte Österreichs gefunden hatten, die – froh über den wieder möglichen internationalen Gedanken- und Ausstellungsaustausch – sich auch als Neuerer der Kunst nach den braunen Jahren sahen. Gütersloh hatte zeit seines Lebens Zustimmung erlebt und Einsamkeit kennengelernt. Seine Klugheit war künstlerisch und menschlich begründet, er hatte – im Gegensatz zu vielen seiner Schüler – keinen vordergründigen Ehrgeiz, aber er brannte an beiden Enden. Seine Kunst ist österreichisch. Und wenn Wieland Schmied einmal fragt, ob es eine „österreichische Kunst" oder nur eine „Kunst in Österreich" gibt, dann ist Gütersloh zweifellos ein Künstler, der den Beweis für die „österreichische Kunst" erbringt. Genauso wie **Fritz v. Herzmanovsky-Orlando**, dessen skurrile, literarisch-malerische Absonderlichkeiten und Poesien zwar auch für Österreich einmalig geblieben sind, der aber nichtsdestoweniger in hohem Maße eben jene „österreichische Kunst" unter Beweis stellt, die doppelbegabt, aber auch doppelbödig und doppelsinnig ist, und der erfreulicherweise der tierische Ernst fehlt, der aus Kunst so oft eine beschwerliche Aufgabe macht. Wieland Schmied meint:

„. . . daß es eine spezifisch österreichische Kunst gibt und daß eben dieses Spezifikum, das sie auszeichnet, ihr Entstehen hemmt, ihr Wachstum verzögert, ihre Geltung einengt, sie in jeder erdenklichen Weise beschwert mit der Last der Väter, der Geschichte: der Sinngebung.

Dieser Zwang zur Reflexion ist im Österreichischen angelegt, die Lust sich in Frage zu stellen, wie die Suche nach Selbstverständnis."

(Widerschein und Dunkelheit in „Nach Klimt", Schriften zur Kunst, Verlag Galerie Welz, Salzburg 1979)

Anton Romako
Dame in Schleppkleid mit hellem Schal
1869, 36 × 51 cm

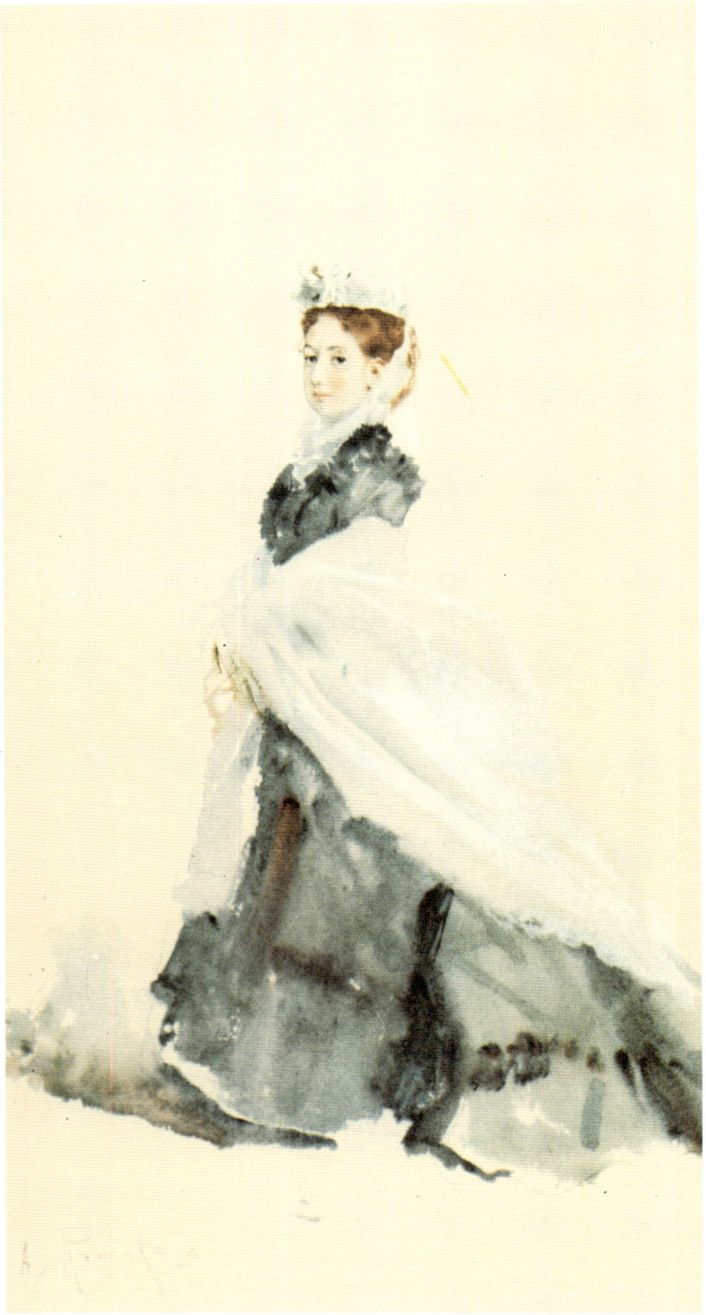

Österreich hat nie eine internationale Bewegung ausgelöst, es gab auch keine nennenswerten Künstlerverbindungen (wie in Deutschland die „Brücke"- oder die „Blaue Reiter"-Maler), die über die Heimat hinaus Einfluß genommen haben. Manche Künstler Österreichs waren zu früh, wie der weithin unbekannte aber geniale **Anton Romako**, andere wieder waren zu spät, was die internationale Kunstszene betrifft. Sie hatten aber, wie die Künstler der übrigen Welt auch, sehr oft den zweifelhaften Vorteil, nicht verstanden zu werden. Trotz zweier Akademien, vieler Museen und beachtlicher Sammlungen war (und ist) bildende Kunst in Österreich nicht das, was große Diskussionen auslöst, was die österreichischen Bürger bewegt. So verließen auch viele Künstler Österreich. Oskar Kokoschka z. B., der schon früh nach Berlin ging, weil er in Österreich buchstäblich verfolgt wurde, der ab 1917 im Ausland lebte und später nur noch kurz und sporadisch nach Österreich kam. Aber auch **Wilhelm Thöny**, 1888 in Graz geboren, ihn zog es nach dem mediterranen Licht. Er reiste über München, Paris nach Südfrankreich, um schließlich, der politischen Wirren wegen, nach New York zu emigrieren, wo er 1949 starb. Thöny war einer jener Aquarellisten, der das Licht nicht nur suchte, sondern es so genial wie einfach und überzeugend in seiner Kunst darzustellen wußte. Eigentlich ist es unverständlich, daß er so gar keine Nachfolger im Künstlerisch-geistigen hat. Thönys zarte New Yorker Aquarelle, seine aus Farbe und Licht bestehenden Parisbilder, seine Darstellungen von Hafenstädten, Menschen und Gärten, sind reines, wunderbares Aquarell. Bei ihrem Anblick weiß man, so muß es sein, hier scheint Wahrheit geworden, was Kurt Moldovan schreibt: *„Im Wasser soll das Leben entstanden sein. Aquarellfarbe macht sichtbar, wie der Bildgegenstand aus dem Wasser hervortritt."*

(Moldovan „Aquarelle", Salzburg 1976)

Wilhelm Thöny
Pariser Frühling
1935

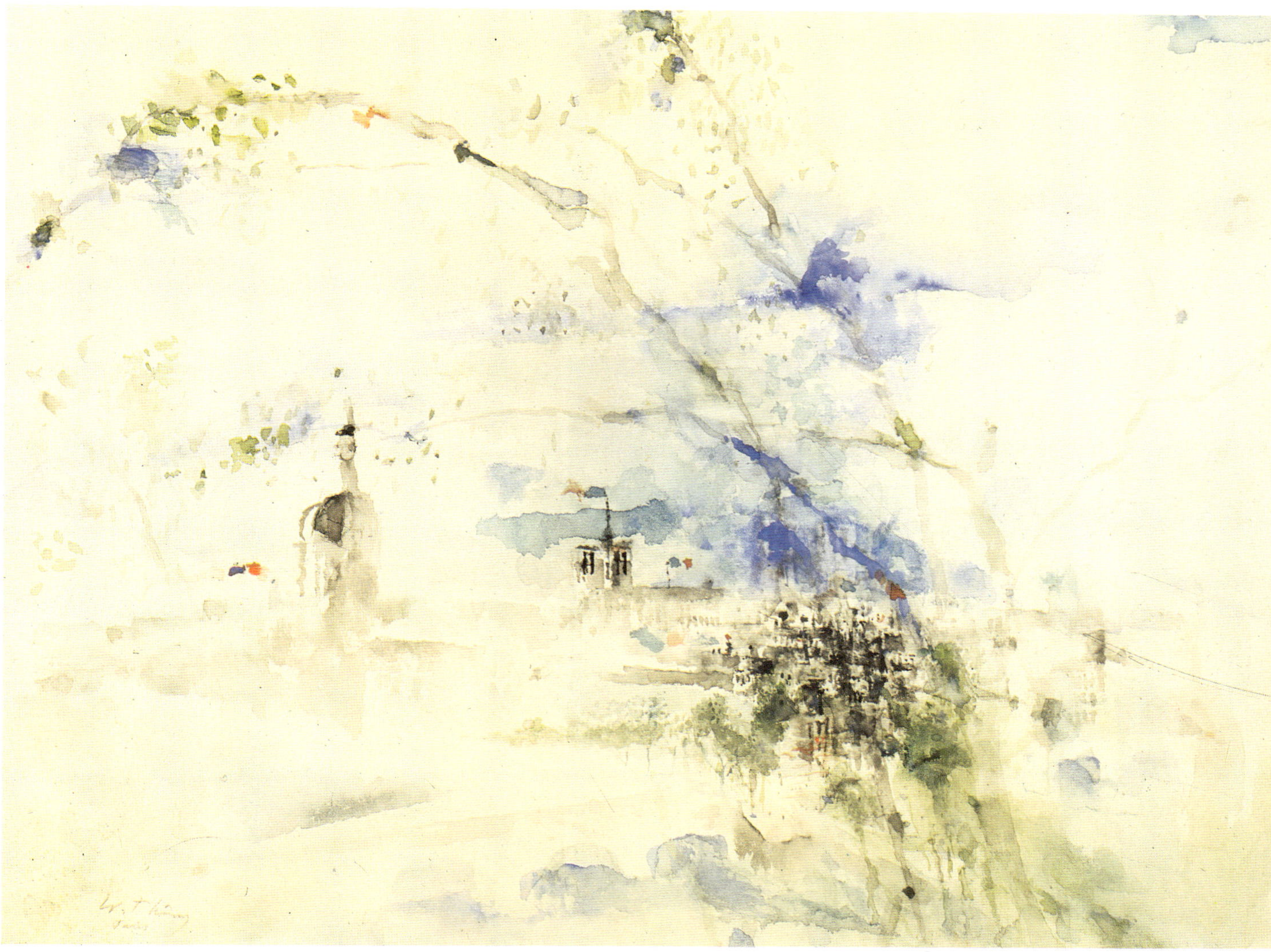

Josef Mikl
Gerichtssaalreporter, Ausbrecher
1969, 53 × 39,5 cm

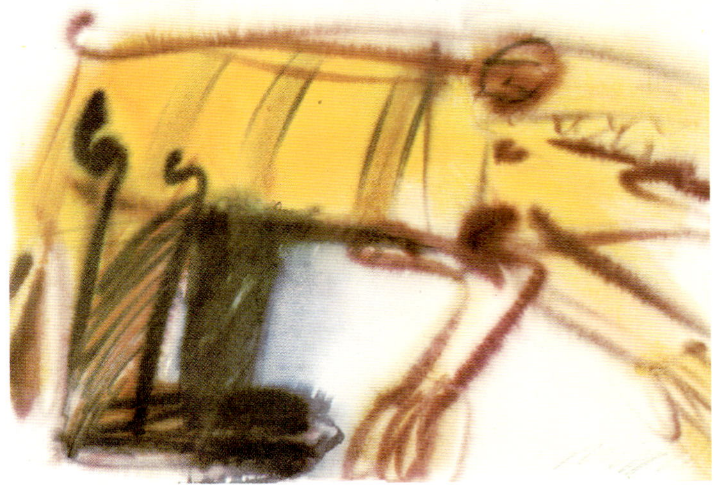

Wilhelm Thöny hat zwar in meisterhafter Weise dem Aquarell eine neue, vollkommene Form gegeben, aber er machte keine Schule, wohl aber sein jüngerer Kollege **Herbert Boeckl**. Kaum ein Maler der Geburtsjahrgänge von 1920 bis 1940, der nicht sein Schüler war im Abendakt an der Akademie für bildende Kunst in Wien und der nicht stolz wäre, sich Boeckl-Schüler zu nennen. Viele dieser Schüler haben den Sprung nicht geschafft, haben den Lehrer nicht bewältigt, sind Epigonen geworden, aber auch diese haben wenigstens malen gelernt, haben begriffen, was ein menschlicher Körper ist, eine Zeichnung, ein Aquarell. Und die, die ihre eigene Persönlichkeit entwickelt haben, denken voll Dankbarkeit an ihren Meister. Der künstlerische Weg dieses 1894 in Kärnten geborenen (und 1966 in Wien verstorbenen) Malers war vital und stoßhaft, mit vielen Licht- und Schattenseiten. Früh erfolgreich, erlebte er lange Zeit des Unverständnisses, um gegen Ende seines Lebens, vor allem mit seinen Bildern zur Apokalypse und – im Aquarell – mit seinen Metamorphosen, die nur mehr Geist zu sein scheinen, in eine neue malerische Welt vorgestoßen zu sein. Was Boeckl so heraushob, und was ihn eben zum genialen Aquarellisten werden ließ, sind sein wunderbarer Farbensinn und seine Empfindsamkeit gepaart mit fast brutaler Kraft. Nicht der ätherischen Ästhetik wie Thöny, sondern der kraftvollen, sinnlichen Freude war Boeckl hingegeben.

Die Erinnerung an die Wegbereiter des Aquarells (wie der Malerei überhaupt) in Österreich, kann nur sprunghaft und lückenhaft – und subjektiv – hier wachgerufen werden. Und es sind nicht nur die Toten, an die erinnert werden soll. Die Strömungen sollen doch spürbar werden, die den heutigen Aquarellisten den Boden bereitet haben.

Die deutsche Malerei der letzten 70, 80 Jahre hat in Österreich eigentlich keinen Einfluß ausgeübt, kein Mitdenken, nicht einmal bedeutende Nachahmer gefunden, so blieben derart starke Künstlerpersönlichkeiten wie Max Beckmann, oder fürs Aquarell, Emil Nolde, hier fast unbekannt. Heute erst beginnt man ihre Bedeutung zu erkennen, aber nun ist es wirklich ein bißchen sehr spät für einen Einfluß der deutschen Expressionisten auf österreichische Maler. Eher kann man einen Einfluß der neuesten Malerei Deutschlands in Österreich erkennen, von den „malerischen Malern". Nach dem 2. Weltkrieg war es aber auch so, daß der große starke Eindruck und ein bißchen auch ein Einfluß aus der abstrakten Malerei kam. Wie in Deutschland, so hat es auch in Österreich die reine Form gegeben. Was Ernst Nay erfand und was **Josef Mikl** schuf, hat bei aller Unvereinbarkeit der Charaktere doch eines gemeinsam: die Farbe ist Inhalt geworden, die Form hat nur noch eine untergeordnete Rolle.

Wolfgang Hollegha
Abstrakte Komposition
65 × 48 cm

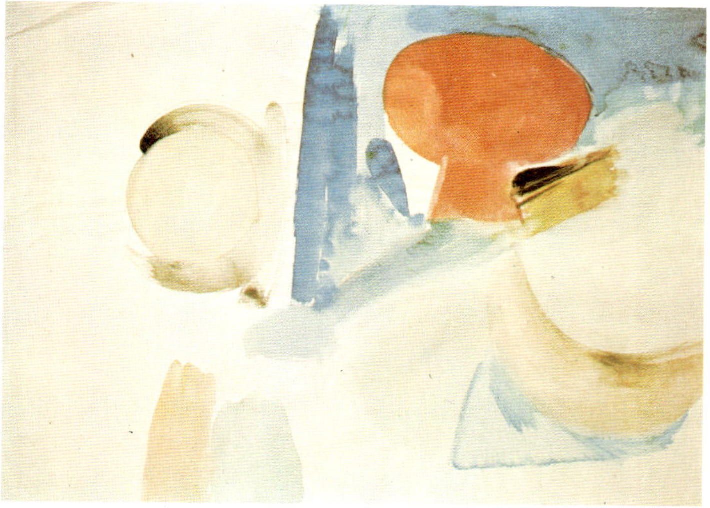

Auch Markus Prachensky und **Wolfgang Hollegha** wollen die gegenständliche Welt nicht abbilden, sie schauen sie nur an. Und im Anschauen wird sie aufgelöst, umgewandelt, wenn man so will, in Farbe verklärt.

Aber in Österreich blieb bei aller internationalen Entwicklung zum Informel und zur Abstraktion, doch vor allem das Erzählerische lebendig. Meisterlich dargestellt von dem Erzerzähler **Kurt Moldovan.** Er befand sich in einer wunderbaren Tradition, Erzähler wie Herzmanovsky, Gütersloh, Kubin, die gab es ja immer in Österreich, in der jüngsten Generation ist es Günter Brus, der diese Tradition weiterträgt und zu neuen Feinheiten, zu einer neuen künstlerischen Vollkommenheit aufbricht.

Moldovan hat seinen Ruhm sicher vor allem als Zeichner, aber seine Bedeutung als Aquarellist ist nicht minder groß. Moldovan hat selbst über das Aquarell geschrieben, so soll er auch hier zitiert werden, gültiger kann niemand über diese Technik sprechen, als einer, der das farbliche, formale und inhaltliche Problem kennt: der Maler.

„Strömungen, Wirbel, Tropfen, Schleier, Tümpel, Rinnsale, Flachseen – die ‚action' des farbigen Wassers wird nach dem Antrocknen auf dem Papierbogen zu einem sinnlich wahrnehmbaren Bildgegenstand. Zum Beispiel: Venedig. Transparent wie Einzeller schnellen Lampen vorbei. Ein Anlegesteg versickert im Algengrün. Die Salutekuppeln tauchen auf wie Medusen und Palazzi sind halbtrocken an Land gegangen. Urzeugung scheint nachvollzogen an der raffiniertesten Stadt der Welt. Man kanns auch an Poppendorf, an New York, an der Toskana, am Piccadilly-Circus oder an einem Autofriedhof demonstrieren.

Als Wasserfarbenmaler bin ich neugierig, was mit der in Fluß geratenen Farbe alles passieren kann, fordere Zufälle heraus und nütze sie augenblicklich für die Gestaltung meines Bildes. Hasard und Wahrscheinlichkeitsrechnung gehören zum Arbeitsprozeß. Wie ein Jongleur muß ich ununterbrochen meine Bälle unter Kontrolle haben, denn ich hantiere mit dem feuchten Farbfleck und zugleich mit seiner angetrockneten Form, mit der pigmentgesättigten und der wäßrigen Linie, mit dem Anfang und dem Ende des Bildes."

(„Moldovan – Kreuz und Quer, Beutezüge eines Zeichners", Verlag Galerie Welz, Salzburg 1980)

Kurt Moldovan
Toskana
1970

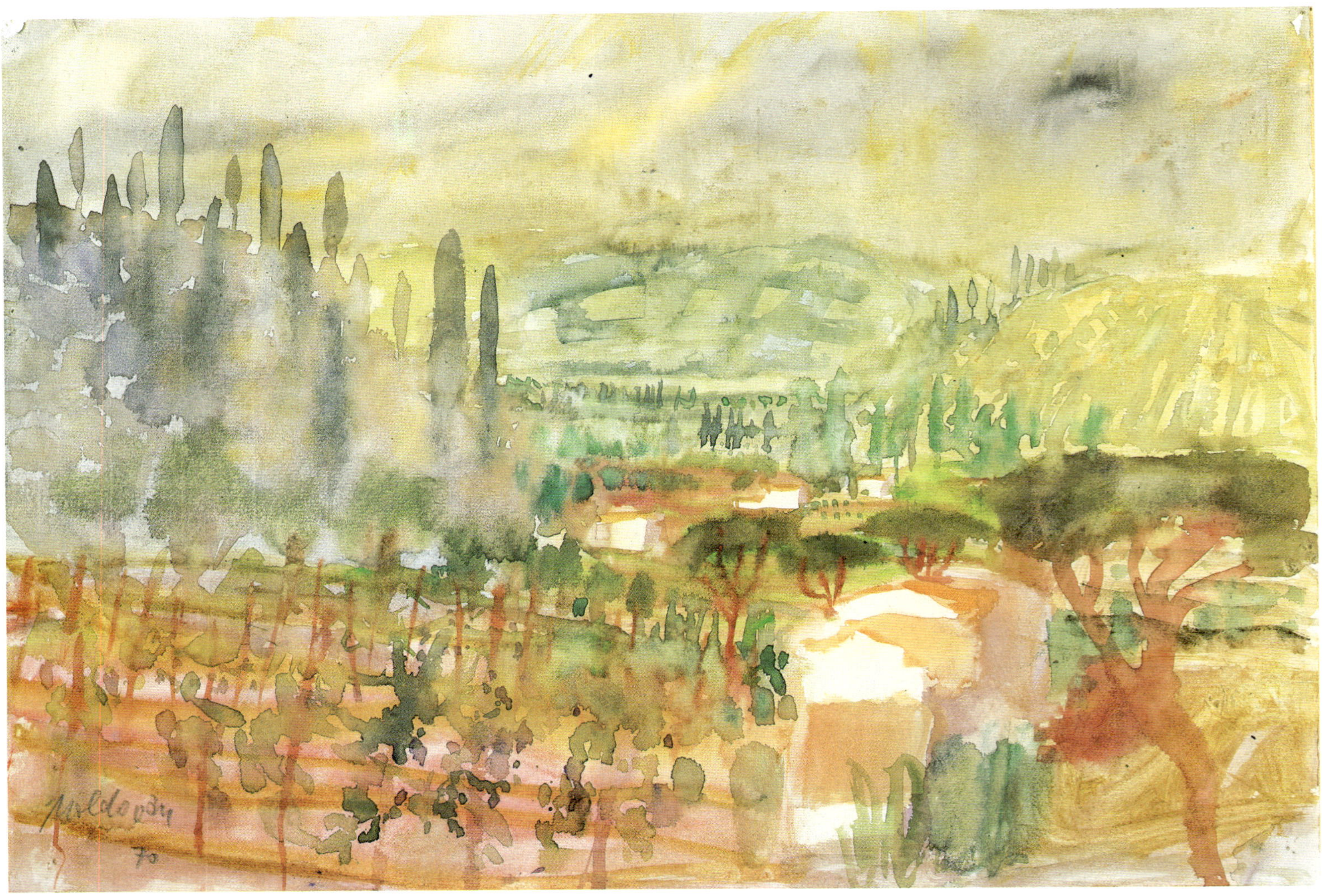

Rudolf Hradil
Villa Borghese
1978

Gottfried Salzmann
Gelber Tag

So sehr Moldovans Zeichnungen Geschichten erzählen – oder illustrieren – seine Aquarelle sind fast ausschließlich Städtebilder (weniger Landschaften). Genau wie die Bilder eines anderen bedeutenden Österreichers: **Rudolf Hradil.** Man meint, vorher habe noch niemand Städte so gesehen und so gemalt wie dieser Maler. Es geht ihm nicht um Ansichten und Darstellungen berühmter Sehenswürdigkeiten, obwohl diese auch vorkommen, Hradil macht etwas aus dem Alltag. Aus Leitungen, Anlegepfählen, aus Straßenbahnschienen und Peitschenlampen. Plakatwände und Baustellen, Eisenbahnen und Parks, Häuser, Straßen, Schilder, alles ist ihm Anlaß für ein Bild. Für Hradil gibt es keinen Unterschied in der Thematik, der Dom in Salzburg, das Forum Romanum in Rom, die Remise der Autobusse, alles gehört zum Alltag einer Stadt, alles ist ihm Anlaß – wenn das Licht stimmt. Seine Stunde ist die gedämpfte Farbigkeit, wenn der Nebel über Venedig liegt, wenn es Herbst wird oder Vorfrühling ist.

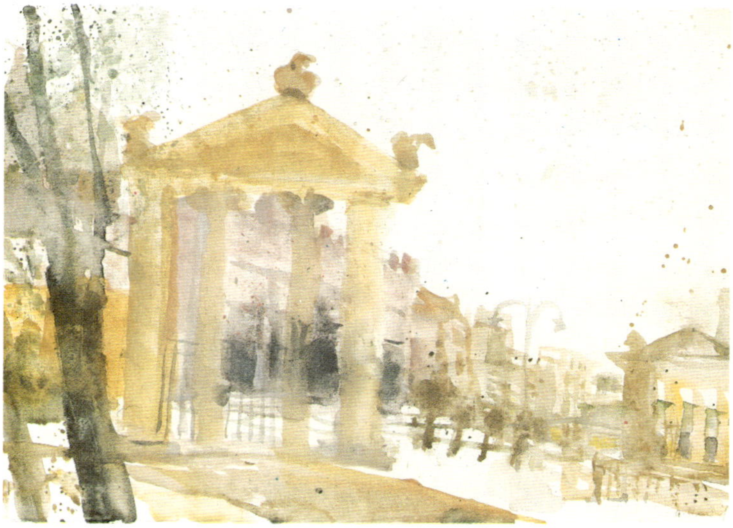

Strahlende Bläue eines Himmels, grelles Licht und starker Schatten sind nicht das, was der Aquarellist sucht und braucht. Im Gegenteil, im Zwischenlicht kommt die Wasserfarbe am zauberhaftesten zu ihrer Schönheit. Einer der großen Meister des Aquarells ist **Gottfried Salzmann.** Was er aus einer einzigen Farbe zu machen versteht, hat die Verinnerlichung und die Poesie mancher Turner-Bilder. Salzmann malt Landschaften, Regenbilder, alte Hausfassaden, und alles strömt den Duft vergänglicher Schönheit aus, macht den Betrachter still. Kein lauter Ton, kein überflüssiger Farbtupfer, alles ist auf eine wundersame Weise perfekt, ohne Sterilität oder Langeweile. Es ist reine Malerei. Salzmann schafft aus jedem Gegenstand eine neue Ästhetik, wie eine heilige Handlung.

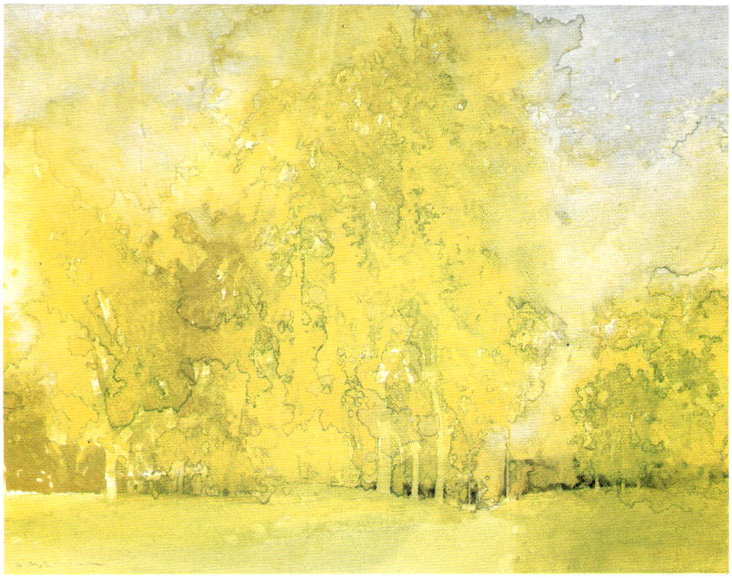

Max Weiler
Wie eine Landschaft
1962, 62 × 88 cm

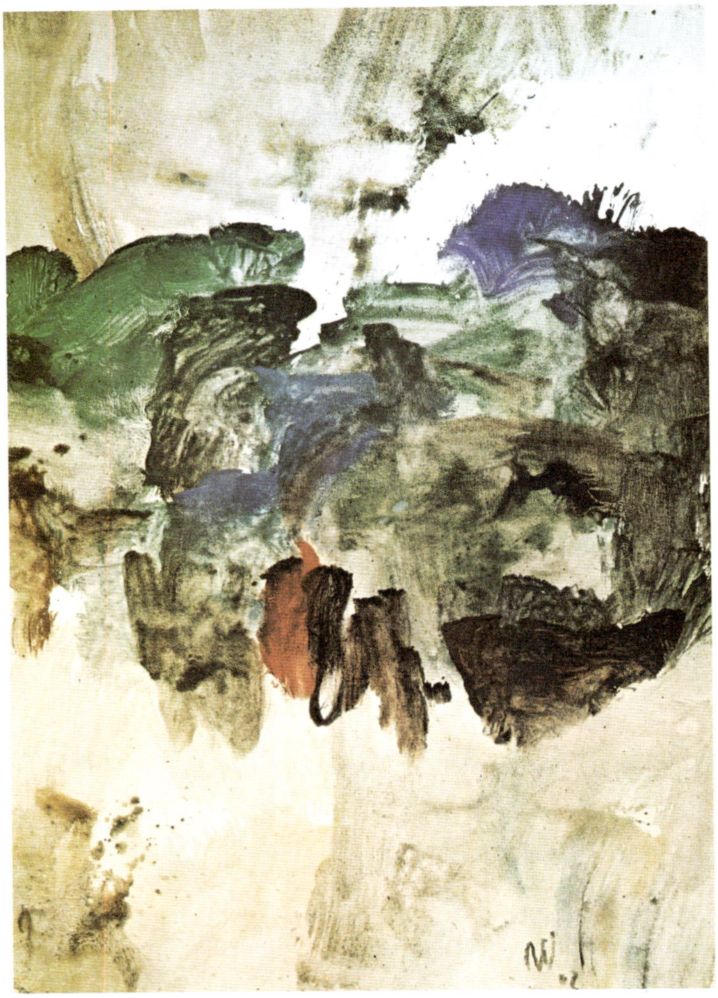

Die Tradition der österreichischen Aquarellmalerei ist vielseitig, sie reicht vom Gegenständlichen zum Abstrakten, vom Lyrischen bis hin zum Kraftvollen, ja Brutalen. Sie hat viele Vermittler und auch viele Lehrer gehabt. Nicht nur Herbert Boeckl, auch **Max Weiler, Josef Dobrowsky, R. Christian Andersen, Sergius Pauser** und **Gustav Hessing,** um nur einige zu nennen, waren für die jüngere Generation anregende und gute Lehrer. Einer der Anreger, der keine Professur, aber viele Schüler hatte, war **Max Peiffer-Watenphul** – ohne ihn zu nennen, wäre diese unvollkommene Erinnerung allzu unvollständig.

Peiffer-Watenphul wurde 1896 in Deutschland geboren, war aber von 1921 an, mit Unterbrechungen, bis in die 60er Jahre immer wieder, und oft für Jahre in Salzburg. Er studierte am Bauhaus, war befreundet mit Paul Klee, der ihn einen „feinen" Maler nannte. Kaum ein Salzburger Maler, der Watenphul nicht zu Dank verpflichtet wäre. Er gab bereitwillig sein Können den jungen Künstlern weiter, war hilfsbereit und ein Mann der Freundschaft. Peiffer-Watenphuls Bilder sind von jener unglaublichen malerischen Poesie, die nur ein Maler zu schaffen imstande ist, der um die Vergänglichkeit allen Seins weiß. Seine Städtebilder, aber besonders seine Stilleben und Blumen, atmen den Geist der Demut und Hingabe aus, die auf dem Boden wahrer Künstlerschaft entsteht. Dies mag vor allem seinen Einfluß ausgemacht haben: er brachte den jungen Künstlern nicht nur Malerisches, sondern Menschliches, Moralisches, die Ethik des Künstlers, dem es nicht um vordergründige Ästhetik, sondern um die Wahrheit der Kunst zu tun ist.

Es gibt Maler, die behaupten, in Österreich wäre das Licht nicht ideal für die Aquarellmalerei, es fehle das nahe Meer. Mag sein, daß sie recht haben, aber es ist doch überraschend, wieviele Maler es dann doch in Österreich gibt, die ihre Bilder in der Natur mit Wasserfarbe malen. Im Burgenland, in Vorarlberg, in den Städten und auf den Bergen. So kann man auch in unserem Land in die Natur gehen, seine Staffelei aufstellen und malen.

Und davon gibt dieses Buch reich bebildertes Zeugnis.

Angelica Bäumer

Sergius Pauser
Venedig
1936

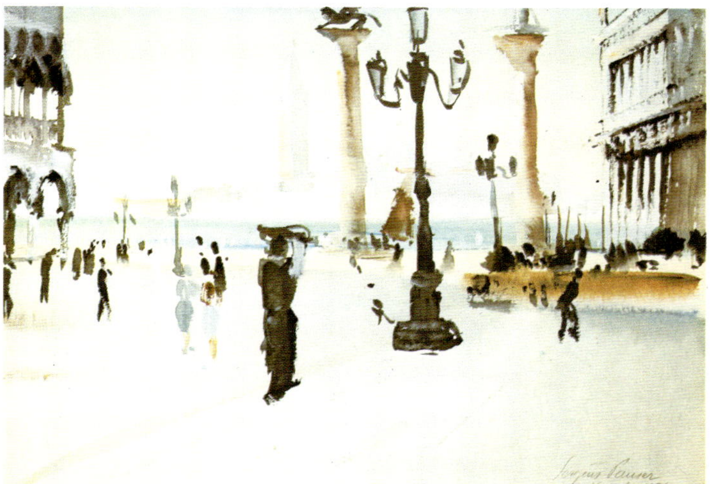

Max Pfeiffer-Watenphul
Blick auf Procida
1939, 49 × 35 cm

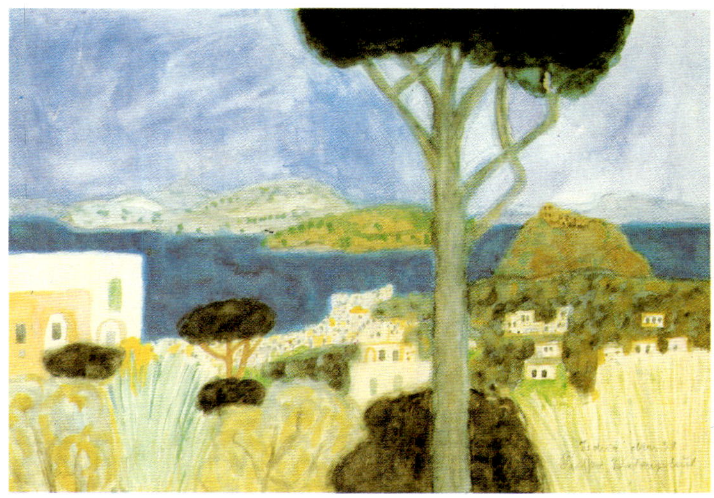

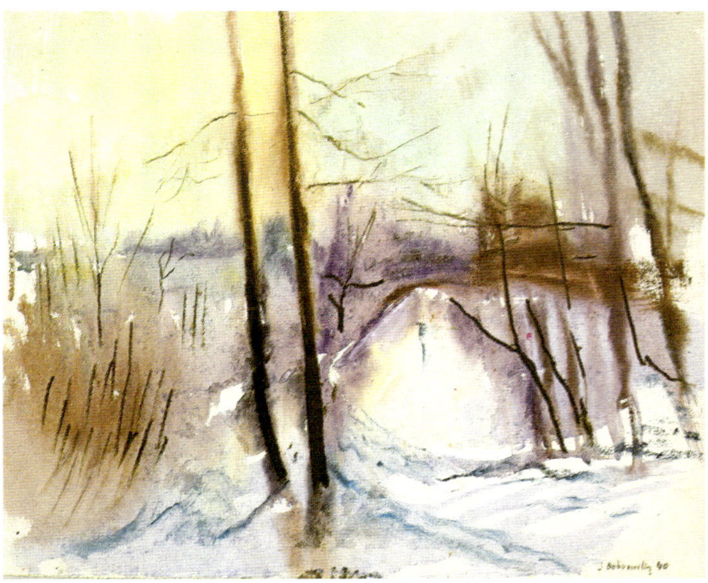

Josef Dobrowsky
Bei St. Margarethen
1940, 63 × 48 cm

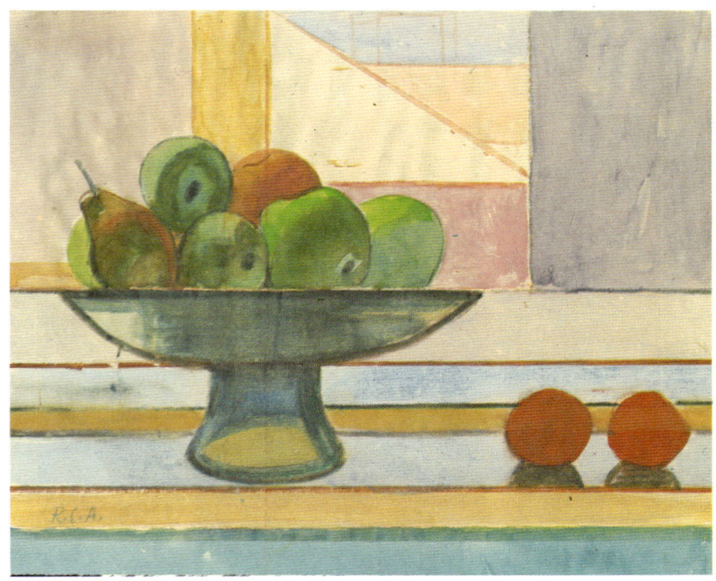

Robin Christian Andersen
Fruchtaufsatz
um 1935, 50 × 40 cm

Kapitel der Maler:

Bildmaße Breite × Höhe

Die Landschaft

Die Natur ist der Beginn der Malerei

Mit der Landschaftsmalerei bei Albrecht Dürer, oder gehen wir näher an unsere Zeit, mit den Landschaftsimpressionen von William Turner und erst recht dann durch die Kunst von Paul Cezanne, begann die Wasserfarbenmalerei ihren Weg als eigene Kunstdisziplin. War sie früher mehr Skizze und Entwurf für die „hohe" Kunst, so wurde sie nun eigenständige Technik fürs fertige Bild. In den Landschaftsaquarellen der Kunstgeschichte bis heute haben Maler in der Natur vieles gesehen und aufgezeigt, was das Bild der Zeit bestimmte. Die Aquarelle Dürers von seiner ersten Italienreise und die Cezannes vom Mt. Saint Victoire haben vieles gemeinsam: es sind Impressionen und Deutungen zugleich. Flüchtiges und Beständiges.

Auch die Maler dieses Buches sehen die Landschaft in vielerlei Gestalt. Es gibt Maler, die bewußt die Idylle suchen, das Heile in Feldern und Dörfern sehen. Andere sind kritischer und zeigen das Häßliche unserer Zeit, die Leitungen, Autobahnen, Tanks und Fabriken mitten in der Natur. Merkwürdigerweise wird aber im Aquarell auch das Häßliche schön, schafft der Maler selbst bei kritischem Betrachten ein ästhetisches Ereignis.

Der Wunsch, Landschaften zu malen, kann viele Ursachen haben; weil man gerne in der Natur ist, weil man auf dem Land wohnt, oder wie Eduard Bäumer einmal schrieb: *„Es ist auch die Sehnsucht großräumig zu leben. ‚Himmel und Erde sind erfüllt von Deiner Herrlichkeit' einen Hauch davon finden, das wäre dann nicht mehr Landschaft allein, sondern alles in allem."*

(Monographie Eduard Bäumer, Brief an F. W., Verlag Galerie Welz, Salzburg 1977)

Großräumig leben, die Stille zum Malen finden und wie R. W. Emerson sagt: *„Das Wunder einer Landschaft ist, daß sich in ihr Himmel und Erde berühren."* Das mögen Gründe sein, Landschaften zu malen. *„. . . denn wahrhafftig steckt die Kunst inn der Natur, wer sie herauss kann reyssenn, der hat sie."* (Albrecht Dürer)

Karl Anton Fleck

*Geboren im Juni **1928** in Wien.*
*Gestorben im Dezember **1984** in Wien.*

Einzelausstellungen: ***1962** Galerie „Zum Roten Apfel", Wien; **1967** Galerie „Junge Generation", Wien; Umetnicka Galerija, Jugoslawien; **1968** Galerie Autodidakt, Wien; Kunstmuseum Hälsingborg, Schweden; **1969** Kleine Galerie, Wien; **1971** Wiener Secession; **1972** Galerie Blutgasse, Wien; Galerie Tigges, Gütersloh; **1973** Galerie auf der Stubenbastei, Wien; **1975** Galerie Gras „Fleckviechereien", Wien; Atelier Yppen, Wien; **1976** Galerie Ortner, Villach; Kleine Galerie am Hauptplatz, Baden; **1977** Stavanger Kunstmuseum, Norwegen; Aquarelle u. Zeichnungen, Galerie Contact, Wien; **1978** Galerie in der Goldgasse, Salzburg; Galerie Arcade, Mödling; Galerie am Doktorberg; Museum d. 20. Jhdt., Wien; **1979** Galerie Gerersdorfer, Wien; Retrospektive 1958–1979, Junior Galerie; **1980** Atelier Yppen, Wien; Edition Alt-Erlaa, Wien; Kellergalerie Nagl, Vöcklabruck; **1981** „Z" Galerie, Wien; „Landschaftszeichen", Galerie Contact, Wien; Galerie Eder, Linz; Galerie Gerersdorfer, Wien; „Österreichische Landschaftsaquarelle Kulturhaus Graz"; **1982** Galerie Grösel, Salzburg; „Aktzeichnungen", Galerie Gerersdorfer, Wien.*

Preise: ***1973** Theodor Körner Preis, „Der Mensch und die Stadt", Künstlerhaus Wien; „Die Bahn heute", 1. Preis (Wiener Secession); Anerkennungspreis, Galerie Dell'Ore Milano; **1979** Professortitel; **1980** Preis der Stadt Wien für Grafik.*

Werke besitzen: *The Museum of modern Art, New York; Graphische Sammlung Albertina, Wien; Museum des 20. Jahrhunderts, Wien; Neue Galerie der Stadt Linz; Graphische Sammlung Rupertinum, Salzburg; Bundesministerium für Unterricht und Kunst, Wien; Kulturamt der Stadt Wien; Umetnicka Galerija, Jugoslawien; Kunstverein Stavanger, Norwegen; sowie in- u. ausländische Sammler.*

In allem was er zeichnete, war er eigentlich Porträtist. Auch seine Landschaften können als Bildnisse von vertrauten Lebewesen aufgefaßt werden, wie auch seine zahlreichen Porträts und Selbstporträts an unruhige Landstriche erinnern.

Karl Anton Fleck zeichnete so, wie er die Welt sah: vielschichtig. Er richtete scharf, eigenwillig und launisch. Diese Welt voller dorniger Zuneigung vermochte KAF stechend knapp, das heißt fast wahrheitsgetreu, zu porträtieren. Die Erde sei ihm leicht.

Jan Tabor
aus: „KAF" kratzte mit Gemüt

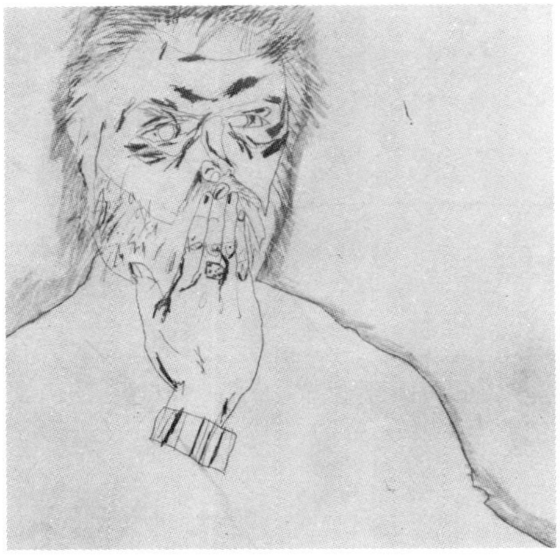

„KAF", Selbstporträt „Ü BIN", 1977

„KAF" ist tot

Wie bereits gestern kurz berichtet, ist Karl Anton Fleck gestorben. KAF (mit diesem signifikanten Monogramm versah er seine Bilder) war ausgebildeter Jazzmusiker und Lithograph, Inhaber zahlreicher Preise und Auszeichnungen für bildende Kunst. Bekannt war er für seinen sensiblen, expressiven, kratzbürstigen, fast aggressiven Strich. Dieser war unverkennbar – selbst in den Aquarellen. Ich habe ihn ob seiner graphischen Sparsamkeit einen Meister in der Kunst des Weglassens genannt. Und auf das Wesentliche hat sich KAF stets konzentriert: sei es in den „pastoralen" Landschaften, sei es in den wild-leidenschaftlichen Akten, sei es in den fein psychologisierenden Porträts.

Ich war mit KAF seit über zehn Jahren befreundet. Nach Geborgenheit und Wärme hat er sich gesehnt. Nicht nur einmal ist das diesem vollbärtigen Hünen versagt geblieben. Doch spricht diese Sehnsucht aus all seinen Akten und Landschaften.

Sensibel war sein Strich, verletzbar war er. Aber unendlich dankbar für aufrichtige Zuneigung. Wenn er in letzter Zeit um etwas gebeten hat, dann nicht für sich, sondern für andere. Er fühlte sein Ende nahen, das Brechen des stets wachen Auges. Es waren Augen voll Liebe und Menschlichkeit. Woran KAF gestorben ist? Karl Anton Fleck ist am Leben gestorben . . .

H. G. Pribil
Wiener Zeitung
14. 12. 1983

Steiermark
1979, 31 × 24 cm

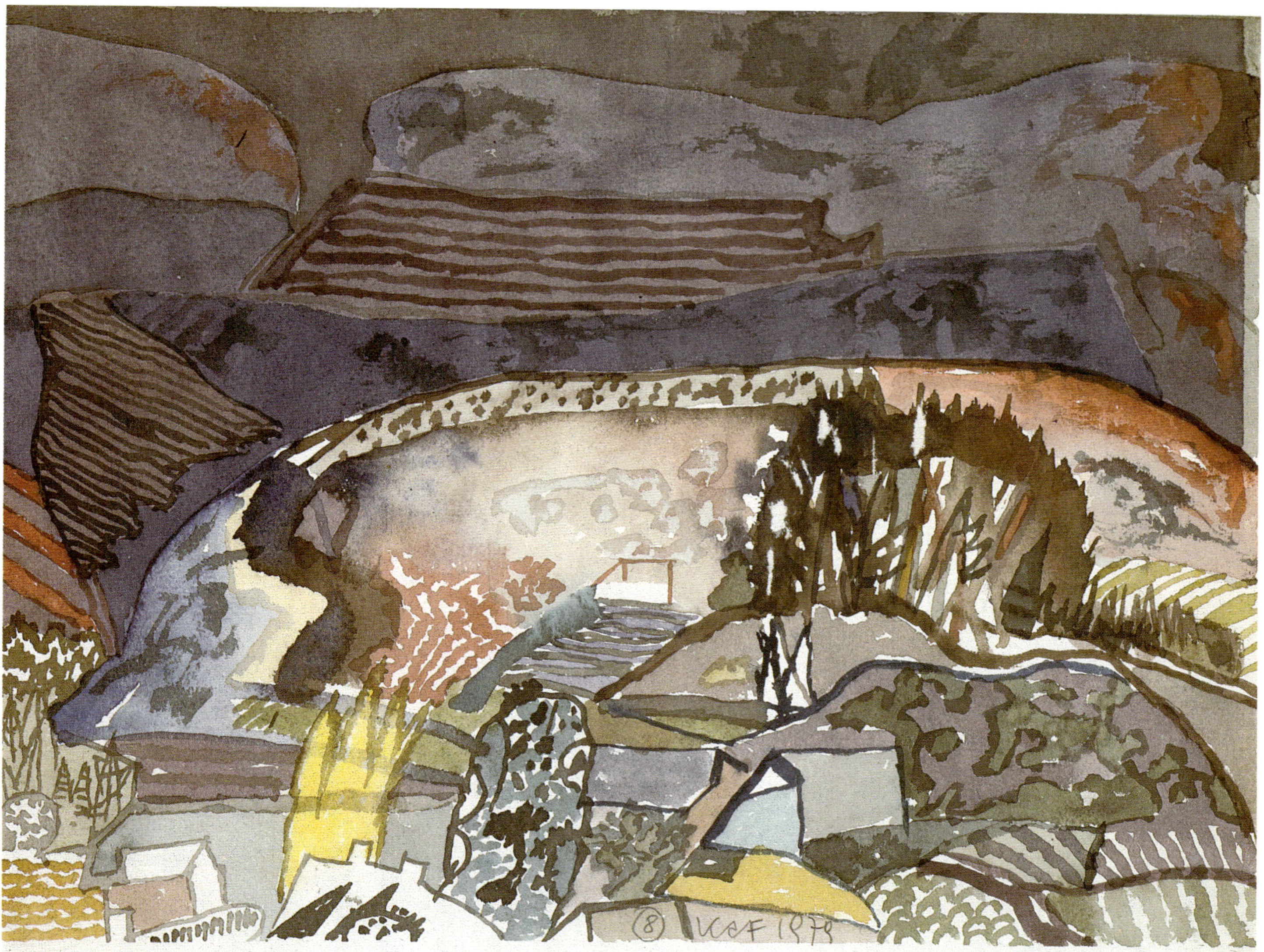

Helmut Kern

1928 geboren in Linz. 1948–1953 Studium der Architektur an der Technischen Universität Wien. Seit 1953 als freischaffender Architekt tätig. Intensive Beschäftigung mit Malerei und Zeichnen (Entwicklung als Autodidakt). 1970–1975 Studium bei Prof. Martinz (Aktzeichnen) und gleichzeitig immer stärkere Auseinandersetzung mit dem Landschaftsaquarell.

Einzelausstellungen: *1967 Galerie 6, Wien; 1969 Musikhaus 3/4, Wien; 1975 Galerie Romanum, Perchtoldsdorf; 1977 Galerie Schwarzer, Wien; 1979 Galerie Thurnhof, Horn; 1980 Galerie Prisma, Wien; Neue Galerie, Villach; 1981 Kunstmesse Basel mit Galerie Prisma (Beteiligung); 1982 Creditanstalt-Bankverein Graz und Leoben; Galerie Prisma, Wien; 1983 Galerie am Doktorberg, Kaltenleutgeben.*

Ankäufe: *Institut zur Förderung der Künste in Österreich, Wien; Bundesministerium f. Unterricht u. Kunst, Wien; Amt der OÖ Landesregierung, Linz; Amt der NÖ Landesregierung, Wien. Mitglied der Berufsvereinigung Bildender Künstler Österreichs.*

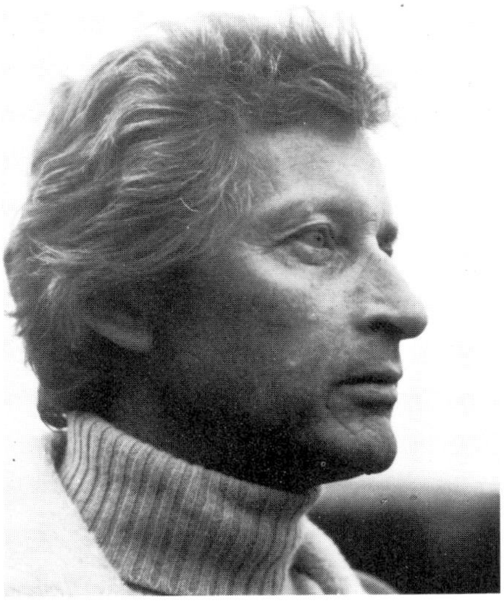

. . . Mit feinem malerischem Empfinden und delikaten Farbabstimmungen bewältigt er das atmosphärische Element, die Schwierigkeiten der Grünnuancen und brilliert vor allem in herbstlichen Valeurs.

Maria Buchsbaum

Lichtreflexe in stillen Wassern, von alten Bäumen gesäumt –
die gelbbraune Weite der abgeernteten Felder –
einige tiefgeduckte Häuser am Horizont –
dahinter ein sanfter Höhenrücken –
Gewölk von Sonnenstrahlen durchbrochen . . .

Kleine Dinge, die man allzu oft übersieht, verdrängt – . . .

Helmut Kern

Teide“ Teneriffa
1983, 36 × 25 cm

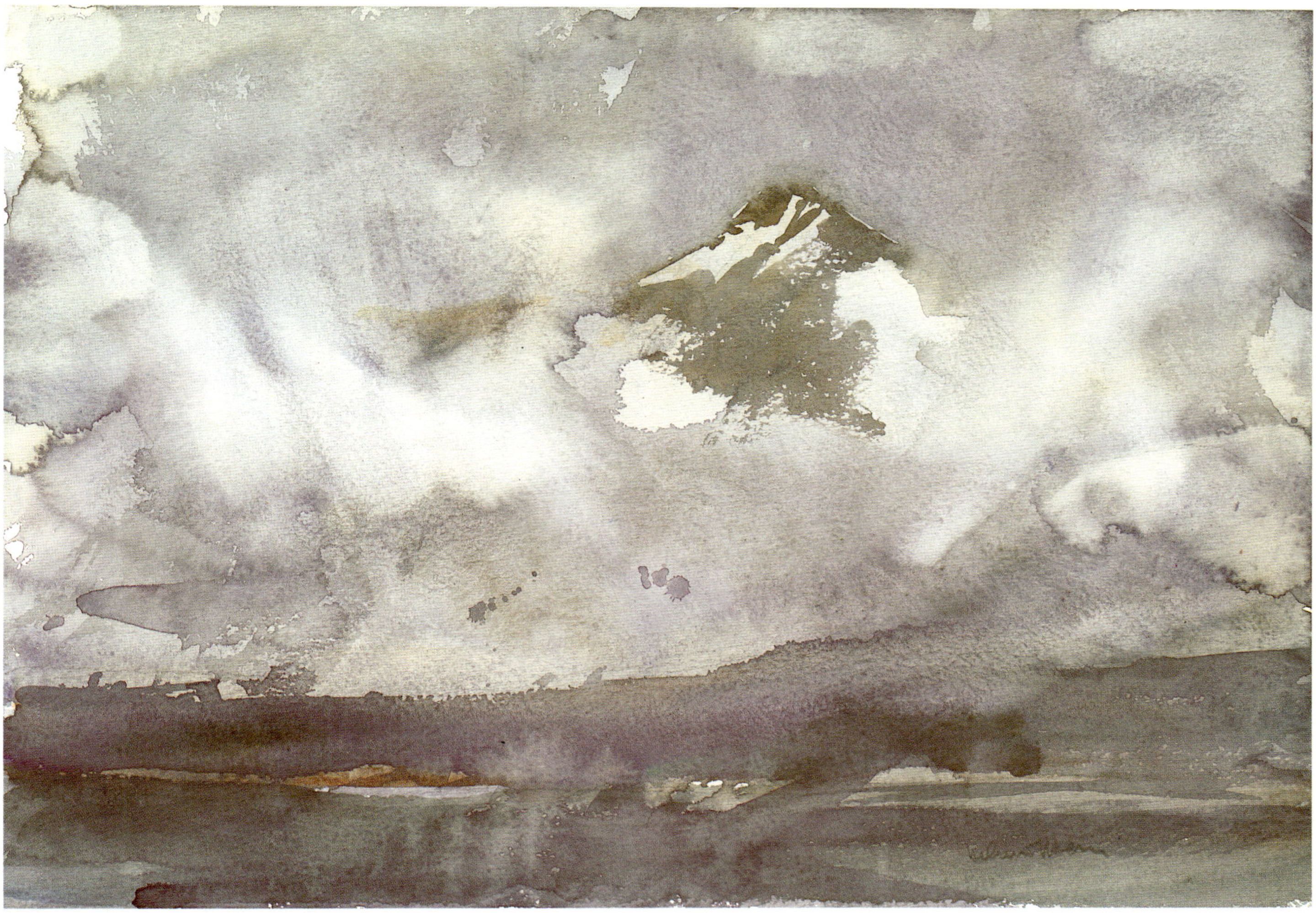

Sieglinde Layr

Geboren ***1951*** *in St. Pölten, lebt in Gars/Kamp, NÖ. Matura am Musisch Pädagogischen Realgymnasium in St. Pölten, Päd. Akademie Krems. Lehramt, 4 Jahre Hauptschullehrerin. Seit* ***1976*** *als freischaffende Künstlerin tätig.* ***1982*** *1. Preis in Freistadt, Europäischer Kunstpreis.* ***1982*** *Paris Akademie de Lutece Goldmedaille.* ***1983*** *Goldmedaille in Charleroi (Belgien).*

Personalausstellungen: ***1978*** *Galerie Thurnhof, Horn;* ***1979*** *Schwäbisch Hall;* ***1980*** *Päd. Akademie, Krems;* ***1981*** *Galerie Depot 35, Graz;* ***1982*** *Galerie Aduatz; Museum Carolino Augusteum, Salzburg; Casino, Kitzbühl;* ***1983*** *Galerie Zentrum, Wien; Panhans, Semmering; Galerie Mensch, Hamburg; Hochschülerschaft, Wien; Casino, Linz; Palais Ferstl, Wien.*

Ausstellungsbeteiligungen: *Im Rahmen des „Waldviertler Künstlerbundes" im Grazer Künstlerhaus;* ***1981*** *Beethovenhaus, Baden;* ***1982*** *Freistadt; Akademie de Lutece, Paris;* ***1983*** *Palais des Beaux – Arts de Charleroi (Belgien).*

Die Künstlerische Vorgangsweise ist spontan und expressiv.

Sieglinde Layr versucht in ihren Bildern, die Landschaft ihrer Wahlheimat, das Waldviertel, zu ertasten und in seiner Tiefe zu erfassen. Wichtig dabei erscheinen ihr Dinge, die „dahinter liegen", die man erst beim zweiten Blick erkennen und spüren kann.

Die Dualität von Licht und Schatten, von Dichte und Auflockerung spielt eine große Rolle in den Arbeiten der Künstlerin. Der Lebenskampf in der Landschaft sowie im menschlichen Dasein bildet für Sieglinde Layr eine ständige Herausforderung.

Sie liebt das Aquarell als eine Malform, durch die sie ihre Spannung direkt und klar in Form und Aussage auszudrücken versucht.

Ihre Bilder sind Empfindungen, Stimmungen, Spontanerlebnis, ein Hauch von Vergangenem, Vorbeigezogenem, Verwittertem und Vergilbtem, Situationen, die gewiß nie wiederkehren. Die Einmaligkeit, die Augenblicke, kostbar – jetzt!

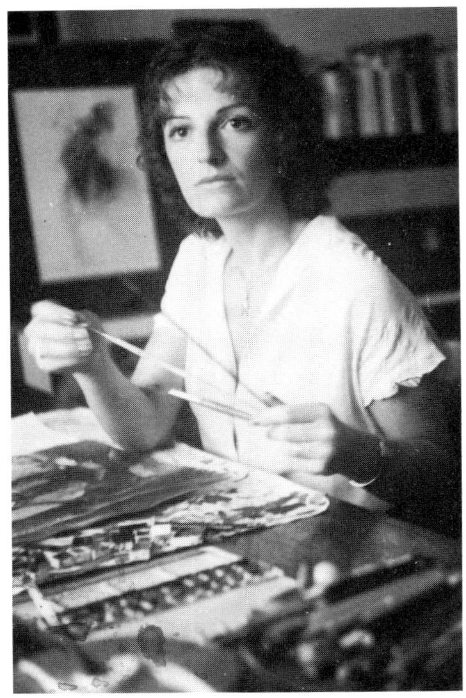

Die Bilder sind Tagebücher meines Lebens. Wenn ich ein fertiges Bild von mir ansehe, dann erklingt dazu eine bestimmte Musik, eine Erinnerung wird wach, eine Sehnsucht erwacht, ein Wunsch nach Vollendung und Wahrheit taucht auf. Das Aquarell ist daher für mich nie etwas Fertiges, sondern immer nur ein Zustand.

Es lebe das Aquarell als meine beste Lehrmeisterin im Erfassen des Wesentlichen und als mein Inbegriff von Freude, die in ihm die größte Erfüllung findet!

Sieglinde Layr

Kukurutz
1983, 56 × 38 cm

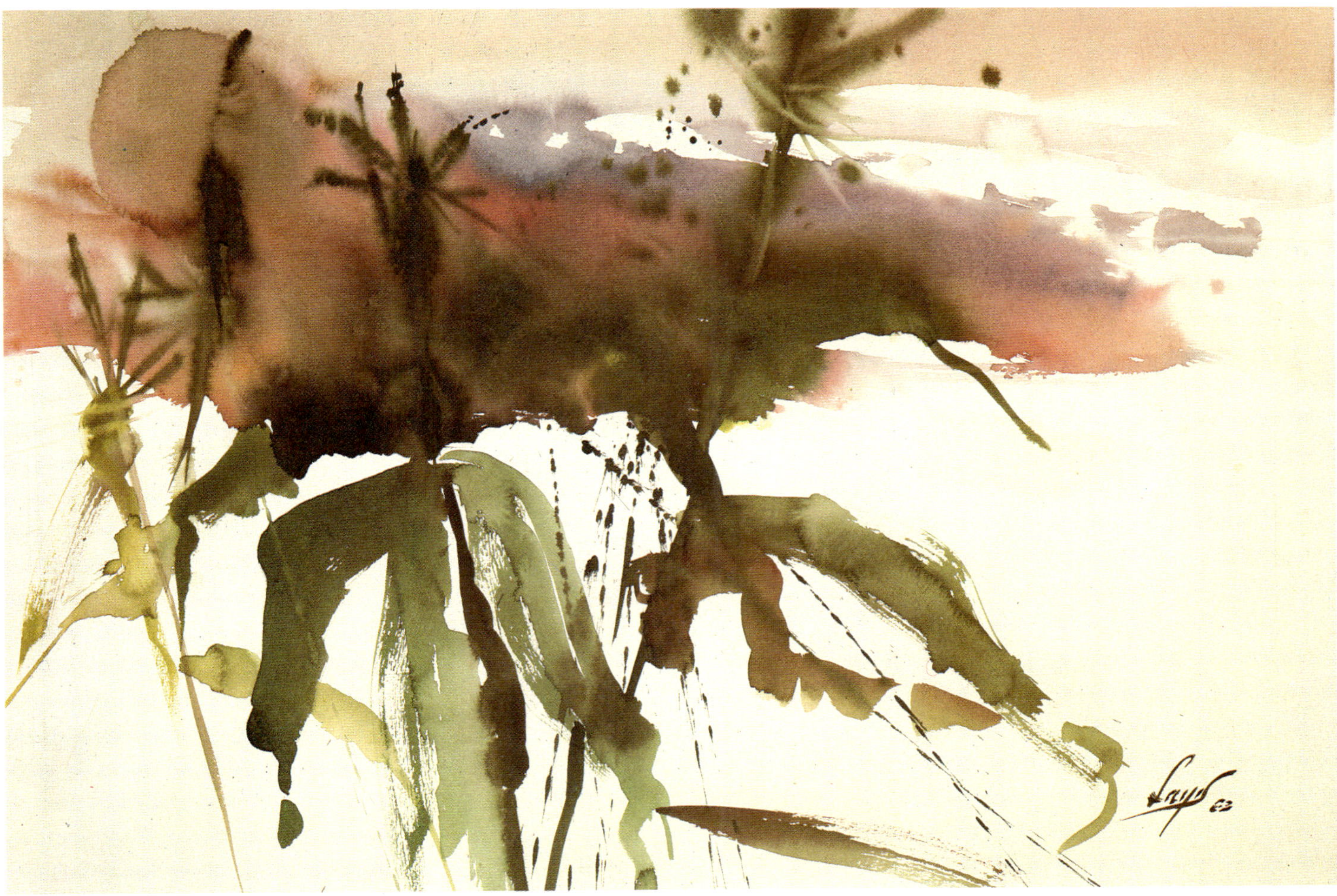

Kurt Freundlinger

__1930__ geboren am 5. November in Steyr, O.Ö. __1946–50__ Graphische Lehr- und Versuchsanstalt, Wien. Zahlreiche Werke in öffentlichen und privaten Sammlungen des In- und Auslandes.

Einzelausstellungen: *__1971__ Galerie Steyr, Steyr, O.Ö.; __1973__ Clubgalerie, Linz; Kleine Galerie, Wien; __1974__ Galerie Wolkenstein, Wien; Galerie Romanum, Perchtoldsdorf; Galerie am Bauernhof, Wischatal, N.Ö.; __1975__ Pe De-Galerie, Wien; Galerie an der Stadtmauer Villach; VÖEST-Alpine, Linz; __1976__ Galerie Blutgasse, Wien; Galerie „nach sechs", Augsburg; Theo v. Hörmann-Galerie, Imst; Galerie Austerlitz, Wien; Galerie Stökker, Straubing, BRD; __1977__ Galerie Wolfrum, Wien; Galerie Dida, Graz; Autofina-Galerie, Wels; Galerie Idomeneo, Salzburg; Galleria Kuperion, Meran; Galleria Ghelfi, Verona; __1978__ Galerie Thurnhof, Horn, N.Ö.; Galerie Zweymüller, Baden, N.Ö.; BIG-Galerie, Regensburg; Club der Begegnung-Galerie, Linz; __1979__ Städtische Galerie Rombergpark, Dortmund; Galerie Basilisk, Wien; Städtische Galerie Bummerlhaus, Steyr; __1980__ Galerie Weidan, Schärding, O.Ö.; Galerie am Doktorberg, Kaltenleutgeben, N.Ö.; Test Gallery, Ramatuelle und St. Tropez; Galerie Wolfrum, Wien; __1981__ Galerie in der Schule, Vomperbach, Tirol; Galerie St. Lorenz, Mondsee, O.Ö.; Test Gallery, München; Galerie Prisma, Wien; __1982__ Galerie Dida, Graz; Kleine Galerie, Schönau, N.Ö.; __1983__ Galerie Forum, Wels; Galleria Astrolabio, Rom; Galerie Prisma, Wien; __1984__ Galerie Grazbachgasse, Graz; Galerie Unterberger, Innsbruck; Neufeld-Galerie; Lustenau, Vlbg.; Galerie Glück, Wels.*

Ausstellungsbeteiligungen, u. a. in: *Linz, Grenchen, Salzburg, Augsburg, Stuttgart, Karlsruhe, Knogge-Heist/Belgien, St. Pölten, Basel, Bad Gastein, Dortmund, Mexiko City, Guadalajara, Veracruz, Tampico, Paris, Graz, Innsbruck, St. Tropez.*

. . . Bei den Aquarellen kommt der bekannt-brillante Fabulierer stark zum Durchbruch. Er führt den Beschauer in eine irrlichterne Traumwelt, gibt ihm dabei die Gelegenheit, sich selbst in diese Welt hineinzuprojizieren und zu durchwandern. Die in gekonnter Technik selten ganz ausgemalten Bilder lassen mit ihrer subtilen Abstraktion genügend Spielraum dafür offen.

Eduard Arnold

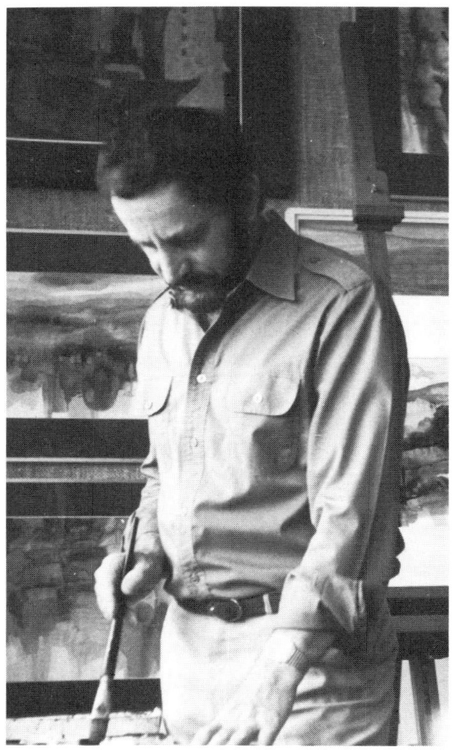

„Die Aquarellmalerei ist meine späte Liebe geworden. Kleine und alltägliche Utensilien, wie ein Näpfchen Farbe und ein Glas Wasser, werden zum Verursacher eines Rauschzustandes. Ich kann träumen, schweben, mich in eine andere Welt begeben."

Kurt Freundlinger

Am Hang
1983, 32 × 43 cm

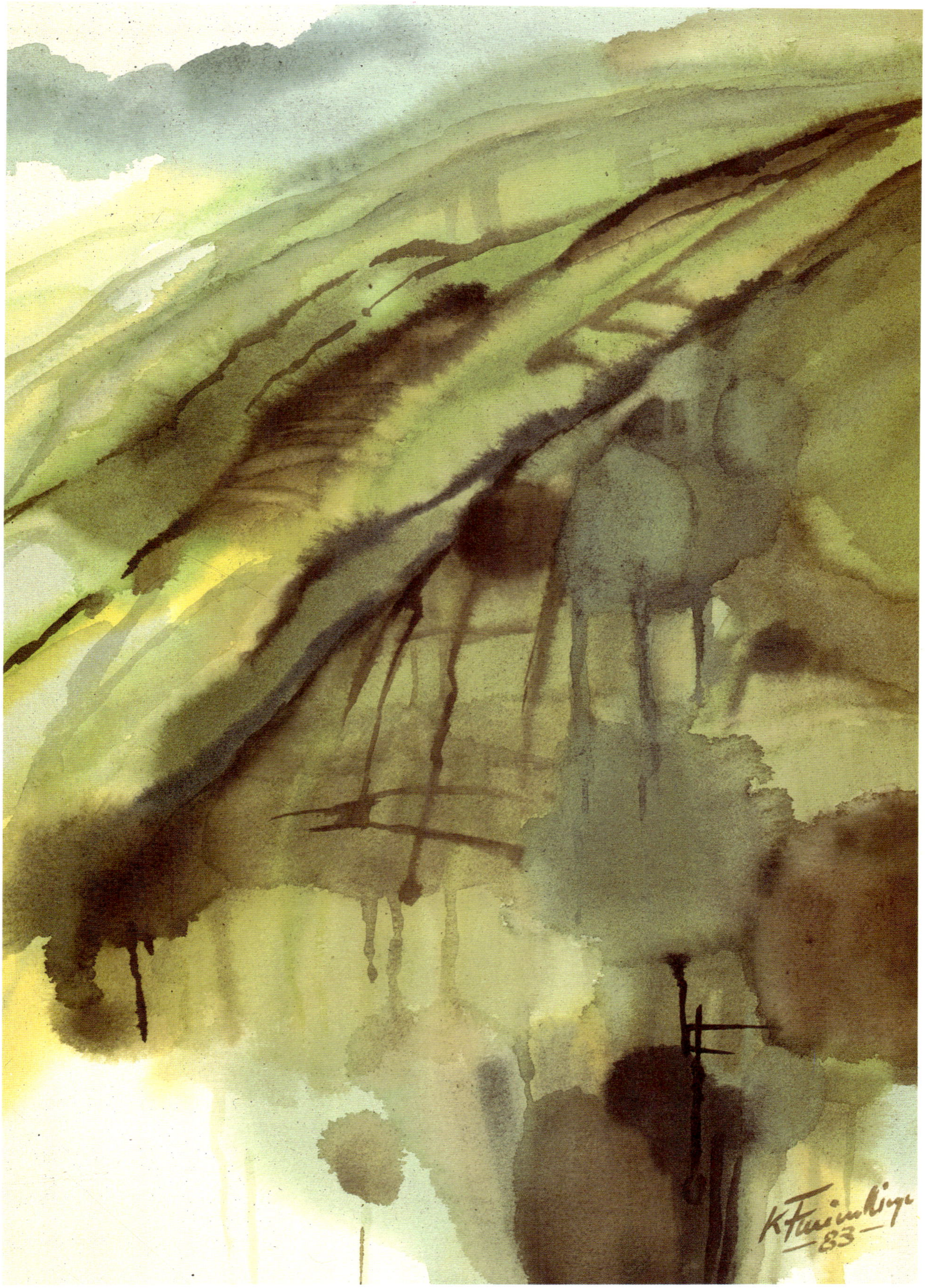

August Franz Svoboda

Geboren am 6. Mai ***1928*** *in Wien, lebt in Wien. Seit* ***1950*** *Beamter im Bundesministerium für Auswärtige Angelegenheiten, Mitglied des Berufsverbandes bildender Künstler Österreichs.*

Studien: ***1945–1953*** *an der Akademie für bildende Künste in Wien bei Prof. Gütersloh und Prof. Boeckl, Diplom als akad. Maler.*

Lehrtätigkeit: ***1960–1965*** *für Aktzeichnen an der Wiener Kunstschule und Künstlerischen Volkshochschule, seit* ***1965*** *bei Seminaren für Laienmaler aus Österreich im Rahmen der Erwachsenenbildung des ÖGB und der Arbeiterkammer.*

Einzelausstellungen: ***1969*** *„Drei österreichische Künstler" im Austrian Institute, New York;* ***1975*** *Galerie an der Mur, Murau;* ***1975*** *Österreichisches Kulturinstitut, Rom;* ***1979*** *Galerie Würthle, Wien;* ***1980/81*** *Junior Galerie, Wien.*

Ausstellungsbeteiligungen: ***1962*** *Biennale Christlicher Kunst, Salzburg;* ***1959*** *Junge Generation, San Salvador;* ***1961/1962*** *und* ***1965*** *Salon Interministériel, Paris;* ***1967*** *Österreichische Graphik für Florenz;* ***1968*** *Premio UNESCO, Rom;* ***1976*** *Internat. Association of Fine Arts, Athen; sowie bei diversen Ausstellungen des Salzburger Kunstvereins und des BVÖ, Wien.*

Preise: ***1948/1953*** *Fügermedaille und Anerkennungspreis der Akademie für bildende Künste;* ***1973*** *Theodor Körner-Stiftung Förderungspreis.*

Ankäufe: *Österreichische Galerie im Belvedere, Bundeskanzleramt, Bundesministerium für Unterricht, Kunsthistorisches Museum, Kulturamt der Stadt Wien, Niederösterreichisches Landesmuseum und in Privatbesitz im In- und Ausland.*

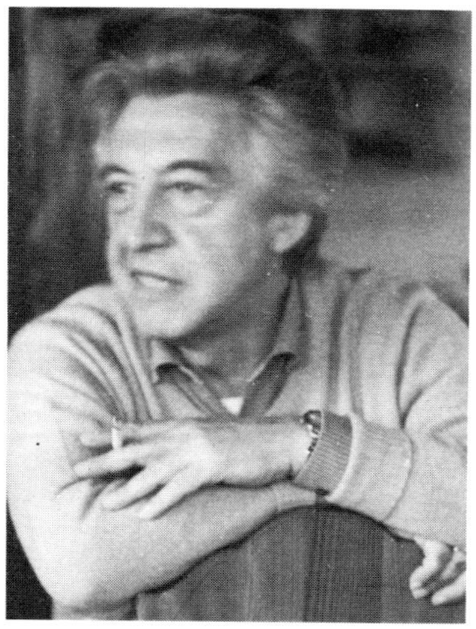

Ich versuche mich – aus der Gesetzesmäßigkeit des Alltags eines Beamten – mit Pinsel und Farbe zu befreien.

Aber auch in der Freiheit des Aquarells gibt es die insgeheimen Gesetze der Farbe, des Papiers, der Komposition. Es bedarf des unmittelbaren Zugriffs, der höchsten eigenen Anspannung und Konzentration. Erlebnis und Denken, Farbe und Wasser, Temperament und Sensibilität wird nur in Minuten zu einer sichtbaren Farbspur des Pinsels: gültig oder ungültig.

Das Schönste wäre, könnte man sich in Farben verströmen: zart oder kräftig, hell oder dunkel, leuchtend oder monochrom, flächig oder strukturiert – einfach wie eine Wolke über der Landschaft oder das Licht auf einem Körper.

August Franz Svoboda

Ein Hügel
aus Mulden
sich wölbend
mit flammenden Büschen
Felder und Wiesen
sich reihend
nach dem Sinn
des Menschen
tiefziehende Wolken
lassen alle Grenzen
verdämmern

Goldene Blätter
fallen
in die Zeit
wie Worte
in den Wind
im stummen Geäst
hängt grau
der November

Braune Blätter
am Boden
vermodern
im blattlosen Zweig
der Haselstrauch
die nächste Blüte
vorbereitet
Zukünftiges
ist tröstendes Gesetz

Noch stehen die Bäume
mit froststarrem Gezweig
Vögel aber versuchen bereits
den Lockruf
des Frühlings

August Franz Svoboda

Kahlenberg im Vorfrühling
1982, 64 × 47 cm

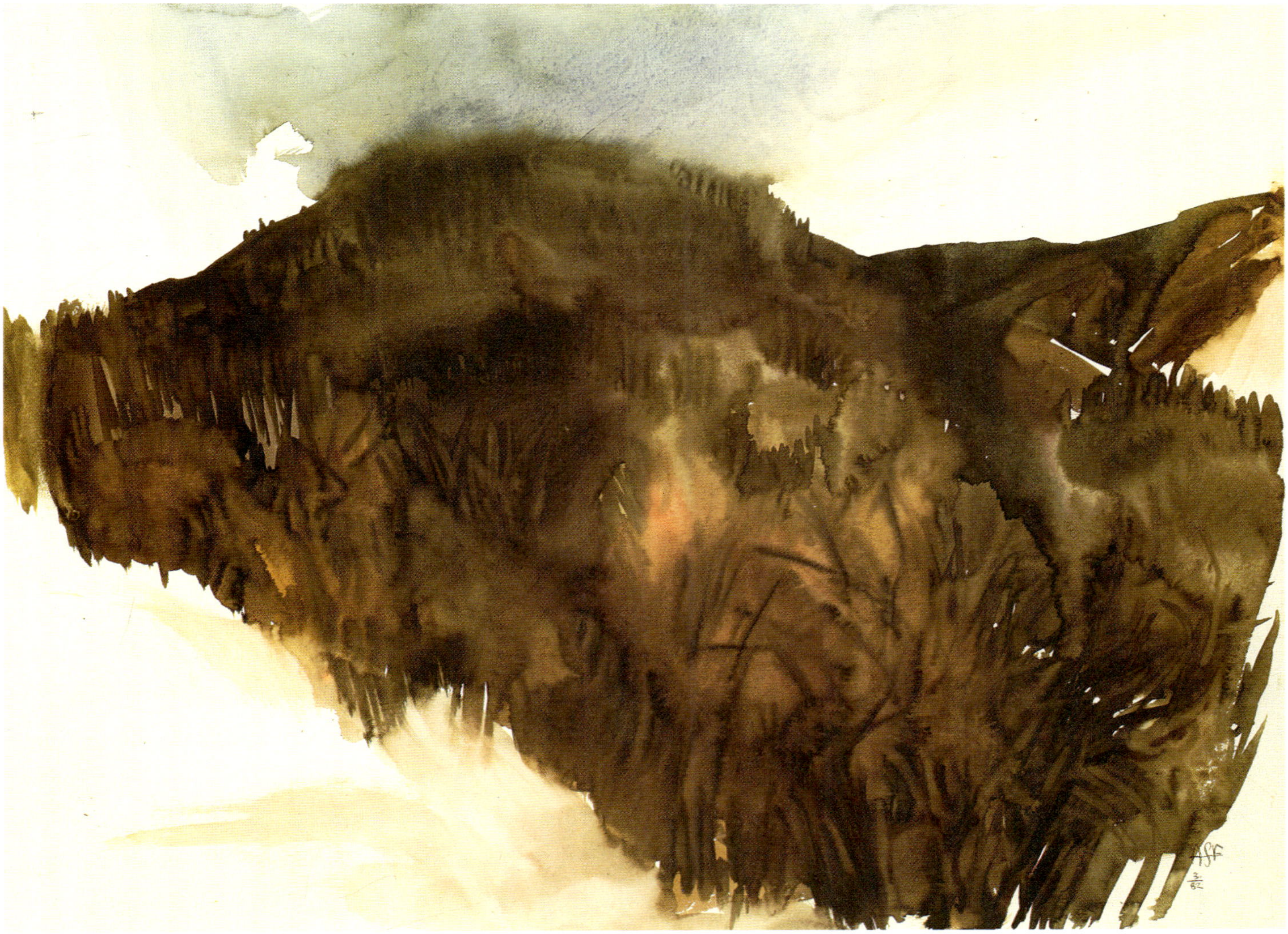

Dorothea Weißensteiner

*Wurde **1927** in Bombay geboren und verbrachte die ersten sieben Lebensjahre in Indien. Nach dem Besuch der Volks- und Hauptschule in Deutschlandsberg und Graz absolvierte sie die Lehrerinnenbildungsanstalt in Graz. Dorothea Weißensteiner lebt und arbeitet seit **1947** in Landl, Steiermark. Sie ist Mitglied der Vereinigung der Bildenden Künstler Steiermarks, des Salzburger Kunstvereins, der Berufsvereinigung Bildender Künstler Oberösterreichs und war Mitbegründerin der Malenden von der Enns. **1975** erhielt sie die Ehrenmedaille der Stadt Graz, **1978** den Kunstförderungspreis von Eisenerz.*

Ausstellungen und Ausstellungsbeteiligungen: *Als Autodidakt; **1973** Ausstellung im Kaleidoskop, Graz; **1976** New York (Madison-Avenue); **1977** Ecksaal-Ausstellung (Johanneum, Graz); **1979** Galerie bei der Komödie (Augsburg); **1980** Gruppenausstellung in Charleroi; Herausgabe der Serie: „Haus in der Landschaft" – Galerie Moser, Graz; Ausstellung im Kulturzentrum Mattersburg (Burgenland); **1981** Galerie Contact, Wien; ORF Haus in Graz; **1982** Galerie Welz, Salzburg; Kulturzentrum Linz, Ursulinenhof; Kulturzentrum Retzhof, Leibnitz; Galerie Moser, Graz.*

Ankäufe: *Bundesministerium, ORF, Neue Galerie, Handelskammer für Steiermark, Stadt Graz, Landesbaudirektion, Stadt Charleroi (Belgien) und andere.*

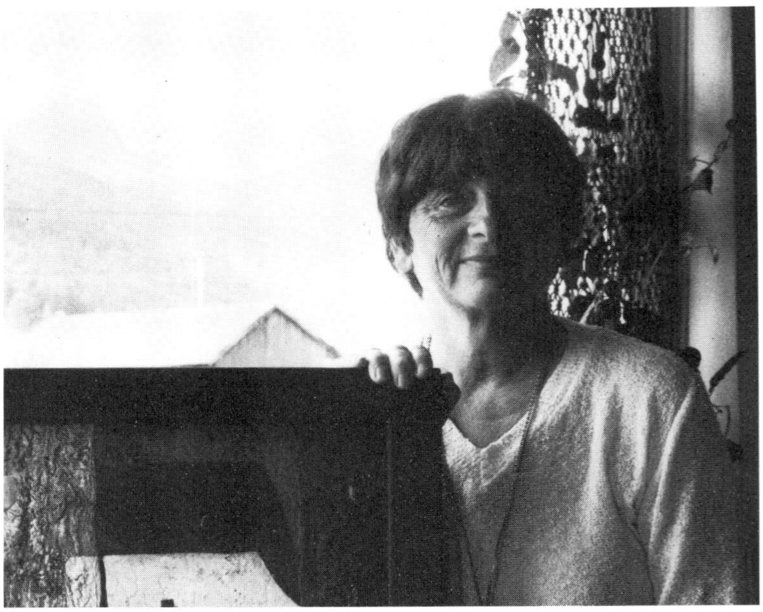

. . . Sie, eine dem Erdhaften besonders zugewandte Malerin, deren Aquarelle in ihrer textilen Farbgebung Entwürfen für Wandteppiche zu entsprechen scheinen, drückt ihr Anliegen selbst so aus: „*Die Natur war zuerst da! Ich möchte das Haus als natürlichen Bestandteil, ohne architektonische Einzelheiten in die Umwelt stellen. Mein Vorbild ist die Landschaft. Sie ist immer da, sie gibt immer wieder neue Anregungen. Ich sehe in ihr eine Aneinanderreihung von Zufällen. Aus den Nebensächlichkeiten und den Zufällen bildet sich ein natürliches System*".

Sicher ist das mehr Andeutung als Aussage. Für viele andere schon fast eine verschlüsselte Botschaft aus dem vergangenen Gestern. Es ist sicher der Wunsch zu bewahren, und anderen zu helfen, die Augen zu öffnen für vorhandene Reste des Ursprünglichen. In Ihren Zyklen „Haus in der Landschaft" und „Hügellandimpressionen" spürt Dorothea Weißensteiner diese Reste auf, deutet sie an.

Helmut Lingstädt

Der Mensch lebt mit seinem Haus in der großen freien Natur . . .
1983, 45 × 35 cm

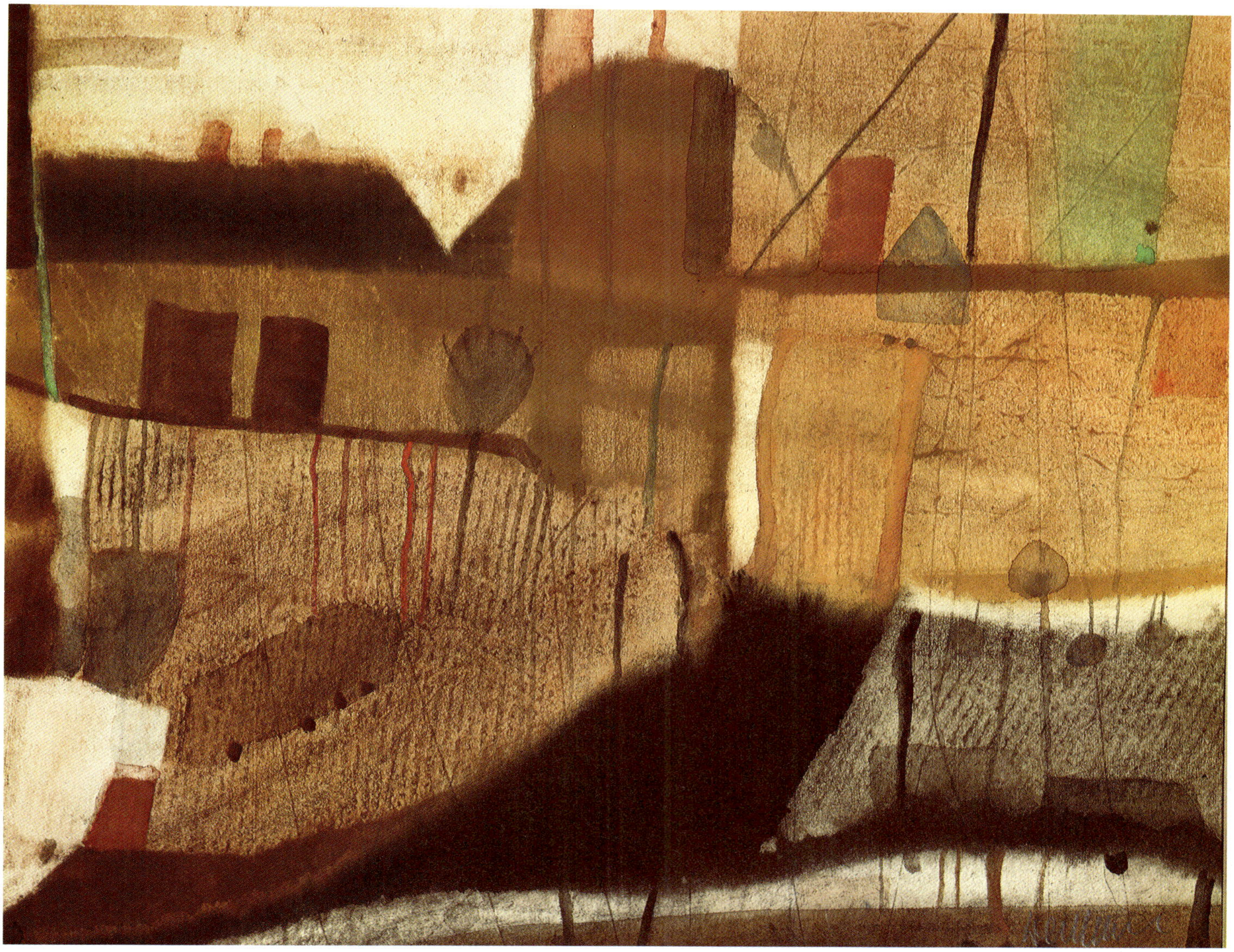

Reiner Schiestl

Geboren am 10. 3. 1939 in Kufstein/Tirol. Studium der Germanistik und der Malerei. 1959 bis 1964 an der Akademie der bildenden Künste in Wien bei den Professoren Franz Elsner und Herbert Boeckl. Diverse Akademiepreise. 1965 Romstipendium: architektonische Aquarelle und freie Illustrationszeichnungen zu Kafka und Villon. Ab 1968 intensive Beschäftigung mit der Druckgrafik, insbesondere der Radierung. Theodor Körner-Preis, Preis beim gesamtösterreichischen Grafikwettbewerb, Grafikpreis der Stadt Innsbruck. 1974 zahlreiche Portraitzeichnungen. Ausgedehnte Arbeitsreisen mit leichtem Gepäck (Italien, Frankreich, Spanien, Jugoslawien, Marokko und USA) bringen vor allem Landschaftszeichnungen und -aquarelle ein. Publikationen: „Zeichnen als Erlebnis", 1978; „Sechs Variationen zum Thema Aquarell", 1980. 1978 bis 1981 Teilnahme an den Rauriser Malertagen. Als Mitarbeiter in der „Tiroler Künstlerschaft" zeitweise Ausstellungsmacher und Texteschreiber. 1981 Herausgabe des bibliophilen Buches „Morgensterns Zoo".

Ausstellungen: *1965 Österreichisches Kulturinstitut, Rom; 1966 Galerie Welz, Salzburg; 1967 Tiroler Kunstpavillon, Innsbruck; 1969 Galerie Welz; Palais Thurn und Taxis, Bregenz; Neue Münchner Galerie; 1970 Secession Wien; 1971 Barclays Bank (200 Park Avenue, New York), Villa Prym. Konstanz; 1972 Galerie Bloch, Innsbruck; Galerie in der Blutgasse, Wien; Wiener Künstlerhaus; 1973 Dominikanergalerie, Bozen; Galerie Contact, Wien; 1974 Tiroler Kunstpavillon; Galerie Elefant, Landeck; Galerie im Schwarzen Kloster, Freiburg i. Br.; 1975 Kongreßhaus Innsbruck; Galerie Würthle, Wien; Galerie Maier, Innsbruck; Theodor von Hörmann Galerie, Imst; 1976 Künstlervereinigung Maerz, Linz; Galerie Welz; 1977 Galerie auf der Stubenbastei, Wien; Whitestone Savings Bank, Great Neck, N. Y.; 1978 ARGE-ALP Ausstellung, München, Salzburg, Bregenz, Bozen, Arco, Mailand; Galerie Contact, Wien; 1979 Galerie im Schloßhotel Pörtschach; Galerie Maier, Innsbruck; 1980 Wanderausstellung „Tiroler in Slowenien"; Galerie Zacke im Colosseum, New York City; Tiroler Kunstpavillon; Galerie Art-House, Bregenz; 1981 Traklhaus, Salzburg; Galerie Arco Romino, Medinaceli (Spanien); Galerie Elefant, Landeck; Töpfer Galerie, Hohenems; Wanderausstellung Elsnerschüler; 1982 Kleine Galerie in der Gerberau, Freiburg i. Br.; Galerie Würthle, Wien; Galerie am Prielhof, Bozen; Galeria Kreisler, Madrid.*

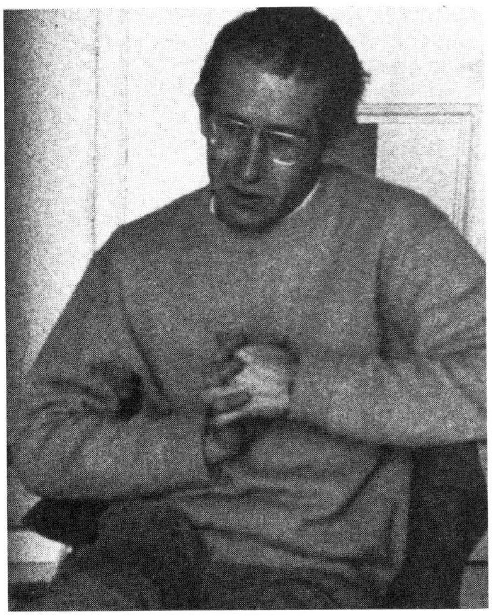

Die Arbeit des Aquarellisten ist der des Seiltänzers nicht unähnlich. Die Verbindung beider mit der stofflichen Realität ist verschwindend gering, wenn auch unabdingbare Voraussetzung zum Überleben. Trotzdem verläßt sich der eine wie der andere primär auf das instinktive Gefühl seiner Füße bzw. Hände, um die mit sachlichen Parametern nie ganz auslotbare Arbeit gelingen zu lassen. Ihre glühenden Verehrer sind bei diesem Kinder und Narren, bei jenem sensible Erbauer geträumter Luftschlösser, – also Menschen, die ob ihrer schwer wägbaren Effizienz weder heute noch vor 150 Jahren, als mit William Turner die Aquarellmalerei sich endgültig zu einem autonomen Genre der Malerei etabliert hat, von Einfluß waren.

Reiner Schiestl ist einer jener seiltanzenden geistigen Nachfahren, der in seiner Arbeit bewußt versucht, die feine Balance zwischen dem sicheren Boden vordergründiger Abbildhaftigkeit und dem Abstürzen in den weiten Raum effektvoll gelenkter Zufälligkeiten zu finden. Intellekt und Gefühl kommen dabei gezielt zum Einsatz, machen das Bild zum intendierten, selbständigen Kunstwerk. Wechselnde Landschaften mit ihren spezifischen atmosphärischen, kulturellen und geografischen Bedingungen bilden für Reiner Schiestl eine unerschöpfliche Quelle der Inspiration, egal, ob er sich ins spanische Medinaceli, in die Häuserschluchten New Yorks, die wilde Berglandschaft von Rauris oder die ländliche Idylle Höttings meditativ versenkt. Obwohl Reales nur sparsam, in einem großen, von formalästhetischen Erfordernissen bedingten grafischen Gerüst andeutend, ergänzt durch eine weitestgehend abstrahierte, durchscheinend körperlose Farbigkeit, vermögen Reiner Schiestls Aquarelle doch die Seele und das Wesen einer Landschaft zu verbildlichen, besser als es jede Fotografie tun könnte.

Aquarelle sind eine heikle Sache. Der Aquarellist arbeitet ohne Sicherheitsnetz, das nie ganz zu kalkulierende Risiko begleitet ihn zeitlebens. Ein falscher Strich, und das Blatt ist unwiderruflich verdorben. Doch die ständig präsente Gefahr impliziert auch die Chance, eine einmalige persönliche oder landschaftliche Stimmung unmittelbar festzuhalten, was dem Aquarell auch seine unnachahmliche Unmittelbarkeit verleiht.

Doch auch ihrem materiellen Wert nach sind Aquarelle eine heikle Sache, sind sie doch nichts anderes als zur Realität gewordene Träume, bestehend aus einem Stück Papier, Wasser und etwas Farbe. Nicht für die Ewigkeit gemacht, werden sie nie nach Kilo und Meter meßbare Repräsentations- und Spekulationsobjekte werden. Doch dem, der sich in ein Aquarell Reiner Schiestls verliebt hat, wird dies gleichgültig sein. Denn was wäre das Leben ohne so manche schöne Träume?

Edith Schloker

Mur
1981, 54 × 35 cm

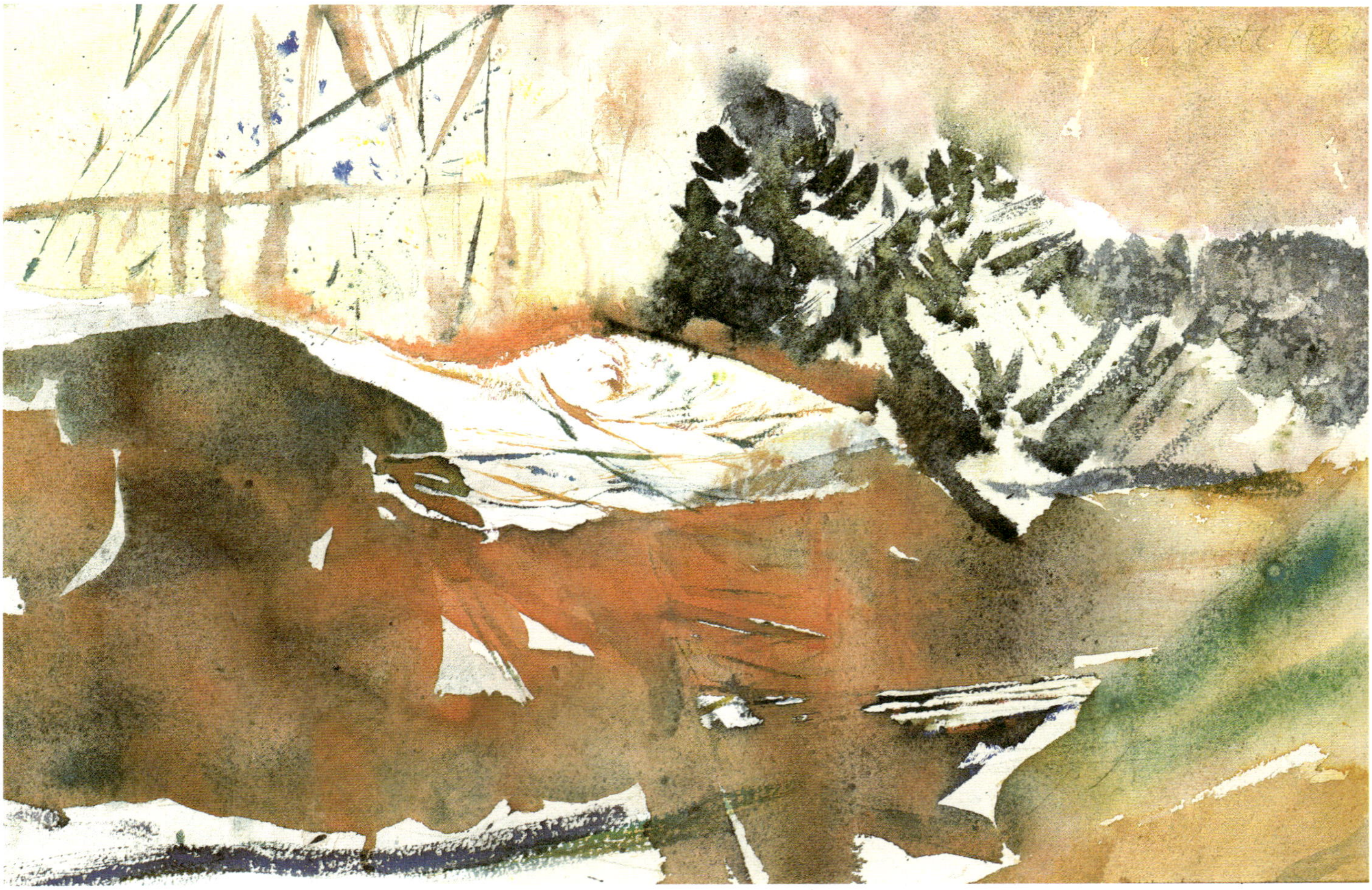

Awad Krayem

*Geboren am 9. Februar **1948** in Basir, Syrien. **1966** Matura in Darea. **1967** Universität Beirut (Nationalökonomie), Stipendium in Prag. Seit **1968** in Wien, **1970** TGM-Absolvent, **1972/76** Wirtschaftsuniversität Wien, **1972/75** parallel dazu Akademie für Angewandte Kunst, Wien (Abendakt). Seit **1977** Leiter der „Arbeitsgemeinschaft Kunst" und der Sommerakademie im AAI, Wien. Lebt in Wien als freischaffender Maler und Graphiker.*

Ausstellungen: ***1973** Haus Academia, Wien; **1974** Galerie AAI, Wien; **1976** Galerie Moser, Graz; **1977** Rote Galerie, Freiburg/BRD; **1978** Kulturamt der Stadt Braunau a. Inn; **1979** Galerie Bartenstein, Wien; **1980** Bildungshaus St. Virgil, Salzburg; Galerie Prisma, Wien; **1981** Atelier Leitner, Graz; St. Peter an der Sperr; Wr. Neustadt; Galerie Prisma, Wien; Kulturzentrum, Mattersburg; **1982** Kulturzentrum Ursulinenhof, Linz; Galerie Böck, Innsbruck; Galerie Moderna, Bad Kissingen/BRD; Bildungshaus St. Bernhard, Wr. Neustadt; Galerie Prisma, Wien; Galerie Maringer, St. Pölten.*

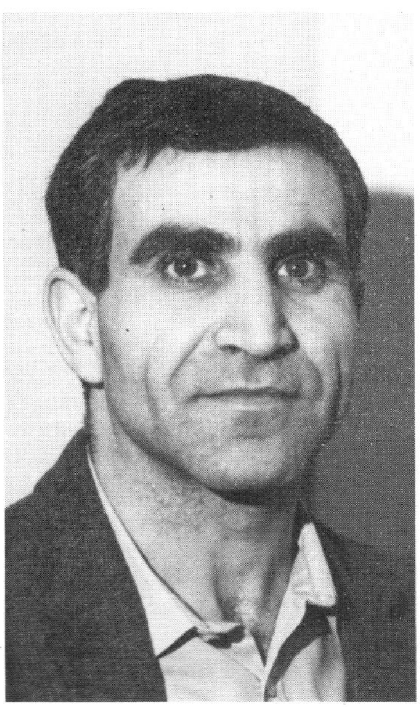

Für die Herstellung seiner charakteristischen, ihm eigenen Brauntöne hat der Künstler ein ganz einfaches Geheimnis: Er verwendet nämlich zur Erzeugung jener angenehm warmen, vornehm wirkenden Braunschattierungen schlicht und einfach – Tee! Aber sogar die Blautöne, die in diesen Bildern zu finden sind, haben einen betont warmen Charakter, obwohl doch Blau im allgemeinen in der Malerei viel eher zu den „kühlen", ja „kalten" Farben gezählt wird. Krayem hat es in seinen Aquarellen verstanden, das Paradoxon eines „warmen Blau" zu schaffen.

In erdigen Tönen, in der immer wiederkehrenden Darstellung und Betonung von Acker und Scholle, offenbaren sich auf eine ergreifende Weise Erinnerungen des Künstlers an seine ferne Heimat Syrien, Erinnerungen, die ihn auch in seiner neuen Heimat Österreich nie ganz verlassen und immer mit ihm sind; wie frisch und unverblaßt, wie stark und unwiderstehlich mächtig, zu ihrer künstlerischen Bewältigung, ihrem gültigen Ausdruck zwingend, das zeigen die Aquarelle in großer Deutlichkeit. . . .

Stephan Kaiser

Geboren werden

im zweiten Monat des Jahres 48 hat mich meine Mutter zur Welt gebracht, und als ich das Licht der Welt erblickte, schrie ich sehr laut.

Meine Mutter war sehr besorgt um mich und sie legte ihre Hand auf mein Haupt. Da wurde ich ruhig.

So gedieh ich in ihrer Liebe und wurde groß.

Nach sieben Jahren brachte mich meine Mutter wieder zur Welt, ich sah sie Fremde und Arme in unser Haus aufnehmen und ich schrie wiederum laut und sagte: wirf sie hinaus, sie sind unrein!

Aber meine Mutter war immer besorgt um mich und legte ihre Hand auf mein Herz.

Sogleich wurde ich ruhig.

Zum dritten Mal hat mich meine Mutter zur Welt gebracht, als ich mich fremd sah und wurde aufgenommen. Ich schwieg – denn sie legte ihre Hand auf mich und verließ diese Welt beruhigt.

Awad Krayem

Landschaft bei Wien
1982, 50 × 35 cm

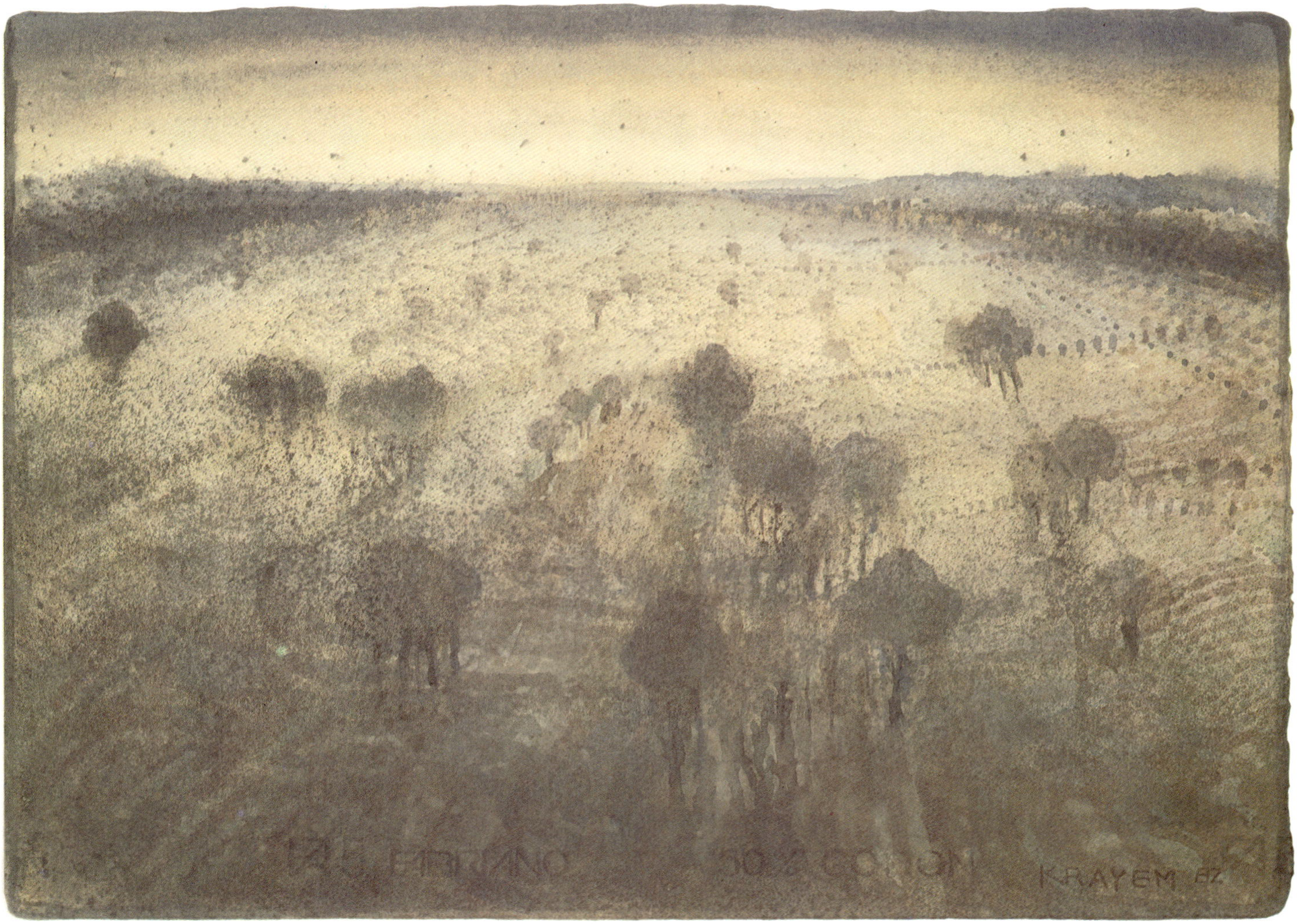

Anton Eckel

Geboren am 16. September ***1939*** *in Brunn am Geb., NÖ.* ***1957*** *Matura, Studium an der Tierärztl. Hochschule, Wien.* ***1959–1964*** *Akademie der bildenden Künste, Wien.* ***1968*** *Diplom für Malerei bei Prof. Franz Elsner. Seit* ***1965*** *Kunsterzieher, Lehrtätigkeit am Bundesgymnasium in Mödling, am Pädagogischen Institut in Baden und an der Volkshochschule Mödling.* ***1976*** *Mosaikwand am Ortskindergarten Giesshübl.* ***1977*** *Anerkennungspreis der Dr. Koref-Stiftung.* ***1980*** *Ankauf des Bundesministeriums für Unterricht und Kunst bei 17. österr. Grafikwettbewerb, Innsbruck.* ***1983*** *Wandgestaltung im neuen Gemeindeamt Giesshübl.*

Ausstellungen: ***1973*** *Burg, Perchtoldsdorf;* ***1974*** *Gliedererhof, Brunn am Gebirge;* ***1977*** *Galerie am Doktorberg, Kaltenleutgeben;* ***1979*** *Galerie Zweymüller, Baden;* ***1980*** *NÖ Landesmuseum, Wien; Kleine Galerie in der Stadtbücherei, St. Pölten;* ***1981*** *Schulgalerie der HTL, Mödling; Galerie Arcade, Mödling; Galerie Ingrid Berger, Rodaun;* ***1982*** *NöArt-Galerie (Beteiligung); Zentralsparkasse, Hinterbrühl;* ***1983*** *Österr. Patentamt, Wien; Galerie Maringer, St. Pölten.*

Ankäufe: *Graphische Sammlung Albertina, Bundesministerium für Unterricht und Kunst, Kulturabteilung der NÖ Landesregierung, Gemeinden Brunn/Geb., Giesshübl, Mödling und Wiener Neudorf.*

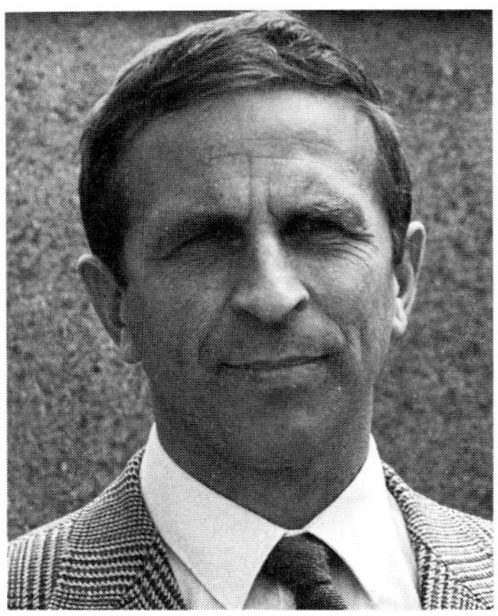

Der Aquarellist Anton Eckel

Neben den Strömungen der Avantgarde, die sich meist an den Tendenzen des internationalen Kunstgeschehens orientieren, hat sich in Österreich stets auch eine stille, retardierende, doch qualitativ höchst bemerkenswerte Facette der bildenden Kunst behauptet. Es sind damit keineswegs jene Kräfte gemeint, die aus Angst vor dem Neuen den im vorigen Jahrhundert wurzelnden akademischen Konventionen huldigen, sondern jene Künstler, die auf dem Boden einer durchaus subjektiv rezipierten heimischen Tradition eigene Wege gehen.

Anton Eckel, ein Kunsterzieher in Mödling, ist einer der Stillen im Lande, der, seinem Empfinden folgend, abseits aller Ismen, Landschaft und Natur in jener kultiviert-kulinarischen Weise zu Papier bringt, wie dies in der weit zurückreichenden Tradition der österreichischen Aquarellmalerei zutiefst verwurzelt ist.

Immer wieder muß in diesem Zusammenhang Rudolf von Alt zitiert werden, jenes einzigartige Bindeglied zweier Welten, der in seinem langen Leben von der biedermeierlichen Vedute den Weg zur vollendeten impressionistischen Landschaftswiedergabe fand. Er, der es verstand, die in Licht und Farbe sich auflösenden Erscheinungen mit höchster Virtuosität zu gestalten, hat ein Erbe hinterlassen, das auch der Kunst der Gegenwart neue Impulse vermitteln kann.

Die Aquarelle und Zeichnungen Anton Eckels sind dieser Tradition zutiefst verpflichtet, doch es ist keine bewußte Rückwendung, eher jenes unterschwellig vorhandene Empfinden für das im Land Gewachsene, dem sich niemand ganz entziehen kann.

Alles Laute und Spekulative erscheint Eckel suspekt. Gleich, ob er eine Vedute seiner heimatlichen Umgebung (Mödling, Perchtoldsdorf), eine Wiener Stadtlandschaft, ein Gebirgstal, eine bizarre Felskulisse oder ein archäologisches Fragment gestaltet, das Spiel des Lichtes wird auf eine noble, gedämpfte, von Blau- und Grautönen dominierte Farbigkeit reduziert, wobei jedoch stets der flimmernde atmosphärische Charakter der Naturerscheinung erhalten bleibt. Eine gewisse Melancholie, eine pantheistische Sehnsucht nach einer intakten Welt bestimmen den Charakter der Aquarelle. Es wäre ein Irrtum, diese Stimmung mit einem Postulat nach dem Konventionell-Ästhetischen zu verwechseln! Nichts ist bei Eckel spekulativ, jeder Ausschnitt der Natur ist bewußt gewählt, das Bild komponiert. Nicht umsonst geht den meisten Aquarellen eine Kohlestudie voraus. Die farbigen Valeurs entstehen im Atelier.

Gewiß, Eckels Sehweise ist konservativ. Doch sein subtiles Empfinden und Gestalten, seine Sensibilität verbinden ihn trotz seiner konventionellen Bildsprache gerade mit jener Generation junger Künstler, die der Wiedergabe von Stimmungsgehalten und Gefühlen stärker zugeneigt ist als der Freude am formalen Experiment.

Wolfgang Hilger

Der Kunsterzieher Anton Eckel zeigt, daß er geradezu biedermeierlich virtuos die Technik des Aquarells beherrscht. In sehr dezenten grünen und grauen Tönen onduliert er aus krausen Pinselstrichen Landschaften und Stadtansichten, meist Perchtoldsdorf und Wien. Seine Aquarelle erinnern an aufwendige Frisuren, schräg aus Vogelperspektive gesehen. Eine Straße oder ein Tal als Scheitel in der Mitte und auf beiden Seiten breiten sich Wellen aus, die sich im Nichts langsam auflösen. Ein Wunder, daß die Bilder nicht duften.

Jan Tabor

Kellergasse
1983, 52 × 35 cm

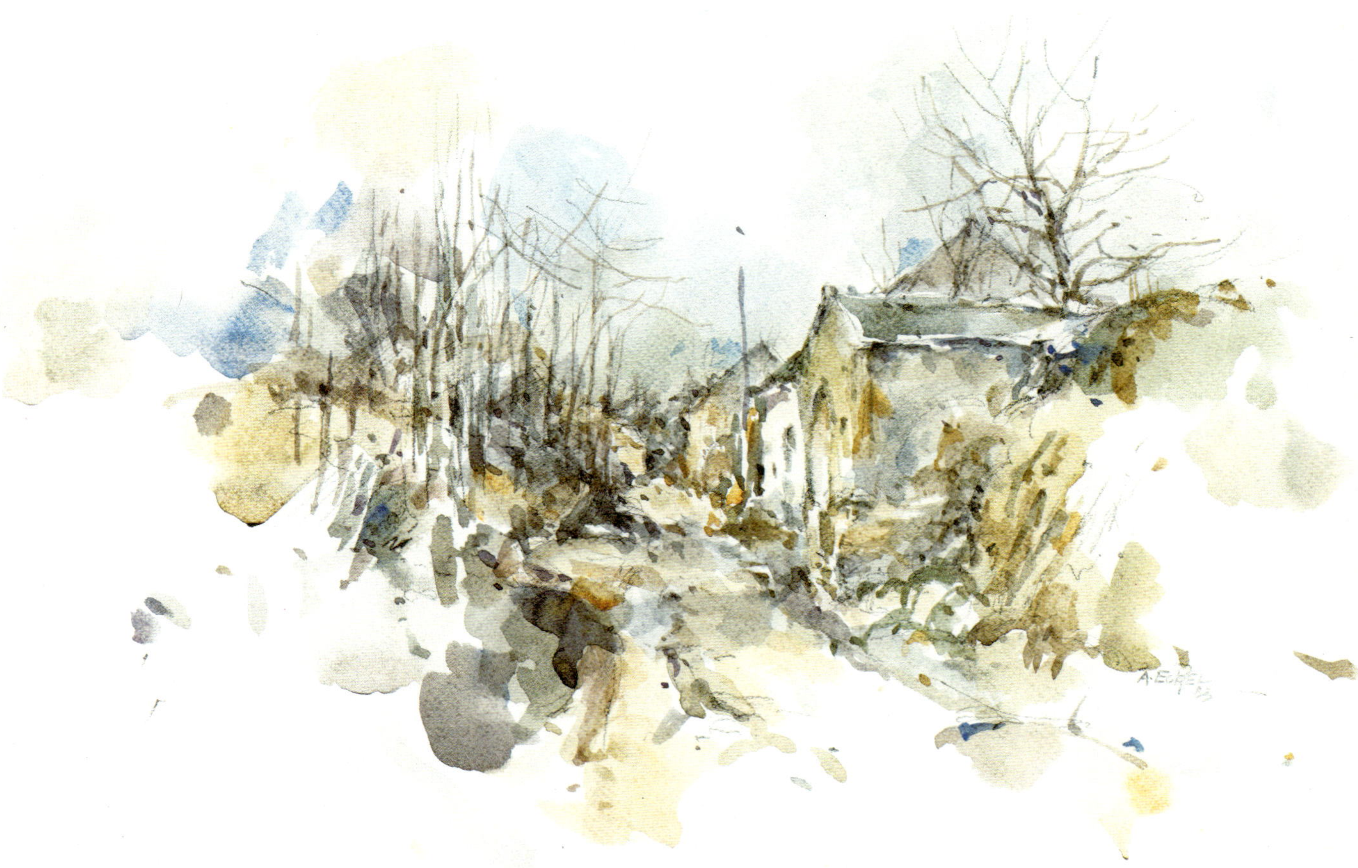

Othmar Eder

Geboren am **22. 4. 1955** *in Kufstein – aufgewachsen in Kössen – Volksschule, Hauptschule in Lienz und Kössen – viel in der Natur – Studium bei Lehmden – 2× Meisterschulpreis – ½ Jahr in Südamerika* **(1980/81)** *–* **1982** *Abschluß auf der Akademie mit Diplom – Ausstellungen in Lienz, Innsbruck, Kössen, Mödling und Wien.*

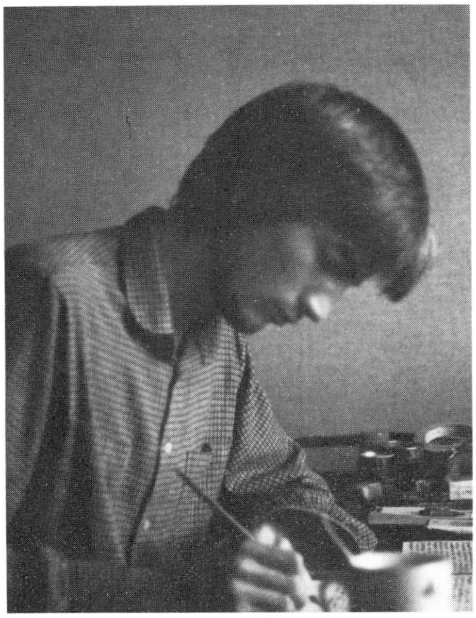

Gedanken zu meinen Aquarellen:

Natur, Struktur, Farben, Lichtungen, Dörfer, alte Häuser, Hütten, Steinbrüche, Kompositionen, Ameisen – Mist – Stein – Reisig – Holzhaufen.

Ich gehe in den Wald, entdecke einen „Haufen", eine „Lichtung", eine „Quelle", einen toten Feuersalamander, u. v. m.; und bin ganz begeistert von dieser unendlichen Vielfalt an Formen, Strukturen, Farben und Kompositionen.

Mit meinen Farben male ich diese Natur immer wieder, zu jeder Jahreszeit. Jeder Pinselstrich, -punkt, jede Pinsel-Fläche ist ein Erlebnis – eine Überraschung – ein großes Glücksgefühl, wenn mir etwas besonders gut gelingt; oder eine Enttäuschung – immer ein Auf und Ab meines Gefühles, meiner Stimmungen.

Ich male sehr schnell, spontan, denn ständig ändern sich die Natur, die Farben, die Strukturen. Ich male oft in Zyklen; male am liebsten am Tag, ungern in der Nacht bei Kunstlicht. Beim Malen darf ich an nichts anderes denken; nur mit der Natur eins sein ist wichtig – mit den Augen schauen und immer wieder schauen; die Natur vollkommen in mich aufnehmen und mit den schönsten, reinsten Farben aus mir heraus malen.

Oft male ich in eine schnelle Zeichnung hinein, oft male ich mit dem Pinsel. Direkt auf das Papier. Es gibt für mich keine Regel. Ich brauche Abwechslung, probiere immer wieder neues, verschiedenstes Papier und Bildformate.

Wenn dies alles wunderbar ineinander übergeht, bin ich am glücklichsten.

Ich schaue, erlebe ständig, auch wenn ich nicht male. Ich sauge die Natur tief in mich hinein und verarbeite die stärksten Eindrükke in meinen Bildern.

Ich liebe die Aquarellmalerei. Sie ist für mich die klarste, schönste, spontanste Malerei, wenn man sie ernst nimmt, versteht und pausenlos versucht.

Othmar Eder

1980 reiste Othmar Eder für ein halbes Jahr nach Südamerika, was in seinen Bildern eine starke Änderung hervorrief. War er bisher bekannt für die tonigen Landschaften, wo gedämpfte und erdige Farben miteinander harmonisierten, drangen nun deutlich frohe und intensivere Farben ins Bild. Die südländische Lebensweise, die buntere Umgebung färbten unabwendbar auf den jungen Maler ab.

Seine Landschaften bekamen einen formaleren Charakter, er bewegt sich nun scharf an der Grenze vom Realistischen zum Abstrakten. Er malt seine Bilder unabhängig von der Technik ziemlich rasch und fließend, um die Konzentration und das völlige Bezugnehmen auf die Arbeit bewahren zu können. Thematisch beschränkt er sich mehr auf einzelne Ausschnitte der Natur, es entstehen eine Reihe von Serien, an denen er oft auch parallel arbeitet. Stimmungsvolle Lichtungen im Walde variieren mit ausgedienten Steinbrüchen oder – eines seiner originellsten Motive – mit Misthaufen. Überall wird deutlich, wie sehr den jungen Maler das Spiel von Licht, Farben und Formen begeistert.

Susanne Dechant

Quelle
1983, 70 × 50 cm

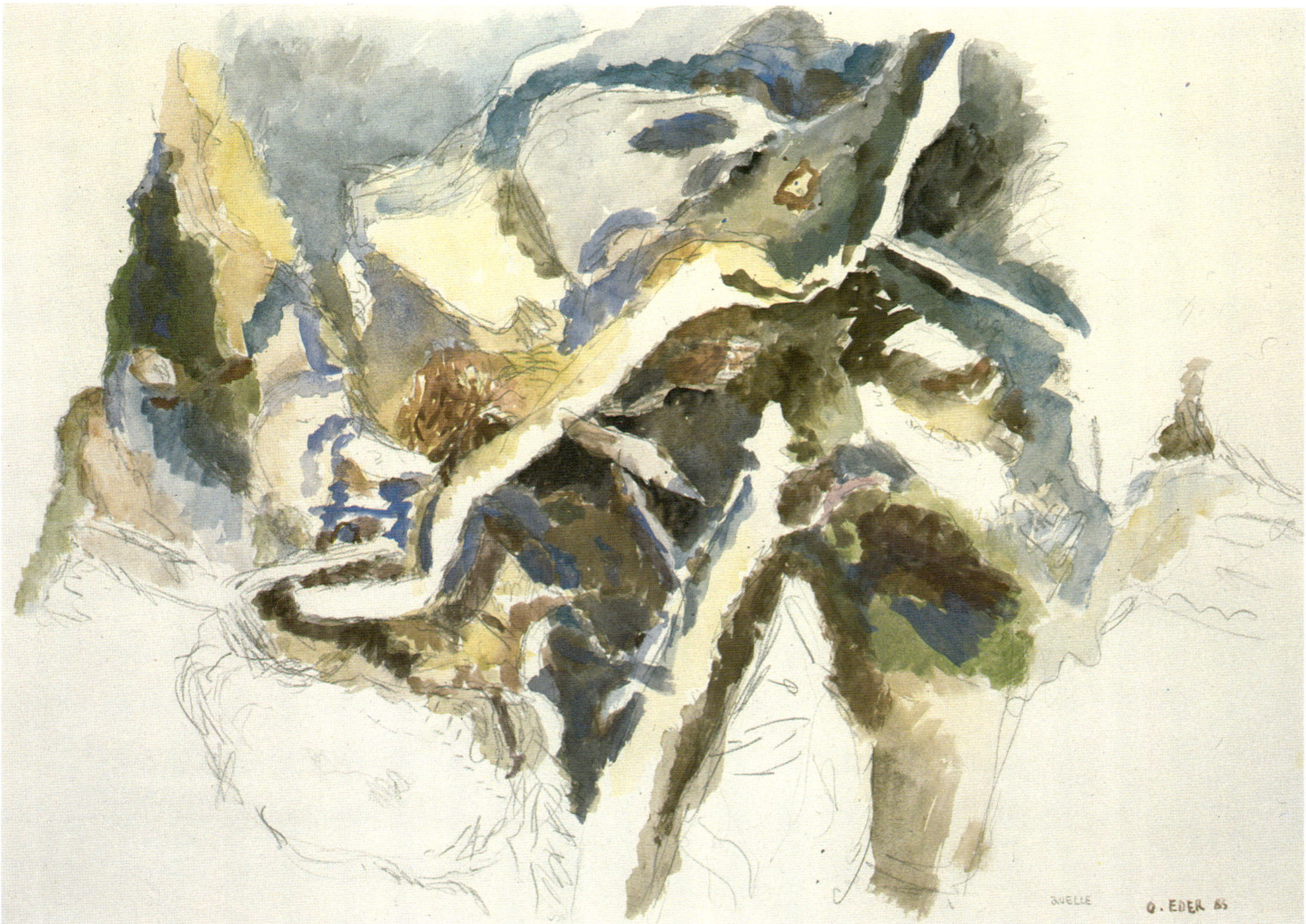

Helmut Hub

Geboren am 3. November ***1939*** *in Wien. Studium an der Akademie der bildenden Künste in Wien bei den Professoren Boeckl, Martin und Melcher.* ***1967*** *Diplom für Graphik und Malerei. Boeckl-Preis, Studienreisen nach Paris, Rom, Venedig, Prag und Kopenhagen. Ausstellungen und Ausstellungsbeteiligungen, u. a. in der Wiener Secession, in Innsbruck und Mödling. Werke im Besitz des Bundesministeriums für Unterricht und Kunst, der Tiroler Landesregierung sowie von Privatsammlungen des In- und Auslandes. Seit* ***1966*** *auch als Kunsterzieher am Bundesgymnasium Mödling tätig.*

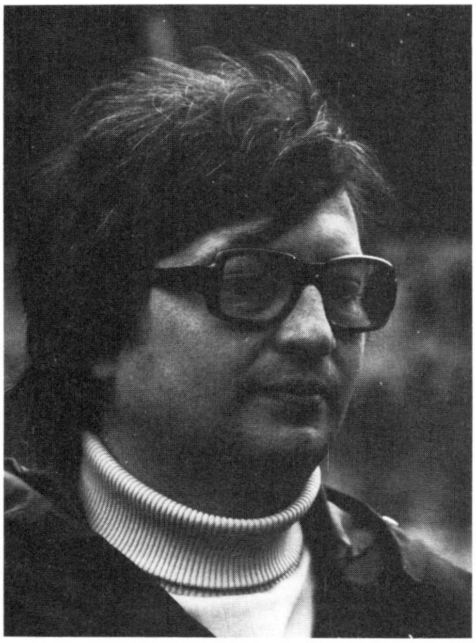

„Der Maler soll nicht bloß malen, was er vor sich sieht, sondern auch, was er in sich sieht. Sieht er aber nichts in sich, so unterlasse er auch zu malen, was er vor sich sieht."

Caspar David Friedrich

„Nur dort, wo ich empfinde, finde ich auch die Form. Landschaft, immer wieder Landschaft – außer mir und in mir – metaphysische Landschaft! Das Motiv, das mich „anspringt", mich nicht mehr losläßt, das ich immer wieder aufsuche zu verschiedenen Zeiten, in verschiedenen Stimmungen, das ich umkreise, einkreise bis ich es kenne, so gut kenne, daß es ein Teil von mir selbst geworden ist, macht es mir möglich, über das bloße Abbilden hinauszukommen und die Verwandlung zu versuchen.

So intensiv, langwierig und mühevoll der Prozeß des Eindringens, der Weg zur Vorstellung von der Gestalt ist, so groß ist die Angst vor deren Verflüchtigung. Umso schneller muß deshalb die Umsetzung stattfinden. Welche andere Technik kommt der Spontaneität des Augenblicks mehr entgegen als das Aquarell? Wo sonst noch verbinden sich bewußtes Gestalten und Intuition so nahtlos? Die Technik selbst ist es, die ständig zu Überprüfung und Modifikation der Vorstellung auffordert, und keine andere verlangt so ausschließlich, der Eigengesetzlichkeit der Materie seinen Willen aufzuzwingen. Planung und Zufall, ständige Wachsamkeit und höchste Risikobereitschaft sind am Erfolg mitbeteiligt. Reztpmalerei und das „Auf-Nummer-sicher-Gehen" sind die große Versuchung, die bestenfalls zu Mittelmäßigkeit, öfter jedoch in den Abgrund führt. Aquarell ist Hasard. Ausschußquote und folgende Depression sind groß, die Faszination größer.

Wo gehöre ich hin? Das Katalogisieren und die Einordnung in die heimische Schmetterlingsammlung will ich gerne den Kritikern überlassen. Immerhin fühle ich mich den „Barockmalern" zugehörig, von Altdorfer über Maulpertsch bis Kokoschka (wenngleich es mir Anstand wie Überzeugung gleichermaßen verbieten, ihre und meinen Namen gleichzeitig zu denken; aber wer kann schon ohne Verwandtschaft leben?). Licht, Farbe, Raum sind immer noch fesselnd genug, der Transzendenzbezug, der sich in den Dingen und nicht vordergründig-banal im literarischen Thema äußert, ist aktuell wie eh und je!

Was noch? Die Demut Cézannes vor einem Apfel, die Freiheit des Franz von Assisi, der nichts besaß, was ihn selbst hätte besitzen können, haben mich immer stark beeindruckt und sind sicher nicht die schlechtesten Fermente künstlerischer Tätigkeit in dieser lauten, von Exhibitionismus aller Art erfüllten Welt. Der Maler hätte das Glück, eine schweigsame Kunst zu betreiben, meinte einmal sinngemäß mein Lehrer Herbert Boeckl, und tatsächlich beneide ich den Mönch, der fernab des selbstdarstellungsgeilen Weltgetriebes sich um das Wesentlich-Werden müht, mehr als meine zu Ruhm und Reichtum gelangten Malerkollegen. Der Fuchs, dem die Trauben zu sauer sind? Verbitterung einer Randerscheinung? Im Gegenteil! Mein grenzenloses Harmoniebedürfnis (oder Mangel an Ehrgeiz, oder österreichisch-kompromißlerische Bequemlichkeit, oder . . .) lassen mich Kunstbetrieb und Vermarktung fliehen. Welch ein Trauertag, mich von einem meiner Bilder wie von einem geliebten Kind trennen zu müssen! Der Vorwurf des Narziß trifft eher. Doch hat der Künstler – allgemein als Außenseiter der Gesellschaft „anerkannt" – nicht das Recht, ein wenig asozial zu sein? Hat der Künstler überhaupt eine soziale Funktion? Oder wird er nicht viel eher – wie alle, die eine Botschaft überbringen – zunächst einmal als Belästigung empfunden? Ich will nicht belästigen, und so genügt es mir, für zwanzig Liebende zu malen. Und wenn es vielleicht in einem Jahr fünfundzwanzig sein werden, sind es schon wieder um drei zuviel."

Helmut Hub

Gesäuse-Eingang
1982, 58 × 47 cm

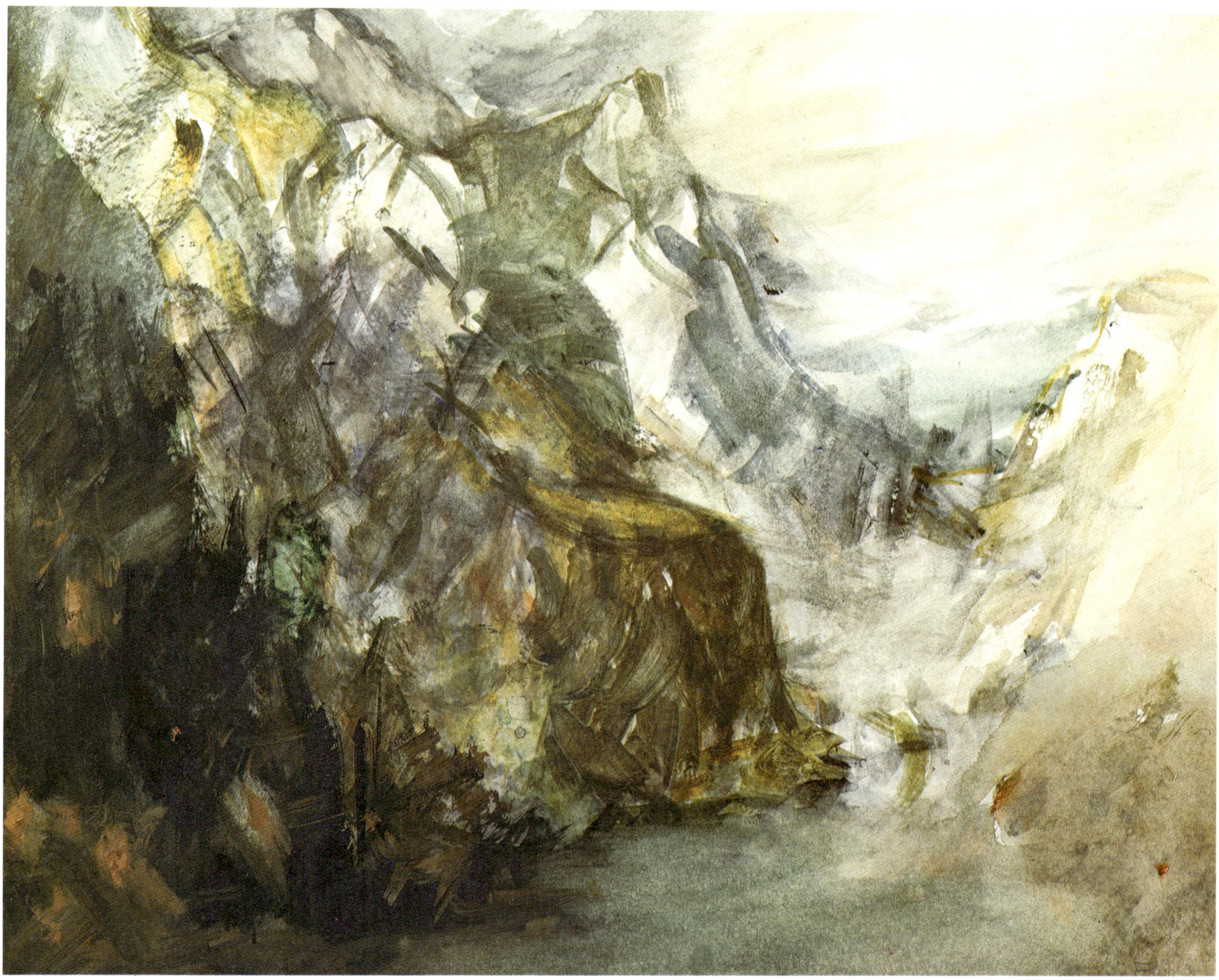

Johannes Wanke

*Geboren **1923** in Wien. Früher Musikunterricht – Eindrücke in graphischen Zyklen sichtbar. Akademie der bildenden Künste Wien, Meisterschule für graphische Künste. Neben Radierungen, Aquarellen, Zeichnungen und Mosaiken wird der Holzschnitt zum wichtigsten Ausdrucksmittel. Kriegsdienst, schwer verwundet. Akademiediplom **1949**. Zahlreiche Studienaufenthalte u. a. in Rom, Umbrien und Paris. Leitung von Sommerkursen in Wien und Neumarkt an der Raab. Bisher entstanden ca. 1000 Holzschnitte, darunter 29 Zyklen. Zahlreiche nationale und internationale Preise, Medaillen, Auszeichnungen, z. B. zweimal Österr. Staatspreis, Professortitel, Österreichisches Ehrenkreuz für Kunst und Wissenschaft u. v. a. Unzählige Personal- und Gruppenausstellungen in Europa, Amerika, Asien und Afrika. Regelmäßige Triennale- und Biennalebeteiligungen in allen Erdteilen. Zyklen und Einzelblätter im Besitz öffentlicher und privater Museen und Sammlungen in Europa und Übersee.*

Der Himmel ist die große Herausforderung der Wasserfarbenmalerei.
Johannes Wanke

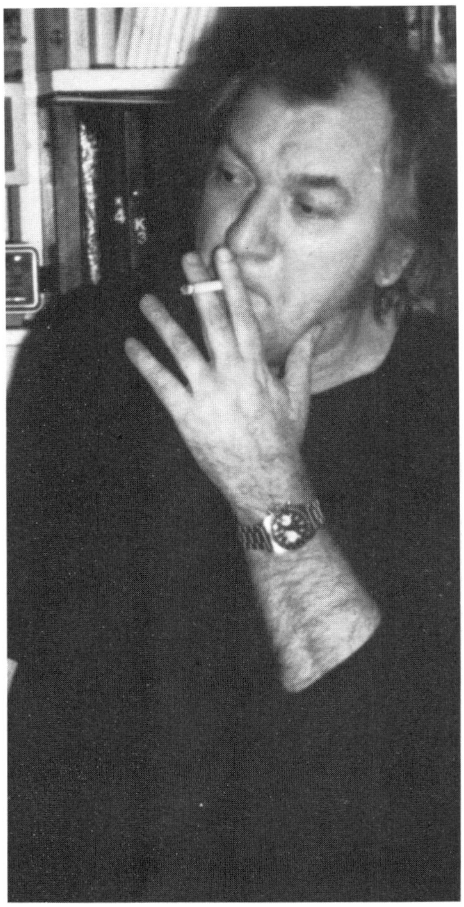

. . . Vielmehr wird das Gefügehafte vermittelt, das Grundsätzliche, wie sich Bergflanken gliedern, Felsen ragen, eine Ebene sich erstreckt. Eine wichtige Aufgabe kommt dabei den Himmeln zu, dem Gewölk, den Lichteinbrüchen und Düsternissen . . . Bilder einer Landschaft, die so überhaupt nicht illustrieren, sondern als Empfindung fürs Große und Großartige, mehr in Bausch und Bogen hinzunehmen sind; Darstellungen, die das „Liebliche" (wie es andere Maler berührt) bedacht vermeiden.

Daß Kunst nicht Gesehenes wiedergibt, sondern Unsichtbares sichtbar macht, ist eine von den Formeln, auf die sich die (längst klassisch gewordenen) Errungenschaften der sogenannten modernen Kunst (und also ein Jahrhundert neuerer Geistesgeschichte) bringen lassen. Auf Emotionen eingeschworen, erläutert Wanke Landschaft, wie er sie empfindet, musikalisch, als Wechsel von Zusammenballung und Lockerung, als impetuoser Verlauf von Berg und Tal, als mächtiges Gegeneinander von Licht und Dunkel.

Otto Breicha

Sein künstlerisches Vermögen äußert sich nicht primär in Bravourakten und dem leider nur allzu oft falsch eingeschätzten technischen Können, sondern in einer geistigen Einstellung, die dem Kreativen ebenso wie dem rein Technischen, der Intuition ebenso wie dem Intellekt, und der Erfahrung ebenso wie dem Neubeginn Rechnung trägt.

Peter Baum

Landschaft bei Mönichkirchen
1981, 64 × 48 cm

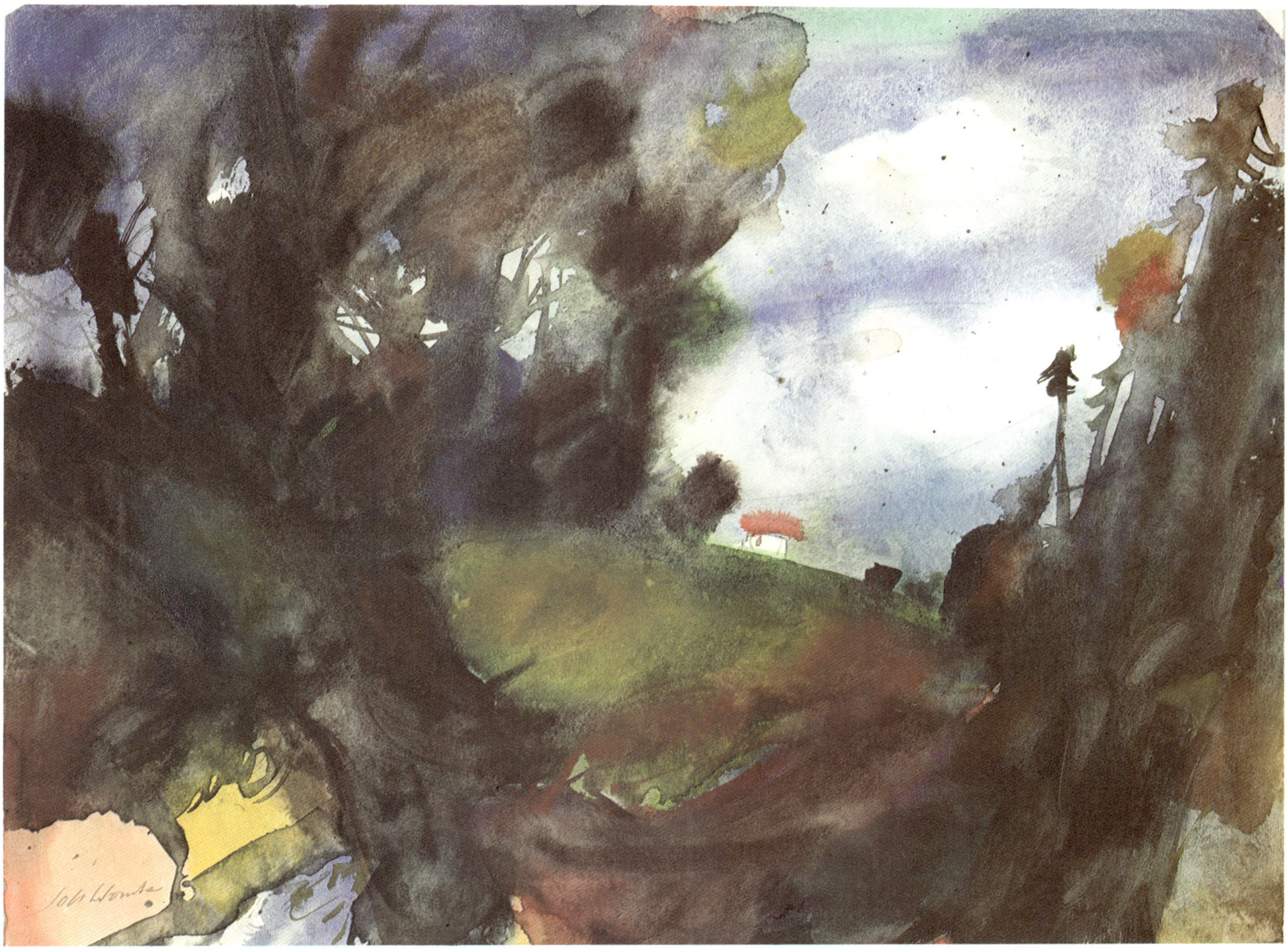

Robert Schmitt

1924 am 20. April in Wien geboren. 1945–1948 Akademie der bildenden Künste in Wien, Meisterklasse für Malerei, Prof. Robin C. Andersen. 1951–1969 Mitglied der Künstlergruppe „Der Kreis". 1962–1972 Leiter der Kunststelle im Bildungsreferat des ÖGB, Aufbau einer großangelegten Kunsterziehung im Rahmen der Organisation, die sich über das ganze Bundesgebiet erstreckt. 1964 Gründung der Galerie Autodidakt, die 1972 geschlossen wird. 1966 Mitglied des Salzburger Kunstvereins. 1966–1967 Gastprofessor am Brighton College of Art. 1969 Volksbildungspreis des Bundesministeriums für Unterricht. 1971 Verleihung des Berufstitels Professor. 1973–1974 Lehrbeauftragter an der Hochschule für künstlerische und industrielle Gestaltung in Linz. 1974 Referent für bildende Kunst im Kulturamt der Stadt Wien. 1977 Mitglied der Wiener Secession.

Personalausstellungen: *1960 Galerie Junge Generation, Wien; 1964 Kollektivausstellung im Rahmen der Künstlergruppe „Der Kreis"; 1967 Aquarellausstellung im Brighton College of Art, England; Galerie „Forum 67", Linz; 1968 Galerie auf der Stubenbastei, Wien; Residenzgalerie, Salzburg; 1969 Galerie Würthle, Wien; 1970 Galerie an der Stadtmauer, Villach; 1971 Galerie Seilerstätte, Wien; 1974 Landesgalerie im Schloß Esterhazy, Eisenstadt; 1977 Galerie auf der Stubenbastei, Wien; 1979 Galerie „Club der Begegnung", Linz; Galerie BAWAG-Fondation, Wien; 1980 Galerie „Alte Schmiede", Wien; 1981 Galerie Prisma, Wien; Kunstmesse Basel; 1982 Galerie Stubenbastei, Wien; Galerie Carinthia, Klagenfurt; 1984 Secession, Wien.*

Werke im Besitz: *Graphische Sammlung Albertina, Wien; Bundesministerium für Unterricht und Kunst; Stadt Wien; Akademie der bildenden Künste in Wien; Neue Galerie der Stadt Linz; Land und Stadt Salzburg; Land Oberösterreich; Stadt Linz; Burgenländische Landesregierung; Österreichische Galerie in Wien; Museum des 20. Jahrhunderts in Wien; Historisches Museum der Stadt Wien; BAWAG-Fondation, Wien.*

Literatur: *Gerhard Schmidt: Neue Malerei in Österreich, Rosenbaum; Kristian Sotriffer: Malerei und Plastik in Österreich, Schroll; Robert Waissenberger: Wien und die Kunst in unserem Jahrhundert, Verlag Jugend und Volk; Tendenzen, Sonderheft Wien 1966/67 von Damnitz Verlag, München; Alois Vogel: Alte und Moderne Kunst, Heft 121/1972; Claus Pack: Moderne Graphik in Österreich, Forumverlag.*

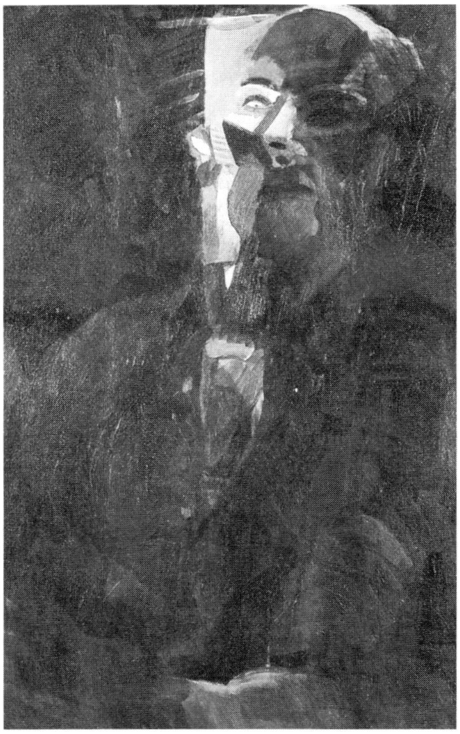

Robert Schmitt, Selbstporträt (Ausschnitt)

. . . Das Aquarell ist für mich etwas wie Kammermusik, es ist für mich Malerei schlechthin. Das Agieren mit der Wasserfarbe bietet mir die Möglichkeit, spontan zu arbeiten.

Ich möchte dem Literarischen immer sehr ausweichen, denn ich finde, daß es in der bildenden Kunst nicht viel zu suchen hat. Ich glaube, daß die Ausdrucksmittel der Malerei entscheidend sind, das Ausdrücken in Form und Farbe. Ich gehe immer von der Natur aus. Ich bezeichne mich als gegenständlichen Maler. Meine Themen sind ziemlich konventionell.

Es ist die Landschaft, das Stilleben, der Akt, das Portrait, der Mensch.

Robert Schmitt
aus einem Gespräch mit G. Layr

. . . Die Aquarelle sind das Ergebnis von aus vielen Zufällen gewonnenen Erfahrungswerten: wie die Flächen und Strukturen, das Weiß des Papiergrundes, das akzentuierte Nebeneinander der Farbwerte aus dem Gerinnsel des Wassers, aus dem Verhalten von Nässe und Farbe, den atmosphärischen Zusammenklang des Ganzen und die Rhythmik der Komposition ergeben. Führt der Weg bei der Analyse der Gemälde vom Intellekt zur Emotion, so läßt er sich bei den Aquarellen in umgekehrter Richtung verfolgen: vom Gefühl zum Verstand. Hier schließt sich der Kreis, hier rundet sich das Bild einer künstlerischen Individualität, bruchlos und selbstverständlich wie die logische Intelligenz der Natur selber, die sich Robert Schmitt zum Maßstab für sein Schaffen nahm.

Maria Buchsbaum

Santorin I
1978, 56 × 38 cm

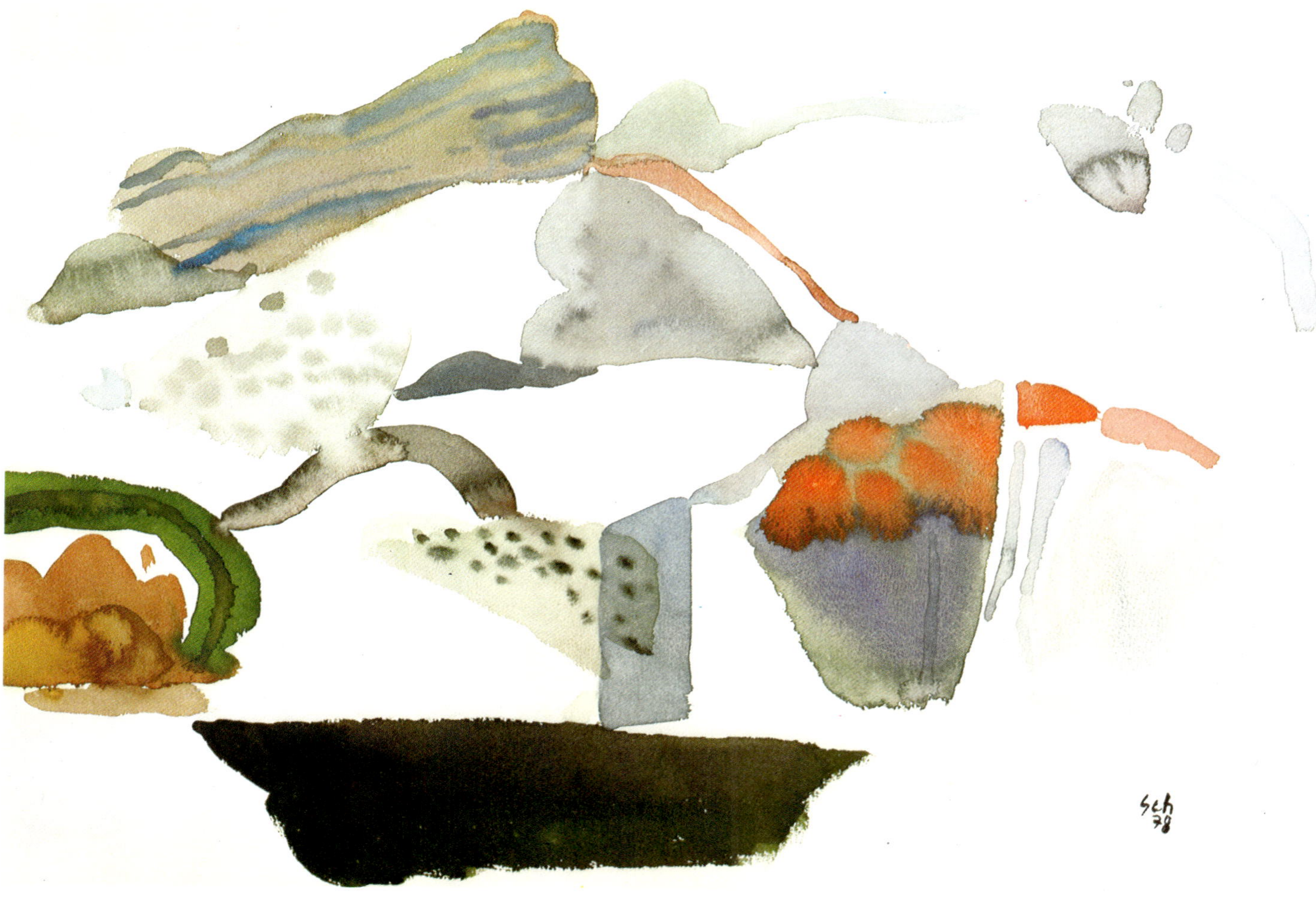

Ernst Insam

*Geboren am 6. Juni **1927** in Kitzbühel, Tirol. Er studierte Malerei und Graphik an der Akademien für bildende und angewandte Kunst in Wien. Er lebt in Wien und ist als Maler, Desiger und Graphiker freischaffend tätig.*

Einzelausstellungen: ***1967** Wiener Secession; **1968** Galerie auf der Stubenbastei, Wien; Ausstellungsräume der Firma Citroën, Wien; **1969** Kurhaus, Kitzbühel; **1970** Stadthalle, Eisenstadt; **1971** Modern Art Galerie; Galerie an der Stadtmauer, Villach; **1975** Modern Art Galerie; Wien-Kredit, Innsbruck; **1947/1977** Galerie Galaxis, Malerei; Oktober **1977** Modern Art Galerie, Wien; März **1979** Modern Art Galerie, Wien, „Entwicklungen"; **1980** Galerie Klinger, Arnfels; Galerie der Stadt Vöcklabruck (Lebzelterhaus); **1981** IBM-Galerie, Wien; **1982** Galerie Klinger, Arnfels; BAWAG-Foundation, Wien.*

Ausstellungsbeteiligungen: ***1950** Wiener Künstlerhaus, Tiroler Künstler in Wien; **1968** Secession, Wien; 3. Grafikbiennale, Bozen; 12. Österreichischer Grafikwettbewerb; **1970** Tiroler Landesmuseum Ferdinandeum, Innsbruck; Preis des Landes Burgenland; Grafikwettbewerb, Krems; IIeme Biennale Internationale de l'Estampe, Paris; XI. Salon International Paris Sud, Paris; Grafikausstellung Galerie Innfeld, Kitzbühel; Tangenten 70 – Multiple – Wettbewerb; Museum für angewandte Kunst; Museum des 20. Jahrhunderts; Unge Kunsters in Stavanger, Norwegen; Stadthalle Eisenstadt; **1971** Modern Art Galerie; Galerie an der Stadtmauer, Villach; Künsterners Hus, Oslo; Galerie Spectrum, Bergen; **1972** Zentralsparkasse der Gemeinde Wien, „Spiele mit Kunst"; Modern Art Galerie, „Mensch und Umwelt"; Zentralsparkasse der Gemeinde Wien, „Das Wiener Stadtbild"; „Parzer Kontakte", Parz; Modern Art Galerie, Weihnachtsausstellung; Grafikwettbewerb, Ferdinandeum, Innsbruck; **1974** Österreichische Grafik – Bozen, Bregenz, Zagreb; Modern Art Galerie, Accrogage; **1975** Zeichnungen und Plastiken, Wiener Künstlerhaus; Galerie Galaxis, „Malerei und Grafik aus Österreich", Kitzbühel; **1976/1977** Ausgestaltung der Begräbniskapelle in St. Johann in Tirol; **1978** „Der Drache in unserer Zeit", Parz.*

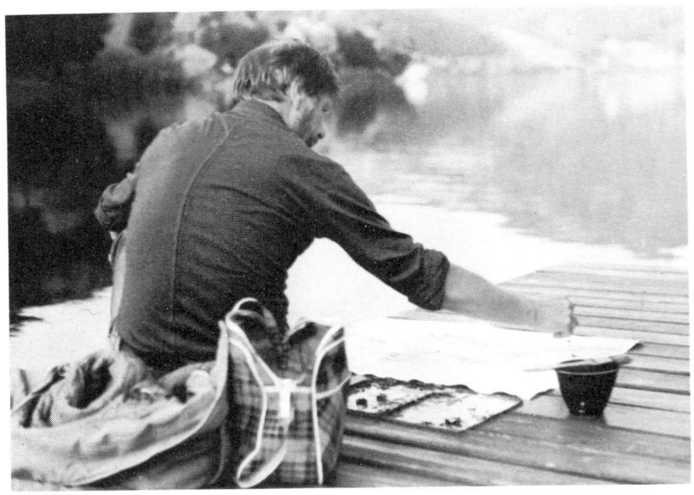

Ernst Insam ist mit seinen Bildern einer von denen, die uns helfen, die Fesseln der Sinne zu sprengen, und uns eine Welt zeigen, die nichts vortäuscht, wohl aber die Enge der „Wirklichkeit" weit überschreitet. Bei Insam findet sich keine gesuchte Größe, kein affektiertes Gehabe, ihm schwillt nie der Kamm. Er arbeitet an seinen Aquarellen mit jener Aufrichtigkeit, die dann die Tiefe seiner Werke ermöglicht. Mit dem Ernst des Mannes, der über seine künstlerische Ausbildung – bis heute – unablässig bemüht war, die Welt darzustellen, ohne sie in Frage zu stellen, gelang es ihm, die Welt zu erweitern und unsere Einsichten zu verbessern.

Insam drängte nie nach vorne, wurde nicht das, was man einen „berühmten Maler" nennt. So sind seine Bilder ein Geheimtip für den, der malerische Qualität und einen fühlbaren Funken von Größe schätzt.

H. L.

Bei Porto Petro
1980

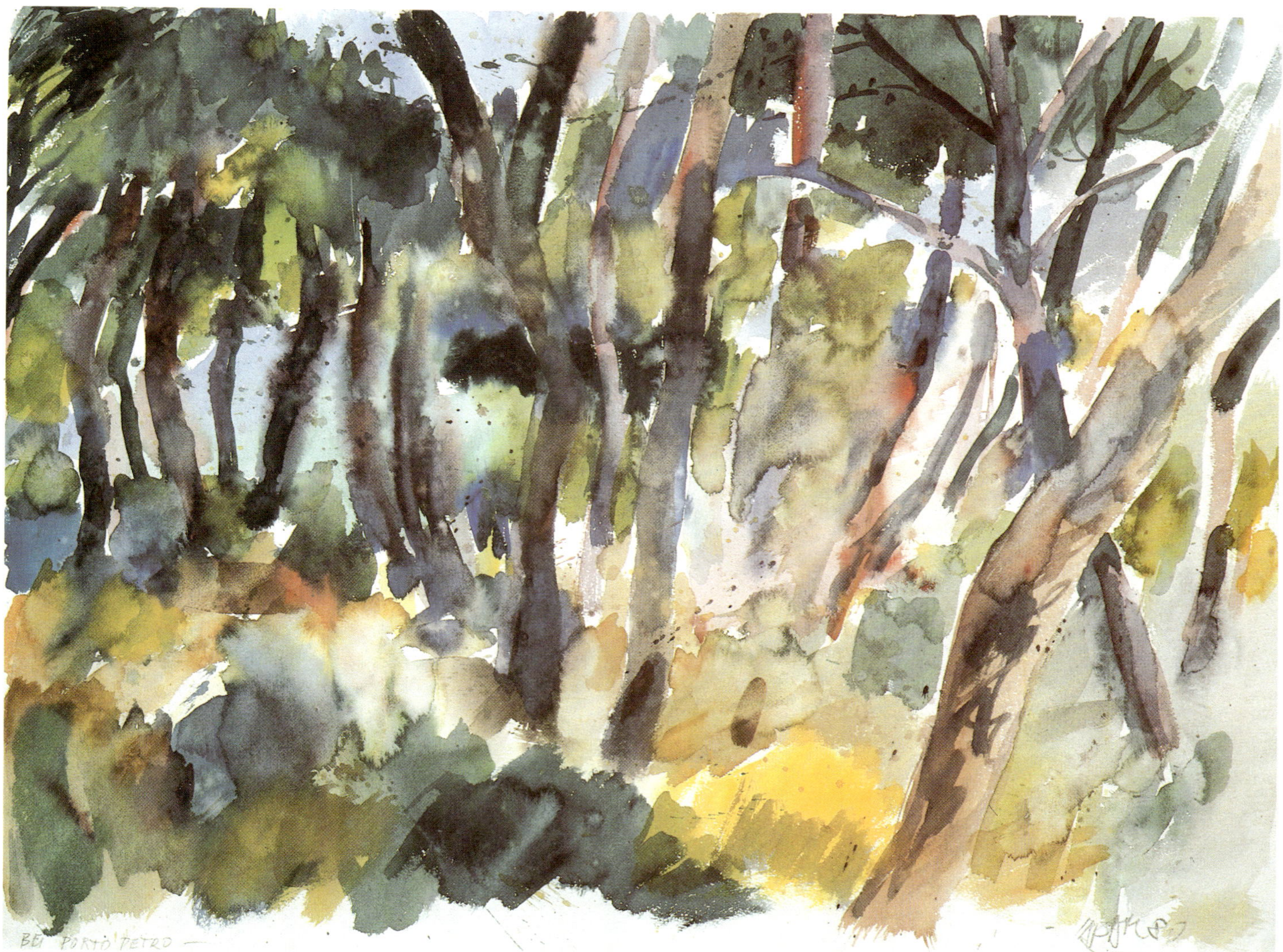

Heinz Göbel

*Geboren am 8. August **1947** in Salzburg. **1967–1972** Meisterklasse für Grafik, Akademie der bildenden Künste, Wien. **1974/1975** neunmonatiges Ägyptenstipendium.*

Preise: ***1977** Förderungspreis des Salzburger Kunstvereins; **1978** Staatsstipendium für Malerei; **1980** Preis des Landes Kärnten beim 17. Österreichischen Grafikwettbewerb in Innsbruck; **1981** Bronzemedaille beim Internationalen Preis für Aquarell, Rom; **1982** Ankaufspreis beim zweiten Römerquelle-Kunstwettbewerb; Slavi-Soucek-Förderungspreis des Landes Salzburg.*

Ausstellungen: ***1975** Internationales Kulturzentrum, Kairo; Galerie Art und Design, Hildesheim; ABC-Galerie, Braunschweig; **1977** Hypo Galerie, Linz; **1978** Traklhaus, Salzburg; Atelier Gerersdorfer, Wien; **1979** OÖ. Kunstverein Ursulinenhof, Linz; Galerie auf der Stubenbastei, Wien; Galerie Welz, Salzburg; **1980** Galerie Forum, Wels; **1981** Galerie Simmerl, Saalfelden; Atelier Gerersdorfer, Wien; Mühlwanggalerie, Gmunden; Galerie Arcade, Mödling; Verein für Kunst und Kultur, Eichgraben; **1982** Galerie Welz, Salzburg; **1983** Galerie auf der Stubenbastei, Wien; Galerie Walther, Düsseldorf; Galerie Haarenufer, Oldenburg; **1984** Galerie Grüner, Linz.*

Beteiligungen u. a.: *Triennale Nürnberg 1979; Aspekte d. Zeichnung in Österreich 1960–1980; Die österr. Zeichnung d. Gegenwart; Grafikbiennale Greuden; 3. Grafikbiennale Baden-Baden.*

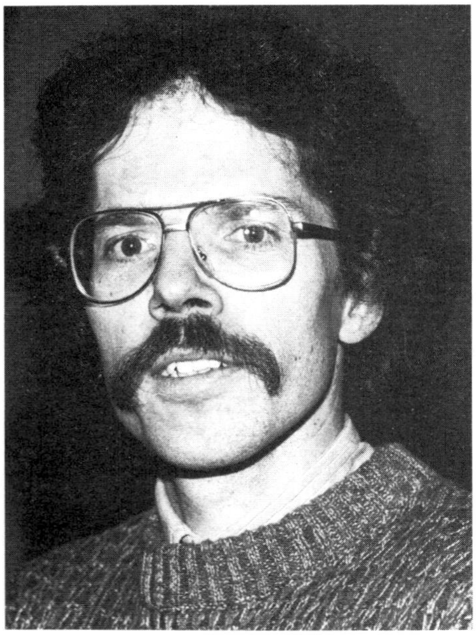

Heinz Göbel gehört zu den Künstlern, aus deren Arbeit der Denkanteil bestimmend hervorschlägt. Nichts läge Göbel ferner als spontane, auf der Stelle sich lösende Entladung. Bildermachen ist Nachdenken, aber nicht lokalisiertes Forschen als ergebnisträchtiges Studium. Kunst verschließt sich jedweder Subordination, taugt nicht als instrumentelles Mittel. Göbel studiert dennoch Geschichtlichkeit, frei und spekulativ auf kunstadäquate Weise. Er entwickelt phantastische Entwürfe über die Wirkungen des Zeitlichen an der Materie. Er ist Historiograph utopisch dimensionierter „Zeit-Arbeit". Er registriert das Nagen des sprichwörtlichen Zeit-Zahnes. Ägypten mußte den Künstler besonders interessieren. Ein Stipendium tat ihm 1974/75 die Gelegenheit auf, die angegriffene Resistenz der ältesten Groß-Artefakte zu erkunden, ihren Widerstand gegen die sandige Horizontale. Die ewige „Streuform" aller festen Materie, die Pyramide, taucht von nun an in seinen Bildern auf, die alle nach den Stadien der Korrosion fragen. In solchen Spannungen wird jede organische Kurzlebigkeit lächerlich, auch das menschliche Antlitz undenkbar.

Immer stellt Göbel die mörderische Einwirkung dar, ihre Spuren, ihren besiegten Widerstand, Endresultate gewissermaßen. Was übriggeblieben ist, sind Substruktionen im namenlosen Gewehe, Leck- und Fraßstellen des Chronos im Gestein.

Das Inhaltliche projiziert sich in den ästhetischen Bereich sichtbar gemachter Technik. Bilder wachsen in Umkehrung der thematischen Abtragung von Stoff aus dünnen Lasurschichten zusammen. Auch in der Oberfläche der Bilder realisiert sich das Schicksalsgeprüfte einer elegisch-nackten Landschaft. Diese Kongruenz klammert die Kategorie des Schnellen und Leichtfertigen aus den Sphären der Abbildung und Herstellung aus. Heinz Göbel, der langsame und bedächtige Schilderer einer vergangenen Menschen- und abgelaufenen Naturgeschichte.

Tony Gugg

Mit dem Blick von oben werden Seelenlandschaften erfaßt und ihre rissige, brüchige, schollenförmige urtümliche Struktur bloßgelegt. Diese Gegenden sind nicht wenig geheimnisvoll, denn nicht selten muß man annehmen, daß unbekannte Wesen hier ganz mächtig eingegriffen haben, mit dem Bau von Rampen, dem geradlinigen Durchschneiden von Felsformationen oder mit dem Auftürmen von Pyramidenbergen, die möglicherweise Kultstätten sein könnten.

Werner Thuswaldner
aus: „Geologische Formationen der Seele"

Einschnitt
1978, 62 × 46 cm

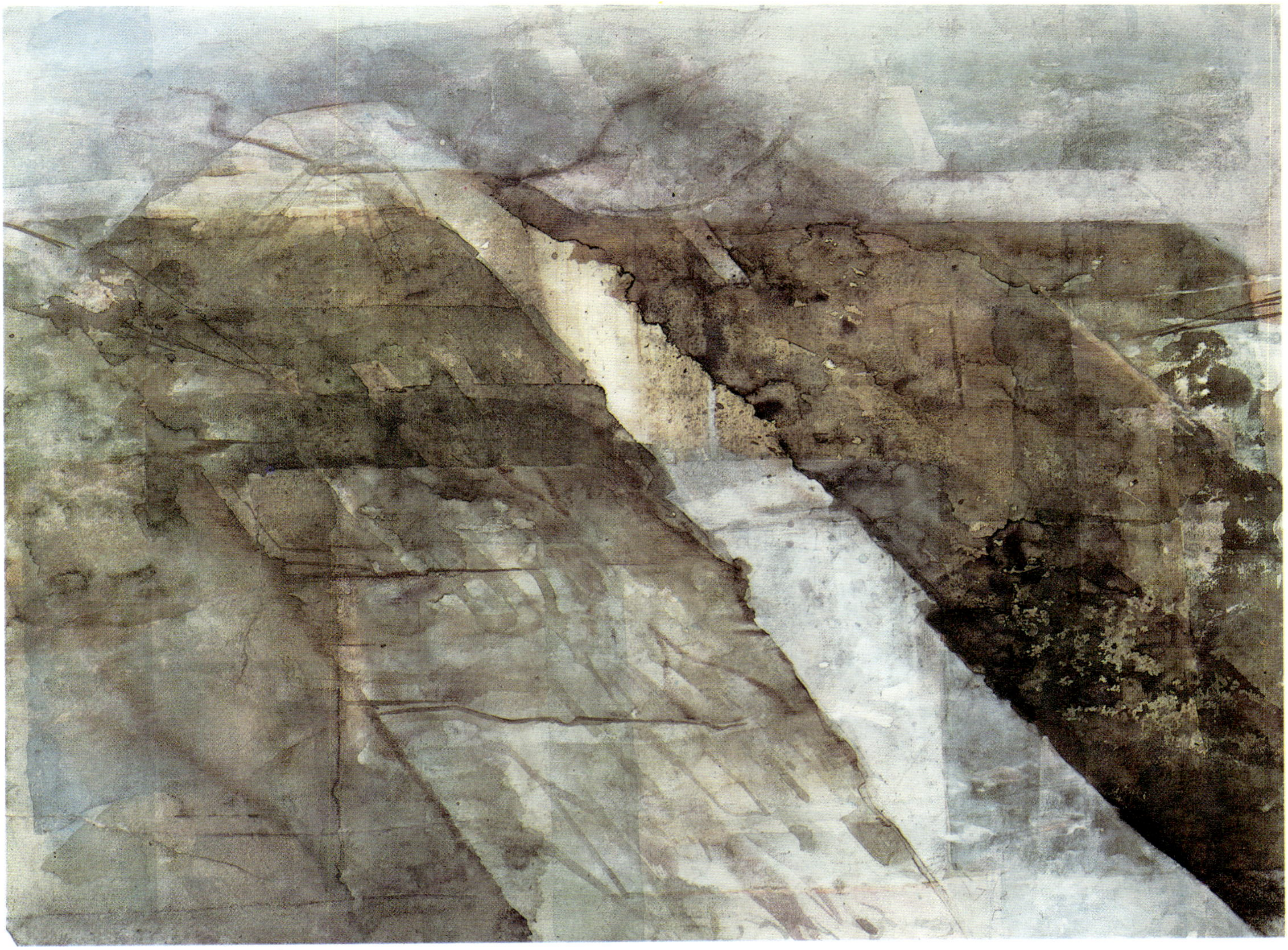

Hans Hiesberger

Geboren **1938** *in Klagenfurt.* **1956–1960** *Akademie der bildenden Künste, Wien.* **1960–1961** *Accademia di Belle Arte, Roma.* **1966–1967** *Rijks Akademie, Amsterdam.*

Preise: **1957** *Meisterschulpreis, Wien.* **1958, 1959** *Begabtenpreis des Bundesministeriums für Unterricht.* **1960** *Diplom und Staatspreis.* **1978** *Förderungspreis des Landes Kärnten.*

Einzelausstellungen: *Klagenfurt, Salzburg, Linz, Wien, Amsterdam, Leiden, Brüssel, London, Edinburgh, Bozen, Perugia, Rom, Bonn, Köln, New Orleans.*

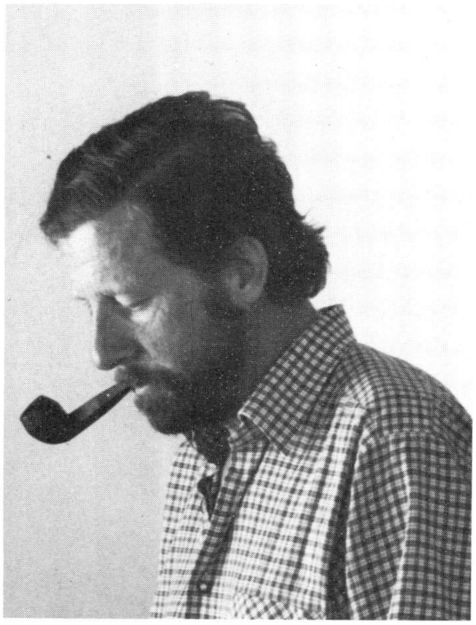

Hiesberger ist als Maler fest verankert in der Tradition der bildenden Kunst in Kärnten, und bei ihm als Privatmann hat ebenfalls alles seine Ordnung. Man könnte sogar sagen, allem Anschein nach verliefe sein Leben in zu geordneten Bahnen, wenn man ihm, dem Künstler von Beruf, schon etwas Originelles nachsagen will, denn das Publikum ist es gewöhnt, von Künstlern Liederliches zu erfahren.

Hiesberger scheint es nie um Eroberung von künstlerischem Neuland gegangen zu sein, sondern um Festigung von Besitzstand. Das ist noch kein Indiz für Eintönigkeit. Es muß nämlich keineswegs so sein, daß man nur in der Fremde seinen Blick schärft. Auch das Vertraute hat viele Gesichter, allerdings nur für den, der es achtet und beobachtet.

Hiesberger kann in seinen Bildern den Kärntner nicht verleugnen. Seine Farben zumal kann man in dieser speziellen Wertigkeit bei Kolig und Boeckl wiederentdecken, was aber nicht an der Vorbildwirkung liegen muß, sondern eben an Kärnten. In dieser Landschaft verfällt so mancher Maler dem Farbenrausch.

Er hat von Anbeginn an nur ein wesentliches Thema gekannt: die Landschaft. Seine künstlerische Entwicklung hat sich nicht durch den Wechsel von einem Thema zum anderen vollzogen, sondern durch den Grad der Annäherung an das Wesentliche ein- und desselben Themas. Dabei war ihm immer schon klar, daß man der Natur nicht durch eine naturalistische Betrachtungsweise beikommen kann. Außerdem war es ihm zunächst ja nur um ein Material zu tun, mit dessen Hilfe er den inneren Reichtum an Farben und Formen nach außen projizieren konnte. Es quoll förmlich aus ihm hervor.

Nach und nach entstand eine sehr typische, sehr eigenständige Verklausulierung der Landschaft, sozusagen ein tachistisches Naturornament. Die Hieroglyphen waren jedoch nur Transportmittel für Stimmungen, die es auszudrücken galt. In diesen Inhalten, in den Stimmungen hat Hiesberger seinen Weg gemacht. Mit denselben Formeln beschreibt er heute Seelenlandschaften, wo es früher geographische waren. Deshalb werden seine Bilder jetzt auch immer unnahbarer und geheimnisvoller. Die Irritation tritt ganz stark hervor, aber die artikuliert sich ohne Hysterie. Sie ist gebändigt und gestaltet.

Thomas Pluch
aus: Landschaft – ihrer Farbe wegen

Zollfeld
1979, 77 × 57 cm

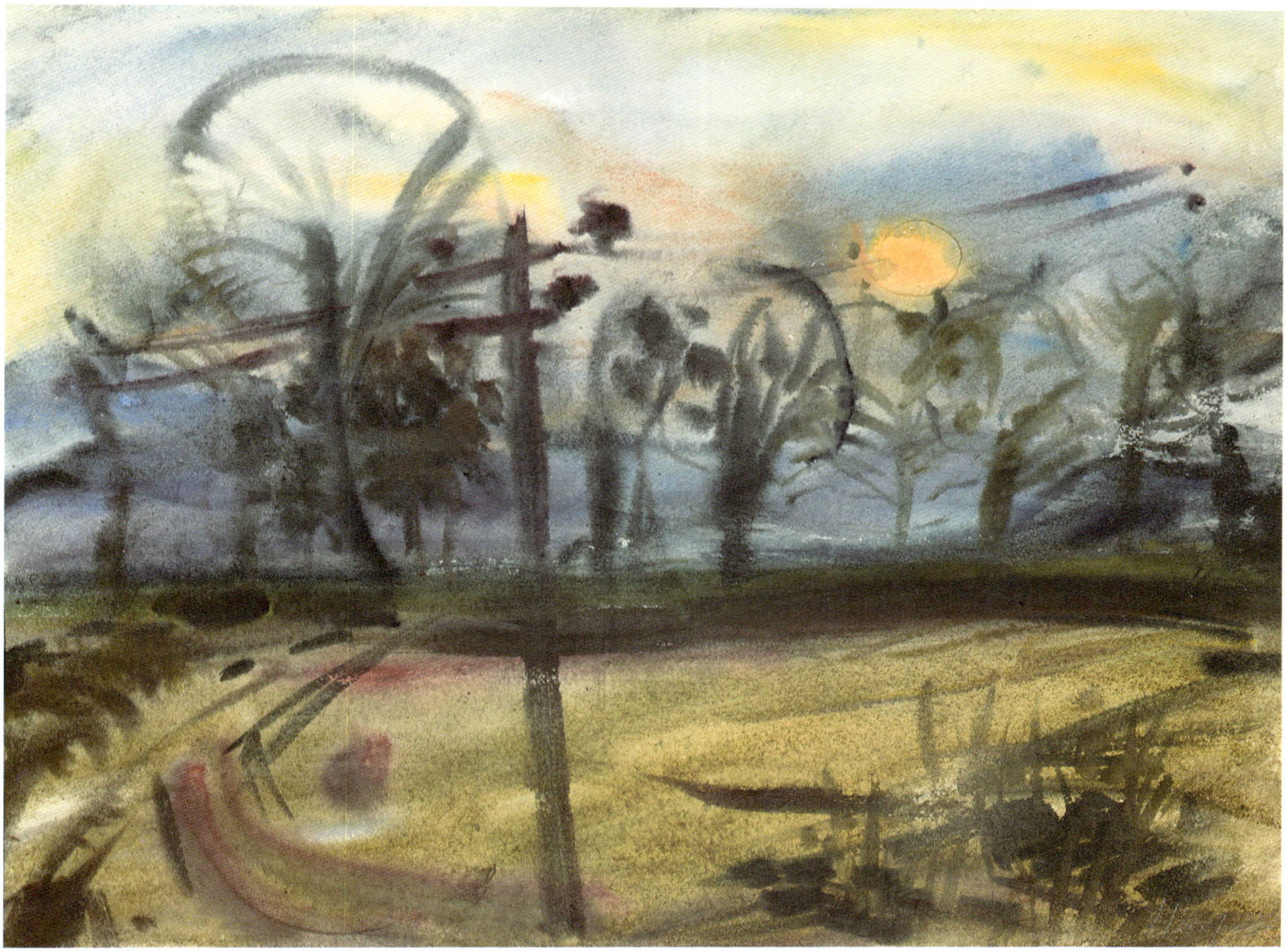

Lucia Kellner

*Geboren **1932** in Wien. Mitglied des Künstlerhauses, Wien. **1954–1959** Studium an der Akademie für angewandte Kunst, Wien. **1959** Diplom und Staatspreis des Bundesministeriums für Unterricht und Kunst, Wien. **1962–1968** Assistentin an der Akademie, Abteilung Malerei und Graphik. **1978** Woyty-Wimmer-Preis des Künstlerhauses, Wien.*

Ausstellungen und Beteiligungen: ***1958** Wiener Secession; **1960** Neuer Hagenbund, Wien; **1961** Kärntner Landesmuseum, Klagenfurt; **1964** „Festival dei due mondi" Spoleto; Galerie Tao, Wien; **1966** Forum Stadtpark, Graz; Galerie Eremitage, Tirol; **1967** Galerie auf der Stubenbastei, Wien; **1969** Galerie Moser, Graz; **1970** Galerie Wittmann, Wien; **1971** Galerie Makon, Klagenfurt; **1972** Kleine Galerie, Wien; Galerie Zweymüller, Baden; **1973** Modern Art Galerie, Wien; Künstlerhaus, Wien; **1974** Österreichisches Kunstzentrum, Wien; **1976** Galerie Würthle, Wien; Galerie Contact, Wien; **1978** Galerie Ariadne, Wien; „Begegnungen" Ausstellungen des Kulturamtes im Wr. Stadtpark; **1979** Galerie 5 × Art, Wien, Rögergasse; **1981** 60 Jahre Galerie Würthle, Wien; **1982** Galerie am Arbeitsplatz – Zürich-Kosmos, Versicherungsges.; PSK, Wien; Österreichische Künstler – Galerie Würthle, Wien; **1983** Ostdeutsche Galerie, Regensburg; Management-Club, Wien; Bawag, Wien.*

Arbeitszyklen der letzten 10 Jahre: *Entwürfe für Märchenbücher, Griechenland (Feder, Aquarell, Öl), Verlorene Landschaften (Aquarell), Verlorene Städte (Aquarell), Imaginäre Portraits (Öl), Erotische Blätter 1981 (lavierte Tusche), Blumen 1981, 1982 (Aquarell, Feder).*

. . . So zeichnet und malt sie jetzt Landschaften vor der Natur mit Bleistift, Kohle und dem Pinsel in Aquarelltechnik. Licht und Schatten fängt sie ein, löst auf und verdichtet. Und auch hier ist es immer wieder ihre reiche schöpferische Phantasie, die bei der Umsetzung des Gesehenen in das ihr Wesentliche von ausschlaggebender Bedeutung ist. In dieser momentanen, äußerst malerischen Phase, entstehen neben ihren Landschaften auch hervorragende Gartenstudien in kräftiger, mutig angesetzter Farbigkeit. Sie bestimmt eine flächig-pastose Wirkung.

Hanna Egger

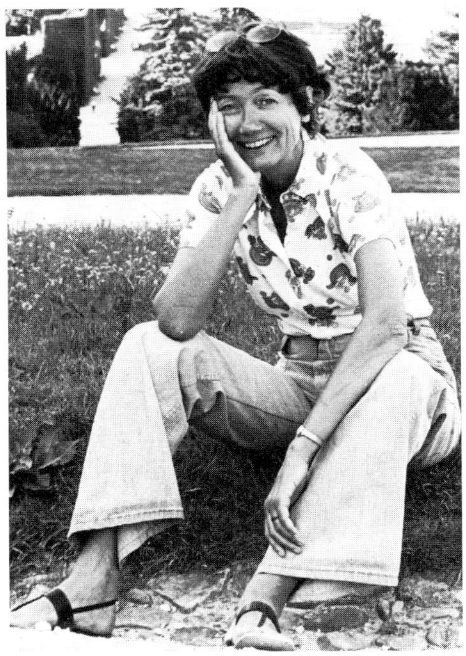

Über die Entstehung eines Bildes.

Unter Aufbietung aller Kräfte, mit dem stärksten Willen, mit viel Talent und noch mehr Übung, beginnt der Maler an seinem Vorhaben zu arbeiten.

Er denkt nicht an Lohn und geregelte Mahlzeiten, letztere stehlen kostbare Zeit, er denkt auch nicht an Schlaf – er denkt an seine Arbeit.

Er konzentriert sich, beobachtet, versetzt sich in Ruhe, horcht in sich, beginnt, um gleich wieder inne zu halten. Beginnt neu, wartet mit seinen Gedanken, versucht jeder Störung aus dem Weg zu gehen und findet in der Einsamkeit den wertvollsten Arbeitspartner.

Nach langem Suchen gelingt es, das eigene Herzblut und die Seele sichtbar zu machen.

Noch immer glaubt der Maler nicht, daß es gelungen sein könnte.

Er zweifelt, wartet Tage ab, um zu erkennen, Wochen vergehen, manchmal Jahre – da endlich spürt der Maler die Wahrhaftigkeit in seinem Bild.

Das unbeschreibliche Glücksgefühl währt nicht lange, denn das Ziel wird höher gesteckt und es geht weiter, weiter mit dem Suchen, welches vom Finden abgewechselt wird.

Manchmal taucht die Frage auf: Kann die Botschaft verstanden werden?

In der Wirklichkeit wird mit den Werken der Maler Geschäft gemacht, die Seele vermarktet und das Herzblut weggeschüttet.

Auch dieses weiß der Maler, zu gut hat er sehen gelernt.

Er arbeitet weiter, mit sich allein, versucht zu vermitteln, sucht das Innerste der Welt, die Tiefe des Kosmos –
sucht und hofft in Demut vor dem Unfaßlichen.

Lucia Kellner,
November 1981

Dämmerung im Winter
1983, 65 × 46 cm

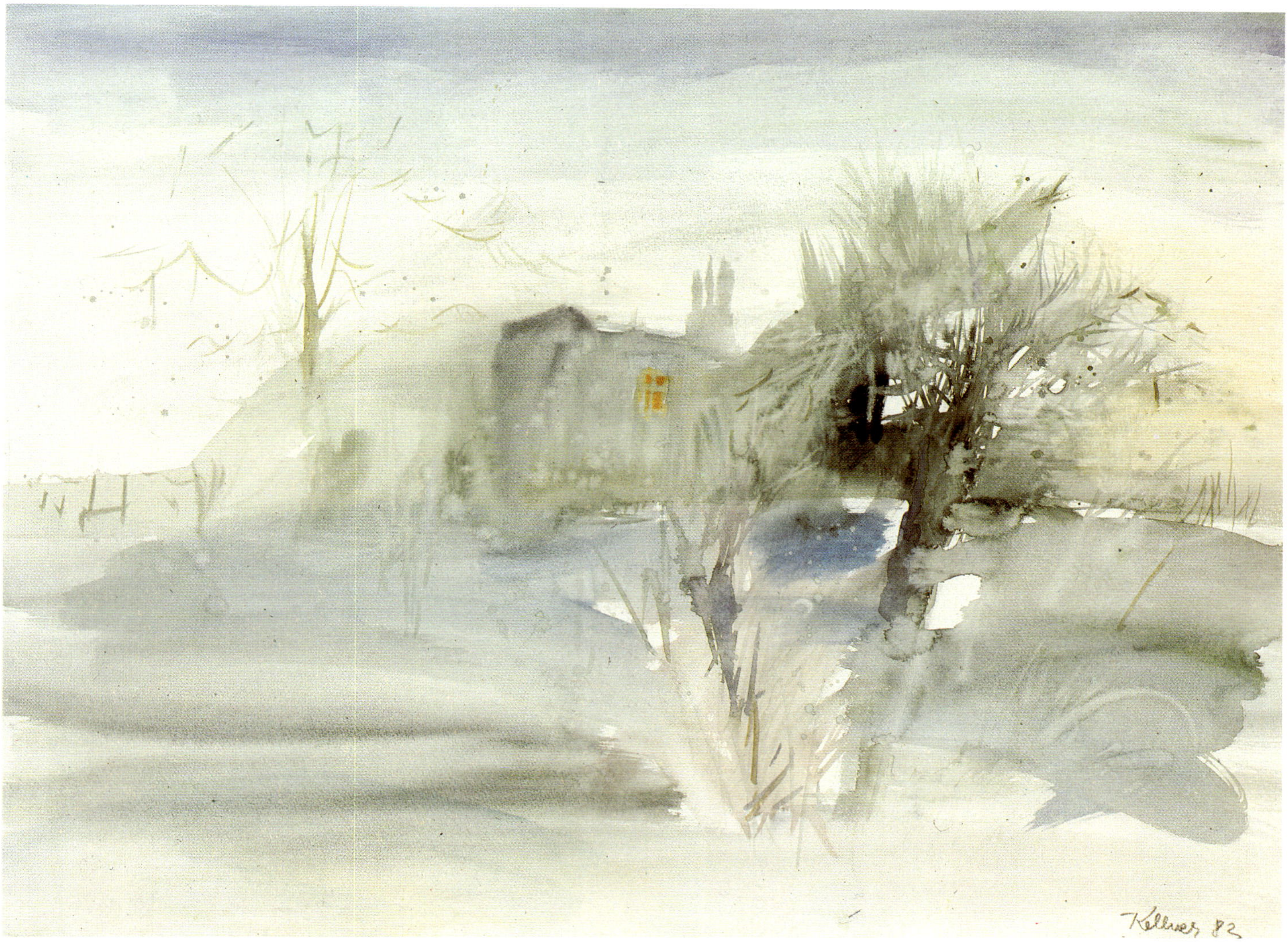

Martina Funder

Geboren **1953**, *aufgewachsen in Graz. Gymnasium in Baden bei Wien.* **1973–1978** *Akademie der bildenden Künste in Wien, Malerei.* **1978** *Diplom, freischaffend tätig. Seit* **1981** *Hochschule für künstlerische und industrielle Gestaltung in Linz, Keramik.*

Preise: *mehrere Akademiepreise.* **1978** *Würdigungspreis d. Bundesministeriums für Wissenschaft und Forschung.* **1979** *2. Preis d. internationalen Aquarellwettbewerbs „Sinaide Ghi" in Rom.* **1983** *Ankaufspreis des 3. Römerquelle Wettbewerbs.*

Einzelausstellungen: *u. a.* **1977** *Galerie Maier in Innsbruck;* **1979** *Beethovenhaus in Baden;* **1980** *Galerie Zweymüller in Baden; Kleine Galerie im Künstlerhaus in Klagenfurt;* **1982** *Wraxhall Gallery in London SW 7; Galerie an der Stadtmauer, Villach; Kreativzentrum, Baden;* **1983** *Galerie „im Hofstöckel", Linz; Österr. Kulturinstitut, Kairo.*

Ausstellungsbeteiligungen: *u. a. „Geist und Form" in Wien; 17. Österr. Grafikwettbewerb in Innsbruck; „Österreichische Keramik 1900–1980"; „Subjekt – Objekt" in Klagenfurt; „65 Jahre Badener Kunstverein" in Baden; und in Bregenz, Palais Thurn und Taxis.*

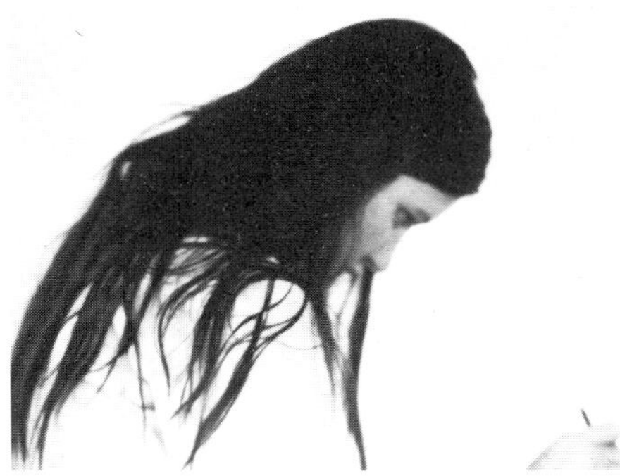

Die Aquarelle sind von ausgeglichener Tonigkeit, sparsam in der Durchführung der Formen und von angenehm fühlbarer Spontaneität. Kühl kalkuliert scheint oft der Rhythmus, der flächige und perspektivische Dynamik gleichzeitig zu erzeugen versteht.
Gisela Hopfmüller

Von den spanischen Blättern, mit denen sich Martina Funder besonders identifiziert, gefällt mir der trotz lockerer Fließtechnik seine Geologie preisgebende Tafelberg in seinen verhaltenen Blau-Grau-Klängen. . . .
Grete Misar

Spanischer Tafelberg
1980, 46 × 26 cm

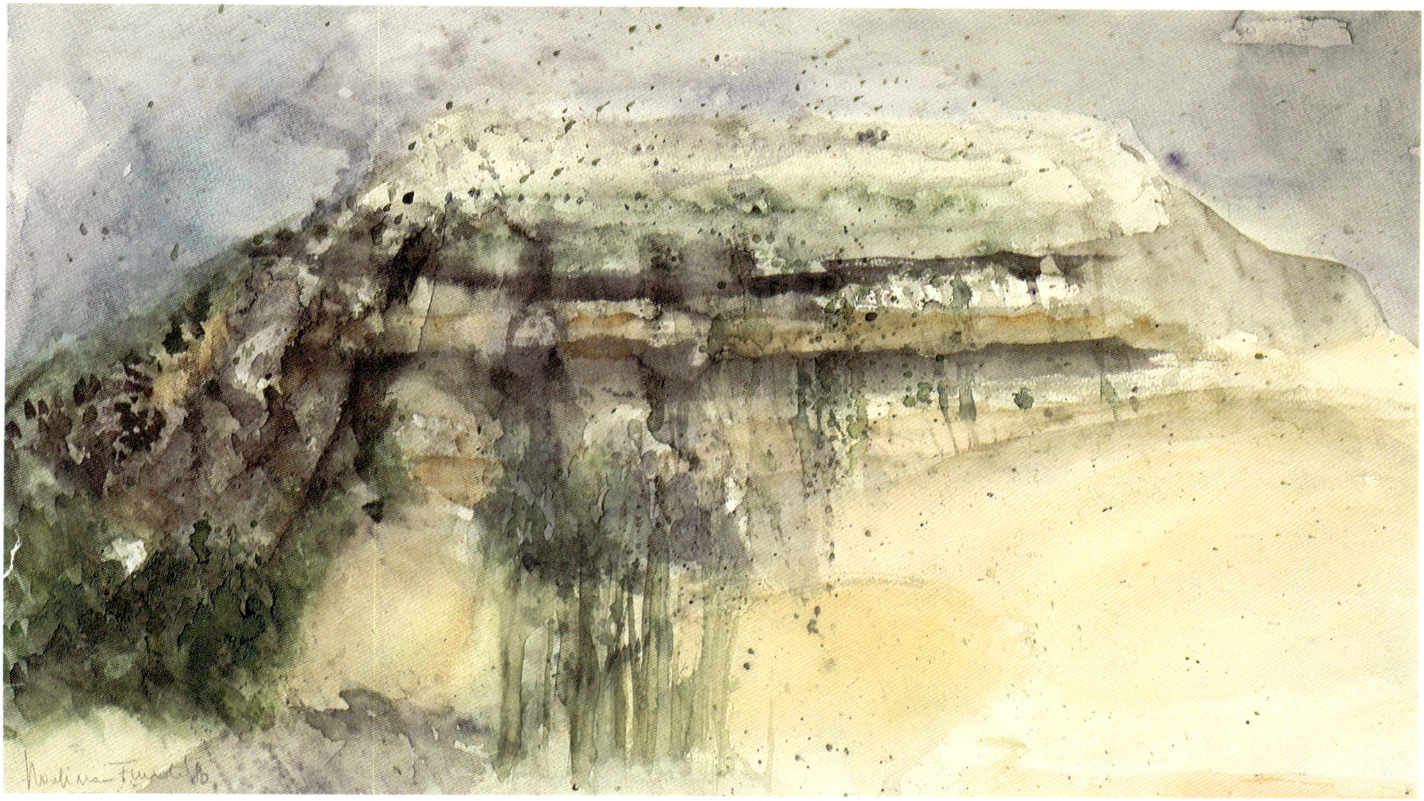

Franz Heis

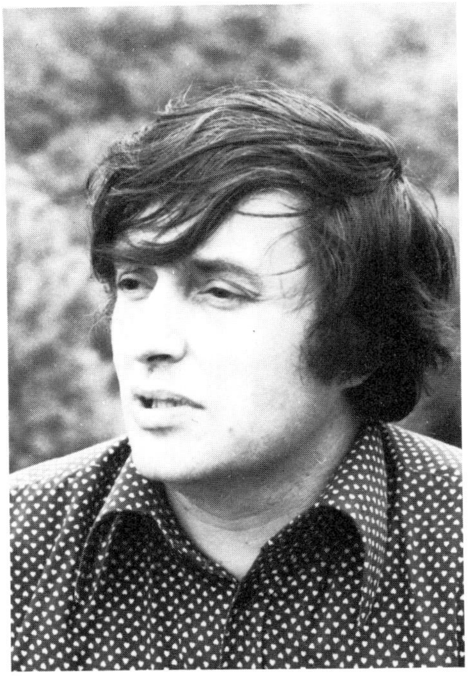

1934 in Innsbruck geboren. Studium in Wien an der Akademie der bildenden Künste bei den Professoren Martin und Melcher. 1961 Lehramt und Diplom für Graphik und Malerei. Künstlerhausmitglied, Mitglied des Vereins zur Förderung zeitgenössischer Kunst und des Klosterneuburger Künstlerbundes.

Ankäufe: *Tiroler Landesregierung, Bundesministerium für Unterricht und Kunst, Albertina, Zentralsparkasse Wien, Gemeinde Wien, NÖ Landesregierung, Wiener Städtische Versicherung, Privatsammlungen des In- und Auslandes.*

Ausstellungen: *1973 Palais Harrach, Wien; 1974 Club der Begegnung, Linz; Galerie Austerlitz, Wien; 1975 Zentralsparkasse, Wien; 1976 Galerie am Rabensteig, Wien; Anzing, NÖ; Galerie Elefant, Landeck; 1977 Anzing, NÖ; 1979 Bezirksmuseum Döbling, Wien; Schloß Seibersdorf, NÖ; Klosterneuburg; 1980 Galerie am Rabensteig, Wien; Galerie Theodor v. Hörmann, Imst; 1981 Galerie Gabriel, Wösendorf, NÖ; 1982 Galerie am Doktorberg, NÖ; 1983 CdB-Linz, Klosterneuburg (Rostockvilla).*

. . . Die sensibel gemalten Landschaftsdetails sind technisch und formal sehr geschickt autonomen und farblich subtil nuancierten Farbflächen eingebunden, deren lichterfüllte Transparenz großen atmosphärischen Reiz ausstrahlt.

Maria Buchsbaum

Zu meinen Aquarellen:

„In meinen Landschaftsaquarellen verarbeite ich Erlebnisse meiner Wanderungen in der Natur – vor allem im Weinviertel (NÖ). Zwar mache ich viele Zeichnungen und Skizzen in der Natur – ich präge mir dadurch die Motive und Geländeformationen besser ein und studiere sie – aber die Bilder male ich fast ausschließlich im Atelier, wo ich die in mir aufgenommenen Stimmungen klar und vereinfacht wiedergebe.

Auf aufgespannten Aquarellpapieren arbeite ich teils in der Naß-in-Naß Technik teils auf trockenen Stellen in mehreren Schichten. Nur selten beende ich ein Bild sofort. Die Vollendung schiebe ich oft Tage oder sogar Wochen hinaus, um die beste Lösung zu finden: dadurch gestalte ich einerseits überlegter und habe anderseits immer mehrere Bilder in Arbeit."

Franz Heis

Einbruch des gestaffelten Lichtes
1982, 54 × 26 cm

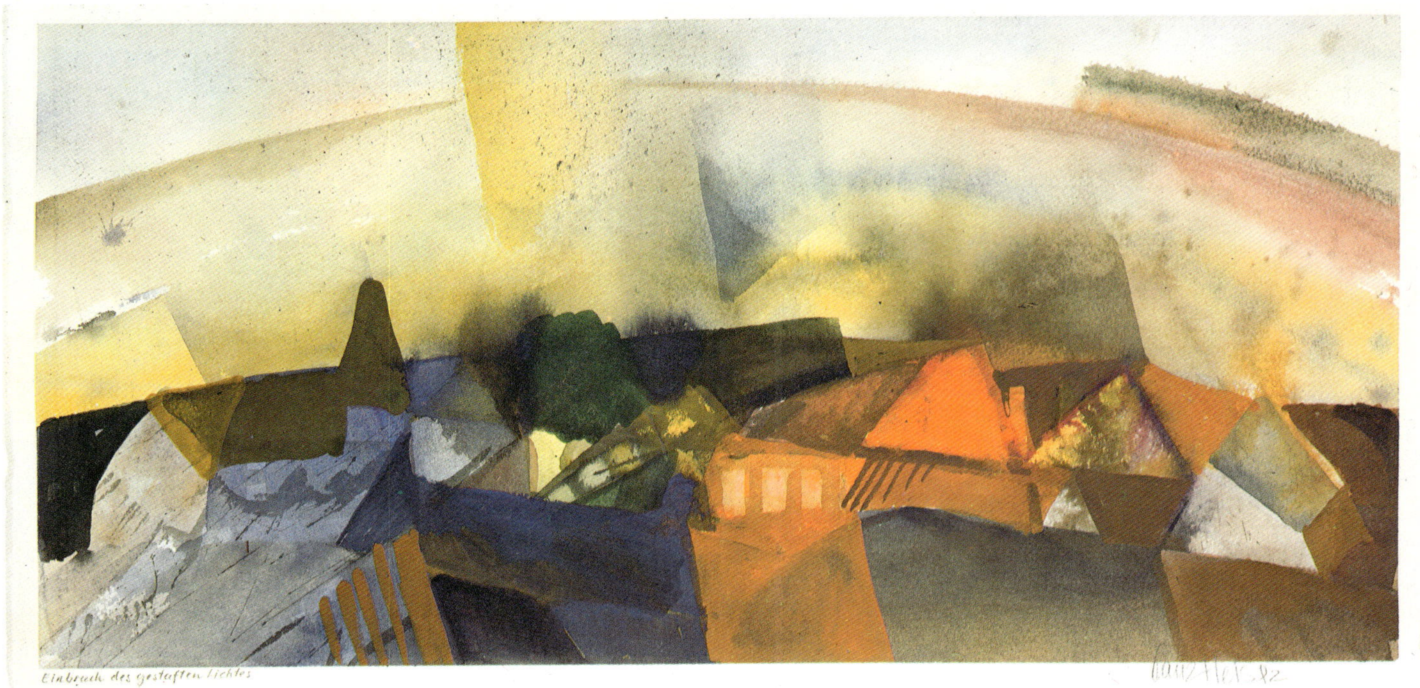

Friedrich Aduatz

*Geboren **1907** in Pula. **1930–1933** Grazer Kunstgewerbeschule, Akademie der bildenden Künste in Wien. **1936** österreichischer Staatspreis, Mitglied des Hagenbundes. **1946** Mitglied der Wiener und Grazer Secession. **1968** Professor h. c. **1969** Goldmedaille Graphikbiennale Ancona. **1979** Ehrenmitglied der Grazer Secession.*

Ankäufe: *Albertina, Bundesministerium für Unterricht und Kunst, Neue Galerie Graz, Tiroler Landesmuseum.*

Ausstellungen: *im In- und Ausland.*

Studienreisen: *Italien, Frankreich, Spanien.*

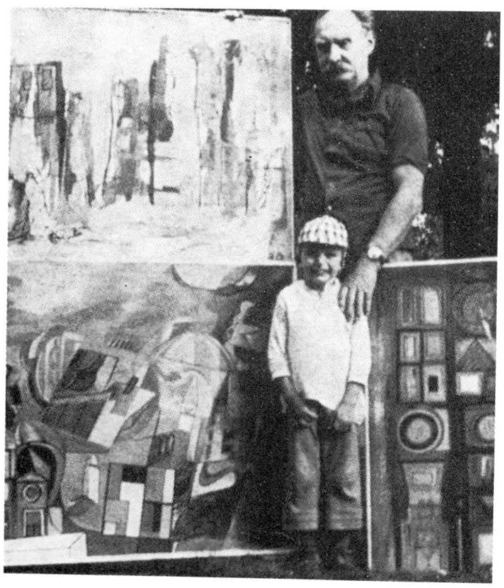

Es wird die Physiognomik seines Stils in aller individuellen Ausprägung sichtbar: in der Heftigkeit seines Farbensinns, in der instinktiven Neigung für akzentuierte Komplementär-Effekte, in der unsentimentalen Lyrik, in der Gabe, gewitterhaft ausbrechende Kolorismen architektonisch zu disziplinieren. Während das Studium an der Landeskunstschule in Graz kaum ergiebig war, gaben die Aufenthalte bei Wiegele in Nötsch, die in die Jahre 1935 bis 1938 fielen, wertvolle Anregungen. In Kärnten, das mit seiner Landschaft bereitwillig und glücklich aufgenommen wurde, kamen auch fast verschüttete Gefühle wieder ans Licht und mit ihnen die Witterung des Südens, der sich einst mit seinem blauen Himmel über die Kindheit des Künstlers gespannt hatte. Die westliche Steiermark, die inzwischen seine Heimat geworden war, galt ihm nun wie ein Vorland zu diesem Land der Ursprünge, ein Vorland, in dem schon die Ahnungen reifer Formen erlaubt waren, wie sie die klassische Antike geschaffen hat.

Der Künstler hatte in einem alten anonymen Buch, das von der Technik des Malens handelte, einen naiven Satz gefunden, der sich auf die „schöne Steiermark“ bezog, die – nach Ansicht des Autors – mit ihren grünen Wäldern malerisch nicht zu bewältigen wäre. Diese Bemerkung reizte den Künstler. Mit einer Farbemulsion, die trocken aufgetragen wird, fand Aduatz einen schwarzen Ton, auf den sich als Oberstimme ein grünlicher Schimmer legte. So schuf er eine Unzahl Blätter, die zu den schönsten Dokumentationen der steirischen Kunst in unserem Jahrhundert gehören. Und hier sind trotz der vegetativen Abläufe auch schon die Andeutungen einer konstruktiven Gesinnung, die mehr in der Regulierung der Linearität und in den Weglassungen auffindbar ist als im gesamten Eindruck, der durch die Treue zur Natur ausgelöst wird.

Das Werk des Malers Friedrich Aduatz zählt zu den wichtigen Leistungen der modernen Kunst in der Steiermark. Kein anderer Meister seiner Generation besaß dieselbe koloristische Mächtigkeit und Trächtigkeit. Die Farbe war immer sein Bekenntnis. Die Farbe blieb sein Schicksal bis auf den heutigen Tag.

Richard Rubinig

Klopeinersee *1938, 28 × 35 cm*

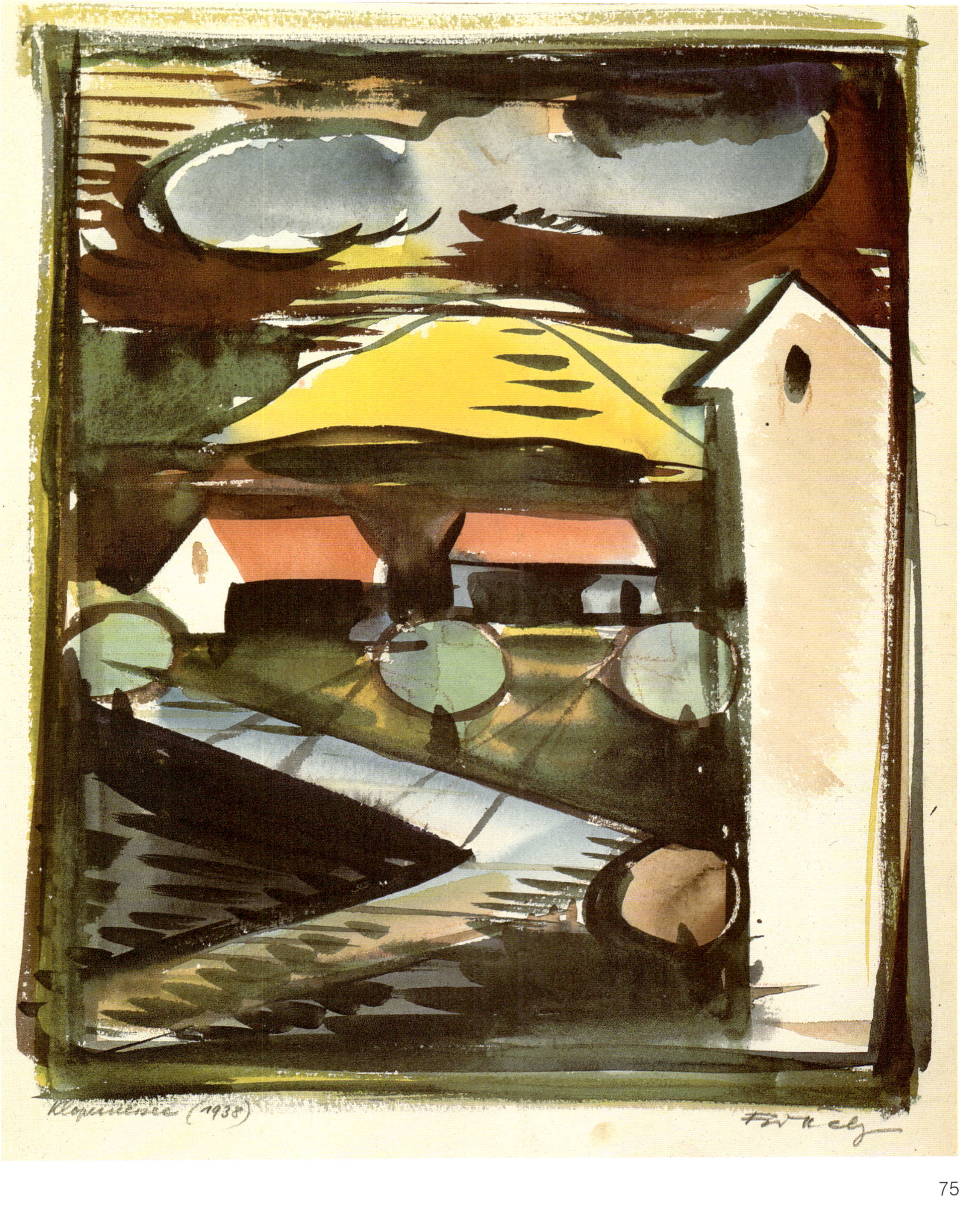

Die Figur des Menschen im Bild

Der Mensch ist das Maß aller Dinge

„Kokoschka hat ein Portrait von mir gemacht. Schon möglich, daß mich die nicht erkennen, die mich kennen. Aber sicher werden mich die erkennen, die mich nicht kennen." Diese Doppeldeutigkeit hat Karl Kraus gesagt, und er hat damit ein Phänomen des Portraits angesprochen. Das Bildnis hat keinen Zweck mehr zur Bestimmung einer äußeren Ähnlichkeit, das kann die Fotografie besser, das menschliche Gesicht ist zu einem Gleichnis geworden, das seelische Seinszustände aufzuzeigen hat, ein hinter die Dinge Schauen, ein psychologisches Erkennen, soll heute ein Portrait sein.

Aber: mehr denn je darf der Maler im Abbilden der menschlichen Figur, des menschlichen Gesichts, seine Impressionen und Ideen, seine Ängste und Zuneigungen ausleben. Ob er den Menschen karikiert oder ihn stilisiert, ob er versucht, der versteckten Wahrheit dieses Menschen auf die Spur zu kommen oder ob er bei der reinen Abbildung bleibt, er muß sich zunächst mit dem Menschen als geistiges und psychisches Wesen auseinandersetzen, muß seine Individualität und Persönlichkeit zu erkennen suchen.

Darüber hinaus ist auch heute noch für junge Künstler das Aktzeichnen ein wichtiger Teil der Ausbildung. Das Verständnis des menschlichen Körpers ist von besonderer Bedeutung, Maßstab und Proportion sind nirgends anders so gültig zu erarbeiten wie an der menschlichen Figur. Sehen lernen kann kaum woanders so sehr geübt werden, wie beim Aktmalen.

Und was das Portraitieren betrifft, so hat Henri Matisse gesagt: *„Das Portraitieren ist eine der bemerkenswertesten Künste. Es erfordert vom Künstler besondere Gaben und die Fähigkeit, sich fast vollständig mit dem Modell zu identifizieren."*

Georg Eisler

Biographie, Ausstellungen: *1928 geboren in Wien, am 20. April, als Sohn des Komponisten Hanns Eisler und der Sängerin Charlotte Eisler. 1958 Erste Kollektivausstellung bei Wolfrum in Wien; Aufenthalt in Holland. 1960 Ausstellung bei Gurlitt in München; Beteiligung an verschiedenen größeren Ausstellungen zeitgenössischer österreichischer Kunst in London und 1961 in Brüssel; Bühnenbild und Kostüme für eine Inszenierung der „Zauberflöte" am Royal Opera House. 1962 Ausstellung in der Londoner Grosvenor Gallery; Beteiligung am Salon Comparaisons, Paris. 1965 Österreichischer Staatspreis für Malerei; große Einzelausstellung in der Secession und in München. 1966 Einzelausstellung bei Hanna Bekker vom Rath in Frankfurt; Reisen nach London, auch nach Italien, Paris und Berlin. 1967 Einzelausstellungen bei Welz in Salzburg, in Wien und London. 1968 Präsident der Wiener Secession. 1969 Einzelausstellungen in Innsbruck und Rom; gemeinsam mit Hrdlicka, Martinz, Schönwald und Schwaiger programmatische Ausstellung „Figur" in der Zentralsparkasse der Gemeinde Wien. 1970 Monographie mit Oeuvreverzeichnis (Otto Breicha, Vorwort Alfred Schmeller, mit ausführlicher Bibliographie); Einzelausstellung in der Wiener Secession. 1971 Vorbereitung und Durchführung der großen Secessionsausstellung an der Royal Academy in London; Einzelausstellungen in Wien (Galerie auf der Stubenbastei) und Linz (Galerie Maerz); Preis der Stadt Wien für Malerei; Aufführung des TV-Filmes „Versuch über Georg Eisler" von Wolfgang Lesowsky. 1972 Mit Hrdlicka und Rudolf Schönwald in Frankfurt und in Murska Sobota; Ausstellung mit Mario Decleva und Heinz Stangl in Mailand; Einzelausstellungen in Berlin, in Eisenstadt. 1973 Illustrationen zu Arthur Schnitzlers „Spiel im Morgengrauen", S. Fischer Verlag, Frankfurt; römische Aquarelle, Galerie Grass, Wien; sechs Radierungen werden als Portfolio „Landschaften" bei Propyläen Berlin verlegt; Bühnenbild zu „Alpenkönig und Menschenfeind" von Ferdinand Raimund, Schauspielhaus Graz. 1974 Ehrenkreuz für Wissenschaft und Kunst. 1975 Ausstellungen in Hamburg, Köln und Stuttgart; Mappe von Radierungen „Motive" erscheint in Wien (Edition Hilger); Illustrationen zu Joseph Roths „Kapuzinergruft". 1976 Ausstellung von Zeichnungen, Pastellen und Graphik in der Albertina, Wien; Gastvorlesungen an der University of New Mexico und U.S.C. Los Angeles, USA; Klimt-Ehrung der Wiener Secession. 1977 Zwei großformatige Bilder für den Wohnpark in Alt-Erlaa; Retrospektive der Bilder im Rahmen des Steirischen Herbstes in Graz; Illustrieren von Adalbert Stifters „Kondor", Büchergilde Gutenberg, Frankfurt; „From Naked to Nude" erscheint bei Thames and Hudson in London. 1978 Ausstellungen in Bregenz, Mainz und Linz; ORF-Film „Spurensicherung" von Wolfgang Lesowsky. 1979 Mappe von Radierungen „Imaginäre Porträts, 14 Dichter", erscheint bei Edition Tusch, Wien; Illustration Dashiell Hammetts „Das große Umlegen und andere Detektiv-Stories", Büchergilde Gutenberg, Frankfurt; Ausstellungen im Museum der Stadt Wien und im Braith-Mali-Museum, Biberach; Teilnahme am Sommerseminar der Universität New Mexico. 1980 Gastvorlesungen Universität Leyden, Stanford University. 1981 Ausstellung in Rom; Illustrationen zu I. B. Singer erscheinen bei Büchergilde Gutenberg; Ausstellungen in Duisburg und Braunschweig; Lehrtätigkeit an der Internationalen Sommerakademie für Bildende Kunst in Salzburg 1981 und 1982. 1982 Ausstellung von Buchillustrationen und Radierungen in New York; Beteiligung an der Biennale in Venedig.*

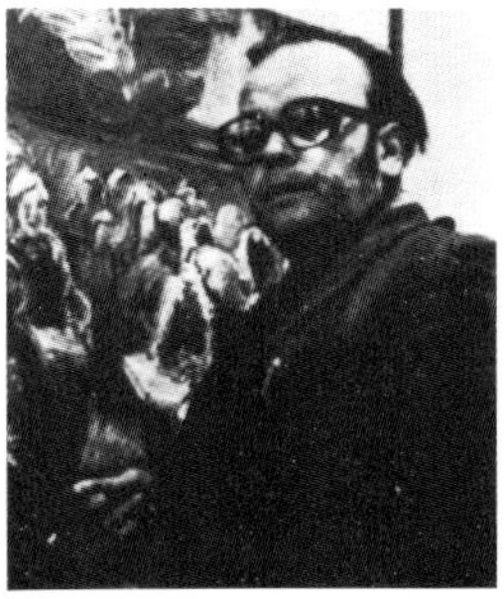

Die Malerei Georg Eislers ist unergründlich, weil sie alles in einem ist: kulinarisch und spröde, malerisch und zeichnerisch, colore e disegno. Sie enthält Tintoretto und Delacroix, Géricault und Rouault, Liebreiz und Ingrimm. Sie ist solides Gewerbe und zugleich rasant gefährliches Abenteuer: wer sich mit ihr einläßt, hat seinen Frieden mit der Welt und ihren Einschaltquoten verloren.

Georg Eisler war nie ein Unterdrückter, er war kein „outcast" und kein „peintre maudit". Er war stets ein Maler im wörtlichen Sinne, im Vollbesitz seines Könnens und seines eigenen, daraus resultierenden Selbstbewußtseins. Die Mittel stehen ihm reichlich zu Gebote – doch er treibt keinen Mißbrauch mit ihnen. Er wurde kein Virtuose der leichten Hand und des kleinen Schlenkers – er ist zu klug, um seinen Kunstverstand gegen etwas einzutauschen, was seiner Überzeugung widerspricht. Mit ihm ist nicht zu scherzen über das Eigentliche – doch allemal über die Modepinsel und Randerscheinungen: über den „Kiemenatmer der Wiener Schule" ebenso wie über das „Hünengrab im Eigenheim", den Efeu am Heldenhügel. Mit ihm ist nicht zu rechten über Mediokritäten und Zelebritäten.

Es ist immer noch – trotz des Abstandes zu den Olympiern – eine Frage der Persönlichkeit, etwas zu leisten, wozu sich andere zu schwach und zu „ausgesetzt", zu sehr „hinterfragt" und daher nicht mehr „kreativ" genug fühlen. Eisler hat sich nie „verweigert", um eine „bessere Gesellschaft" zu erwarten. Doch er gerade hätte alles Recht gehabt, sich als Opfer dieser Zeiten zu fühlen – während andere ein paar Bombentrichter am Kahlenberg dafür verantwortlich machen, daß sie heute von Feuerströmen und Kaldaunen reden, als seien es göttliche Offenbarungen. Mit acht Jahren geriet er nach Moskau, zwei Jahre später nach Prag und kurz vor Kriegsausbruch über Polen und Schweden nach England, wo er von seiner Mutter – Konzertsängerin und Webern-Schülerin – getrennt wurde, um in diversen Städten bei Pflegefamilien aufzuwachsen. Kunstschulen, freie Malpädagogik, mit 16 Jahren die Förderung durch Oskar Kokoschka, Ausstellungen hier und dort, schließlich wieder in Wien. Jeder kleine Avantgarde-Spießer und Möchtegern der jeweils aktuellen Kunstszene hätte diesen Lebenslauf als Ausrede für einen schicken Verweigerungs-Hindernislauf und als eine brisante Darbietung von Nonvaleurs verwertet.

Eislers Arkadien ist nicht so klassisch wie das Poussins, den er stets verehrt. Seine Kunst-Götter sind Corinth und Hans von Marées weit mehr als Kokoschka oder Herbert Boeckl. Das Flimmern und der romantische Ton des Einswerdens, die Müdigkeit des alten Europa und diese stete Verjüngung aus sich selber heraus: fest und labil, im „nonfinito" das provisorisch Endgültige sehend und begreifend, weil Form sich nie vollenden läßt – leidend an der Endlichkeit des Schönen, Wahren und mitunter Guten: da haben wir ihn, unseren Freund Eisler. Er schafft, was uns überlebt.

Reinhard Müller-Mehlis

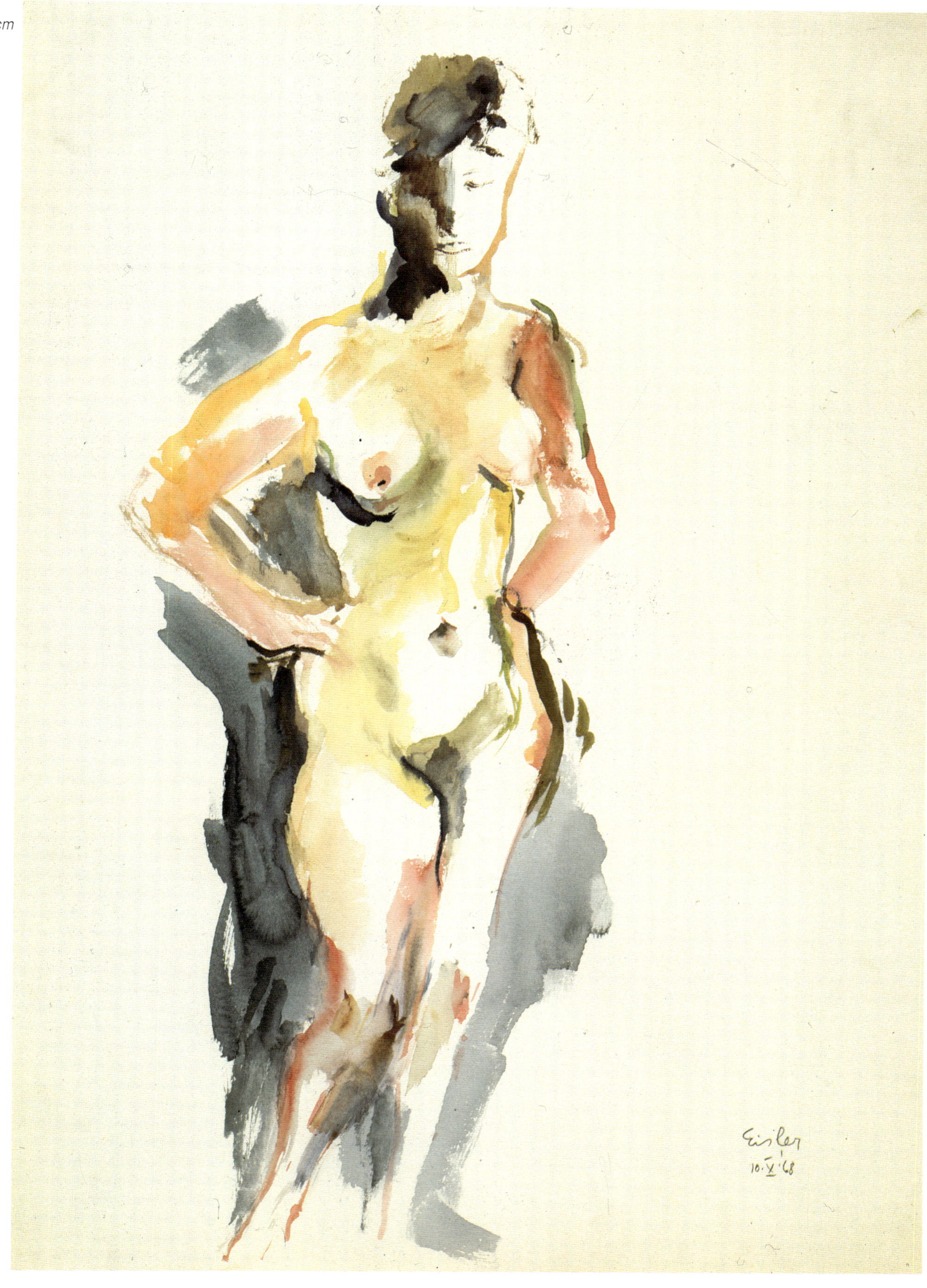

Akt
1982, 45 × 62 cm

Wolfgang Böhm

1946 23. *November in Wien geboren. 1962–1966 Graphische Lehr- und Versuchsanstalt in Wien. 1965 Reisen in der Türkei. 1967 Reise in die Türkei und nach Griechenland. 1968 Reise nach Frankreich und Spanien. 1971 Diplom. Reisen in Deutschland, Frankreich, Spanien und Marokko. 1973 Theodor Körner-Preis, Reise in die Toskana. 1975 Arbeitsaufenthalt in der Mani, Peloponnes. 1977–1978 Österreichisches Staatsstipendium für bildende Kunst. 1978 Reisen in Sri Lanka (mit Heinz Günther Leitner). 1979/81/82 Arbeitsaufenthalt in Nelewaha Wewala, Sri Lanka. 1981 Förderungspreis für bildende Kunst des Landes Niederösterreich. 1982 Förderungspreis für bildende Kunst der Stadt Wien. 1983 Ankaufspreis Römerquelle-Wettbewerb, Anton Faistauer-Preis für Malerei.*

Personalausstellungen: *1970 Wien, Secession; 1973 Wien, Künstlerhausgalerie; 1976 Graz, Kulturzentrum bei den Minoriten; Linz, Zimmergalerie; 1977 Pfösing/NÖ, Atelierpräsentation; Wien, Künstlerhausgalerie, Arbeiten 1976 und 1977; 1978 Pfösing, Atelierpräsentation; Salzburg, Galerie Armstorfer; 1979 Pfösing, Atelierpräsentation; 1981 Wien, Galerie ARC; Salzburg, Galerie Armstorfer; Ausstellungsbeteiligung im In- und Ausland.*

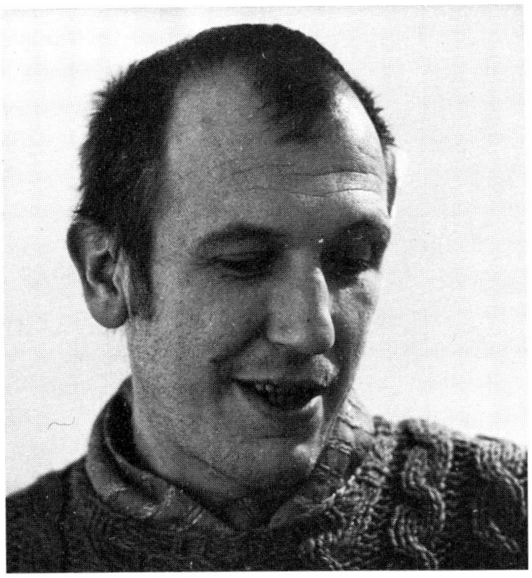

wolfgang böhm schöpft aus bereichen die hinter dem äußeren schein liegen. seine kunst entstammt dem nichtmateriellen, sie entwickelt sich aus dem geistigen; seelischen. böhms malereien sind meditative akte, im malvorgang selbst entdeckt der künstler die struktur der kreativität. malen wird zum erkenntnisvorgang, zur reflexion von erfahrung. böhms bilder sind einmal dokumente dieser meditativen vorgänge. andererseits soll sie betrachter auffordern zu selbständiger weltschau zu gelangen. die abstraktion scheint die einzige möglichkeit auf außerphysische; transzendente phänomene hinzuweisen. da metaphysische und mystische erfahrungen nur außerhalb der materiellen welt erreichbar sind; und damit außerhalb der üblichen sinneswahrnehmung stehen, können materialisierte bildinformationen bloß als fingerzeige und wegweiser für anderes, undefinierbares genommen werden: unabhängig von ihrem formalästhetischen eigenwert. böhms abstraktionen sind an den betrachter auch insoferne eine herausforderung, da symbolkonfigurationen, die der beschauer zu entdecken vermeint, bloß in dessem kopf vorhanden sind; im sinne eines explorativen rohrschachprinzips. erkennt der betrachter diese funktion; erlebt er einen teil von sich selbst.
böhm steht dem buddhismus nahe, insbesondere der spielform des zen. er verbringt einen teil des jahres in sri lanka um zu leben und zu arbeiten. die erkenntnistechniken des zen; die entkonditionierung der einbildungen, ähneln der böhmischen vorgangsweise: er zielt hin auf eine wandlung des gegenständlichen ins geistige, erhöhte. ähnlich den metamorphosen grecos, versucht böhm eine neue welt, die welt aus dem kopf darzustellen. konfigurationen visueller sinnlichkeit:

franz krahberger
wien, 29. november 1983

Handleser
1982, 40 × 60 cm

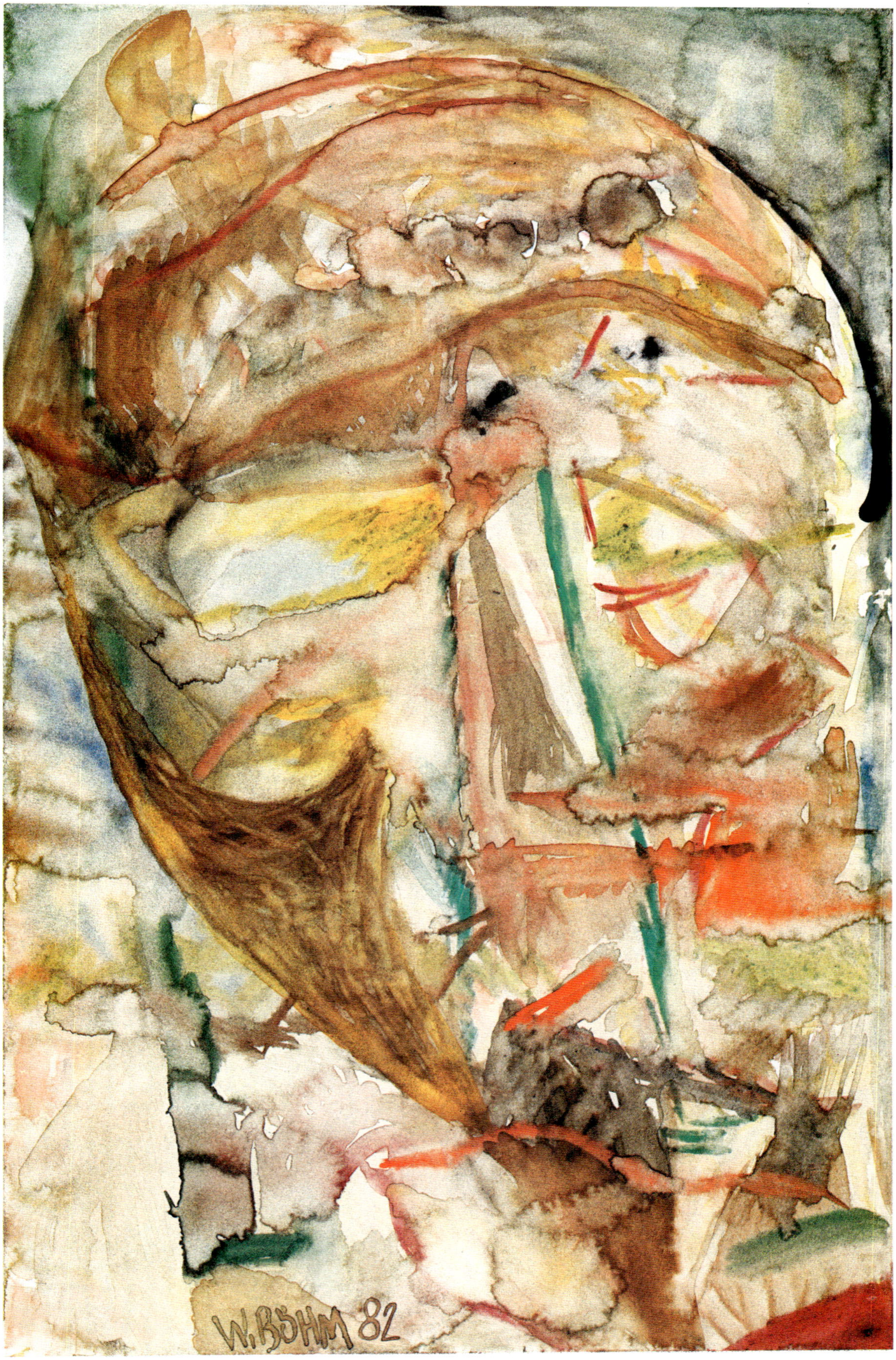

Franz Kaindl

Geboren am 30. November ***1932*** *in Stollberg, Niederösterreich, lebt in Gaweinstal im Weinviertel.* ***1950*** *Matura, Studium an der Akademie der bildenden Künste – Malerei bei Franz Elsner, Josef Dobrowsky, Sergius Pauser und Herbert Boeckl; Universität Wien – Geschichte, Kunstgeschichte und Psychologie.* ***1954*** *Meisterschulpreis bei F. Elsner.* ***1955*** *Diplom als akad. Maler, Fügermedaille der Akademie.* ***1956*** *als freischaffender Maler tätig.* ***1970*** *Große Goldene Ehrenmedaille des Landesverbandes der NÖ Kunstvereine.* ***1972*** *Präsident d. Landesverbandes.* ***1974*** *Mitglied des NÖ Kultursenates bis heute. Kulturpreis des Landes Niederösterreich für bildende Kunst. Ehrensiegel der Stadt Gorizia, Italien.* ***1981*** *Ehrenzeichen d. Stadt St. Pölten.*

Sein bisheriges künstlerisches Werk wurde in 47 Einzelausstellungen und 369 Ausstellungsbeteiligungen im In- und Ausland darunter in Berlin, Tokio, Osaka, Ostende, Antwerpen, Warschau, Krakau, Posen, Lodz, Rzesow, Moskau, Minsk, Gorizia, Florenz, Rom, Bamberg, Bochum, Göppingen, Bad Hersfeld, Regensburg, Passau, Bonn, Istanbul, Ankara, Ismir, Bursa, Balikesir, Brüssel usw. gezeigt.

Arbeiten befinden sich u. a. in der Österreichischen Galerie im Oberen Belvedere Wien, in den Museen der Städte Köln, Bamberg, Regensburg, Passau, Nowy Sacz, Göppingen, Krems, Bochum, im Burgenländischen Landesmuseum, im NÖ Landesmuseum Wien.

Als Präsident des Landesverbandes der NÖ Kunstvereine seit 1972 organisierte er mehr als 200 Ausstellungen im In- und Ausland, verfaßte neben einer Vielzahl von Vorworten und Essays, 81 Künstlerkataloge, gründete 1978 das NÖ Dokumentationszentrum für Moderne Kunst in St. Pölten, das zur Zeit über 2.000 Künstlerbiographien umfaßt.

Er ist Verfasser der Künstlermonographien „Oskar Matulla" (Edition Tusch 1980) und „Franz Erntl" (Edition Rötzer 1982) und arbeitet derzeit an einer Monographie über Franz Traunfellner.

Kaindl ist in erster Linie Maler, ein richtiger „Farbenmaler", der von der Natur ausgeht und ihr trotz aller Abstrahierung verbunden bleibt, mit feinem Gespür und Gefühl für den durchgestalteten Aufbau der Komposition seiner Bilder und die Abstimmung seiner charakteristischen Palette meist zurückhaltender, nobler Farben.

Peter Weninger

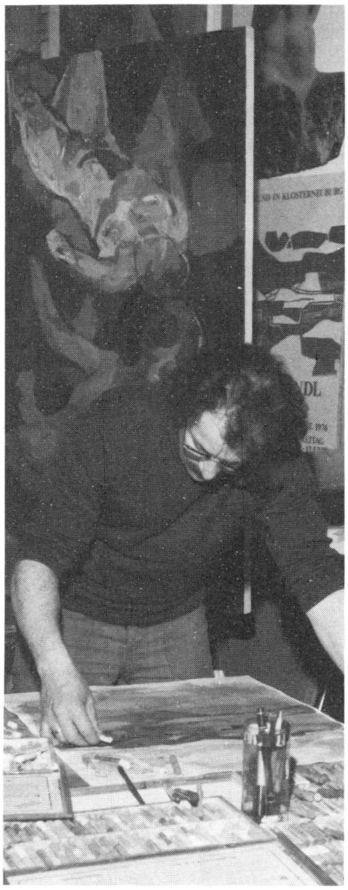

Farbe, Raum und Licht sind seine Gestaltungsmittel und Oskar Matulla sagt, daß Kaindl ein „malerischer" Maler sei. Diese Charakterisierung kann man unterstreichen, denn gerade der Farbe kommt in den Bildern Kaindls eine hervorragende Rolle zu. Kaindl malt flächige Farben. Licht und Atmosphäre finden sich in einem Gewebe von Farbtonwerten. An diesem Farbengewirk vollzieht sich die eigentliche Gestaltung. Die einzelnen Farbzellen werden so in Beziehung gesetzt, daß sie wie Zahnräder ineinandergreifen. An Stelle des Details treten farbige Strukturelemente, die durch Summation zu einer Einheit finden.

Gotthard Fellerer

Irgendwie fühle ich mich als Nachfolger einer Reihe österreichischer Maler, die ihr Hauptaugenmerk auf das Malerische legen. Österreich besitzt schon von jeher Künstler mit einem ausgeprägten Gefühl für die Valeurs, ganz gleich, ob man nun den impulsiveren Gerstl anführt oder den dekorativen Klimt. Ich sehe mich nur als den Traditionalisten, der diese Eigenschaft heute – in einer der Zeit entsprechenden Weise – fortführt und besonders pflegt.

Franz Kaindl

Liegender Akt
1975, 50 × 35 cm

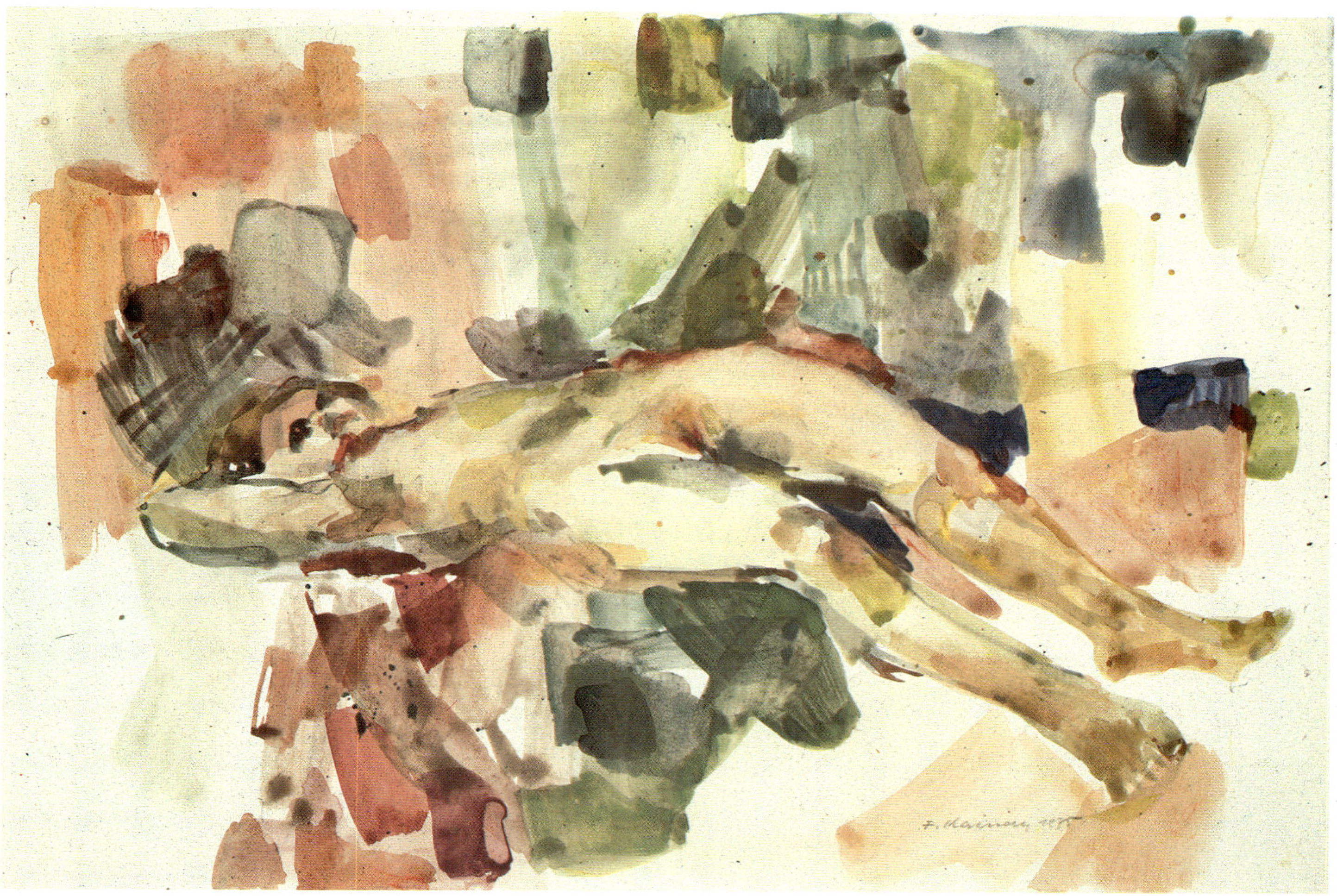

Fritz Fröhlich

Geboren ***1910*** *in Linz.* ***1929–1937*** *Studium an der Akademie der bildenden Künste in Wien. Seit* ***1937*** *freischaffender Maler in Linz. Staatspreise* ***1946, 1947. 1958*** *Titel Professor.* ***1983*** *Ehrenkreuz für Wissenschaft und Kunst, 1. Kl.*

Werke an öffentlichen Gebäuden: *Stiftskirche Engelszell: Fresko, Langhausüberwölbung; Landestheater Linz: Fresko, Deckenbemalung; Synagoge Linz: Gesamtfreskierung, reliefiert.*

Werke in Museen, Sammlungen: *OÖ. Landesmuseum, Linz; Wolfgang-Gurlitt-Museum, Linz; Stadtmuseum Nordico, Linz; Städtische Graphische Sammlungen, Salzburg; Österreichische Staatsgalerie, Wien; Graphische Sammlung Albertina, Wien; Bundesministerium für Unterricht und Kunst, Wien; Augustinermuseum, Freiburg i. Br.; Landesmuseum, Oldenburg; Gustav-Lübke-Museum, Hamm; Sammlung Badische Landesbausparkasse, Karlsruhe; Landesgirokasse, Stuttgart; Sammlung Bernadotte, Stockholm; Sammlung Zumsteg, Zürich; Minami-Gallery, Tokyo; Mikimoto-Sammlung, Tokyo; Sammlung Estée Lauder, New York; Fritz-Fröhlich-Sammlung, Stift Wilhering.*

Einzelausstellungen: ***1937*** *OÖ. Kunstverein, „Kunst der Gegenwart", Linz;* ***1963*** *Wolfgang-Gurlitt-Museum, Linz;* ***1968*** *Galerie Coray (auch 1971, 1973), Zürich;* ***1970*** *Galerie Broerse (auch 1977), Amsterdam;* ***1972*** *Apfelbaumgalerie (auch 1978/80), Karlsruhe; David-Hendriks-Gallery, Dublin;* ***1973*** *Galerie Leresche, Montreux;* ***1974*** *Galerie YVY, Genf;* ***1978*** *Galeria Cannocchiale, Milano; Galerie Academia, Salzburg;* ***1979*** *OÖ. Kunstverein, Landesausstellung, Linz; Galerie in der Staatsoper, Wien; Landesmuseum, Oldenburg; Nassauischer Kunstverein, Wiesbaden;* ***1979/80/81*** *Basel Art' 10/11/12. One man show, Apfelbaumgalerie;* ***1980/81/82*** *Kunstmessen Köln und Düsseldorf, vertreten durch die Galerien Timm Gierig, Frankfurt, und Grüner, Linz;* ***1981*** *Galerie Timm Gierig, Frankfurt;* ***1981*** *Interart Galerie, Basel.*

Weitere Ausstellungen in Linz, Wien, Zürich, Düsseldorf, München, Stuttgart, Essen, Duisburg, Bombay, Toronto, Bolzano, Trento, Rovereto, Riva del Garda u. a.

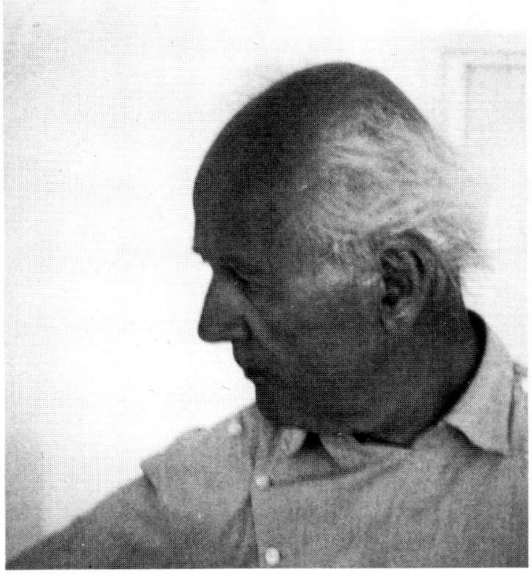

Weil Könige nicht immer auch Weise waren, wurde ihnen der „Narr" zur Seite gegeben, der die dumpfe Dummheit des Stolzes aufzudecken hatte – so blieb der König heil, wurde nicht zum Popanz. Der „Narr", der unserer demokratischen Gesellschaft zur Verfügung steht, ist der Künstler.

Fritz Fröhlich
aus: Erinnerungen – Reflexionen

Fritz Fröhlich ist seinem Wesen nach Miniaturist. Das heißt: die kleinste Fläche ist ihm Welt genug. Er braucht keine großen Formate, um sich entfalten zu können. Nicht etwa, daß das große Format ihn schreckt. Aber er benötigt es nicht, hat sich ihm doch stets im Kleinen das Große, im Gewöhnlichen das Außergewöhnliche, im Täglichen das Bleibende gezeigt. Gebt ihm den geringsten Raum in einer Werkstatt, die bescheidensten Werkzeuge, einen Schimmer Licht – und er wird eine Welt hervorzaubern, seine innere Welt, sich selbst, seine Freunde, uns alle zu beglücken.

Fritz Fröhlich fabuliert gerne. Das heißt: der kleinste Anlaß ist ihm Stoff genug. Seine Fabeln kommen aus einem weiten Bereich: der Geschichte, der Legende, der Überlieferung. Sie sind Kinder der Meditation, der Vorstellung, der Phantasie. Ihr Anlaß kann der einfachste sein: eine Linie auf dem Papier, ein Fleck, ein Schatten, eine tiefere Dämmerung neben einer helleren, zwei Farben, die einander berühren oder durch Räume voneinander getrennt sind – und derlei Winzigkeiten mehr. Das genügt ihm. Das spinnt er aus, und hört rechtzeitig auf, um auch dem Betrachter noch Platz zu lassen, auch unserer Phantasie ihr Recht zu geben.

Fritz Fröhlich liebt das Theater. Nicht allzu große Leinwände, Aquarellpapier oder die Bögen für ein Pastell sind seine Bühne. Da führt er seine Ballette auf, läßt die Infantinnen tanzen, die Ritter paradieren, übt den Dressurakt und lädt zum Maskenball.

Fritz Fröhlich ist Österreicher. Da kommen alle diese Eigenschaften zusammen und vereinigen sich zur schönsten Harmonie: Das Genügen an der Miniatur, die Lust am Intimen.

Fröhlich erzählt, und geschichtliche Tragödien passieren Revue durchs bürgerliche Wohnzimmer, die menschliche Komödie gewinnt Platz auf einer Marionettenbühne. Historienbilder werden zu Märchenbildern, Märchenbilder zu Menschheitsbildern. So sehe ich Fröhlich in seinem Atelier: wie ein Magier geduldig über seine gläserne Kugel gebeugt, entdeckt er in ihrem Schimmern die Reflexion der Welt.

Wieland Schmied
aus: Fritz Fröhlichs kleines Welttheater

Improvisation A9
1982, 31 × 43 cm

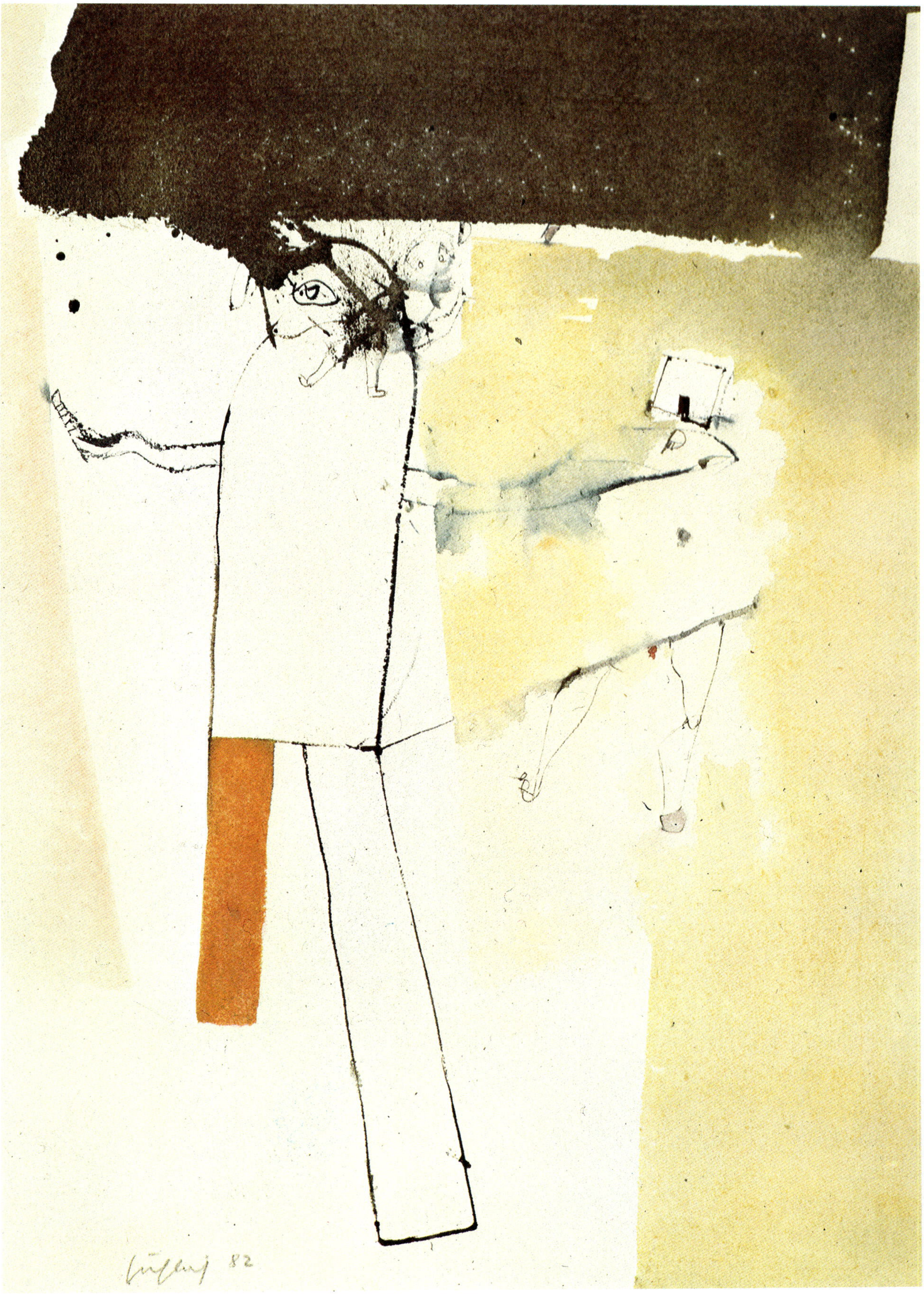

Günter Wolfsberger

*Geboren am 10. Juni **1944** im Waldviertel. Studium an der Akademie der bildenden Künste in Wien bei Prof. Welz. Einzel- und Gruppenausstellungen im In- und Ausland. **1976** Förderungspreis des Landes Niederösterreich. **1979** Auslandsstipendium der Freunde der Albertina.*

Arbeiten im Besitz der NÖ Landesregierung, des Bundesministeriums für Unterricht und Kunst und der Graphischen Sammlung Albertina.

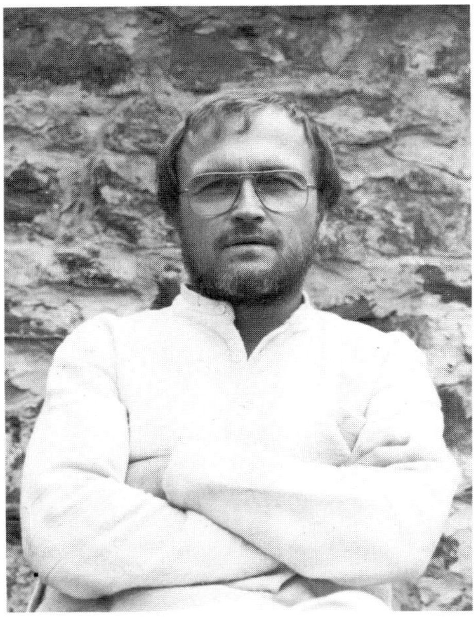

. . . aber naturgemäß ist es mehr als die Brillanz einer Technik, was Wolfsberger zu geben vermag und auch gibt. Die künstlerische Mitteilung ist ja immer auf die Fähigkeit fußend, die Welt und ihre Zusammenhänge vertiefter und dichter zu erkennen, als andere es tun. In dieser Weise bedeutet auch eine Ausstellung, Betrachtern die Chance zu bieten, mehr von der Welt, die in einem Künstler ist, zu erfahren. Was könnte dazu sich mehr eignen als jene kristallklare Schönheit der Aquarellkunst. Ich beglückwünsche Günter Wolfsberger und hoffe, daß viele Menschen von der Chance, mit seinen Augen sehen zu können, Gebrauch machen.

Walter Koschatzky

Papierlandschaft-Informationen
1983, 70 × 50 cm

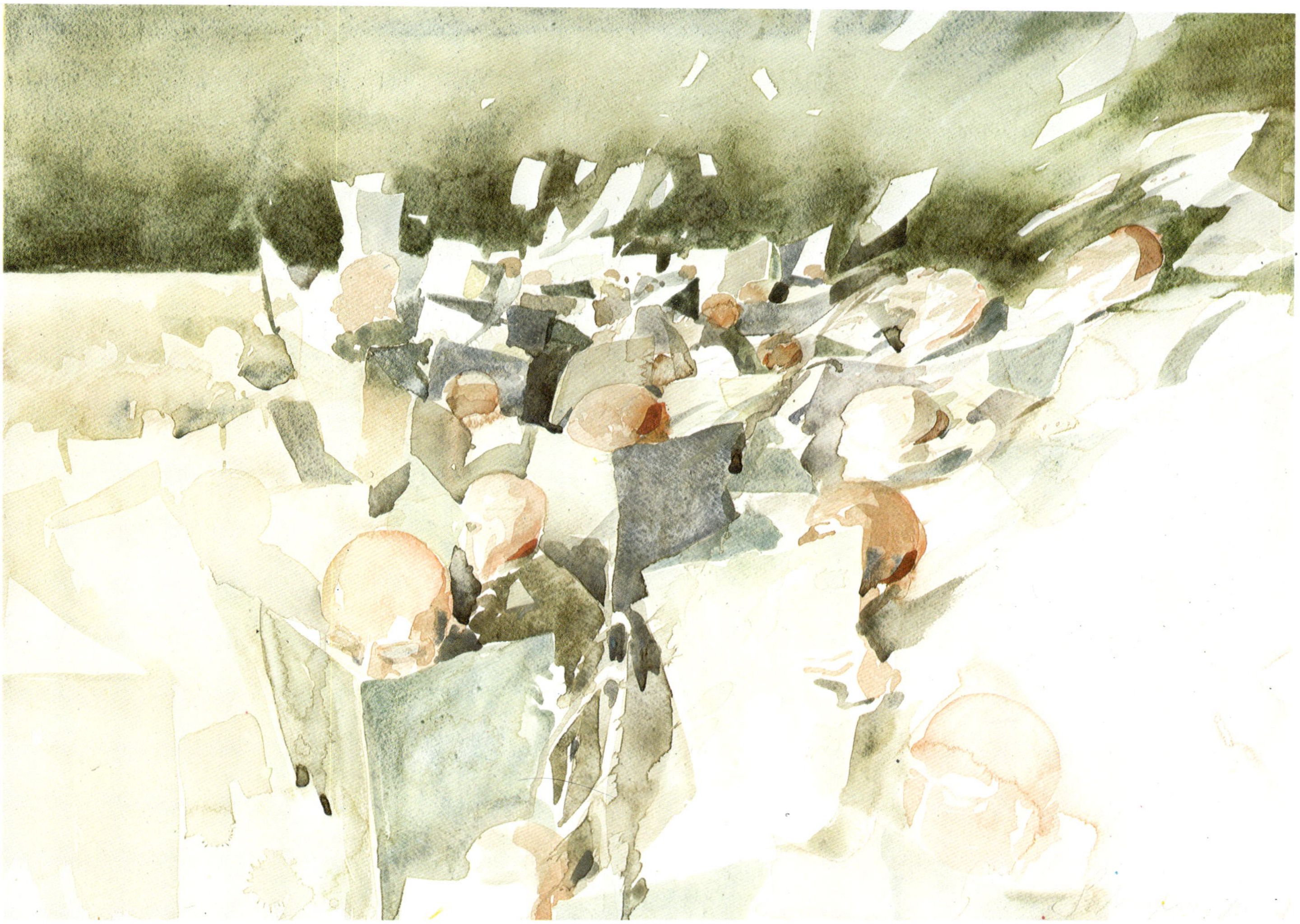

Giselbert Hoke

1927 geboren am 12. September in Warnsdorf (Nordböhmen). 1946 Matura. Eintritt in die Klasse Prof. R. C. Andersen an der Wiener Akademie der bildenden Künste. 1947 Atelier mit Kurt Absolon und Alfred Karger. 1949 Teilnahme am Wettbewerb um die Fresken im Klagenfurter Bahnhof. Erster Preis und Auftrag. Reisen nach Italien. 1953 Ausführung des ersten Freskos im Villacher Krematorium. Paris – Stipendium des französischen Staates, dort 1954 Begegnung mit der großen französischen Malerei, insbesondere mit Picasso. Heirat mit der aus Südtirol stammenden Malerin Margarethe Stolz. Beginn der Arbeit an den Klagenfurter Bahnhoffresken; 1955 auf amtliche Weisung eingestellt; Fresken in der neuen Wiener Staatsoper. 1956 auf Fürsprache und Intervention Clemens Holzmeisters, damals Rektor der Akademie der bildenden Künste, Freigabe der Klagenfurter Wände. 1960 Teilnahme am Gobelin-Wettbewerb für das neue Festspielhaus in Salzburg. Preis und Auftrag. Arbeit an kleinformatigen Papierbildern. Reise nach Spanien. 1961 erste Personalausstellung in Klagenfurt. Erwerb von Schloß Saager bei Grafenstein, in Kärnten, wo Hoke lebt und arbeitet. 1962 Teilnahme am Glasfensterwettbewerb für St. Florian in Wien. Erster Preis und Auftrag. 1966 Beginn der Druckgraphik mit Karl Brandstätter. 1967 Umfangreiche Retrospektive und Erscheinen der ersten Monographie im Residenz Verlag Salzburg. Errichtung einer eigenen Emailwerkstätte, erste Aufträge in Email. 1968 Ausstellung in Tokio. Reise dorthin über Rußland und Sibirien, Arbeit an Holzbildern. Lenin-Christus Serie. 1970 Ausstellung im Museo d'Arte Moderna Milano via Brera. 1972 Erste Möglichkeit der gesamten Innengestaltung einer Kirche. Errichtung einer Werkstatt für Lithographie und Radierung auf Saager. Teilnahme an Internationalen Biennalen für Druckgraphik. 1973 Ausstellung in der Albertina, Wien. Erscheinen des Buches „Gärten", Verlag Jugend & Volk. 1974 Erster dreimonatiger Aufenthalt in Peru. Berufung an die Technische Universität Graz, um dort an der Fakultät für Architektur ein Institut für künstlerische Gestaltung aufzubauen. 1975 Entstehen des Planes, ein Haus zu errichten, in dem alle künstlerischen Arbeiten bewältigt werden können: ein Haus mit Werkstätten für Glas und Emailwände, mit Ateliers für Malerei und Architekturplanung, mit einer Druckerei und Platz für Bildhauerei – und in dem jene, die in diesen Werkstätten zusammenarbeiten, auch wohnen können. Projektierung der zweitgrößten Freskomalerei (250 m²) für die Kirche der Pädagogischen Akademie der Diözese Linz. 1977 Endgültige Installierung des Instituts für künstlerische Gestaltung an der Fakultät für Architektur an der Technischen Universität in Graz auf Stift Rein. 1982–1983 Klasse für Malerei und Wandmalerei an der Internationalen Sommerakademie für bildende Kunst in Salzburg.

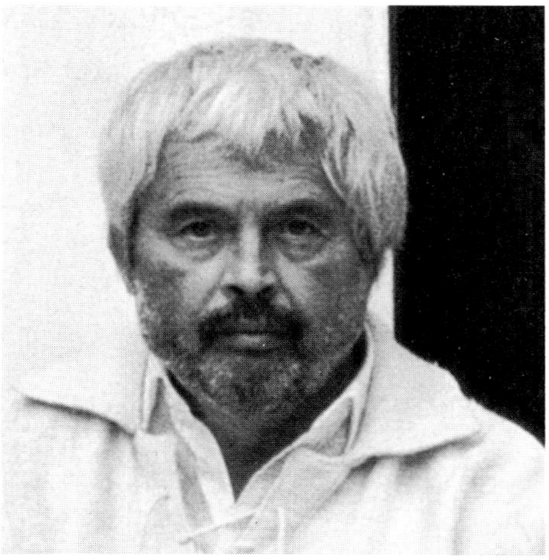

Hoke ist kein Maler der Oberfläche, sondern einer jener Kräfte, die, von den Menschen unbeherrscht und ihnen nicht erreichbar, aus der Tiefe wirken. Man muß seine Bilder nachträumen, man muß schauen und dann weit fortgehen von dem, was sich den Augen darbietet. Seine Bilder sind Gewässer, in die man versinken, Himmel, die man wie ein Vogel durchqueren sollte.

Peter Rosei
aus: über Hoke nachdenken / Gärten,
Verlag Jugend u. Volk, 1973

Das Betreten des Ateliers, das ist wie das Betreten einer Insel im Meer. Ist das Papier am Zeichenbrett schon aufgespannt, so können wir beginnen. Alles ergibt sich wie von selbst. Es ist nie eine besondere Pose oder ein besonderes Sich-Hinsetzen, was Hoke wünscht. Hauptsache „man" ist da. Er schaut, beginnt, schaut immer seltener zu mir her, und oft denke ich, er hat mich vergessen über seiner Arbeit, aber es ist nicht so, die Verbindung besteht.

Wir schalten Pausen ein – er malt weiter – wir reden miteinander, oder auch nicht. Dann betrachte ich das Gemalte, stehe neben ihm, und ist es gelungen, so ist es eine Befreiung, eine Seligkeit auch für mich. Gerne würde ich stehen bleiben, da bleiben und schauen, aber meist muß ich gehen, weil es im Haus zu tun gibt.

Margarethe Stolz
aus: Mit Hoke arbeiten / Gärten,
Verlag Jugend u. Volk, 1973

Hokes Frauen: wenn sie sitzen, hochaufgerichtet, schmal, feingliedrig, zerbrechlich auf fragilen Stühlen, dann umschließt sie Innenraum, Geborgenheit, Stille, dann ahnen wir den Hintergrund einer Wand, die Gegenwart des Hauses. Aber was für Innenräume sind das! Welche Weite ist in ihnen! Wieviel Horizonte, wieviel Träume!

In ihren schmalen Gesichtern haben sie große Augen. Aus ihren weit geöffneten Augen sehen sie uns an. Sie sagen uns durch ihre Augen: sie sind erschreckt, sie haben Angst, sie haben Vertrauen. Beides abwechselnd und beides zugleich. Sie sehen die Welt durch die Augen dessen, der sie ansieht – darum erschrecken sie, darum haben sie Vertrauen.

Die Frauen, die Hoke uns zeigt, warten – aber sie sind scheu, verschlossen, spröd. So wie der, der sie anschaut.

Wieland Schmied
aus: Giselbert Hoke,
Academia Galerie + Verlag, 1983

Figur
1982,
50 × 65 cm

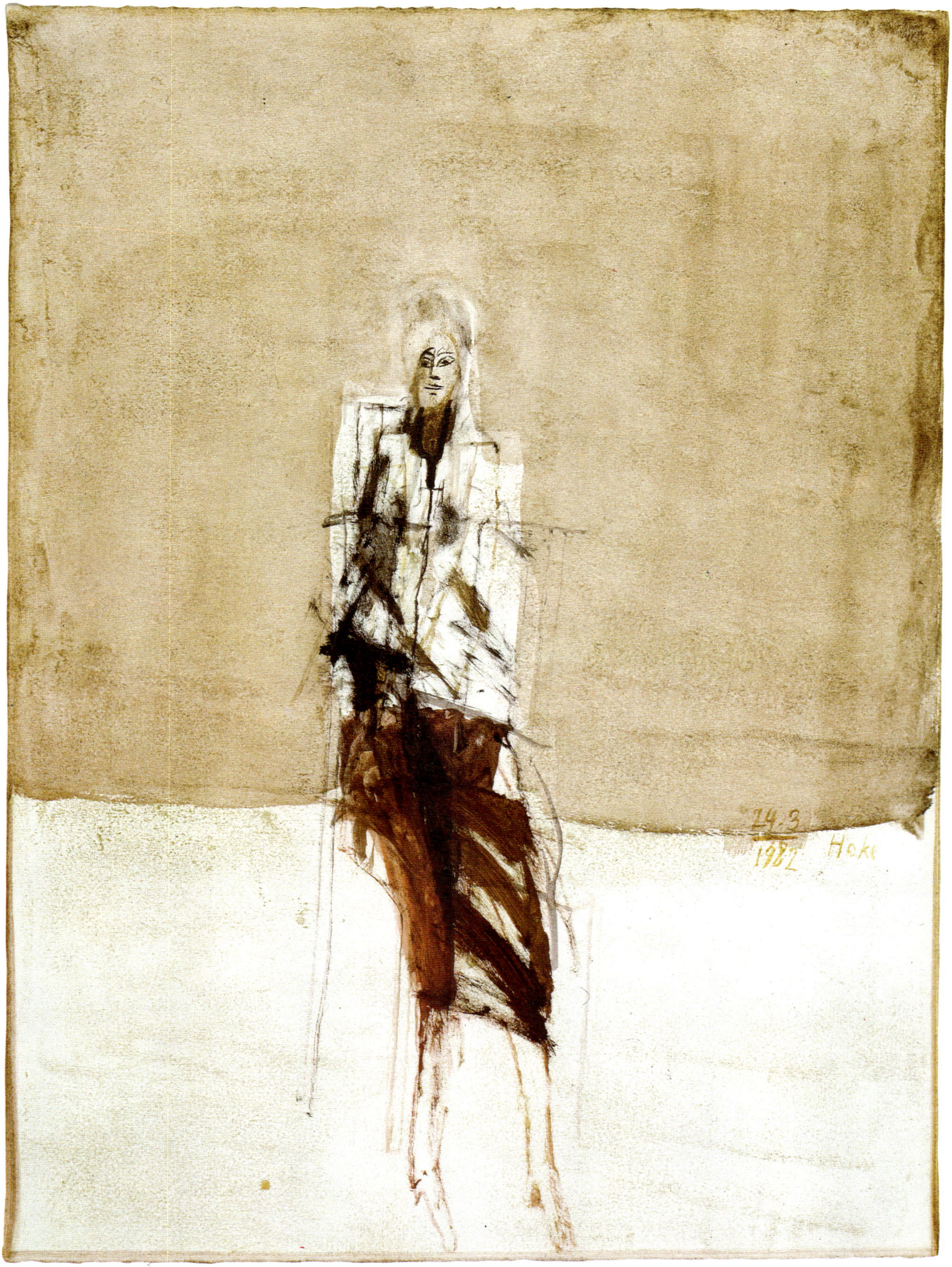

Johann Skriwanek

Am 13. August 1927 in Wien geboren. Lebt in Wien. Seit 1955 intensive Auseinandersetzung mit bildnerischen Gestaltungsmitteln.

Einzelausstellungen: *1969 Galerie Autodidakt, Wien; 1973 Galerie Wolfgang Pfaff; 1981 Galerie am Doktorberg, NÖ; 1982 Galerie Alte Schmiede, Wien.*

Ausstellungsbeteiligungen: *Rom, Berlin, Recklinghausen, Paris, Moskau.*

Karl Anton Fleck: *J. Skriwanek aquarelliert . . . und danach, 1972*

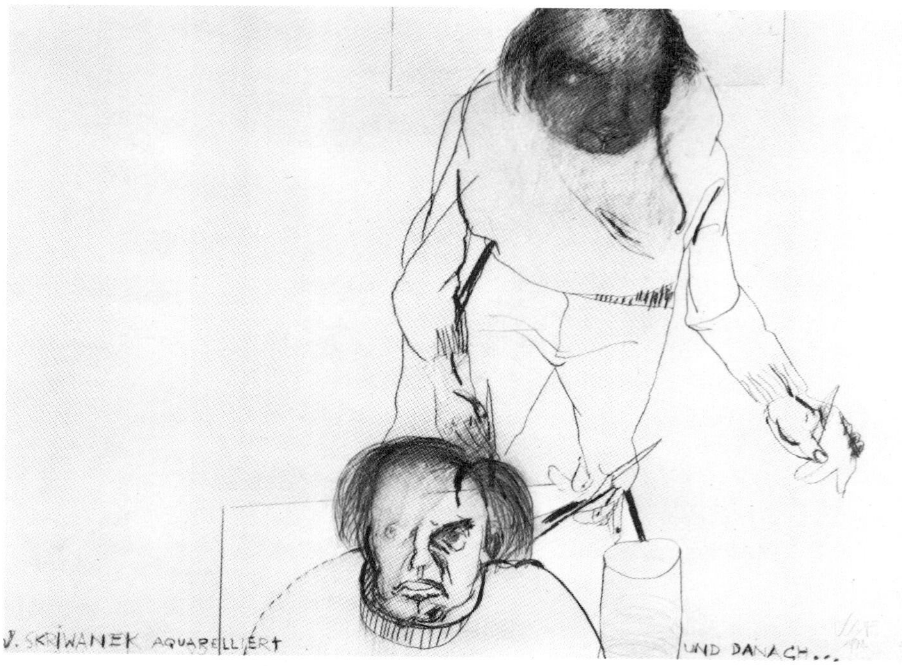

. . .Ich könnte mir vorstellen, daß es nicht allzu leicht fallen mag, in die Gestaltungswelt Skriwaneks einzudringen und sie zu goutieren, weil sie eben den Denkmodellen derzeitiger Kunsttrends nicht nur nicht entspricht, sondern geradezu entgegensteht.

Der Künstler mißtraut diesen Denkmodellen zutiefst; er mißtraut überhaupt dem Versuch, der sich stetig in Evolution befindlichen Natur bildmäßig einen, das Gefühl der Dauer auch nur im geringsten stimulierenden Ausdruck zu geben. Er empfindet den Augenblick, der im Bruchteil einer Sekunde schon wieder Vergangenheit geworden ist und dessen Darstellung, wenn nicht sekündlich vollzogen, nur mehr „erinnert" werden kann. Skriwanek erlegt sich diese Simultanität von Impression und deren Gestaltung auf, und es ergibt sich für ihn die Sinnlosigkeit jeder Akribie, diesem Pompfunèbre für ein deswegen nie lebend Gezeugtes, weil artistische Spekulation den Augenblick des Orgasmus von vornherein hemmte.

Ich will sagen, daß bei Skriwanek die Akte des Erlebens und des Gestaltens konform zu sein haben, und daß die geringfügigste zeitliche Divergenz ein Nachholverfahren im Sinne bloßer Perfektion wäre. Die Besonderheit der psychischen Situation dieses Künstlers erklärt die Eigenheit seiner Maltechnik, die ich als eine Art von Stenogramm bezeichnen möchte und die das Simultane von optischer Konzeption und malerischer Reaktion gewährleistet.

Der Pinsel huscht über die sehr naß gehaltenen Gründe. Die Konturen der Gegenstände werden in einer Art von „Sehen durch das Licht" zu aufschimmernden Umrissen, die Lokalfarben zu aufleuchtenden Farbverhältnissen gedeutet. In diesen Landschaften wird der Mensch zu einem Symptom seines Milieus, das Licht zum Symptom einer allgemeinen Macht, die die Objekte durchstrahlt. Man mißt nicht ihre Masse, sondern nur deren Lichtwiderstand.

Dieser Malvorgang ist riskant, nicht alle Blätter gelingen. Geht die Uhr richtig, dann entstehen Blätter, die bei aller Flüchtigkeit erstaunliche farbige Dichte aufweisen und gewissermaßen eine erahnte oder visionäre Realität fixieren, die manchmal deswegen beglückend wirkt, weil sie frei von Wertung bleibt und nur den optischen Reflex auf der Netzhaut des Künstlers wiedergibt.

Man denkt an den Ausspruch des Francisco de Goya: „Mein Pinsel braucht nicht mehr zu sein als meine Augen."

P. Meissner

„Seine aus atmosphärischen Farbflächen aufgebauten Landschaften und Figuren zeigen trotz eines nahezu geometrisch durchdachten Aufbaues, die ganz fließende Leichtigkeit und Transparenz der Aquarelltechnik. Durch die Exaktheit des kompositorischen Gerüstes aber legt sich der Maler strenge Zügel an und schließt dadurch jede Möglichkeit eines nur auf Effekte bedachten vagen Lavierens aus."

Maria Buchsbaum

Meine Bilder entstehen vor der Natur. Ich versuche das Gesehene beim Malen auf das Wesentliche zu reduzieren. Lineare Perspektive schalte ich dabei, soweit möglich, bewußt aus. Der Bildraum ist abstrakt gestaltet. Auf diese Art versuche ich die höchstmögliche Spannung im Bild zu erzielen.

Johann Skriwanek

Der Kater Orlando
1973, 59 × 46 cm

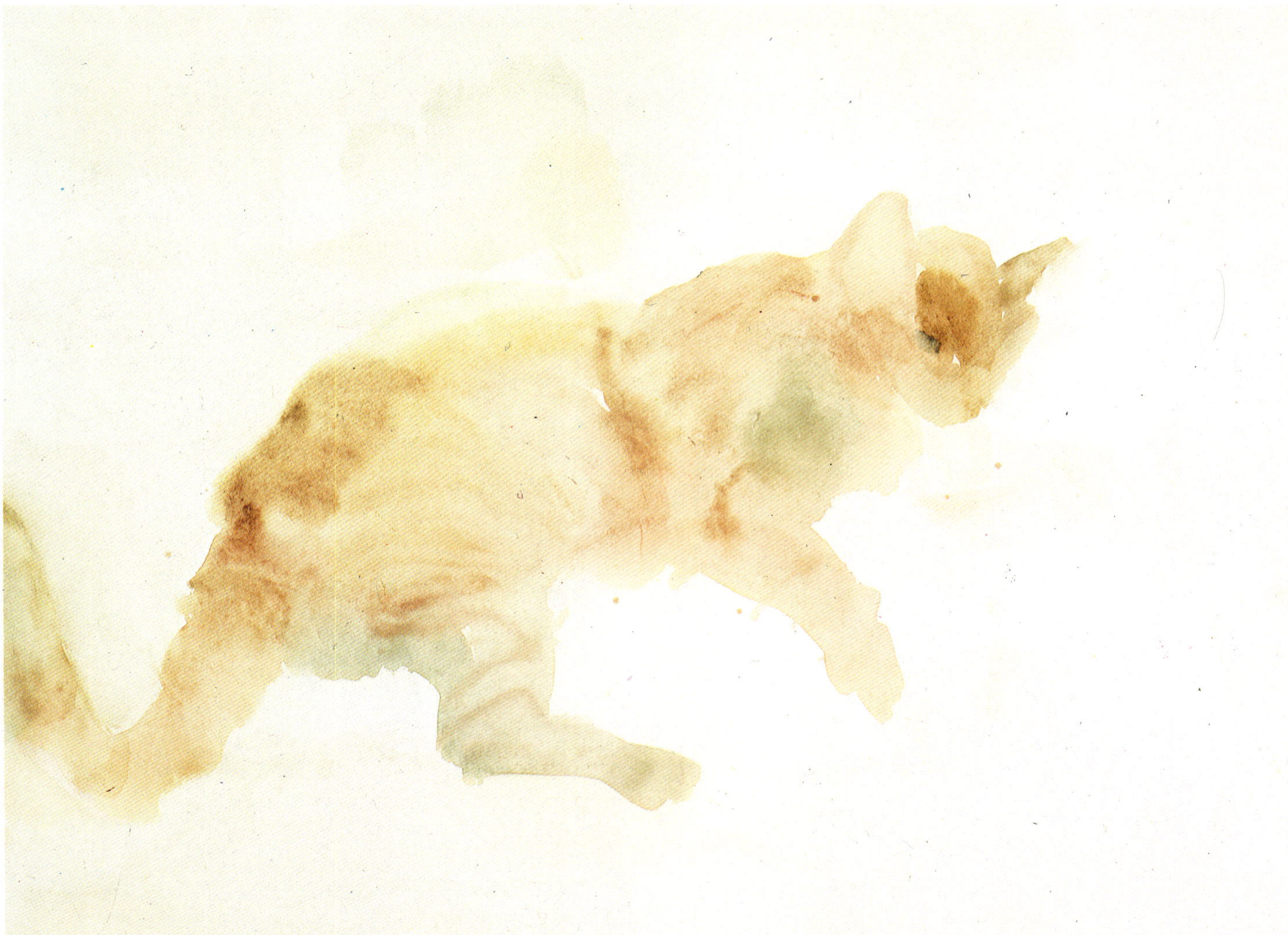

August Stimpfl

1924 am 2. 3. in Imst geboren. 1941 Abschluß der Kunstgewerbeschule, Innsbruck. 1942–1945 Deutsche Wehrmacht. 1951 Diplom der Akademie der Bildenden Künste, Wien.

1955 Ankauf beim Österr. Grafikwettbewerb; 1956 großes Wandbild, Aula Gymnasium Landeck; Wandbild Apokalypse Michaelskapelle, Imst; 1958 Teilnahme an der III. Biennale dei Giovanni, Goriza; Wandbild (Secco) Schule Pettneu; Preis der Stadt Innsbruck beim Österr. Grafikwettbewerb. 1959 Wandbild Franz von Assisi, Imst; 1960 2 Erste Preise bei Tivoliwettbewerb, Innsbruck; Glasfensterwand Kirche Bruggen, Landeck; 1962 Ausst. Grafik Agram; 1964 großes Wandbild in Elbigenalp; Glasfenster Totenkapelle, Scharnitz; Ausst. im Taxispalais, Innsbruck; 1967 Glasfenster und Tabernakel, Kirche Brennbichl; 1968 Preis der Kammer der Gewerbl. Wirtschaft beim Österr. Grafikwettbewerb; Ausst. „Aspekte 68", Galerie Stubenbastei, Wien; 1970 Ausst. Städt. Galerie Lienz; 1971 Ausst. Galerie am Dom, Innsbruck; Keramikrelief, Hauptschule Telfs; 1972 Ausst. Dominikaner Galerie, Bozen; Keramikrelief BTV, Imst; Ausst. Galerie Forcher, Innsbruck; 1973 Ausst. Schloßmuseum Landeck; Spanienreise mit R. Schiestl und Eva St.; Ausst. Stadtturmgalerie, Innsbruck; Keramikrelief, HAK Imst; Preis: Wettbewerb Sparkasse Innsbruck; 1974 Ausst. Galerie Maier, Innsbruck; Galerie Th. v. Hörmann, Imst; Ankauf beim „Österreichischen Grafikwettbewerb 1974"; 1975 Ausst. Galerie Maier, Innsbruck; Keramikrelief, Krankenkasse Innsbruck; Keramikrelief, Hauptschule Imst; 1977 Ausst. Prisma, Landeck; Ausst. Galerie Elefant, Landeck; Ausst. Schwazer September; Keramikrelief Mediz. Fakultät, Innsbruck; 1978 Ausst. Arge Alp: München, Bregenz, Innsbruck, Salzburg, Mailand; Ausst. „Grafik in Österreich", Galerie Point, Telfs; Keramikrelief im Schwesternheim, Zams; 1979 Ausst. Traklhaus, Salzburg; („Rauriser Malertage 75–78"); Wiener Kunstmesse 79 (Galerie Elefant); Ausst. Galerie Academia, Salzburg; (Eros versus Sexus); Ausst. Galerie Galaxis, Kitzbühel; Großrelief in Keramik, Sparkasse Imst; 1980 Ausst. Galerie Freund, Klagenfurt; Ausst. Galerie Contact, Wien; Ausst. Art 11 '80, Basel (Galerie Elefant). Art Forum, St. Gallen; Studienreise mit R. Schiestl nach New York; 1981 Galerie Welz, Salzburg; Galerie Elefant, Landeck; Galerie Rondula, Lienz; Art 12/81 Basel, Galerie Elefant; Galerie am Züriberg, Zürich; 1982 Galerie Perlinger, Wörgl; Töpfergalerie, Hohenems; Galerie Contact, Palais Rottal, Wien; Gruppe Elefant, Ferdinandeum, Innsbruck; Thurn- und Taxispalais, Bregenz; Kulturinstitut Rom, Padua; Art 13/82, Basel, Galerie Elefant; Galerie Rolf Ohse, Bremen; Galerie Döbele, Ravensburg; Galerie Elefant, Wien; 1983 Galerie

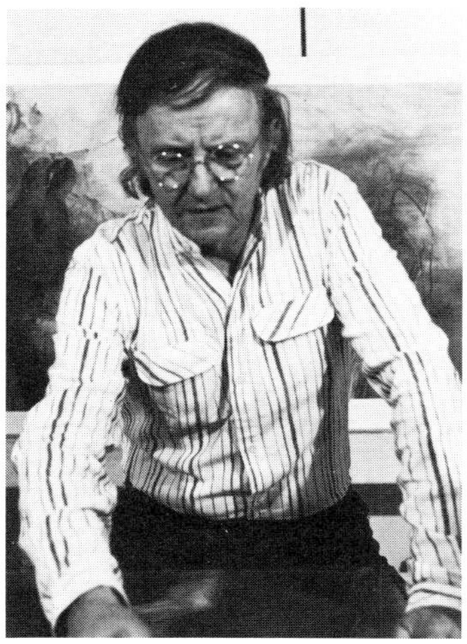

Elefant, Landeck; Galerie Rondula, Antiquitätenmesse, Wien; Galerie Döbele, Kunstmesse, Düsseldorf; Galerie Elefant, Art 14, Basel; Galerie Döbele, Art 14, Basel; Kunstverein, Bayreuth (Sonnentempel); Kunstverein, Pforzheim; Kunstzentrum Minoriten, Graz; 1984 Töpfergalerie, Hohenems; Galerie Elefant, Art 15, Basel; Galerie Valentini, Mailand; Galerie Contact, Wien; Galerie am Züriberg, Zürich.

... Die „emanzipierte" Frau unserer Zeit sorgt für ihren eigenen Lebensunterhalt und stattet sich selbst mit sozialem Prestige aus. Damit hat sie sich jene Unabhängigkeit vom Mann zurückerobert, die sie nach Jahrtausenden der Eigenständigkeit aufgegeben hatte. Diese Korrektur der Geschichte bleibt allerdings so lange eine halbe Sache, solange sich die „Befreite" nicht von Denkmustern frei macht, die in einer von Männern beherrschten und von Unterdrückung charakterisierten Gesellschaft gehegt und gepflegt und zur Festigung dieser Gesellschaft verwendet wurden; – als sich die „Befreite" nicht eine Art des Denkens aneignet, die es erlaubt, die herkömmlichen Weiblichkeitsvorstellungen zu zerfasern, um dahinterzukommen, wessen Interessen sie dienen bzw. gedient haben.

Das Klischee, mit dem man ihr Gewalt angetan hat, kann zu einem Samenkorn für ein lustreicheres Leben umfunktioniert werden. Die Frau als die „Gefühlsbetonte" nimmt eine Betonung des Gefühls vor. Die „unlogisch Denkende" lernt und lehrt die Paradoxie gefühlsbetonten Denkens. Sie gebraucht ihren Verstand als Auslöser von Lustgefühlen. Indem sie das traditionelle Frauenbild Schritt für Schritt zerstört, genießt sie den Rausch der Selbstbefreiung. Die „Friedfertige", die „Sanfte", die „Lebensspenderin" ruiniert die mit so viel Anstrengung und Aufwand konstruierten Lügen von der „ewigen Weiblichkeit". Die „Gebende" gibt ihrem Image der „Opferbereitschaft" den Todesstoß und dem Mann als „Beschützer" den Laufpaß. Die gefühlsbetont Denkende gebraucht ihren Verstand auch für die Gefühle, die ihr vernachlässigter Körper spendet. Die Revision ihrer sexuellen Rolle soll ihren körperlichen Lüsten dienen. Die Frau als „Traditionsbewahrerin" bricht mit der Tradition des „Schönseins für den Mann" und eröffnet eine neue Tradition des ziellosen (Un)schönseins. Sie hört auf, ihr Spiegelbild mit Männeraugen zu betrachten. Ihr neuer Körper ist nicht mehr der normierte Körper der Pinup-Puppen, sondern der eigenwillig gedeihende menschliche Körper aus Häßlichkeit und Schönheit, dessen Nerven bestimmte Behandlungen fordern und zu bestimmten Handlungen anregen. Sie findet ihr „Heil" in der Realisierung ihrer Wünsche nach Gefühlsbetontheit, nach perfekter, ausführlicher, intensiver und exzessiver Erotik. Der Genuß, den narzißtisches Sich-Gefallen und die Bewunderung schablonenhafter Ebenmäßigkeit bieten, kann sie nicht befriedigen.

Ihr Selbstverständnis als „Lustsubjekt" schafft die Voraussetzung für eine „neue Sinnlichkeit", die im Schlafzimmer weder aufhört noch anfängt, sondern zum Prinzip einer neuen Weltanschauung wird.

Die Frau möchte eine Welt anschauen können, die auf das Wohlbefinden aller Sinne hin orientiert ist, die die Körperlichkeit des Menschen zu verleugnen aufgehört hat, indem sie seinen Lüsten reine Luft, reines Wasser, genügend Nahrung und Natur zurückgibt, die ihm „männliche" Profitgier vergiftet oder ganz vorenthalten hat. Sie möchte eine Welt, in der Besitzstreben, Unterdrückung und Konkurrenz nicht mehr Surrogate für Erotik, Selbstbewußtsein und Zusammenarbeit sind.

Eva Stimpfl

aus: August Stimpfl, Galerie Elefant, Landeck 1980

Du sollst mit Schmerzen . . ., *1983, 65 × 75 cm*

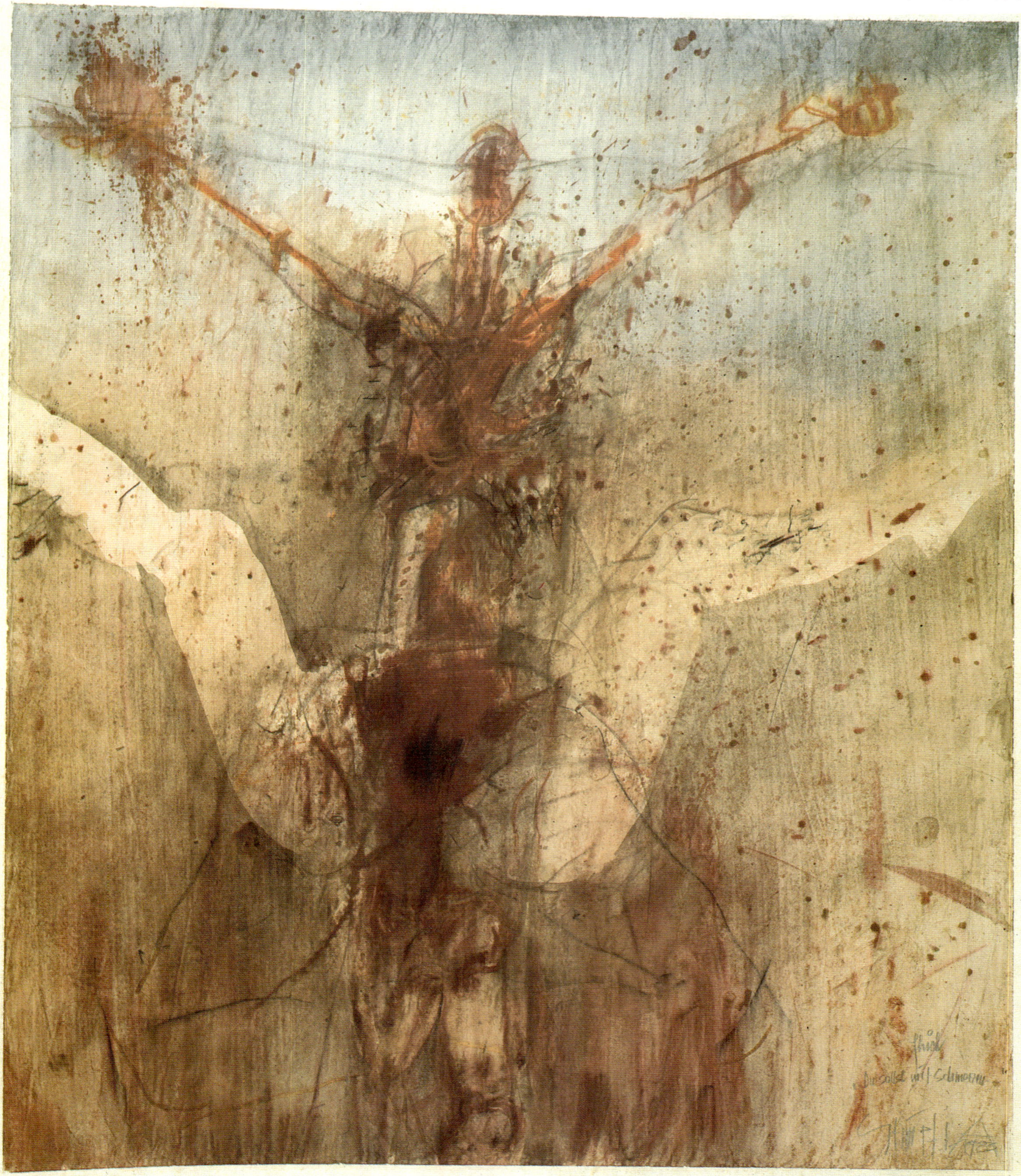

Ernst Paar

1906 geboren in Graz. 1921–1925 Ausbildung als Lithograph und Besuch des Abendaktes an der Landeskunstschule Graz. 1925–1927 tätig als Lithograph und Werkstudium an der Akademie der bildenden Künste in Stuttgart. 1928 Werkstudium in Berlin. 1930–1931 Werkstudium an der Akademie Julian in Paris. 1932–1964 Mitglied der Grazer Sezession. Seit 1933 als Maler und Graphiker in Wien ansässig. 1934–1938 Mitglied des Hagenbundes in Wien. 1946 Mitbegründer der Künstlergruppe „Der Kreis". Seit 1974 wieder Mitglied der Grazer Sezession.

Einzelausstellungen: *1937 Hagenbund, Wien: Kollektion Malerei; 1949 Galerie Würthle, Wien: Malerei und Graphik; 1950 Neue Galerie am Landesmuseum, Graz: Graphik und Malerei; 1954 Neue Galerie der Stadt Linz, Linz: Graphik; 1955 Galerie Beno, Zürich: Graphik; 1956 Neue Galerie, Wien, Sackstraße 16: Gebrauchsgraphik und Graphik; 1955 Victoria, Canada: Graphik; 1956 Neue Galerie am Landesmuseum Joanneum, Graz: Graphik; 1956 Künstlerhaus, Wien: im Rahmen der Künstlergruppe „Der Kreis": Malerei und freie Graphik; 1965 Museum für angewandte Kunst, Wien: Graphik und Gebrauchsgraphik; 1971 Wiener Secession, Wien: „E. P. – Das graphische Werk" unter Patronanz der Albertina; Beteiligung an zahlreichen Ausstellungen des In- und Auslandes seit 1932. Viele Jahre vorwiegend in Gebrauchsgraphik tätig.*

Preise und Ehrungen: *1935 Silberne Medaille der Stadt Graz für Malerei; 1956 Verleihung des Professortitels; 1958 Preis der Tiroler Industrie (Graphikwettbewerb), Innsbruck. Zahlreiche, darunter erste Preise bei Plakat- und gebrauchsgraphischen Wettbewerben; 1963 Theodor-Körner-Preis; 1965 Würdigungspreis der Stadt Wien.*

Werke im Besitz *der Österr. Galerie, Wien, der Albertina, des Bundesministeriums für Unterricht und Kunst, des Kulturamtes der Stadt Wien, des historischen Museums der Stadt Wien, der Akademie der bildenden Künste, Wien, der Neuen Galerie am Landesmuseum Joanneum, Graz, sowie in weiteren öffentlichen und privaten Sammlungen des In- und Auslandes.*

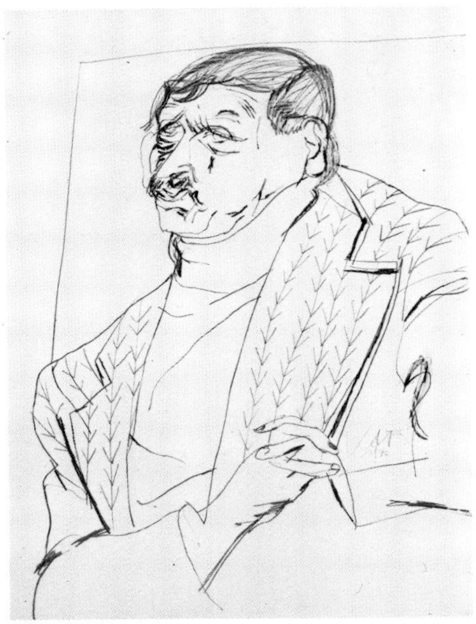

Karl Anton Fleck: Ernst Paar, 1976

Das Werk des Malers und Graphikers Ernst Paar, wie es sich heute in seiner ganzen Fülle und Geschlossenheit darstellt, erscheint von großer handwerklicher und künstlerischer Verantwortlichkeit getragen. Seine vielfachen Aspekte auf die Wirklichkeit entsprechen den Wandlungen einer wachen, sensiblen Persönlichkeit, die auf die Forderungen der Zeit und ihrer Strömungen zu antworten vermochte, ohne ihr Ziel einer durchgehenden Bildgestaltung, höherer Wahrheit, preiszugeben, auch wenn sich die Akzente, der inneren Entwicklung folgend, verlagert haben.

Neben der nervösen lichtdurchfluteten Erregtheit seiner Landschaft, in denen die vitalen und dynamischen Wachstumskräfte der Natur ihr Elementares sichtbar werden, stehen mit sparsamsten Mitteln, mit wenigen Linien, Tupfern, Flecken umrissene Akte, Figuren und Kompositionen, die gleichsam die sehr musikalische Komponente dieses Künstlers sichtbar machen, die auf Noblesse, Großzügigkeit und Feinheit gestimmte Empfindungswelt eines Malers und Zeichners.

Claus Pack

Schielende Puppe
1972, 46 × 32 cm

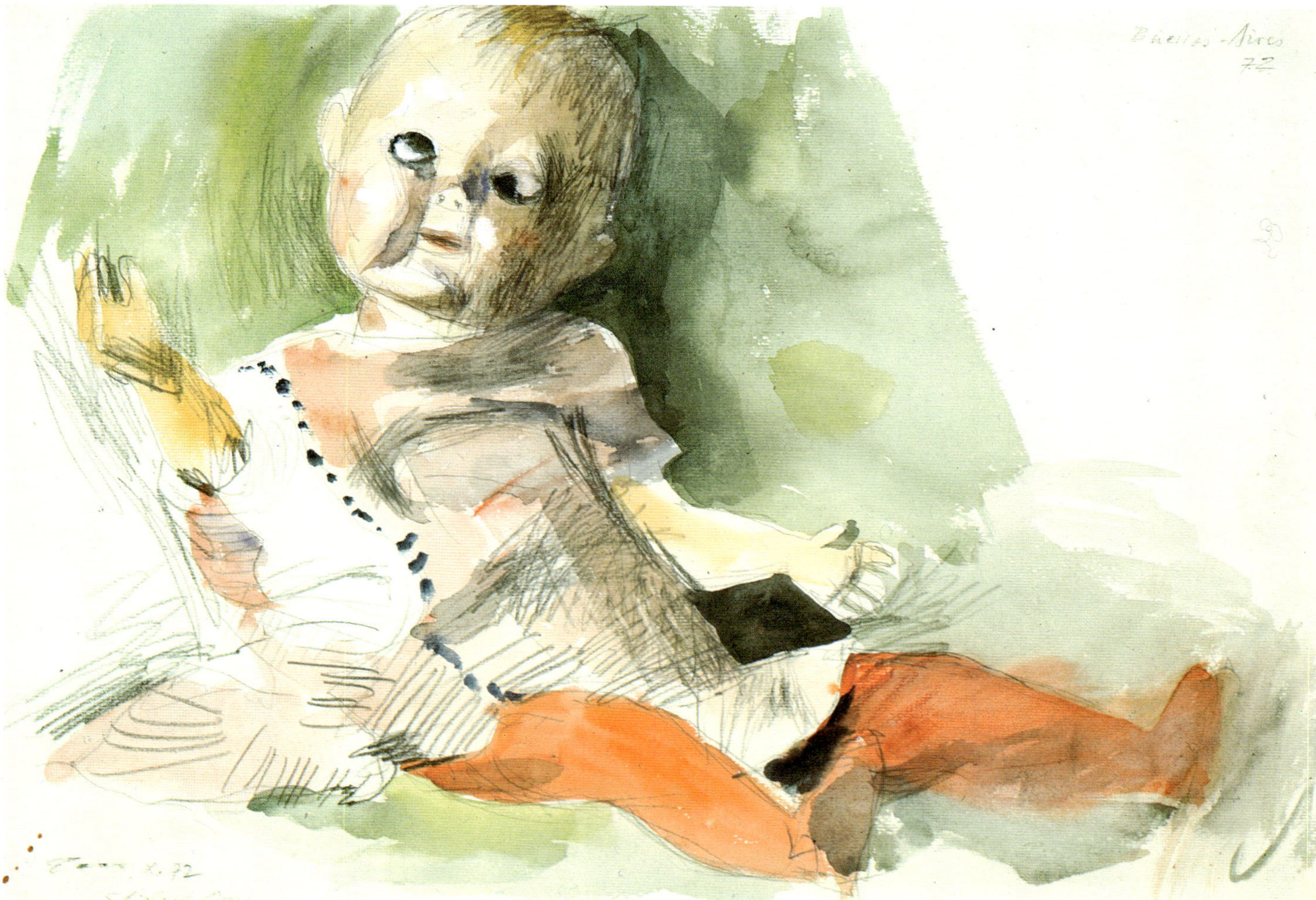

Heinrich Fellenz

1939 geboren in Marienfeld, Banat, Rumänien, 1945 Evakuierung nach Österreich, heute österreichischer Staatsbürger. Studium an der Graphischen Lehr- und Versuchsanstalt in Wien, Abt. Gebrauchsgraphik, und im Anschluß daran bis 1973 als selbständiger Graphiker tätig. Seit 1974 Hinwendung zur freien, künstlerischen Tätigkeit, insbesondere der Porträtmalerei, der schon von Jugend an das Interesse galt.

Einzelausstellungen: *1974 Cafe Museum; 1975 Shell-Haus, Wien; Galerie Hartmann, Wien; NÖ. Kulturtage; Galerie Cobenzl, Wien; 1976 San Sebastian, Spanien; 1977 Ddie Erste österreichische Spar-Casse, Wien; 1978 Oskar's Galerie, Portland, USA; IKC-Österreichisches Kulturzentrum, Wien; 1979 Zürich Kosmos-Galerie am Arbeitsplatz, Wien; Die Erste österreichische Spar-Casse, Wien; Kleine Galerie, Wien 8; 1980 Schloß Mirabell, Salzburg; Galerie Witzmann, Burgenland; BAWAG, Wien; Aktion Künstler zeichnen und malen in Betrieben, Wien; Galerie am Doktorberg, NÖ; 1981 Galerie Volkshochschule Favoriten; Galerie Antikes & Modernes-Berger, Wien-Rodaun; 1982 Galerie „St. Lorenz", Mondsee.*

Gemeinschafts-Ausstellungen im In- und Ausland. Arbeiten im Besitz des Bundesministeriums für Unterricht und Kunst, Graphische Sammlung Albertina Wien, sowie im Privatbesitz des In- und Auslandes.

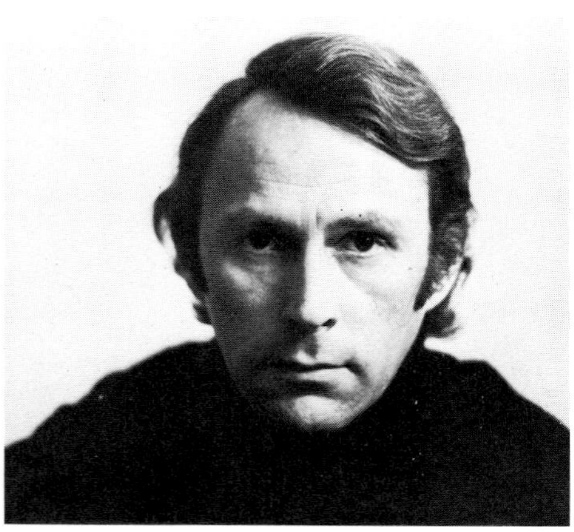

Fellenz ist ein Maler, dessen Einfühlungskraft für Details sich aus der Beherrschung des Handwerks, kombiniert mit einem verfeinerten Sinn für das Durchschauen, für die Offenheit einer Landschaft oder im Porträt, dem er sich mit großem Erfolg zuwandte, für die Besonderheit eines Antlitzes und somit einer menschlichen Landschaft, ergibt.

Künstler leben, wie Hofmannsthal sagte, „ohne Haut", es strömen auf sie nicht nur die schönen Eindrücke, sondern auch das Ungute, das Fahrige, die Unsicherheit und die Zerrissenheit unseres Zeitalters ein. Diese Sensibilität eines Künstlers in unserer Zeit kann sich nicht nur darin ausdrücken, daß er sich gegen die konventionelle Kunstauffassung wendet und im extremen Protest, sei es nun in der Farbe oder in der Form, dagegen revoltiert, sondern diese Sensibilität kann sich auch im Widerwillen gegen diese fast schon „konformistische Revolte" äußern, die oft nur in einer wildgewordenen „Balgerei" gegen eine Art bürgerlicher Solidität und Securität wütet. Dieser Widerwille des Malers Fellenz gegen diese „Scheinrevolte", auf der es sich derzeit im modischen Strom schön und auch gut verwertbar schwimmen läßt, ist kein Programm und keine Antithese gegen die jetzt gängige Strömung. Fellenz kennt aber keine „Masche", sondern er will mit den künstlerischen Mitteln, die seinem Wesen adäquat sind, „in Ruhe" arbeiten. Daß er damit gegen den Strom schwimmt, ist ihm bewußt.

Seine scharfe Beobachtungsgabe und feinnervige Empfindungsfähigkeit prädestinierten Fellenz zum Porträtisten und Aquarellisten.

Dr. F. Adamec

Die schimmernden Wangen und Glieder der Mädchen spiegeln sich in den „selbstverständlich"-raffinierten, nur da und dort von transparenten Farbflecken überschatteten Weiß-Aussparungen seiner Aquarelle, während das eigentliche Malgeschehen die den figuralen Bildteil knapp umrahmenden, flüchtig verknoteten Hintergrund-Farbakkorde dominiert.

Elisabeth Heller

Trotzdem Sehnsucht
1983, 40 × 50 cm

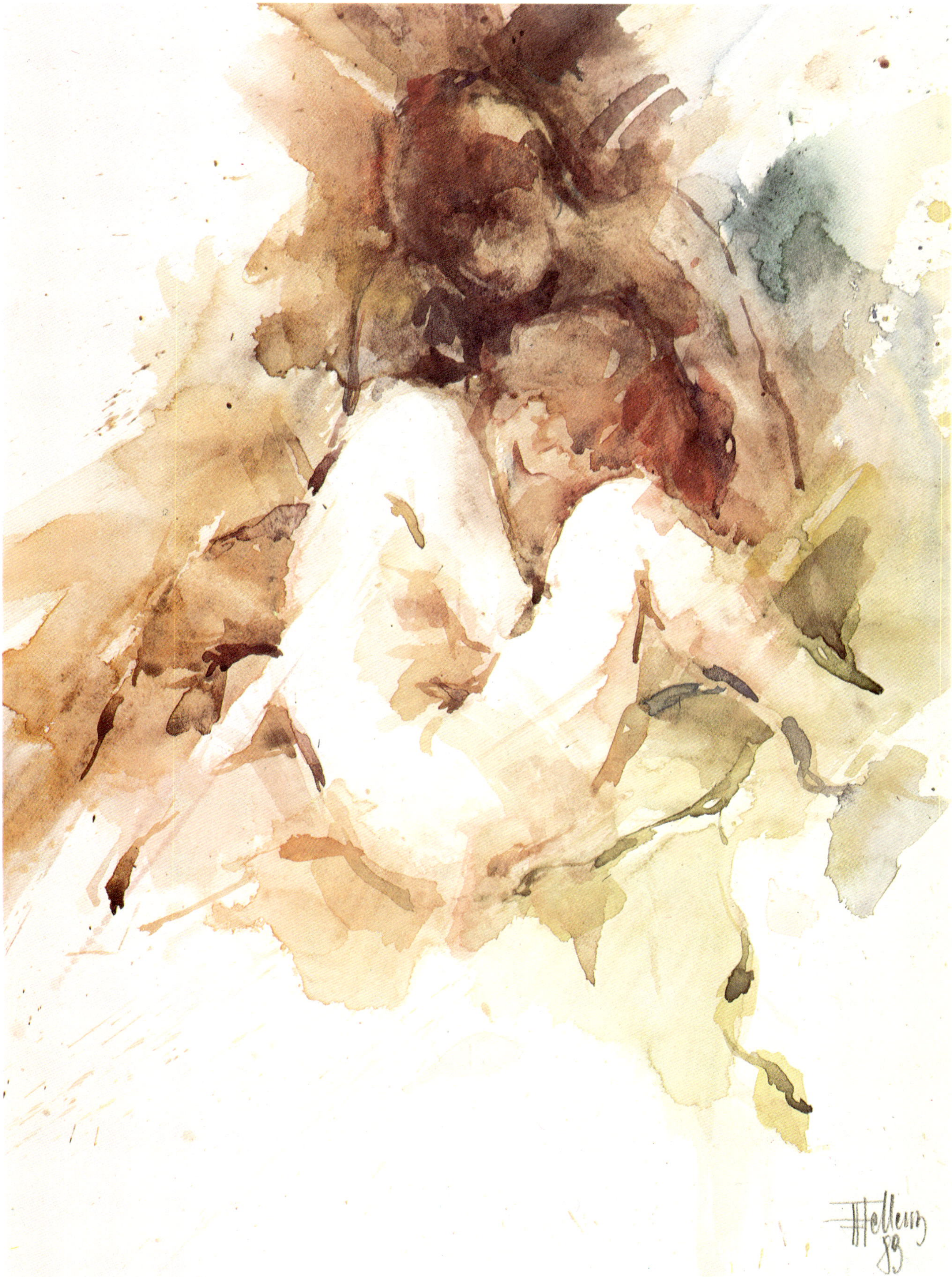

Ernst Handl

1949 geboren in Wien. Aufgewachsen in Gablitz, Niederösterreich. 1969 Studium der Fächer Psychologie und Pädagogik an der Universität Wien. 1970–1972 Akademie der bildenden Künste, Wien. Meisterklasse Prof. Hessing. 1972–1975 Meisterklasse Prof. Lehmden. 1972 Silberne Füger-Medaille. 1975 Abschluß mit Diplom und Rektorspreis der Akademie. Ab 1971 ausgedehnte Studienreisen nach Schweden, Italien und Griechenland (Kreta).

Ausstellungen: *1974 Teilnahme an den Internationalen Kunstmessen Art „5" Basel und IKI Düsseldorf; 1976 Einzelausstellung Galerie Schwarzer, Wien; IKI Düsseldorf, Galerie a. d. Düssel; 1977 Galerie Alte Schmiede, Wien; 1978 Teilnahme an der Kunstmesse 78 Secession, Wien; Einzelausstellung Galerie Schwarzer, Wien; 1980 Einzelausstellung Galerie „Pavillon – Kunst im Salettl", Wien.*

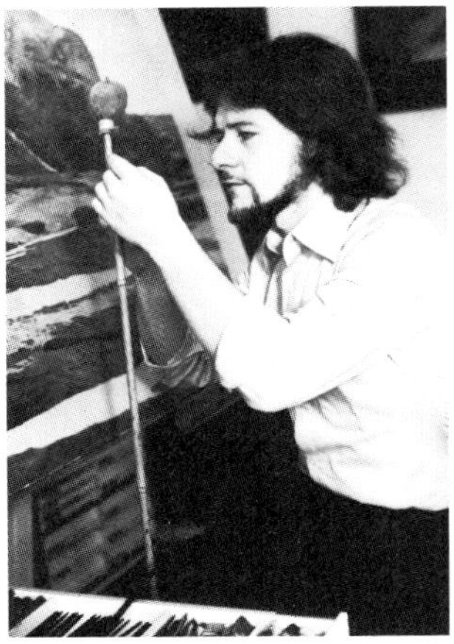

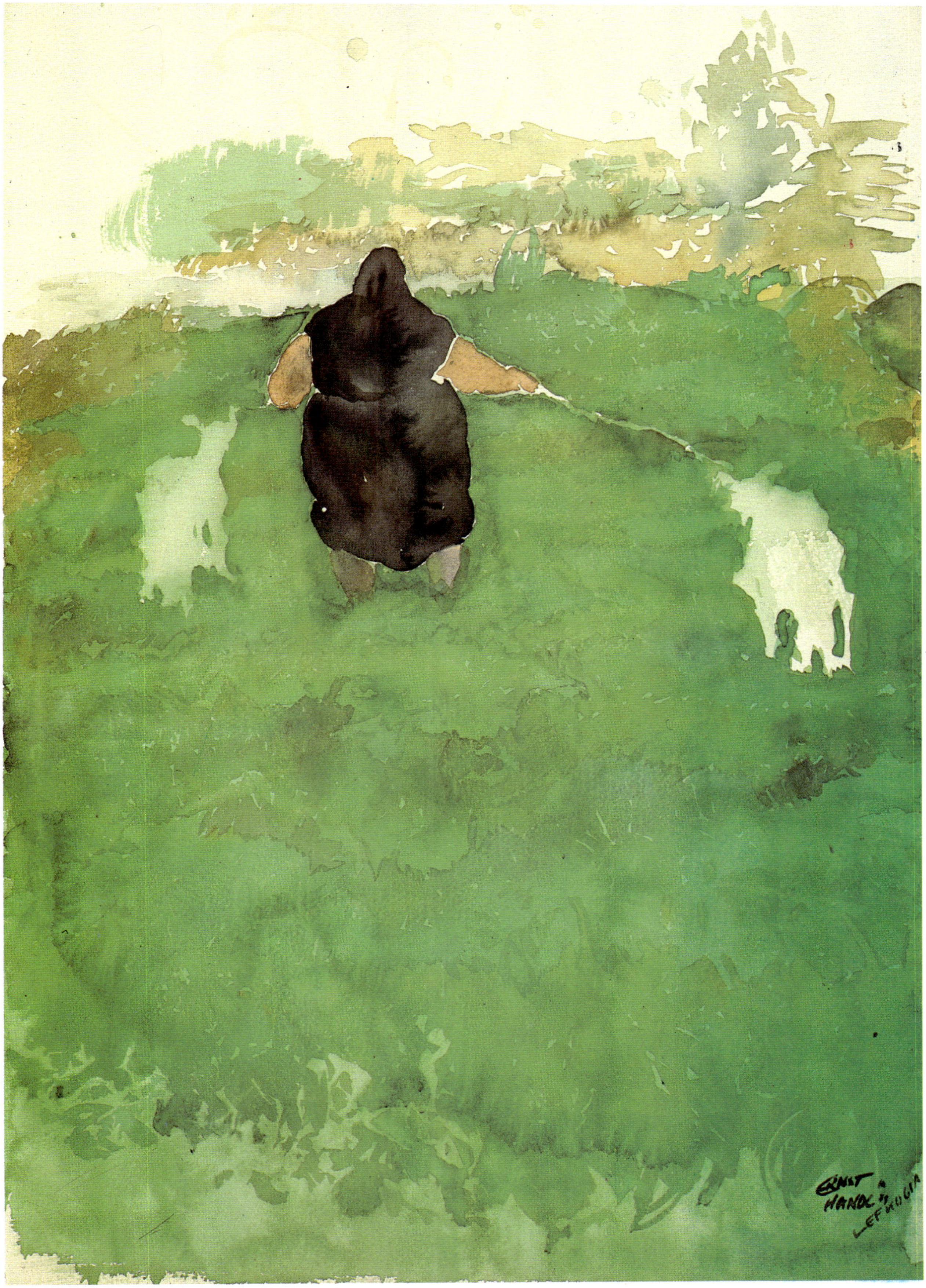

Kretische
Triangel
1981, 36 × 48 cm

Johann Weyringer

Geboren ***1949*** *in Sighartstein bei Neumarkt am Wallersee. Nach Abschluß der Pflichtschule tritt er als Lehrling in den väterlichen Tischlereibetrieb ein. Nach der Meisterprüfung für das Tischlergewerbe besucht er* ***1970*** *die Hochschule für angewandte Kunst in Wien und studiert, nach der Berufsreifeprüfung* ***1972****, Architektur bei Prof. Fritz Janeba.* ***1978*** *schließt er sein Studium an der Akademie der bildenden Künste in Wien bei Prof. Dr. Roland Rainer als Mag. Architekt ab. Seit* ***1978*** *häufige langfristige Arbeitsaufenthalte in Rom. Arbeit an den Zyklen: „als ob sie anwesend wäre", „Gefängnisbilder", „F. T Pirato Habana".* ***1982/83*** *längere Arbeitsaufenthalte in Marokko und Kuba. Weyringer lebt als freischaffender Künstler in Sighartstein.*

Preise: ***1980*** *Förderungspreis der Salzburger Wirtschaft;* ***1983*** *Förderungspreis der Dr.-Theodor-Körner-Stiftung.*

Ausstellungen: ***1980*** *Traklhaus, Salzburg; Galerie in der Schule, Neumarkt/Wallersee;* ***1981*** *Galerie Burg Hasegg, Hall in Tirol; Galerie Armstorfer, Salzburg;* ***1982*** *Landeskulturzentrum Ursulinenhof, Linz; Künstlerhaus Salzburg, Café-Galerie; Galerie Brodil, Salzburg; Galerie Zentrum, Wien;* ***1983*** *Galerie Annasäule, Innsbruck; Museo Provinciale d'Arte, Palazzo delle Albere, Trento; Romanischer Keller in der Hypo, Salzburg.*

Ausstellungsbeteiligungen *im In- und Ausland, u. a. auf der Art 13 u. 14 in Basel; 7. Internationale Grafik Triennale 1983, Frechen, BRD.*

. . . Weyringer ist in der glücklichen Lage, nicht allzu sehr von akademischen Baumschulen die wilden Zweige der Phantasie und persönlichen Unvoreingenommenheit beschnitten bekommen zu haben, denn um die alten Sicherheiten zurückzuerlangen, muß der Künstler Sinnbilder und Gepflogenheiten brechen, ja sie bis zu einem gewissen Grade schmähen. Der Mangel an „Manieren" wirkt sich durchaus förderlich und beflügelnd aus.

Unbelastet von einem traditionsgehemmten Gewissen entstand in ganz wenigen Jahren ein respektables Werk von einigen hundert Arbeiten. Beim Sichten des Bestandes fallen drei deutliche Zielpunkt auf, um die herum sich die Bilder thematisch gruppieren. Es sind die Scherben dreier mutwillig zerbrochener Sinnbilder für eine fest gegründete condition humana. Es sind dies die Beziehungen zum anderen Geschlecht, zur Geschichte als weitreichendem Bewußtsein und zur Landschaft als unmittelbarem Lebensraum. Über diese unsicher, schwankend gewordenen Begriffe einer stabilen Beziehung in einem fixen Lebensraum gießt Weyringer seinen geheimen Spott.

Die schlagende Naivität einer Kinderzeichnung ist bei ihm das gleiche wie die raffiniert abstrahierende Matisse-Linie, die Anonymität und unwidersprechbare Ehrlichkeit einer Wandkritzelei ist identisch mit der nachlässigen, frivolen Verspieltheit des Alleskönners.

Es ist erstaunlich zu beobachten, wie der Künstler behutsam vorgeht bei seiner Arbeit, ganz gegen den Anschein der wilden, ungezügelten Entäußerung aufgestauter Impulse. Mit chirurgischem Ernst werden Buntstifte zurechtgespitzt, auf ihren richtigen Platz gelegt, beinahe pedantisch. Wie bedachtsam wird die Farbdichte der angerührten Wasserfarben geprüft. Wie vorsichtig die nasse Pinselspitze das Papier berührt, weiterwandert, absetzt, neu ansetzt.

Während einer Portraitsitzung ist es für den Beobachteten mindestens genauso reizvoll wie für den Beobachtenden, die gedrängten Bewegungen des Festbannens bei seinem Gegenüber zu studieren.

Ebenso erstaunlich sind die Resultate solch konzentrierter Prozeduren. Es entsteht der Eindruck, daß das Entstehen eines Bildes nicht in seinen sukzessiven Perioden „ertappt" werden könnte. Alles ist entweder schon vorbei oder verharrt in einem undefinierbaren Anfangsstadium. Zeichnungen entstehen in Minutenschnelle wie aus einer Abfolge kürzester, knappester Augen- und Handbewegungen, Aquarelle hingegen werden in diffusen Schichten angelegt. Dann wandern die Blätter in die Ablage und warten auf ihre nächste Behandlungsphase, die wiederum aus einer seltsamen Willkürlichkeit heraus unterbrochen und weitergesponnen wird.

Der Entstehungsprozeß spiegelt in seiner Dringlichkeit und gleichzeitigen Unfaßlichkeit die zweigesichtige Struktur des Darstellungsgegenstandes. Dieser ist verlorengegangen und doch von einer manisch wiederholten, triebhaft hervorgekehrten Präsenz. Wie Weyringers Bilder entstehen, das bildet noch einmal die inhaltliche Schizophrenie ab. Doch auch die polaren Entstehungsweisen können sich selbst in ihr Gegenteil verkehren. Ein Bild in Farben kann spontaner entwickelt werden als eine Zeichnung. Die scheinbar flüssig hingesetzte Linie eines Frauenkörpers, eines Tieres entsteht oft aus „Fragmenten", die in ihrer zeitlichen Anordnung weit auseinanderliegen und jeweils von einer verschiedenen Reife gedanklicher Reflexion veranlaßt und geprägt wurden. Was „fertig" und noch nicht „fertig" ist, hängt vom Gärungszustand im Innern des Künstlers ab, von seiner Entscheidung, wann genug gedacht, wann „ausgedacht" ist. Der äußere Zustand des Bildes ist für diesen Punkt der Abnabelung ziemlich belanglos. Es gibt auch keinen visuellen Raster, an dem ein noch so sensibles Auge den Punkt der Progression zwischen Skizze und vollendetem Bild feststellen könnte. Weil alles ganz „innen" und folglich ganz „wahr" ist, gibt es keine eigentliche Betrachterperspektive. Davon mag auch die „Unpersönlichkeit" der ästhetischen Mittel herrühren, ihr gewissermaßen wie unter Diktat, unter Traum und Zwang Entstandensein. Das Expressive an Weyringer hat etwas sehr Unschuldvolles.

Etwas unbewußt Gelenktes. Daher sind Farbe und Linie in einem ursprünglichen Sinne weder spielerisch, wild unbeherrscht oder virtuos. Sie sind einfach da und sind unempfindlich gegenüber einschränkender Qualifizierung. Sie haben sozusagen kein dekoratives Benehmen und sind gleichgültig wie die Natur. Der Stift bohrt sich einfach seine Bahn durch das Papier. Die Wasserfarbe sickert ineinander, trocknet in Pfützen auf, bildet glitzernde Adern von Farbkristallen mitten durch ein Gesicht und gehorcht auch sonst weder Gesetzen der Gegenstandsdarstellung noch der Eitelkeit der Eigenwirkung, noch den bestimmbaren Effekten irgendeiner Technik. Alles ist mit äußerster Sicherheit in seinem Gang ausgestattet und bleibt trotzdem unberührt und nicht gezähmt. Das alles ist reales Symbol und gleichzeitig ein ausgesparter Hohlraum dahinter für die Gewißheiten und Sehnsüchte. Nach dem Weib, das birgt, nach der Landschaft, die trägt und umgibt, nach der Geschichte, die Auskunft gibt.

aus einem Text von
Anton Gugg

Die obskuren Seelen der Mauren
1983, 76 × 57,5 cm

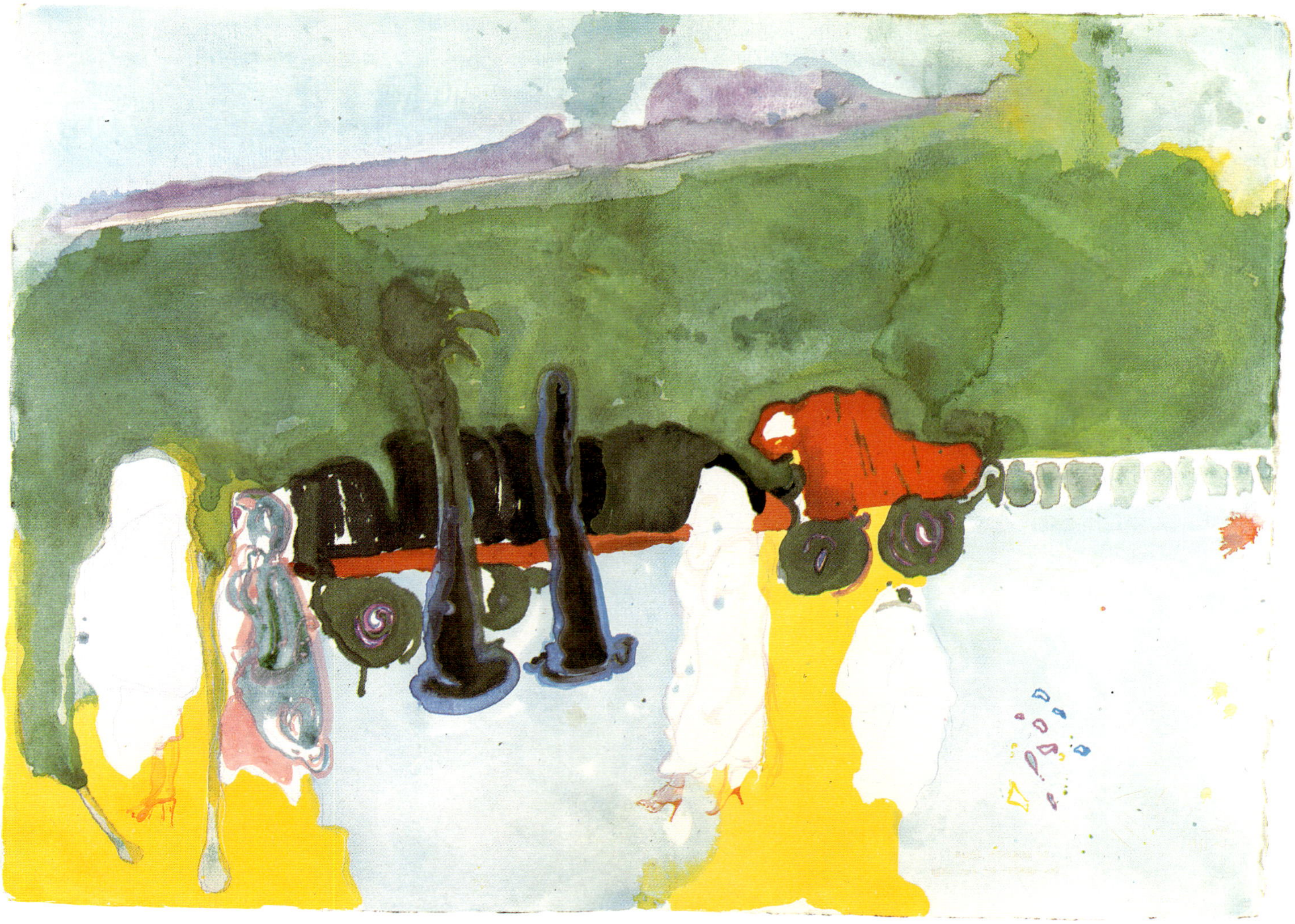

Lotte Berger-Maringer

__1938__ geboren in Wien. __1957–1959__ Studium an der Akademie für Angewandte Kunst in Wien bei Prof. Obsieger in Keramik und Malerei. Studienreisen nach Frankreich und Spanien. __1959–1963__ Meisterklasse für Malerei und Grafik an der Akademie für Angewandte Kunst, Wien, bei Prof. Schmid-Jesser. Studienreisen nach Griechenland und die Türkei. __1963__ Diplom „mit sehr gutem Erfolg“. __1964–1967__ Berufung an die Hochschulakademie in Istanbul. Lehrfächer: Aktzeichnen, freie Formgebung, Farblehre und Naturstudium. __1968–1971__ freischaffend. Seither Lehrstelle am BRG für Mädchen, Wien II.

Ausstellungen: *__1963__ Ausstellungsbeteiligung im kath. Studentenhaus, Wien; __1969__ Unilever-Haus, Wien; __1973__ DSK-Bank, München; __1974__ Völkerkundemuseum, München; __1975__ Münchner Bank, München; __1976__ Kleine Galerie, Wien; __1977__ Galerie am Doktorberg, Kaltenleutgeben; __1978__ UNIDO Art Club, Wien; Café Kipferl, Wien; Galerie PRISMA, Wien; Galerie Klostermühle, Hude (Oldenburg); __1979__ Stadt-Studio, Bremerhaven, Österreich-Präsentation anläßlich Österreichischer Wochen; KONTRAST 5 – Pannonia, Burgenland; __1980__ Galerie hinter'm Rathaus, Retz, NÖ; __1981__ Galerie der österr.-sowjet. Gesellschaft, Wien; Haus der Kunst, Moskau.*

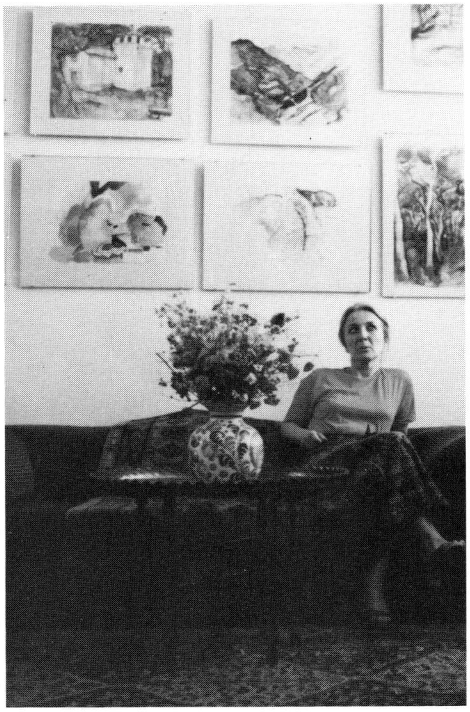

Mit geometrischen Formen, Segmenten in kreisender Bewegung umspinnt Lotte Berger-Maringer ihre Gegenstände, bindet den dargestellten Inhalt in ein höchst kunstvolles Gewebe und erzielt damit einen geradezu musikalischen Farb- und Formrhythmus: klangvolle Bilder, die sich die Errungenschaften Kandinskys zu eigen gemacht haben. Mit lasierender Technik und überlappenden Farbschichten gelingt es, zarte Zwischentöne und schimmernde Vielfalt zu erzeugen. In delikaten Farben sind für eine Harmonielehre des Malens Beispiele geliefert worden.

Dr. Beate Schweikhardt
in der österr. Kulturzeitschrift „MORGEN“ 1978

Die Aquarelle von Lotte Berger-Maringer verbinden technische und formale Qualitäten mit gedankentiefer Thematik rund um Kampf und Befreiung des Menschlichen schlechthin.

Die Farbigkeit wechselt zwischen gehauchter Zartheit und kräftigeren Nuancen in komplizierter Farbverschränkung.

Maria Buchsbaum

Straßenszene
46 × 38 cm

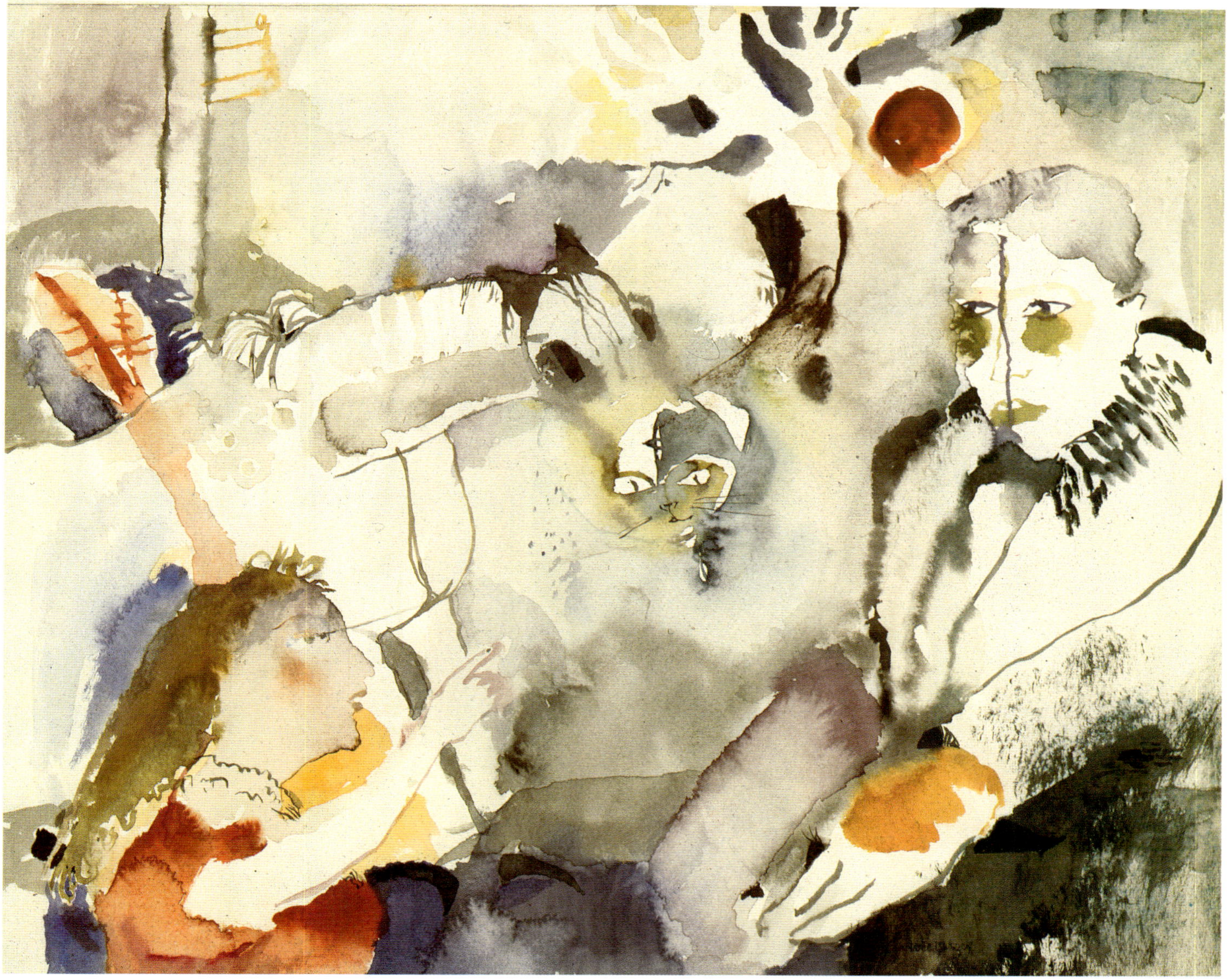

Roman Scheidl

Biographie: ***1949** geboren in Leopoldsdorf, NÖ.* ***1969** Akademie der bildenden Künste, Wien (Prof. Melcher, Graphik).*

Personalausstellungen seit 1975: ***1975** Galerie Ariadne, New York; Galerie Grafikhuset, Stockholm; Galerie Iwamatzu, Tokio; South Africa National Gallery, Kapstadt; Nordene Galerie, Johannesburg;* ***1976** Graphische Sammlung Albertina, Wien; Galerie Ariadne, Wien; Galerie Christel, Helsinki; Galerie Lund, Lund;* ***1977** Galerie K, Oslo;* ***1978** Galerie Summer, New York; Galerie Ariadne, Wien; Galerie Futura, Stockholm; Florence Abbott Gallery, Ontario;* ***1979** Galerie Suma, New York;* ***1980** Kulturhaus, Graz; Ursulinenhof, Linz; Museum für Moderne Kunst, Trondheim; Kunstverein, Bergen; Galerie Futura, Stockholm;* ***1981** Galerie Ariadne, Wien;* ***1982** Pallazzo Lantieri, Udine; Künstlerhaus, NöArt-Galerie, Wien;* ***1983** Graphische Sammlung Albertina, Wien; Preis der Buchebnergesellschaft 1983.*

Ausstellungsbeteiligungen seit 1975: ***1975** Finanzministerium, Wien; Biennalen in Muhlhous, Krakow, Frechten;* ***1976** 14 Städte Wanderausstellung, Skandinavien;* ***1977** Ariadne, „Fünf Künstler der Galerie", Wien; Biennalen in Fredrikstad, Laibach (Kritikerpreis);* ***1978** Künstlerhaus, Wien; K 45 (Ariadne);* ***1980** NÖ-Art Galerie, Wien; Figura 2, Leipzig; „New Ways of European Art", Boston;* ***1981** Preis von Sentinella, Italien; Neue Österreichische Malerei I, Joanneum, Graz; Österr. Grafik der Gegenwart, Staatl. Museum, Dresden; Österreichische Zeichnung der Gegenwart, Linz, Salzburg, München; „The Surrealist Tradition", New York;* Messen: *Basel, Köln, Madrid (Ariadne, Futura);* ***1982** Neue Pinakothek (Stiftung Rössing), München; Albertina, „Mit Nadel und Säure", Wien; Internat. Grafik, Leonberg; Ariadne, Wien; 8. Internat. Zeichnung, Rijeka; Impact Art Festival 82, Kyoto; Museum Europ. Fotografie, Sydney;* Messen: *Köln, Basel, Madrid, Paris (Six Friedrich, Ariadne, Futura); Six Friedrich „Österr. Figuration", München;* ***1983** Futura, Stockholm; 3. Europ. Grafikbiennale, Baden-Baden; Seebarn 100; Ariadne, „Mappe für Ferdinand", Wien; Neue Galerie, „Neue Malerei aus Österreich", Linz.*

... So sagte mir Scheidl einmal, wenn es wahr ist, daß in der Mitte von Zyklonen ein Ruhepunkt existiert, dann müßte es doch möglich sein, auch in unserer Zeit geistig dort zu leben, wo die Spannungen im Gleichgewicht sind. Die Suche nach der Konstanten im ruhelosen Rotieren, sie ist in der Tat ein Signal unserer Zeit und wert, einen Künstler zu seinen Bemühungen zu drängen und für Betrachter in diesen Bemühungen ihm zu folgen.

Walter Koschatzky

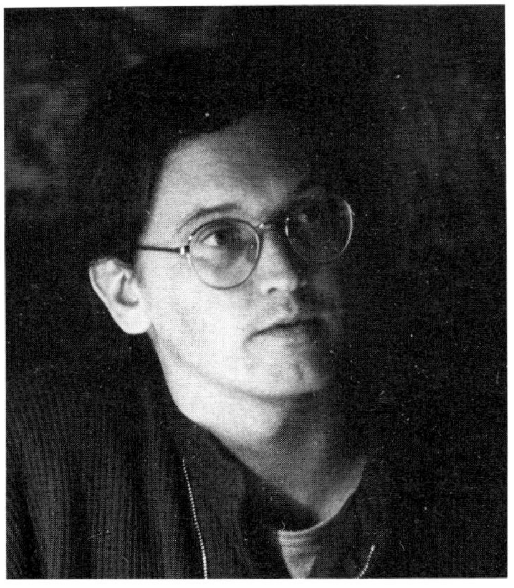

Scheidls Bilder bestehen aus der Provokation des Schönen, aber in zweierlei Hinsicht und tatsächlich im doppelten Wortsinn; aus der Provokation des Schönen als Beschwörung des schönen Verweilens und der Frage nach dem Schönen als Verfahren gegen den schönen Schein. Wenn man auch im Auge behalten muß (und das Auge funktioniert entsprechend), daß diese Bilder synthetisch sind, daß wohl beide Provokationen grundsätzlich immer vorhanden sind, aber einander über Ambivalenzen vollständig durchdringen und nicht von ungefähr, sondern zugeordnet auf Form und Inhalt.

Water of Life. Scheidls Pinsel bewegt sich leicht, man könnte sagen: rhythmisch. Was miteinander nicht unbedingt in Zusammenhang steht, denn leicht könnte ja auch bedeuten: willkürlich oder automatisch. Man meint eine koordinierte Leichtigkeit, wohl nicht nur auf die Tatsache hin, daß Scheidls Bilder darstellend sind, sich also in verschiedener Hinsicht optisch äquivalent zur gesehenen Wirklichkeit verhalten, sondern vor allem, daß die Pinselschläge einander leichthin zugeordnet erscheinen, über die Form hinaus, die sie tatsächlich beschreiben. Das ergibt einen allgemeinen Duktus, vor oder hinter oder innerhalb dessen die Figuration erscheint.

Water of Life also. Natur, Brunnen, Gestalten. Man könnte es ein Idyll nennen – womit ein Schritt tiefer in die Inhaltlichkeit des Bildes getan worden sein sollte. Man benannte und zieht eine Summe aus den Benennungen und sagt: Idyll. Aber ist es das wirklich, und was ist für die Frage verantwortlich? Wie wirklich kann ein Idyll überhaupt sein? Immerhin könnte ein Bild mit Annehmlichkeiten gefüllt sein, es könnte sich in einer freundlichen Landschaft entwickeln, prachtvolle Gestalten zeigen und den Betrachter zufriedenstellen wollen. Mehr Wirklichkeit kann von Idyllen nicht verlangt werden, wird auch nicht verlangt, und der Begriff erscheint somit hinlänglich konstituiert. Aber wie wirklich ist das Idyll, das uns Scheidl vorführt? Es fehlt jedenfalls an Präsenz. Das Idyll weist sich, rückblickend formal betrachtet im Bezug auf die nicht restlos geklärte Gegenständigkeit, kaum, oder zumindest in einer Weise nicht als das aus, was von ihm erwartet wird: nämlich das beständige Verweilen des schönen Augenblicks zu illusionieren, im Gegenteil. Es illusioniert die Vergänglichkeit (oder zumindest Zeitlichkeit) des Verweilens und stellt mit einem Schlag auch dessen Schönheit in Frage. Es stellt die Geschichte des Bildes in Frage und kehrt sie um.

Otmar Rychlik

... Das Pinselzeichen fällt mit Scheidls wechselvoller Auseinandersetzung mit dem zeitkünstlerischen Phänomen der sogenannten „Neuen Wilden" zusammen. Scheidl hat mehr als „Genauer" begonnen, neuerdings hat er sich im Betragen und (künstlerischen) Gehaben auffällig gelokkert. Ich glaube, diese Lockerung wäre nicht (oder nicht so) passiert, wenn die Malerei um ihn herum nicht verwildert wäre. Bei Scheidl, der im Grund der „Genaue" geblieben ist, wie es mir vorkommt, blieb diese Mitverwilderung nur im Rahmen, den seine Person (und sollte wohl besser heißen: Persönlichkeit) zuläßt.

Seine Bilder (und die Zeichnungen auch) bedeuten mehr, als sie zunächst scheinen. Man müßte sich nach Lust (und wenn man Zeit dafür findet) in sie hineinleben als in eine Welt höchst eigentümlicher Empfindungs- und Handlungsweisen.

Das trifft zwar auf manche Künstler zu, die es ähnlich dafürstehen, aber auf Scheidl (und seine Zeichnungen) ganz besonders.

Otto Breicha

Das Bad
1982, 28 × 38 cm

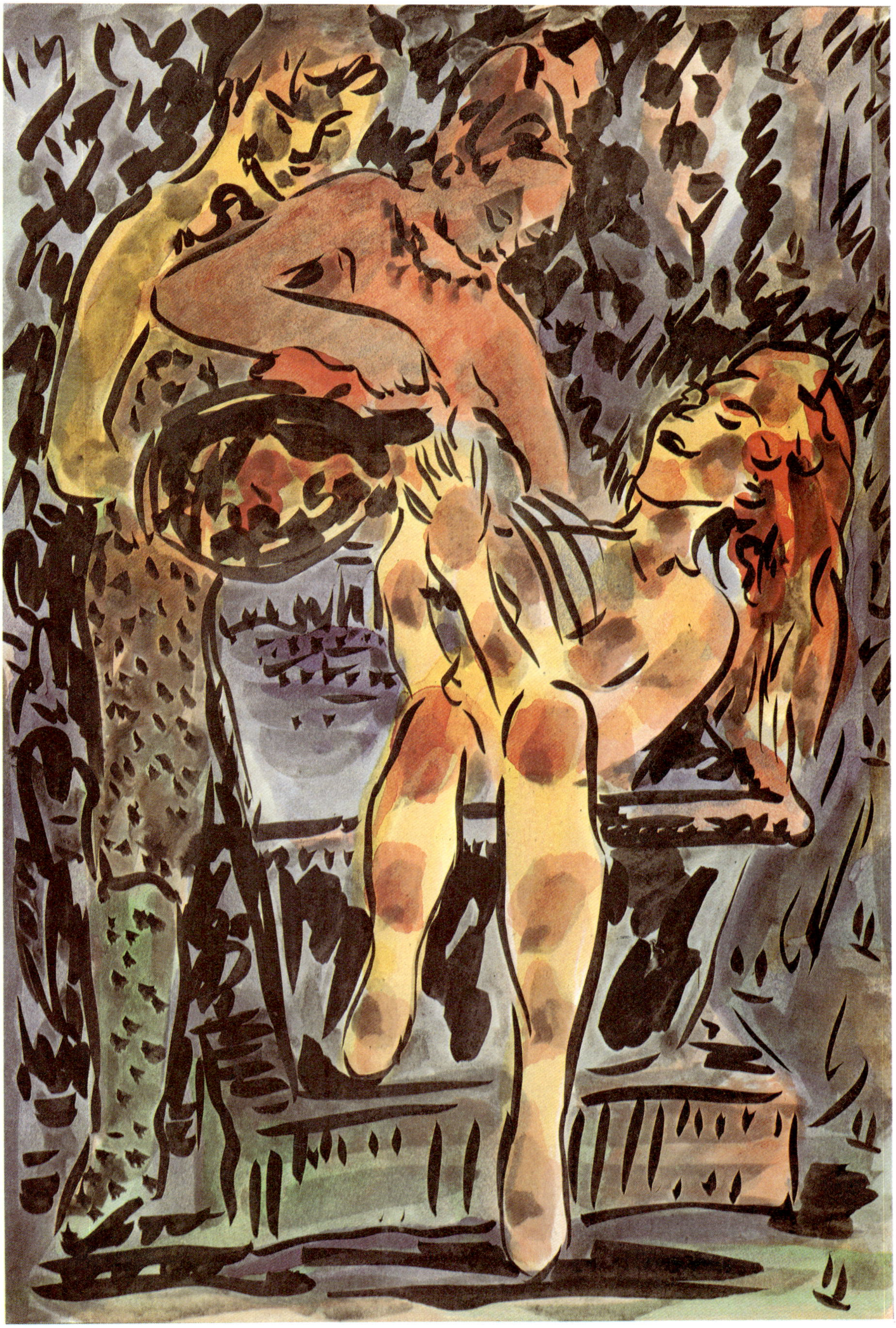

Ernst Gradischnig

*Geboren **1949** in Wiendorf, Kärnten. Beschäftigt sich mit Malerei seit **1968**. **1974** Studium an der Akademie ABC, Paris. **1978** druckgraphische Ausbildung in Salzburg bei Professor Herbert Breiter. Arbeitsreisen nach Frankreich, Italien, Jugoslawien und Tunesien. Lebt und arbeitet als freischaffender Künstler in Klagenfurt. Ausstellungen im In- und Ausland.*

Im Aquarell daseinsfreudige, lichterfüllte Versinnlichung, Konzentrat der sichtbaren Welt, räumliches Mosaik transparenter Flächen.

Wenige flüchtige Striche genügen zur Fixierung des Bildgerüsts. Die gegenständliche Welt ist vorhanden und gleichermaßen entrückt. Was zunächst wie Flächen innerhalb einer arabischen flächigen Ornamentik scheint, gewinnt gegenständlichen Ort und Sinn im Raum.

Die Helligkeit der Landschaft geht in die Transparenz des Aquarells ein. In der Lokkerheit und Schwerelosigkeit des Aquarells, den wie gehöht wirkenden freien Stellen des unbearbeiteten Papiers werden das perlmutterne Schimmern des Lichts und die durch den Widerschein des Lichts aufgehellten Schatten sichtbar.

Der topographische Entwurf wird verkürzt hingeworfen; Dinglichkeit und Deutlichkeit werden zu Gunsten von Dynamik und sensueller farbiger Reize reduziert und aufgegeben.

Reisen, erfüllt von wacher Erwartung und gespannter Aufnahmebereitschaft, das Gesehene unmittelbar und sofort zu verarbeiten, den Eindruck spontan in Form von Momentaufnahmen auf handgroßen Blättern niederzulegen. Durch das Medium des Aquarells an einer Korrektur gehindert, durch die nervöse und seismographische Qualität des schnellen Strichs an den Augenblick und die Stimmung des Moments gebunden.

Peter Weiermeir
aus: Tunesienreise

Nicht den Organismus der Naturformen wissenschaftlich nachschaffen und ergründen, sondern eine kurze Form von Leben unter bestimmten Zeichen zu geben, eine lebendige Empfindung zu wecken, ist Zweck der Kunst.

August Macke

Tänzerinnen
1982, 23 × 31 cm

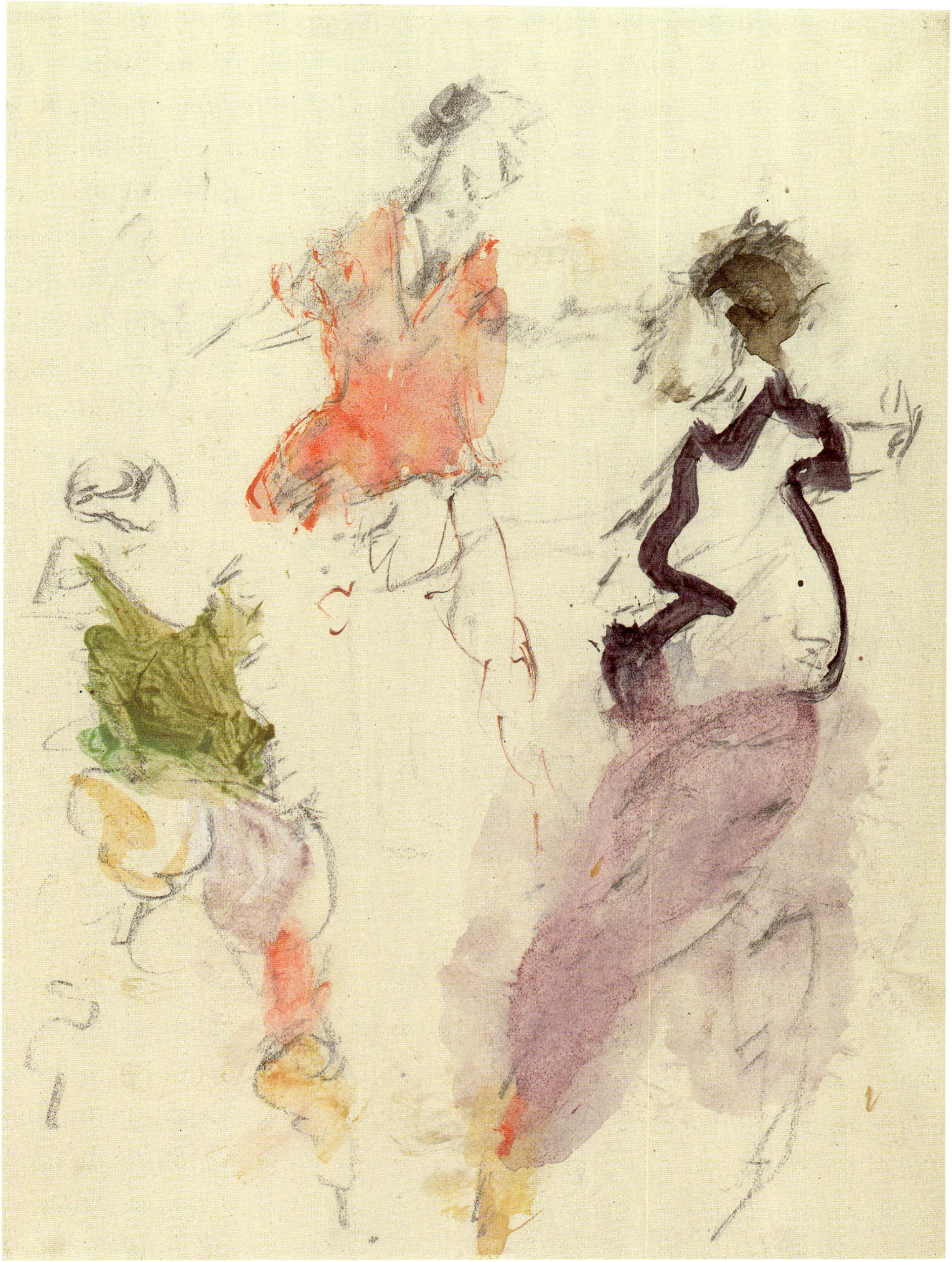

Gerald Brettschuh

*Geb. **1941** in Arnfels, Steiermark. Kunstgewerbeschule in Graz. Hochschule für angewandte Kunst in Wien (Diplom **1968**). **1976** Rückkehr nach Arnfels. Seit **1977** Mitherausgeber des Sterz (Zeitschrift für Literatur, Kunst und Kulturpolitik).*

Ausstellungen: ***1976** Galerie Klinger, Arnfels; **1977** Schloß Freiberg/Gleisdorf; **1978** Galerie Länderbank, Graz; **1979** Schloß Freiberg; **1980** Galerie Z (Bartens), Graz; Galerie FO, Aarhus; Galerie Prielhof, Bozen; **1981** Kulturhaus (Breicha), Graz; **1982** Neue Galerie, Graz (Beteiligung); Funkhausgalerie, Graz; Aky's Galerie (Bleich-Rossi), Graz; **1983** Galerie Stadtturm, Innsbruck.*

Pretcher's Choice oder Die Welt als Ganzes

Daß Brettschuh Joyce mag, den verrückten Dubliner, der die Welt komplex nicht nur gesehen, sondern ihre Komplexität auch in Kunst, im gegenständlichen Fall: in Literatur, umzuwandeln versuchte und umgewandelt hat, ist gewiß kein Zufall. Die Entscheidung des Arnfelser Zeichners – „pretcher's choice" – liegt nahe, nämlich in der Affinität beider Weltsichten.

Bei allen Unterschieden in den Temperamenten, die es mir (der ich Joyce nur per librum, Pretchu aber bei lebendigem Leibe kenne) allem Anschein nach gibt.

Die Weltsicht, wie gesagt verbindet. Nicht die Methode, diese Sicht zum Bild, bzw. zum Wort zu modellieren. Dem ausgetüftelten Artefakt des irischen Grüblers steht das emotionale des südsteirischen Energiebündels – Kraftlackl wäre sicher ein angemessenes Wort, wenn es in seiner landläufigen Verwendung nicht nur Bizeps und Wadel, sondern auch Hirnschmalz miteinbezöge – gegenüber. „Und wo bleiben dann die Parallelen?" höre ich den ungeduldigen Leser fragen, „Weltansicht ist mir zu abstrakt".

Okay – konkreter:

Brettschuhs zeichnerische Beschreibungen der Welt (jenes Teils der ihn betrifft und den er, der absolute Sinnenmensch, mit seinem gesamten sinnlichen Instrumentarium aufnimmt, einsaugt) sind Schnitte durch Zeit und Raum. Vordergründig, manchmal eindeutig zu klassifizierende Genrebilder – Landschaften, Stilleben, Akte – geben sie ihre Vielgeschichtigkeit erst im näheren Umgang preis. Die angesprochenen Komplexität setzt sich zusammen aus:

– dem jeweiligen Vibrieren von Linie und Farbe; die Nuancen, die hier möglich sind, reichen von gelassener Heiterkeit bis zu aggressiver Erregung;

– geschriebenen Hinweisen, die (als Beispiel) etwa angeben, um welche Uhrzeit zu welcher Musik ein Blatt entstanden ist;

– Kommentaren (optischen wie verbalen) zu besagten Umständen und Einflüssen;

– dem Zusammenhang des jeweiligen Blattes mit anderen Blättern (Brettschuhs eruptive Produktionsweise fördert das Zyklische, die Bilder-Folge, das Panorama, das Hintereinander im Nebeneinander).

Die Welt, wie sie uns Gerald Brettschuh vorführt, ist ein verwirrendes Gewebe. Damit kommt er der Welt, wie sie vielleicht sein mag (wer weiß das schon), wahrscheinlich nahe. Heil, bei Saint James!, ist diese Welt im Bild nicht. Sie ist auf- und erregend, schmerzhaft, wohltuend, sanft, brutal, berauschend, lähmend, prächtig, düster, geil und zärtlich. Sie ist Stadt und Land, Ordnung und Anarchie, Zivilisation und Atavismus, gestern, morgen, heute.

Und sie ist immer (was Brettschuh den Vorwurf des „machismo" eingetragen hat) Mann und Frau. Die sexuelle Zweiheit der Welt ist (und auch da kommt er Joyce – „the pen is mightier than the sword" – nahe) das hauptsächliche Aggregat, aus dem Brettschuh kreativen Strom bezieht. Die sexuelle Zweiheit der Welt, die er nicht missen möchte, schlägt sich aber nicht nur als Euphorie auf den Blättern nieder. Wo Euphorie ist, sind auch Tristezza und Depression. Da kommt dann Sehnsucht zum Vorschein: Daß die Welt als Ganzes eine Einheit wäre.

Walter Titz

aus: Gerald Brettschuh, „Füllen der Leere"
Arnfels, 1983

At Island Bridge she met her tide.
Attabom, attabom, attabombomboom!
The Fin had a flux and his Ebba a ride!
Attabom, attabom, attabombomboom!
We're all up to the years in hues and cribies.
That's what she's done for wee!
Woe!

James Joyce

A. L. & F.
1977, 62 × 45 cm

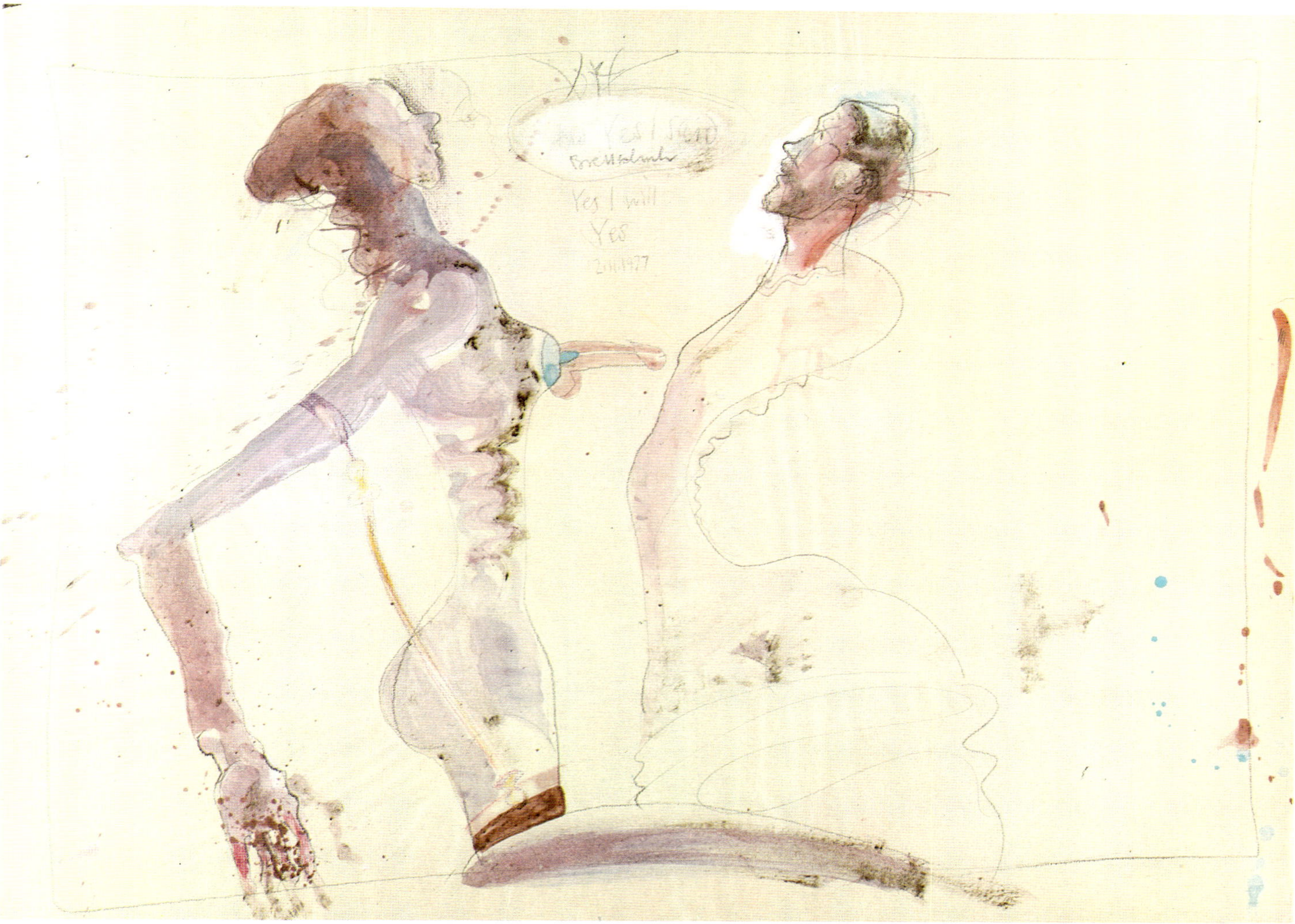

Wolfgang Bauer

Geboren am 18. März **1941** *in Graz, Mittelschule, Studium von Jus, Romanistik, Theaterwissenschaften. Ab* **1963** *freischaffender Künstler. Ausstellungsbeteiligungen beim Landeskunstpreis in der Neuen Galerie und im Forum Stadtpark.*

Eigentlich wollte ich immer Maler werden. Beim Malen fühle ich mich, ganz im Gegensatz zum Schreiben, sehr wohl.

Leider hatte ich zu wenig Geduld, denn während ich beim Malen noch gierig und hastig nach meiner Perfektion suchte, erreichte ich diese fast auf Anhieb, zufällig beim Schreiben. Dadurch überrascht und angefeuert, verlegte ich mich mehr und mehr auf die Dramatik, die nun schon lange mein Brotberuf ist. Malen tu ich gelegentlich als Hobby, aber ich bin noch immer nicht soweit, daß ich mich als Profi bezeichnen würde. Ich liebe einfach das Malen, und so erhalte ich es mir als unschuldiges Vergnügen, was ich mir in der Literatur nunmehr vorgaukeln muß.

Wolfgang Bauer

I love you
1982, 21 × 29 cm

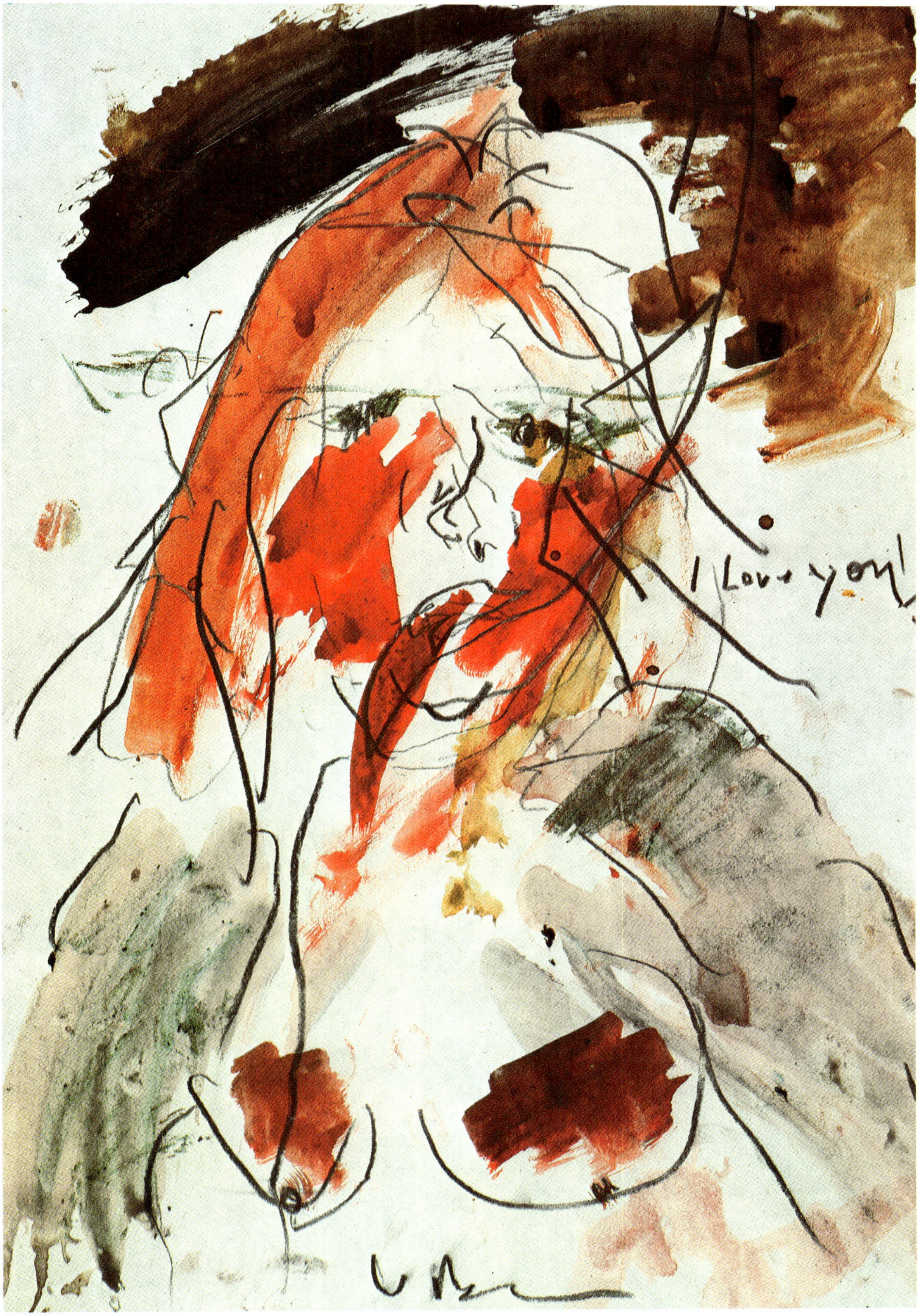

Christiane Muster

Geboren ***1949*** *in Klagenfurt. Technische Universität in Graz. Architekturdiplom* ***1977.*** *Hauptpreis beim „Wettbewerb für einen österreichischen Wohn- und Lebensstil" der Z, Wien* ***(1978).*** *Kopenhagenstipendium* ***(1979).*** *Lebt seit* ***1980*** *in Arnfels.* ***1983*** *Heirat mit dem Maler u. Grafiker G. Brettschuh.*

Ausstellungen: ***1977*** *K. H. Galerie Leechgasse, Graz;* ***1978*** *Galerie Café Schillerhof, Graz; Künstlerhaus Klagenfurt;* ***1979*** *Galerie Hildebrand, Klagenfurt;* ***1980*** *Kl, Steiermark;* ***1981*** *Schloß Gleinstätten;* ***1983*** *Galerie Klingen, Arnfels.*

Wolfi Bauer
1982, 29 × 21 cm

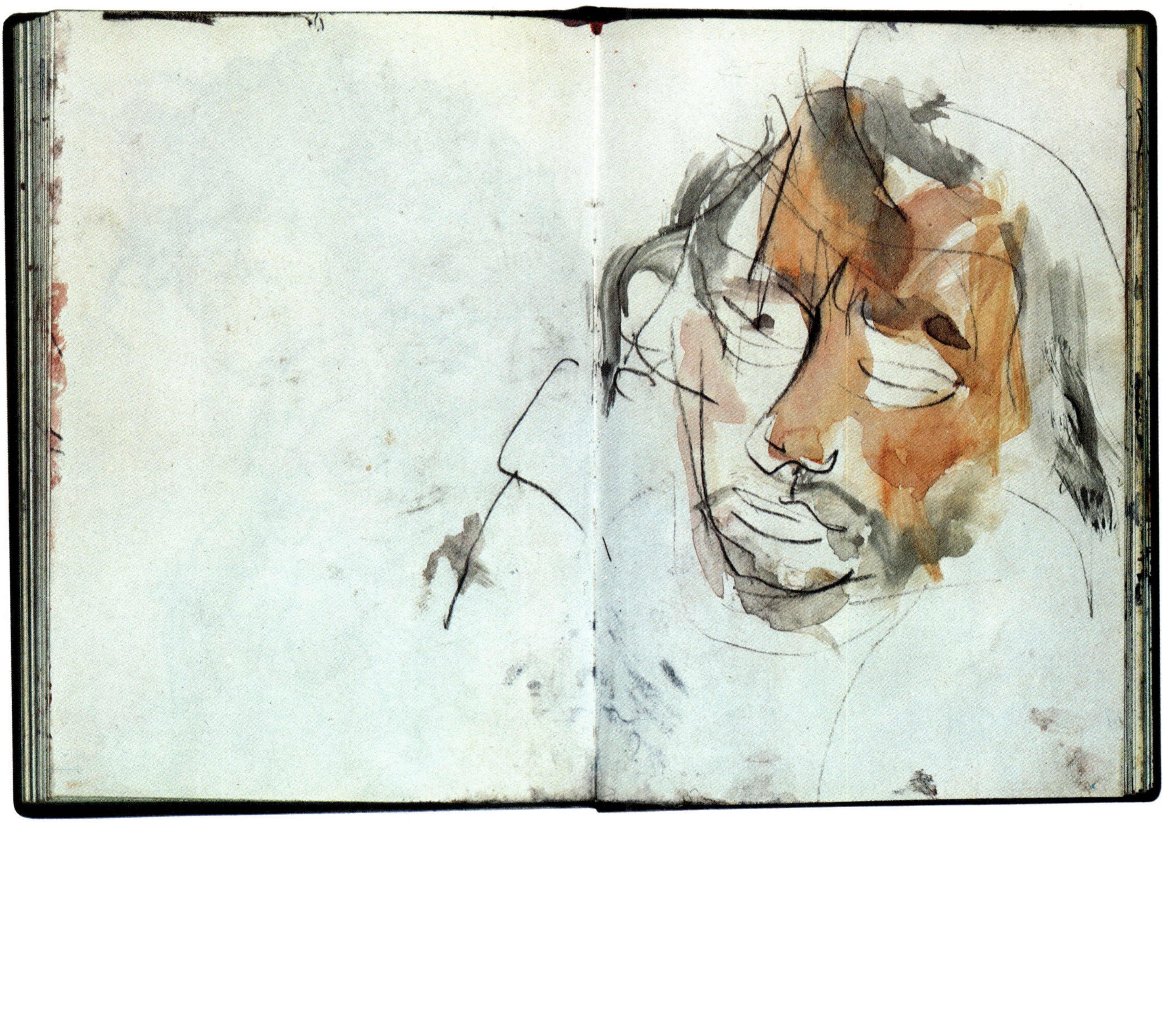

Peter Bischof

*Geboren am 20. Dezember **1934** in Wien. Er studierte an der Akademie der bildenden Künste in Wien bei den Professoren Herbert Boeckl und Albert Paris Gütersloh.*

*Dem Schaffen Peter Bischofs waren bisher insgesamt 45 Personalausstellungen gewidmet, wovon die erste **1959** in der Galerie nächst St. Stephan stattfand. Zu dieser Galerie und zu deren engagiertem Leiter, Msgr. Otto Mauer, hatte er eine besondere Beziehung. Die Werke Peter Bischofs wurden aber nicht nur in Österreich in Personalausstellungen vorgestellt, sondern ebenso in Amsterdam, Den Haag, Warschau, Köln, Triest, London und Lausanne.*

*Seit **1958** beteiligt sich Peter Bischof an zahlreichen Ausstellungen und Graphik-Biennalen des In- und Auslandes. In den Jahren 1970/71 war er Vizepräsident der Gesellschaft bildender Künstler Österreichs – Wiener Secession.*

*Bereits **1960** nahm er zum ersten Mal an einem Glasfensterwettbewerb teil. Im Dom von Wiener Neustadt, in der Stiftskirche von Klosterneuburg, in den Stiften Heiligenkreuz und Göttweig sowie im Karner von Margarethen am Moos sind von Peter Bischof ausgeführte Glasfenster zu sehen. Es entstand auch eine Vielzahl von Graphik-Zyklen und bibliophil ausgestatteten Mappenwerken und Publikationen wie etwa „Blauer Mann" **(1964)**, „Die Läuferin von einem Körper in den anderen Körper" **(1968)**, „Ich bin ein anderer" **(1970)**, „Die fliegenden Träume" **(1973)**, „Pietá" **(1976)**, „Aufbruch" **(1981)**, „Hingabe" **(1981)** und „Gegensonne" **(1982)**. Zuletzt widmete er dem Thema „Totentanz" eine Großzahl seiner künstlerischen Auseinandersetzungen.*

Bischofs Aquarelltechnik ist nun ebenso wie seine Aquatinta wieder eine genuine. Im herkömmlichen Aquarellverfahren erhält das Werk durch Bewässerung des Blattes oder von Blattpartien seinen atmosphärischen Charakter. Die dem Papier immanenten unterschiedlichen Feuchtigkeits- und Auftrocknungsstufen ermöglichen verschiedene Gerinnungsgrade der Farben und deren Wertigkeiten auf je verschiedenen Papieren. Die erzielte Diaphanie vermittelt den Formen den unmittelbaren, schwebenden Charakter schwimmender Leichtigkeit. Anders wieder bei Bischof, wo dessen Figuren und Formen gleich Elfen als Wolken vorm Himmelsgrund zu schweben und zu fliegen scheinen, Rauchschwaden ähnlich, die im Atmosphärischen aufgehen. Der Fond der Blätter lebt in seiner Tonigkeit gänzlich von

Karl Anton Fleck: Peter Bischof, 1970

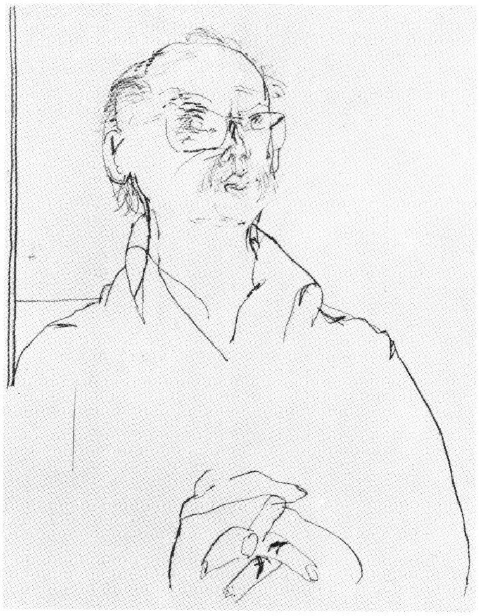

den Farben der Linien und Konturen aus den Formen und Gestalten. Bevorzugt findet sich grundiertes Büttenpapier der Marke I. W. Zanders, Zanders Ochsenkopf oder Zanders 1942.

Eine Art Sfumato wird in erster Linie dadurch bewirkt, daß Bischof im Ringen um seine Formen mit dem nassen Pinsel Konturen auflöst und abdrängt und anderwärts wieder zu neuem Leben erweckt. Damit verdoppelt er die Einzelkörper und deren antropomorphe Teilpartien wie Becken, Brüste und Köpfe und erzielt so eine Vielstimmigkeit seiner Aussagen mit mehreren implizierten Lösungen. Das ergibt artifiziell einen farbigen „Hof" und hebt Figuren und Linien ins schwebende Davor. Das Blatt erhält so geschichtete Tiefendimensionen, die Ergebnisse einer zunehmenden Konkretisierung des Farbstriches auf dem immer mehr abtrocknenden Aquarellpapier sind, ein nahezu kartographisches Gestaltungsprinzip mit „Höhenlinien" unterschiedlicher Realitätsgrade und Zeitstufen. Der farbige Pinselstrich übernimmt die Rolle der Zeichenkohle oder Tuschfeder. Er ist betont kurzatmig, fast schüchtern und zögernd hingesetzt, um ja nicht die „Haut" des Grundes zu verletzen. Durch brüchige Aneinanderreihungen entsteht ein nervöses Vibrato, das in Wirklichkeit nicht aus Unsicherheit oder Unentschlossenheit erwächst, vielmehr Virtuosität verrät und wiederholtes Sagen-Müssen abverlangt. Ergebnis sind Plastizität, Volumen und Verlust von Erdenschwere. Je dünner und länger der Strich ausläuft, umso mehr schafft er Tiefendimensionen, als wollten sich die damit geschaffenen Gestalten aus einem imaginären Fond herausdrehen. Dieser Bewegungsvorgang überträgt sich ganz auf den schraffierten Strich und verleiht ihm Torsion, was im Gesamtbild gobelinartige Strukturen ergibt. Diese dynamische Vitalität von flammiger Gelockertheit ist Frucht und Ernte langen Ringens, dessen geradliniger Weg von männlicher Bestimmtheit zu weiblicher Anschmiegsamkeit verläuft, weg vom Urtümlichen und Mythologischen. Allen Blättern liegt als Gemeinsames die menschliche Figur zugrunde; der Akt in immer wieder neuen Variationen ist gestalterisches Ausdrucksmittel und dies schon seit Bischofs Schülerzeiten bei Prof. Herbert Boeckl. In verschiedensten Realisationsgraden erfolgt das „Zugeständnis" ans Gegenständliche. Bischofs Figuren rollen und wälzen sich im „sandweichen" Grund und hinterlassen darin ihre „Schatten", bis sie sich ihre optimalen Positionen erdreht haben und ins Gemeinsame zur Einheit verschmelzen – ein Vorgang von Zeugen, Keimen und Wachsen bis hin zum Gebären der vollendeten, ausgereiften Figur oder ihres Torsos, eine ins Gegenwärtige projizierte archetypische Schöpfungsgeschichte. Hier scheint Bischof über Jahrhunderte hinweg an alte italienische Traditionen anzuknüpfen, besonders bei den Handzeichnungen eines Federico Barocci aus Urbino.

Gregor Martin Lechner OSB
aus: Peter Bischof, „Aquarelle"
Verlag Galerie Welz, Salzburg 1982

Ohne Titel
1975, 35 × 50 cm

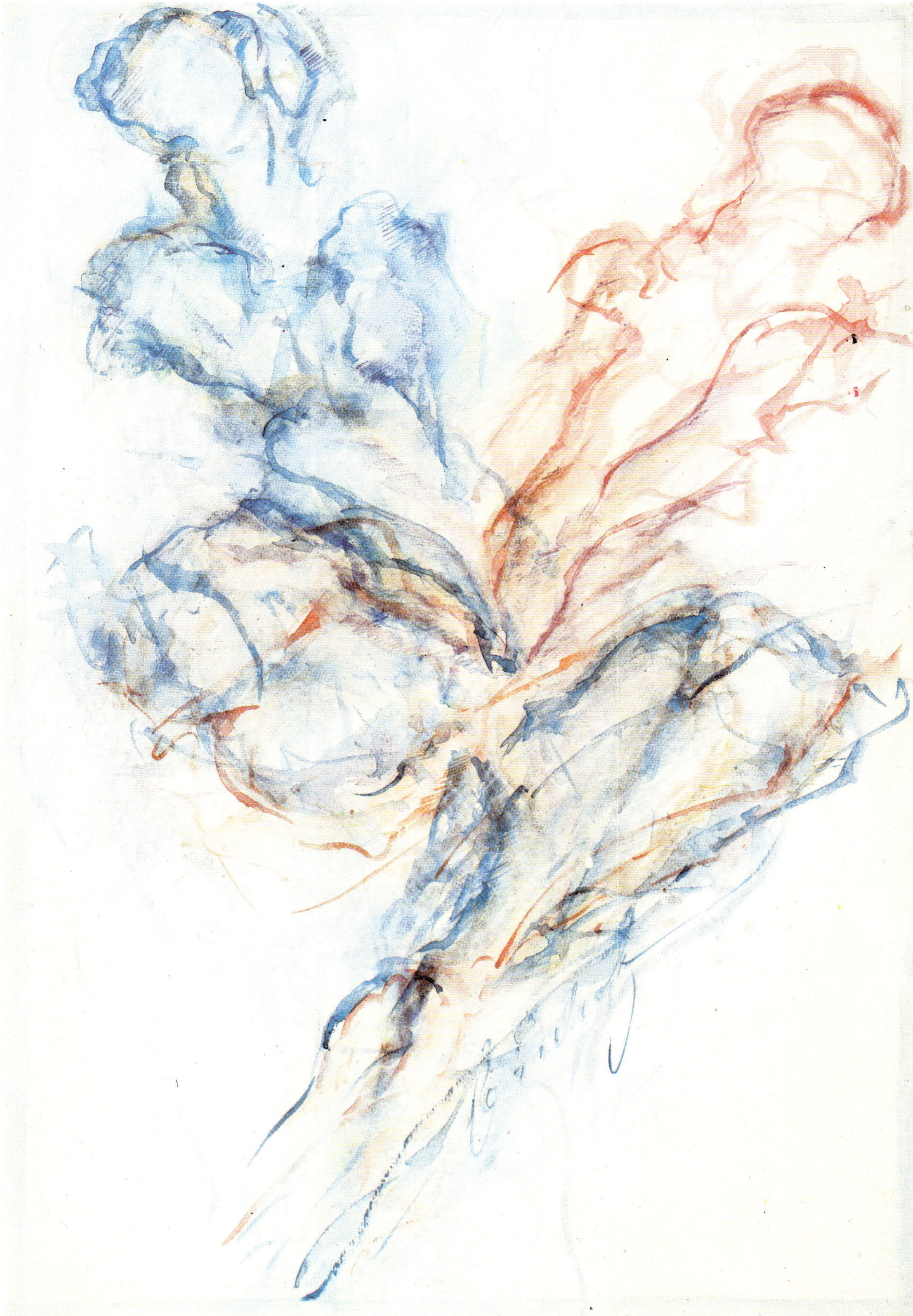

Hubert Berchtold

1922 am 2. April geboren in Andelsbuch, Vorarlberg. 1942 Abendbesuch der Akademie Antwerpen. 1945/46 verschiedene Beschäftigungen, nebenbei Malereiautodidakt. Aufnahme in die Akademie in Wien abgelehnt, Bekanntschaft mit Dobrowsky, Abendakt bei Boeckl. 1947 mit Dobrowsky an die Akademie. Ausstellungsbeteiligung bei der Ersten Großen Österreichischen Kunstausstellung in Wien. 1948 Preis der Stadt Wien. 1950/51 erste Fresken und Glasfenster in der Fatimakapelle Riezlern/Schwende (Kleines Walsertal). 1952/53 Studienreise nach Frankreich (Begegnung mit Picasso, Chagall, Matisse), Spanien, Nord- und Westafrika, Saharaquerfahrt mit Motorrad (Aquarellreihe). 1953 Paris (Begegnung mit Kurt Moldovan). 1954 Sizilien. 1962 Beginn der Insekten-Serie. 1963 Betonglasfenster im Institut St. Josef in Feldkirch. 1965 Metallreliefs in der Berufsschule Bregenz. 1966 Stilleben-Serie (Flaschen, Flaschen, Flaschen); Hugo-von-Montfort-Preis der Landeshauptstadt Bregenz. 1967 Sizilien (Landschaften). 1968 Theodor-Körner-Preis. 1969/70 Beginn der Figuren- und Raum-Serien. 1971 Serie „Huldigung an die Etrusker". 1973–83 Aufenthalte in Andalusien. 1982 Kunstpreis der Stadt Konstanz, Gestaltung des Montfortsaals des Bregenzer Landhauses. 1983 Künstlerische Ausgestaltung des Seehallenbades Bregenz (Keramik) Zyklus von 14 Hinterglasbildern für die Nothelferkapelle beim Arlbergtunnel. Gestorben am 1. 12. 1983.

Personalausstellungen: *1949 Galerie Günther Franke, München; 1963 Neufeld-Galerie, Lustenau; 1964 Martinsturm, Bregenz (zusammen mit Herbert Albrecht); 1966 Galerie de Eik, Antwerpen (zusammen mit Herbert Albrecht); 1968 Galerie im Taxispalais, Innsbruck; 1969 Galerie Fähre, Saulgau; 1971 Secession, Wien; 1972 Bregenzer Randspiele, Deuringschlößchen; 1973 Galerie in der Girokasse, Stuttgart; Neufeld-Galerie, Lustenau (zusammen mit Frohner); 1974 Galerie Würthle, Wien (zusammen mit Herbert Albrecht); Neufeld-Galerie, Lustenau; 1975 Galerie Contact, Wien; Galerie Sazenhofen, Salzburg; 1976 Galerie auf der Stubenbastei, Wien; Galerie Monstein, Au/SG CH; 1977 Prisma, Landeck; Albertina, Wien; Galerie Welz, Salzburg; 1982 Kunstverein Konstanz, Camden Arts Centre, London.*

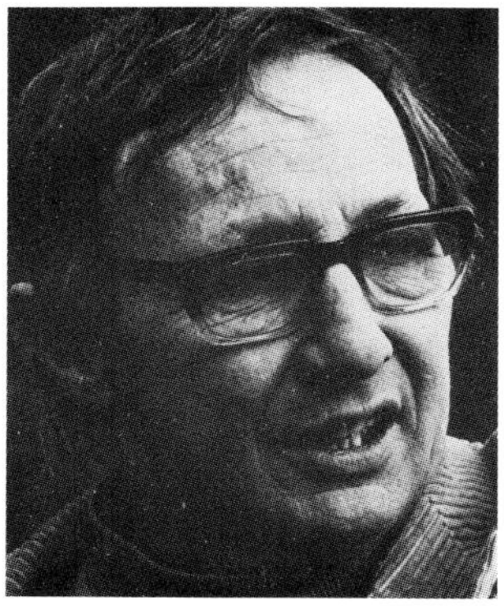

Man kann darüber streiten, ob ein Maler heutzutage noch malen soll, aber wenn Malen die Aufgabe des Malers ist, dann ist Hubert Berchtold ein Maler, ein geradezu extremer Maler. Er malt aus der Erfahrung (ex usu) des Malens. Er malt aus der Erfahrung seines Temperaments (und Charakters): sympathisch aggressiv.

Berchtold wäre der geborene Aktionist, aber er malt; Tafelbilder? Er malt erstaunlich wenig Aquarelle, weil ihm, dem Spontanen, das Aquarell zu spontan ist. Ganz gegen Berchtold behauptet Berchtold, daß das Malen eine „ununterbrochene Korrektur von Fehlern" sei. Auch Bleistift, Buntstift, Tuschfeder, Kreide, Radiernadel handhabt er als Pinsel.

Er ist ein österreichischer Maler, wenn er auch keiner der Ö.-Gruppen und Ö.-Gruppierungen seit 1945 angehört. Man sieht Beziehungen zu Josef Mikl in der lyrischen Abstraktion und Adolf Frohner im Figürlichen; Berchtold und Kurt Moldovan schätzten sich gegenseitig, was ja auch vorkommen soll.

1945 hat ihn die Wiener Akademie abgelehnt, nomina sut odiosa; er studierte bei Dobrowsky, Abendakt bei Boeckl. Mit Dobrowsky hielt 1947 auch der Schüler Einzug in die Akademie. 1948 Preis der Stadt Wien. Er hat kein gebrochenes Verhältnis zu Wien, wie es Rudolf Wacker hatte. Noch kein Vorarlberger vor ihm hat in der Albertina ausgestellt. Als Figurenmaler sieht er sich bewußt in einer Filiation mit Klimt.

In einer seiner letzten Gouachen (Freudenschiff 1973) hat er William Turner zitiert. Wenige in Österreich haben sich so gründlich mit den Engländern auseinandergesetzt, mit Sutherland, mit Bacon. Berchtolds Expressionismus (lassen wir's zunächst bei diesem Begriff) hat etwas Popiges, es gibt Entsprechungen zu Allan Jones. Er ist gewiß nicht das, was Robert Musil einen „dunklen Alpenspießbürger" genannt hat.

Bei Berchtold erscheint der Raum als reine Form der Sinnlichkeit. Bei Berchtold wird der Mensch zum Ding, nämlich zum Fleisch, er erscheint in „kruder Faktizität" (Sartre, Marcuse).

Bei Berchtold erscheint schließlich alles als „krudes" Fleisch. Diese Obsession ist zugleich Befreiung, sie befreit ihn auch (weitgehend) von der Aktmalerei.

In seiner Seele nistet gewiß keine „wimmernde Angst vor realistischen Hinterhöfen" (Trotzkij), aber er malt sie nicht, immer hat er Gäa im Aug', Apollon ist noch nicht erfunden. Chthonisches, Phallisches lockt ihn allzusehr, (aber) er bleibt im Bild, Bild bleibt Bild, er schlitzt es auf, aber nicht mit dem Messer (wie Lucio Fontana das tut), er malt das, er stellt das Bild nicht in Frage, dazu besteht keine gesetzliche Pflicht und ideologisch fühlt er sich nicht genötigt dazu, das Bild ist ihm ein sicherer Ort des Widerstandes (gegen wen?, gegen was?), im Bild ist er sicher, sicher auch vor sich selbst.

Oscar Sandner
aus: Thesen über Hubert Berchtold, Neufeld Verlag 1977

Berchtolds Werk ist von unbedingter Wahrhaftigkeit; da ist keine Konzession an Erfolg und Publikum, aber genausowenig eine an dasjenige, was da jeweils „modern" ist, er arbeitet seinen malerischen Vorstellungen weiterhin gegenständlich, auch dann als die Avantgarde ihre „Taches" über die Leinwand verspritzt, er sucht nach der expressiven Kraft, als die anderen in lyrischer Abstraktion machen, er entkörpert seine Figuren zu farbigen Bildelementen, als es wieder „in" wird in purer Figuration zu machen, ja er wagt zu malen in einer Zeit, wo alles gar die Malerei tot sagt.

Walter Koschatzky
aus: Hubert Berchtold, Neufeld Verlag 1977

Großer
Wasserkopf III,
1978, 50 × 65 cm

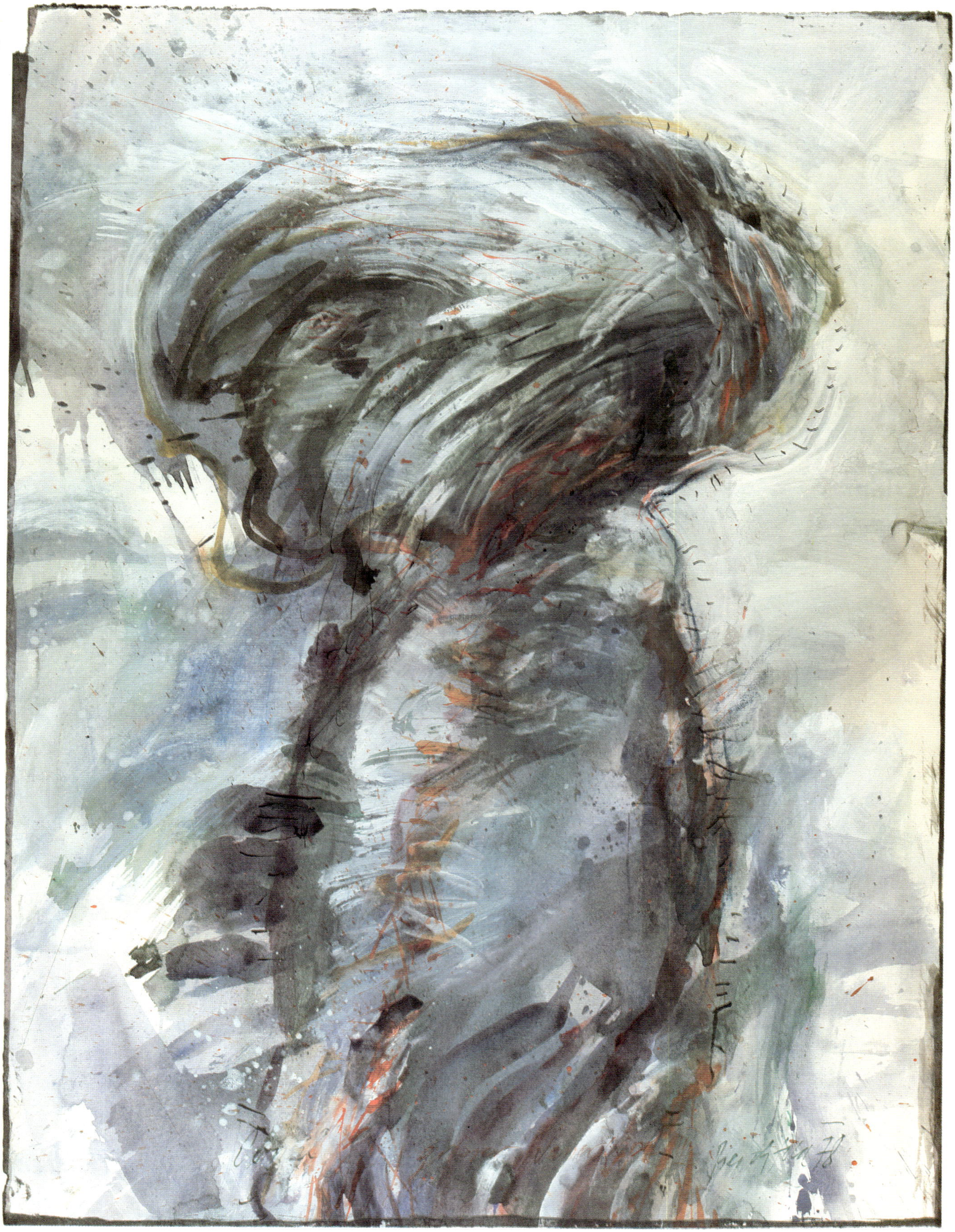

Gerhard Gutruf

Geboren am 17. März ***1944*** *in Nikitsch, Burgenland. Studiert* ***1962–1970*** *Malerei, Kunsterziehung und Bühnenbild an der Akademie der bildenden Künste in Wien, u. a. bei den Professoren Sergius Pauser, Lois Egg und Josef Mikl. Anschließend einjähriger Rom-Studienaufenthalt. Beginn der Colosseo-Variationen.* ***1974*** *Assistent von Claus Pack in Salzburg.* ***1975–1979*** *Leiter der Abteilung „Zeichnen und Theorie" an der Internationalen Sommerakademie für bildende Kunst, Salzburg.* ***1976–1981*** *Professor an der Internationalen Ferienakademie Bruneck, Südtirol.*

Einzelausstellungen: *u. a.* ***1971*** *„Maschinenlandschaften", Österr. Kulturinstitut, Rom;* ***1972*** *Theseustempel, Wien;* ***1973*** *Haus der Begegnung, Eisenstadt;* ***1974*** *„Zeichnungen aus Rom und der Toskana", Kupferstichkabinett der Akademie der bildenden Künste, Wien;* ***1975*** *„Schmuck und Metallbilder", Galerie am Graben, Wien;* ***1976*** *„Hommage à Vermeer", Galerie Würthle, Wien;* ***1977*** *„Zeichenbeispiele", Stadtgalerie Bruneck;* ***1978*** *„Stadtlandschaften", Kleine Galerie, Baden;* ***1979*** *„Blick ins Atelier", Österreichische Galerie, Oberes Belvedere, Wien;* ***1981*** *Forum Kunst – Handwerk, Oldenburg;* ***1982*** *Bredeneyer Galerie, Essen.*

Ausstellungsbeteiligungen: *u. a.* ***1971*** *„Giovani borsisti a Roma", Palazzo Barberini, Rom;* ***1972*** *„5. Biennale International de Arte", Museo de Arte Contemporáneo de Ibiza;* ***1973*** *„Austrian art today", Österreichisches Kulturinstitut, New York;* ***1974*** *„Peintres contemporains et chemin de fer" UIC, Paris; Palazzo dell'Esposizione, Rom;* ***1975*** *„Österreichische Zeichnungen und Aquarelle des 20. Jahrhunderts", Neue Galerie am Landesmuseum Joanneum, Graz;* ***1976*** *„5. Biennale internazionale della grafica d'arte", Palazzo Strozzi, Florenz;* ***1977*** *4. Triennale India: „Österreichische Grafik der Gegenwart", New Delhi;* ***1978*** *„Die Meister der Internationalen Sommerakademie für bildende Kunst 1978", Traklhaus, Salzburg;* ***1980*** *Mostra internazionale d'arte fantastica, Stresa;* ***1981*** *„60 Jahre Galerie Würthle", Wien.*

Auszeichnungen: *u. a.* ***1966*** *Abgangspreis der Akademie der bildenden Künste, Wien;* ***1967*** *Goldene Füger-Medaille;* ***1968*** *Förderungspreis des Kunstfonds der Zentralsparkasse;* ***1970*** *Romstipendium des Bundesministeriums für Unterricht und Kunst;* ***1971*** *Romstipendium der Burgenländischen Landesregierung;* ***1973*** *Preis „Die Bahn heute";* ***1975*** *Preis des Wiener Kunstfonds;* ***1976*** *Arbeitsstipendium des Kulturamtes der Stadt Wien;* ***1980*** *Theodor Körner-Preis;* ***1982*** *Arbeitsstipendium der Stadt Wien.*

Werke *in zahlreichen öffentlichen und privaten Sammlungen des In- und Auslandes.*

. . . in diesen Bildern vermählen sich in knisternder Stille und Leere und in klarem gedämpftem Licht die Objekte – präsentiert in verschiedenen Blickpunkten aber in zusammengefaßter Form – mit Zeit und Ewigkeit. Strenge und Tektonik zeichnen diese Arbeiten aus, die, wie zahlreiche vor der Natur entstandene Aquarelle, den Weg der „Klassik" bewußt beschritten haben. Schon allein das müßte die Aufmerksamkeit eines Publikums erregen, das, von Gags und Sensationen überflutet, vielleicht doch noch nicht vergessen hat, wo wahre Malerei entsteht.

Claus Pack

„Ich strebe eine Klassik an, in der sich die wichtigsten Errungenschaften des 20. Jahrhunderts miteinander verbinden."

Gerhard Gutruf

Infantin Maria
1979, 31 × 42 cm

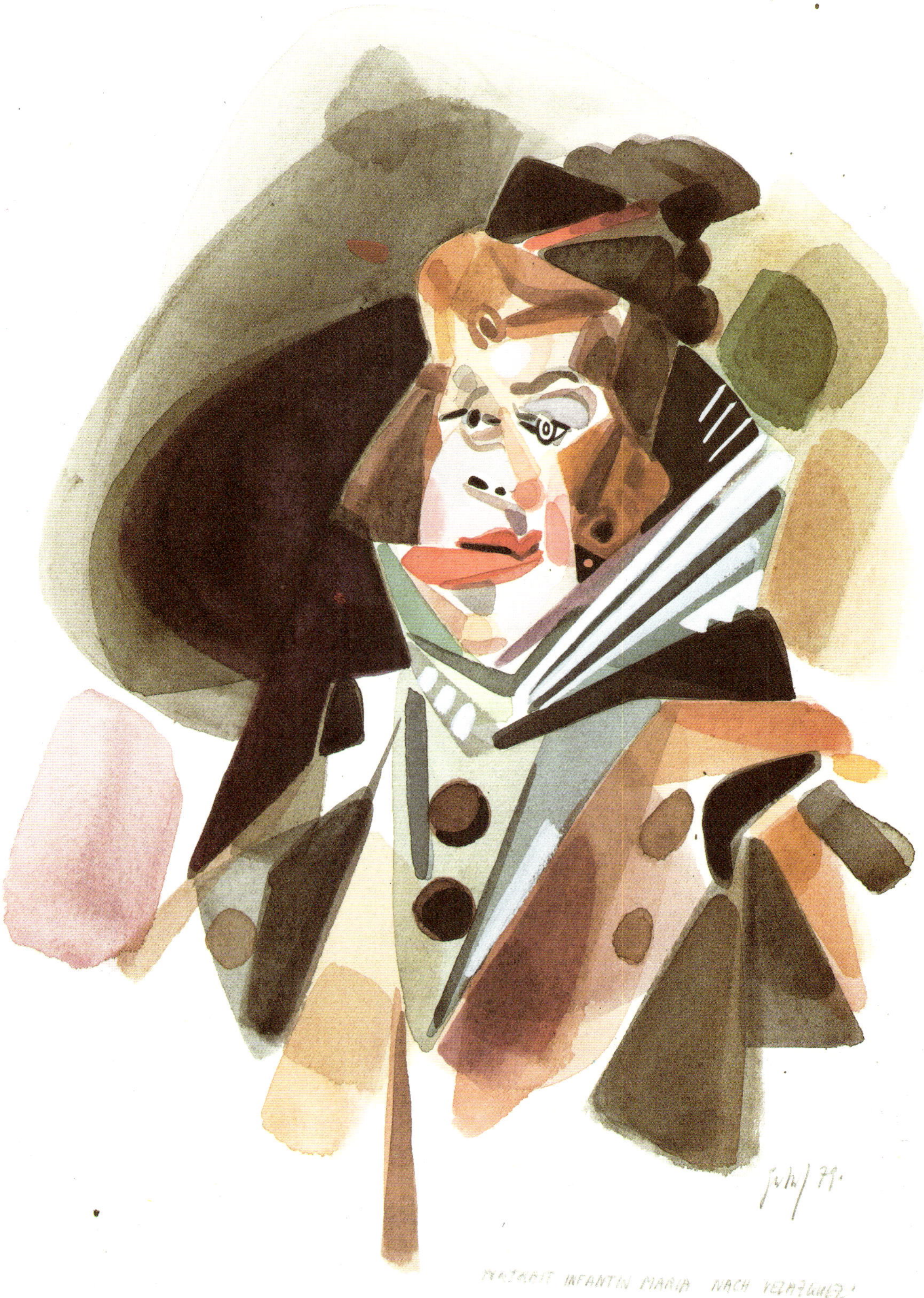

Das Städtebild

Der Mensch schuf sich seinen Umraum

Die Stadt als Thema für den Maler. Ihr Alltag und ihre touristische Attraktivität, ihre Schönheit wie ihre Häßlichkeit, zieht den Maler an. Die Stadt ist mehr als früher unser Lebensraum geworden, mehr als die Hälfte der Menschheit lebt in Städten. Und sie ist nicht romantisch, sie ist hart geworden. Verkehr und Konsum bestimmen ihr modernes Erscheinungsbild, die alten Stadtkerne haben ihre Funktion verloren, sind höchstens noch stadtentwicklungsmäßig ein Problem. Die Stadt spielt sich heute an der Peripherie ab, da wo die großen Einkaufszentren sind, die kleinen Industrien und Schlafstädte. Urbanität? Das ist Wunschdenken von Optimisten und Romantikern oder Wahlgerede von Politikern.

Nur der Maler kann die Stadt so sehen, und in seiner Kunst zu dem gestalten, was sie sein könnte: Fülle des Lebens und Fülle des Geistes. Die Stadt, jahrtausendelang Ort der Kunst und Kultur, droht auszusterben, weil zu sehr der Kommerz bestimmt, was zu geschehen hat. Im Bild aber, und da vor allem im sensiblen Aquarell, wird die Stadt wieder schön, erhält sie wieder ihre Funktion zurück, wird sie wieder Treffpunkt, Ort der Begegnung von Geist und Macht.

Sollten die Maler die letzten sein, die zu ihrer Rettung beitragen? Da würde endlich das geschehen, was man sich schon lange wünscht: der Künstler als Verantwortlicher für unser Leben – mag es dann auch vielleicht ein wenig chaotisch zugehen, es wäre zumindest nicht langweilig.

Friedolin Deisenhammer

1939 geboren in Vöcklabruck. 1958–1964 Studium an der Akademie der bildenden Künste in Wien. 1964 Diplom für Malerei, Kunsterzieher-Preis der Meisterklasse, Prof. Robin C. Andersen. 1968–1978 Kunsterzieher am Österr. St.-Georgs-Kolleg in Istanbul. 1978 Einzelausstellung in Istanbul, Rückkehr nach Österreich, Ausstellungen und Beteiligungen an Ausstellungen in Österreich.

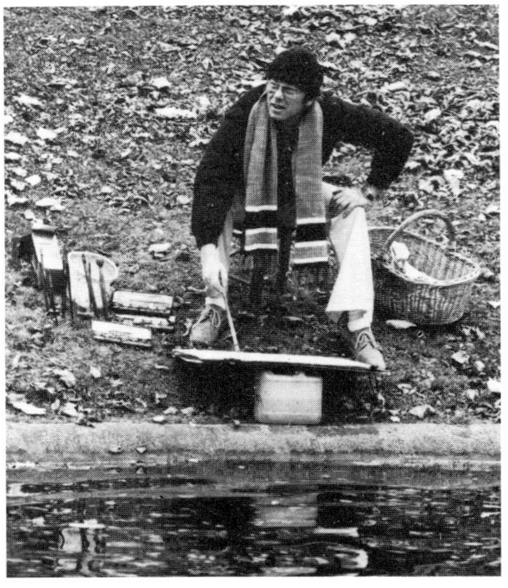

Lufteinfangen – so habe ich vor einem Dutzend Jahren sehr summarisch die Maltechnik von Friedolin Deisenhammer bezeichnet. Er kann in der Tradition der Plain-air-Maler, der Impressionisten, der Fauves, auch eines Raoul Dufy oder Kurt Moldovan, gesehen werden: Genaue Beobachtung des Naturgegenstandes, intuitives Hinsetzen von Linien, Farben, Flecken. Kontrapunkt aus Fläche und Raum, Material und Licht. Er, der wie viele andere aus der Schule R. C. Andersens kommt, bevorzugt die Landschaftsmalerei wohl aus Gründen des Naturells. Hier kann er sich von der unerschöpflichen Vielfalt anreizen lassen, mit seinem Modell experimentieren, dem vitalen Spaß am Malen freien Lauf lassen. Inzwischen hat Deisenhammer zehn Jahre in Istanbul verbracht und zu seinen Grün-Braun-Blau-Attersee-Farben gesellten sich Farbtöne der türkischen Skala: Rosa, Violett, Orange.

Er verlor angesichts der orientalischen Farbenpracht den europäischen Hang zur eleganten Ton-in-Ton-Malerei. So schuf er am Bosporus zahlreiche Bilder in rasanter Linienführung und gewagten Couleurs.

Zurückgekehrt nach Wien sucht er sich nun für seinen freien Kolorismus neue Motive – und fand die Stadtlandschaft. Jahrelang hatte Friedolin Deisenhammer in Oberösterreich am Attersee die Reflexe des Wassers, das Wellenspiel, die Reize einer Sommerlandschaft aufgenommen. Jetzt ist es der Zusammenklang von Technik, Architektur, kurz: Urbanität. Döbling, Gersthof, Bahngleise, Donaubrücken, aber auch Vororte, Weinberge, bis hin zum Bisamberg.

Deisenhammers Bilder spiegeln den Charakter ihres Schöpfers. Sie sprechen von Lebenslust, von einem positiven Ja, von unbeschwerter Fröhlichkeit. Er, der die Musik liebt, der sich den kritischen Blick für die zeitgenössische Malerei bewahrt hat, bleibt dem autonomen Bereich der bildenden Kunst treu. Die Kopflastigkeit überläßt er gerne den anderen, er selbst schnürt den Ranzen und fährt Malen, zum Beispiel nach Venedig. Ihn plagen keine Skrupel. Denn wer sich den Blick für die Unmittelbarkeit erhalten hat, dem ist alles neu. Und wer das Fest der Augen zu feiern weiß, dem wird die Malerei zur selbstverständlichsten Sache der Welt. Bilder sind da Tagebuch, Zeugnis, Tatsachenbericht, Poesiealbum, Notiz, Stenogramm. Lufteinfangen auch heute noch – und morgen erst recht.

Josef Schweikhardt

ICH über MICH

Ich bin im Mai 1939 in Vöcklabruck, Oberösterreich, geboren. Unfähig, das Skalpell, gleich meinen Brüdern, zu ergreifen, wählte ich den Pinsel, den Professor Robin Christian Andersen an der Akademie der bildenden Künste in Wien verfeinerte.

1964 erhielt ich einen Abschlußpreis. Gebunden oder ungebunden, wie man's nimmt, bin ich durch meinen Beruf Kunsterziehung. Dieser öffnete mir das Tor zum Orient. Als Kunsterzieher am Österreichischen St. Georgskolleg lebe ich seit 10 Jahren mit meiner Familie in Instanbul.

Der Entschluß wegzugehen ist schmerzhafter als der zu kommen.

Die vielfältige Palette des Bosporus, die Sonnenuntergänge am Goldenen Horn, die unkomplizierte Buntheit rundherum, der Rauch, der Dunst, der Lärm, das Gedränge, ja selbst die Schwüle des Lodos, der Minarette zu biegen vermag, all das werde ich einpacken und mitnehmen und niemals vergessen.

Friedolin Deisenhammer

Über den Dächern, Kärntnerstraße
1982, 62 × 48 cm

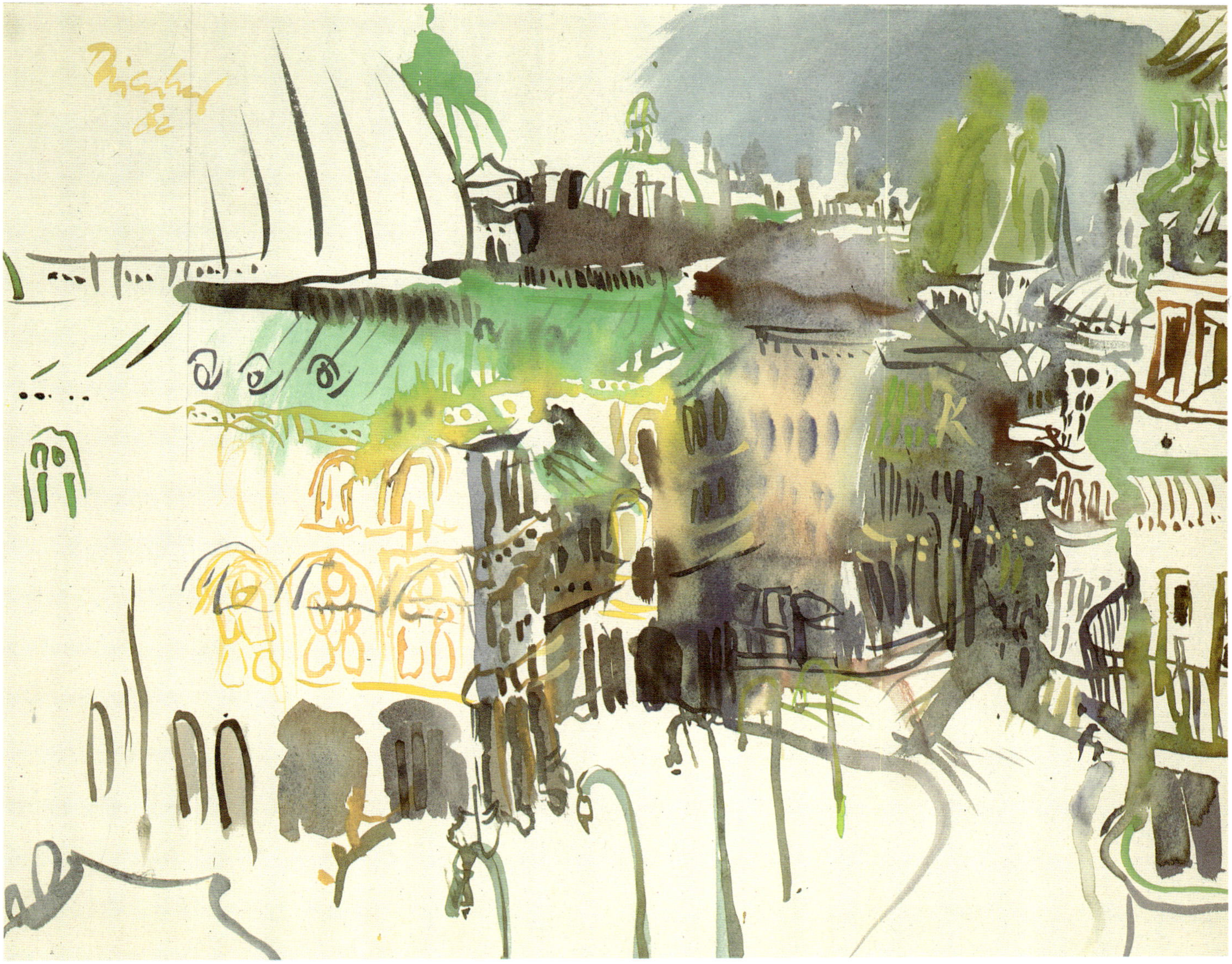

Heribert Mader

*Geboren **1937** in Steyr, Oberösterreich, besuchte **1955–1960** die Akademie der bildenden Künste in Wien. Studium der Kunsterziehung und der Malerei bei Prof. Gütersloh, Diplom bei Prof. Boeckl. Lehramtsprüfung für Kunsterziehung und Geschichte. Seit **1960** arbeitet Mader als Kunsterzieher am Bundesgymnasium in Steyr. Bis **1975** hat Mader vorwiegend figurale Grafik geschaffen, seit **1976** konzentriert sich der Künstler fast ausschließlich auf Landschaftsaquarelle. Seine Motive findet er in und um Steyr, für dessen Altstadterhaltung er sich vehement einsetzt, oder auf Urlaubsreisen, wie z. B. **1980** in Venedig.*

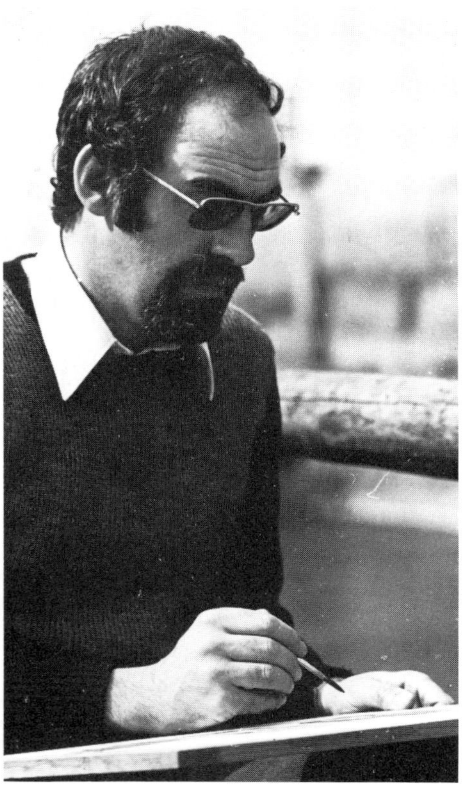

Nach den venezianischen Aquarellen Turners hätte eigentlich niemand mehr Landschaftsaquarelle zu malen brauchen. Und doch ist eine unübersehbare Fülle davon seither entstanden. Es scheint also auch andere nicht davon abzuhalten, ihre persönliche aquarellistische Auseinandersetzung mit der Landschaft zu versuchen, obgleich die künstlerischen Vorbilder die Latte sehr hoch legen.

Ich selbst bin gar nicht so vermessen anzunehmen, jemals gleichwertige Ergebnisse zu erzielen. Trotzdem treibt es mich dazu, läßt mich die Arbeit nicht los. Ich muß zusehen, daß sich die Distanz zu den großen Meistern ein wenig verringert, ein kleiner Schritt vorwärts sollte immer spürbar sein.

Dafür arbeite ich manchmal wie besessen, dafür lebe ich.

Nach Jahren rein figurativer Arbeiten kam ich durch einen besonderen Umstand wieder zum Landschaftsaquarell.

Der Kampf um den Steyrer Wehrgraben, einen alten Stadtteil unserer Stadt, dessen Erhaltung mir sehr am Herzen lag, ließ mich wieder ins Freie gehen und vor der Natur malen. Eine Art Demonstration sollte es sein. Daß dieser Stadtteil optische Reize ausstrahlt, man ihn in seiner städtebaulichen Einheit schön und malenswert finden kann, das wollte ich damit aussagen.

Der Erfolg blieb zuletzt nicht aus. Aktionen schlossen sich an, die Basis der Diskussion wurde breiter, österreichweit zumindest. – Die Erhaltung des Gebietes war gesichert. Nun wurde das Landschaftsaquarell zu meiner großen Aufgabe, ich sah die Möglichkeiten, erkannte meine Fehler und mühte mich um ein anständiges Ergebnis.

Meine Bemühungen gehen weiter, jedoch mein Kampf ist ein künstlerischer geworden, ich werde ihn noch lange zu kämpfen haben.

Heribert Mader

Steyr

1983, 40 × 30 cm

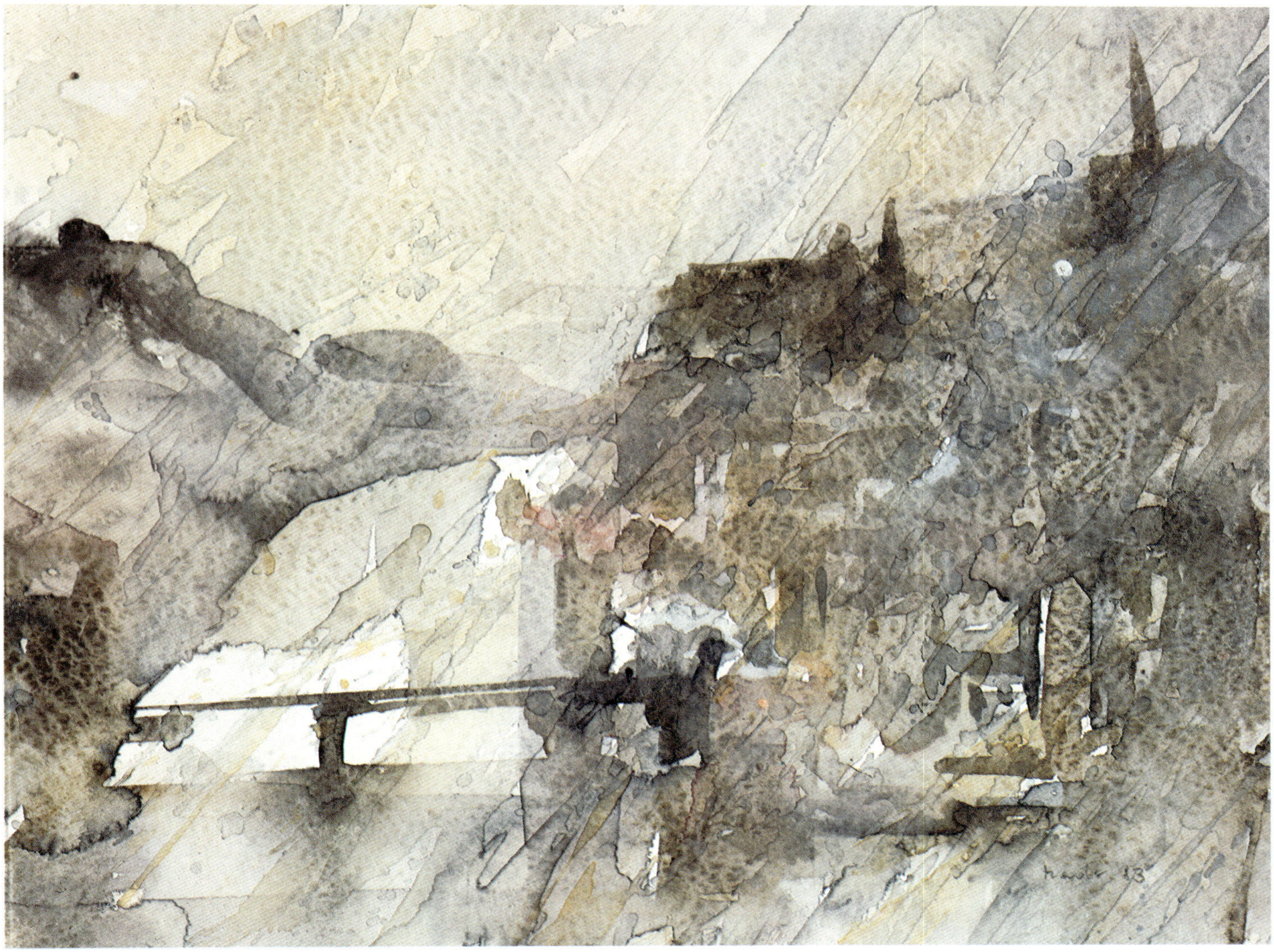

Hans Wulz

Geboren am 11. April ***1909*** *in Landeck/Tirol.* ***1928–1951*** *Mitglied des Kunstvereines Salzburg im Künstlerhaus.* ***1931–1933*** *ordentlicher Schüler der Graphischen Lehr- und Versuchsanstalt Wien.* ***1948–1952*** *als ordentlicher Hörer die Akademie der bildenden Künste, Meisterklasse für Malerei und Graphik, bei Prof. Christian Martin besucht und mit Diplom abgeschlossen. Seit* ***1948*** *Mitglied der Gesellschaft der bildenden Künstler, Künstlerhaus Wien.* ***1950*** *II. Ehrenpreis für Gesamtleistung, anläßlich der 64. Jahresausstellung 1950 des Kunstvereines Salzburg im Künstlerhaus.* ***1951*** *Preis des Bundesministeriums für Unterricht, anläßlich der Frühjahrsausstellung des Künstlerhauses in Wien.* ***1952*** *Preis des Olympischen Comittees über das Wiener Künstlerhaus.* ***1959*** *Verleihung der Großen goldenen Ehrenmedaille der Gesellschaft bildender Künstler Wiens, Künstlerhaus, für die Gesamtleistung.* ***1962*** *Verleihung des Professoren-Titels.*

Ausstellungen: ***1953*** *Wiener Künstlerhaus, Arbeiten aus Italien und Sizilien;* ***1959*** *Wiener Künstlerhaus: Gesamtleistung.* ***1975*** *Ausstellung in der Galerie Gumpendorf; Ausstellung in Salzburg, Trakl-Haus;* ***1977*** *Ausstellung in der Galerie am Doktorberg, NÖ.*

Arbeiten in öffentlichen Sammlungen: *Wiener Städtische Sammlungen, Wien; Niederösterreichisches Landesmuseum; Unterrichtsministerium; Österreichische Gesandtschaft in London.*

Ein Techniker alten Schlages, der mit der Farbe virtuos umgehen kann, ohne dabei den spezifischen Reiz des Motives zu vernachlässigen.

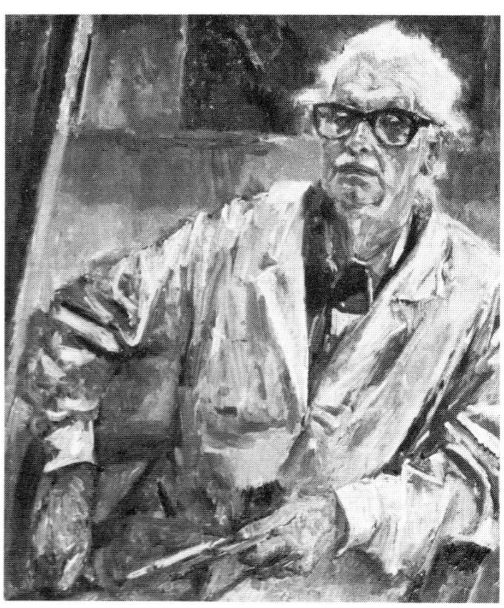

Hans Wulz, Selbstportrait

Salzburg, Kapitelplatz
46 × 34 cm

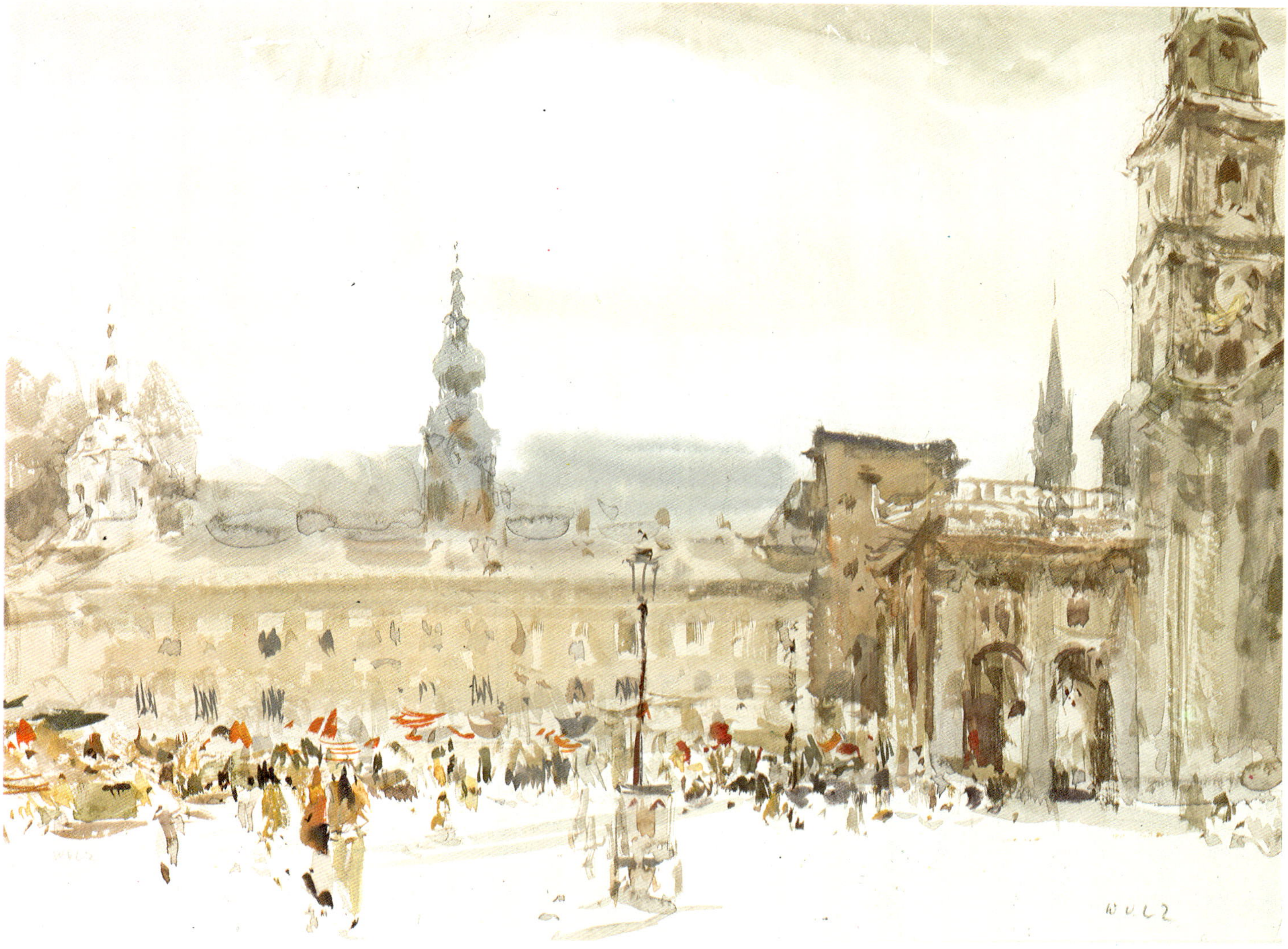

Ernst Len

1946 in Wien geboren.

Personalausstellungen: *1970 Mestna Galerija Piran und Gorensky Muzey Kranj, Slovenien: „Landschaftsdestruktion"; 1971 Ernst Deutsch Theater, Hamburg; Galerie Ortner, Villach. 1974 Galerie Zeitgenössische Kunst, Hamburg. 1976 Galerie Ochsenhof, Schärding: „Vulkanzeichnungen". 1978 Landeskulturzentrum Linz und CP Galerie Wels: „Belichtungen"; Art Basel: „Mail Art Aktion". 1980 Galerie Forum, Wels; Galerie Armstorfer, Salzburg; Katholische Hochschulgemeinde, Wien: „Mattmark". 1981 Galerie Schloß Mühlwang, Gmunden: „Handpolaroide"; Galerie in der Schule, Schwaz/Tirol und Galerie Hofstöckl, Linz: „Zeichen und Spuren"; Art 12/81 Basel (vertreten durch Galerie Hofstöckl, Linz); Galerie Noella Gest, St. Remy/Provence und Fiac/Paris; Galerie Academia, Salzburg: „Erdmale, Bibelbilder, Spuren in Salzburg". 1982 Kulturzentrum bei den Minoriten, Graz, und Städtisches Museum Galerie an der Stadtmauer, Villach: „Von 1978 bis heute"; Museum des XX. Jahrhunderts, Wien, und Art 13/82 Basel (One Man Show vertreten durch Galerie Academia, Salzburg); Fiac im Grand Palais, Paris (durch Galerie Academia, Salzburg). 1983 Galerie Academia, Salzburg; Art 14/83 Basel, One Man Show durch Galerie Academia, Salzburg; Österreichisches Kulturzentrum, Palais Palffy, Wien; Galeria Fucares, Almagro (Ciudad Real) / Spanien. 1984 Galerie Lang, Wien; Wolfgang Gurlitt Museum und Neue Galerie der Stadt Linz.*

Preise: *1977 Dr. Ernst Koref-Preis, Linz; 1981 Dr. Ernst Koref-Preis, Linz; Förderungspreis des Salzburger Kunstvereines; Staatsstipendium des Bundesministeriums für Unterricht und Kunst, Wien; 1982 Großer Preis der Salzburger Wirtschaft; Jurypreis im Wettbewerb „Franz von Assisi – heute"; 1983 Ankaufspreis beim III. Römerquelle Kunstpreis, Wien.*

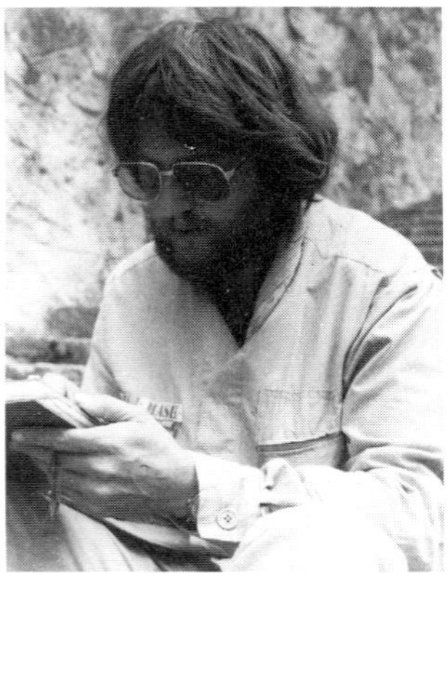

Ernst Len arbeitet mit Vorliebe an Zyklen und nach einer gleichfalls zyklisch orientierten Vorgangsweise, die in der Regel ein Thema, eine Landschaft, Stadt oder ein markantes Erlebnis konzentriert widerspiegelt. Seine Philosophie einer individuellen Mythologie und geistigen Spurensicherung findet darin ihren Halt und Imperativ, der dem Zufallsergebnis und der momentanen Laune mißtraut und demgegenüber aus längerwährenden Beobachtungen und bildnerischen Aktionen Theorie und Praxis einer komplex reflektierenden künstlerischen Methode ableitet.

Die Zyklen „Spuren in Salzburg – Bergbluter", „Karwochen-Serie", seine „Bibelmonotypien" („Dreizehner-Serie"), die 1982 entstandenen „Römischen Spuren" und die aus demselben Jahr datierte Abfolge der an seine Salzburg-Blätter erinnernden „Erdmale – Schwarzlicht Toscana" enthalten zweifellos mit die überzeugendsten, schönsten und besten Unikate, die der Künstler bis heute geschaffen hat.

Peter Baum

aus: „Bilder existentieller Menschheitserfahrung" Galerie Academia Verlag, Salzburg 1983

ich bin seit langem vom bazillus ‚AQUARELLITIS' infisziert – von der philosophie des malens mit wasser und farbe, der spontaneität und geschwindigkeit der geste, die das material befiehlt – vom bewußtsein, die elemente wasser und luft mitwirken zu lassen im arbeitsprozeß. – und zeit – im konzentrierten raschen zeichensetzen und bewältigen der fläche und zeit, die in dem material – im papier, das ich verwende, konserviert ist. für aquarelle verwende ich fast ausschließlich altes büttenpapier, 160–500 Jahre altes. das bewußtsein um die darin konservierte zeit und seine durch verschiedene spuren gezeichnete vergangenheit, beeinflußt meinen arbeitsprozeß.

aquarellfarbe, wasser und altes papier sind für mich magisch-mystische instrumente, mein farbkasten ein alchemistenschrank, in dem sich auch viel selbstgebrautes befindet. das aquarell ein geistesfunkenflug!

Ernst Len

Mehr und mehr stellt sich die Bedeutung heraus, die frühes Informel und Aktionismus der sechziger Jahre auf eine nächste Generation österreichischer Künstler haben.

Zu denen, die von dorther entscheidend beeindruckt wurden, gehört Ernst Len.

. . . Die Reihe „Spuren in Salzburg" wurde Ende 1980 begonnen und einen Winter lang bis 1981 fortgeführt.

Die dabei von Len vereinnahmten „Spuren" betreffen nicht die sich aufdrängenden Denkmäler einer Stadt, sondern bieten Ansichten von Kultstätten im weitesten Sinn: Keltengräber, Friedhöfe und Kirchen, allenfalls Sehenswürdigkeiten (wie die Salzburger Festung), die dort errichtet worden sind, wo früher einmal Kultstätten waren.

Womit also Len auf seine Art merkwürdige Archäologie treibt: er zeichnet dort (und nur dort), wo er sich dazu angetrieben fühlt, wo einmal etwas „gewesen ist", indem er zeichnend und aquarellierend auf etwas „reagiert", was durch die Bedeutsamkeit des Motivs und seiner Örtlichkeit vorgegeben ist.

Wie er bei der Motivsuche gern als „Dämmerungswanderer" unterwegs war, hat er die Blätter mit Vorliebe im Halbfinsteren verfertigt. Dementsprechend ist es ein ausgesprochen düsteres Salzburg, das da zu Papier gebracht wurde.

Wobei Len Salzburg nicht viel anders erschaut, wie ein Georg Trakl die Stadt vor einem Dreivierteljahrhundert lyrisch empfunden und bedichtet hat.

Otto Breicha

aus: „Von Mattmark bis Salsa/Menschenspur oder wie man ist, der man wird" Galerie Academia Verlag, Salzburg 1983

Schwarze Festung aus „Spuren in Salzburg“
1981, 21 × 18 cm

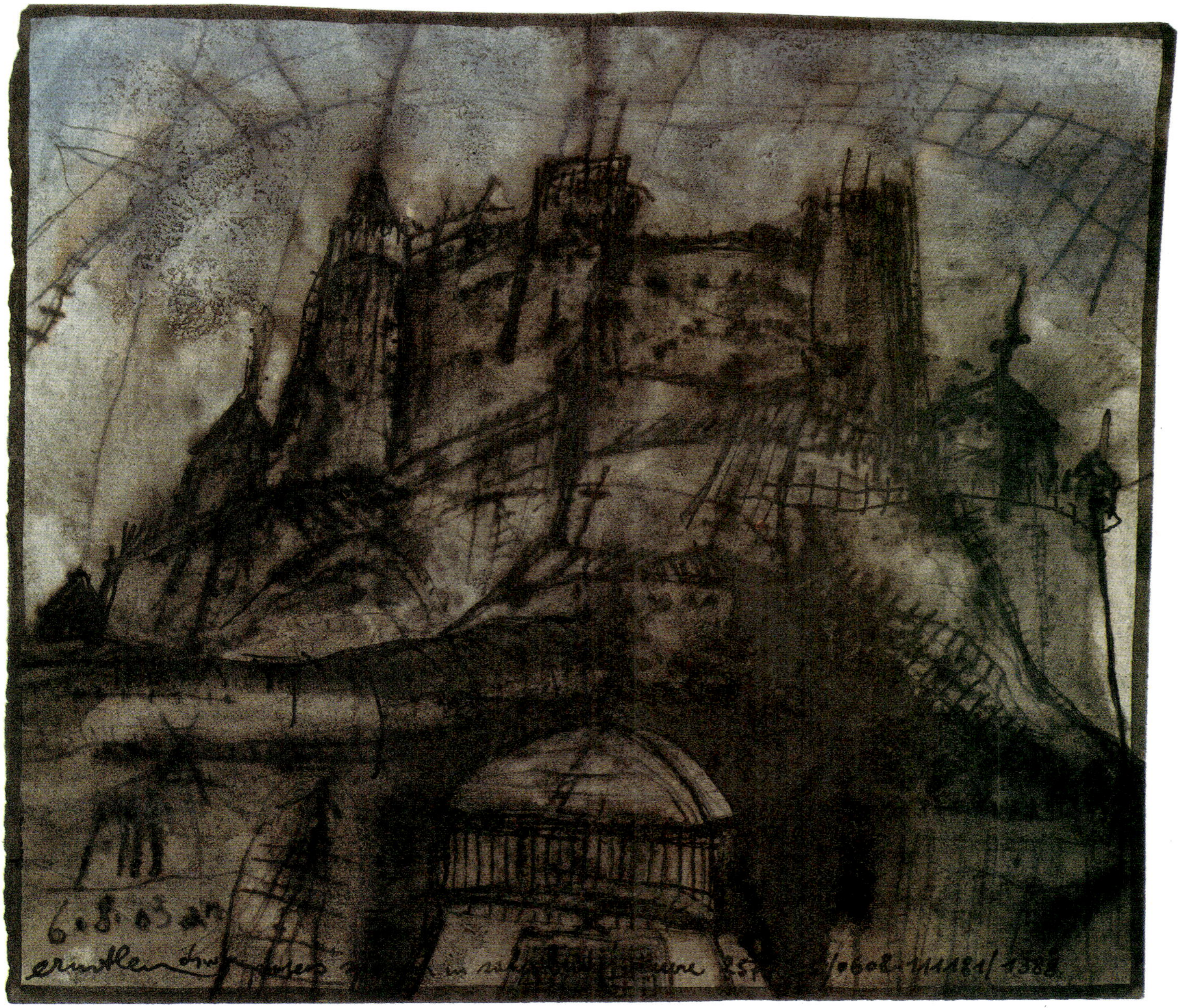

Helmut Laimer

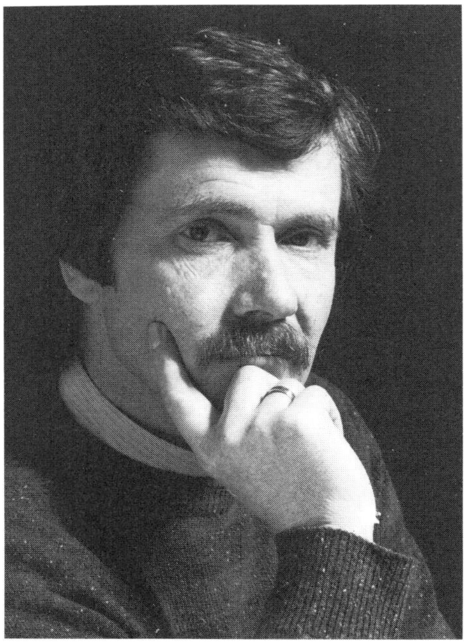

1940 in Salzburg geboren. 1955 Besuch der Kunstgewerbe-Textil-Schule in Salzburg. 1958 Gebrauchsgraphik-Studium an der Graphischen Lehr- und Versuchsanstalt in Wien. 1970 Gründung eines eigenen Graphik-Studios. Sporadisch entstehen Arbeiten, meist bei Urlaubsaufenthalten im Süden.

1982 Erste Ausstellung der Galerie Grüner bei Thonet in Linz und in Traun; Präsentation der Galerie Kunsthof Weihergut bei der Kunst- und Antiquitätenmesse 1982 in der Hofburg in Wien; Ausstellung in Salzburg in den Räumen der Raiffeisenkasse Morzg-Leopoldskron; Beteiligung am Graphikseminar des Kunsthofes Weihergut unter Leitung von Rainer Viktorin; 1983 Eröffnungsausstellung in der Galerie Weihergut in den Hagenauerstuben; in Vorbereitung: Graphik-Mappe mit dem Titel „Bauernhöfe" im Salzburger Kunsthof Weihergut (Frühjahr 1983).

„. . . die Themen der Aquarelle sind vor allem Landschaften. Kleine Dörfer in die Hügel geduckt, weite Felder oder Bäume, die sich im Wasser spiegeln. Die Technik des Aquarells nutzt Helmut Laimer in all seinen Façetten aus, er malt in dem Bild „Der Blick zum Dorf" naß in naß, nutzt so die reizvollen Verfaserungen der Farbe, setzt aber in anderen Bildern ganz still Flächen nebeneinander oder läßt sie nur wenig verfließen, malt mit fast trockenen oder nur wenig nassen Farben, erreicht so reizvoll Farbspiele, die er geschickt zur Komposition ausnutzt.

Angelica Bäumer

Halleiner Altstadt
1983, 14 × 10 cm

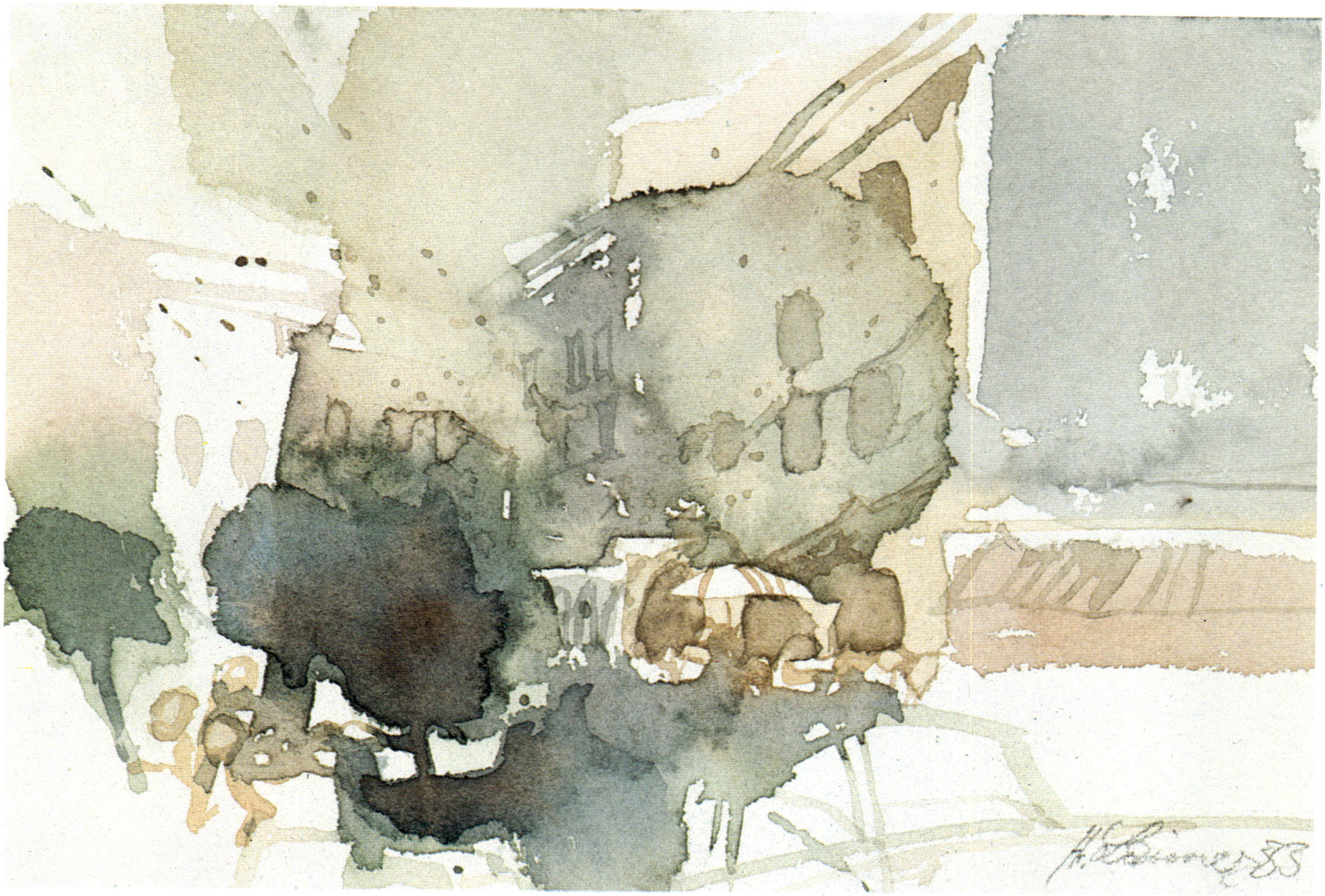

Hans Szyszkowitz

Geboren am 30. Oktober ***1946*** *in Graz. Matura am Akad. Gymnasium in Graz.* ***1965/66*** *Besuch der Meisterklasse für Malerei an der Kunstgewerbeschule in Graz. Ab* ***1966*** *Studium an der Akademie der bildenden Künste in Wien, u. a. bei Prof. Sergius Pauser.* ***1974*** *Lehramtsprüfung. Derzeit als freischaffender Künstler tätig in Wien und in Graz.*

Ausstellungen: ***1977*** *Personalausstellung im „Klingerhaus" in Arnfels, Steiermark;* ***1980*** *Ausstellung im Rahmen des „Kontakt Musical" im Raiffeisenhof in Graz;* ***1982*** *Personalausstellung in der Musikschule Deutschlandsberg (veranstaltet vom „Kulturkreis Deutschlandsberg");* ***1982*** *Personalausstellung: „Menschenwesen" im Schloß Großlobming (Landwirtschaftliche Fachschule), Steiermark;* ***1983*** *Personalausstellung im Ecksaal des Landesmuseums Joanneum, Graz.*

Öffentliche Aufträge: ***1978*** *Porträt: Landeshauptmann Dr. Hanns Lechner;* ***1979*** *Glasfensterentwurf für die Aufbahrungshalle in Schwarzach-St. Veit, Salzburg;* ***1980*** *Entwurf der Glasfensterrosette der Kirche der Salvatorpfarre, Graz;* ***1982*** *Porträt: Landtagspräsident Dr. Hanns Koren.*

Marrakesch
1976, 65 × 49 cm

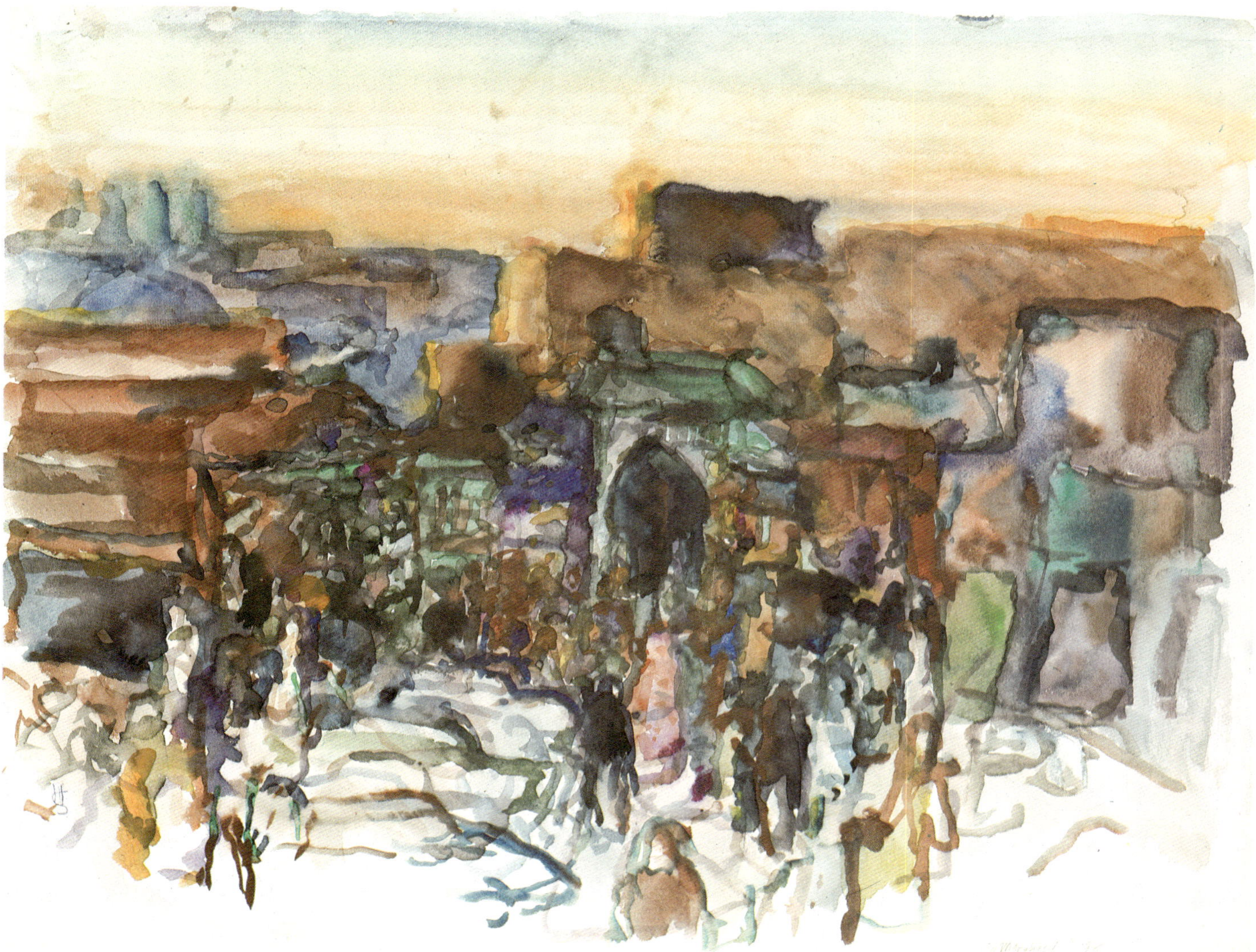

Fritz Störk

1909 in Linz geboren, belegte Akt-Kurse bei Prof. Ikrath und war Gasthörer an der Kunstschule der Stadt Linz bei Prof. Ortner und Prof. Dimmel. Er lebt in Leonding und gilt nicht nur in seiner Umgebung als „Aquarellist par excellence". Mitglied des Verein zur Förderung zeitgenössischer Kunst.

Ausstellungen: *1970/75/77/82 Galerie Club der Begegnung, Linz; 1979 Stadtmuseum Nordico, Linz; 1980/82 Galerie Weidan, Schärding; 1982 Flughafen Hörsching.*

Ausstellungsbeteiligungen *in österreichischen Städten, in den USA (1971) und Rom (1977).*

Arbeiten befinden sich in privaten und öffentlichen Sammlungen im In- und Ausland.

Fritz Störk ist kein Revolutionär. Da er sich nach bald abgebrochenen ersten Ausdrucksversuchen in figuraler Graphik und gegenstandsfreier Kompositionen ganz dem Augenschein ergeben hat, der optischen Totale von Landschaft als Gesamtumgebung oder unvermittelt auftauchendem Detail, ist er innerhalb dieses geschlossenen Kreises konsequent bis an die äußerste Grenze gegangen. Die sichtbare Welt ist unentrinnbar. Aber wer fest genug in ihr verankert ist, kann ihre Auflösung betreiben bis hin zu einer Sprache von Winken und Andeutungen, mit denen alles und wiederum das Ganze gesagt ist. Es schaut vieles auf diesen Blättern – Landschaften, Blumenstücken, Verbindungen von Landschaft und Architektur – zunächst wie eine Zusammenballung von Zufälligkeiten aus – und geht doch zurück auf strengen Aufbau. Die graphischen Strich- und Umrißgefüge und die leuchtenden Farbflecken, die Schleier der Zwischentönungen, das Spiel von geschlossener Fläche und sich öffnender Raumtiefe: all das ist gesteuert und in Skizzen solange vorauserwogen, bis es dann im Handstreich eines einzigen jagend-schnellen Arbeitsvorganges oft scheitert und selten sich gewünscht verwirklicht.

P. Kraft

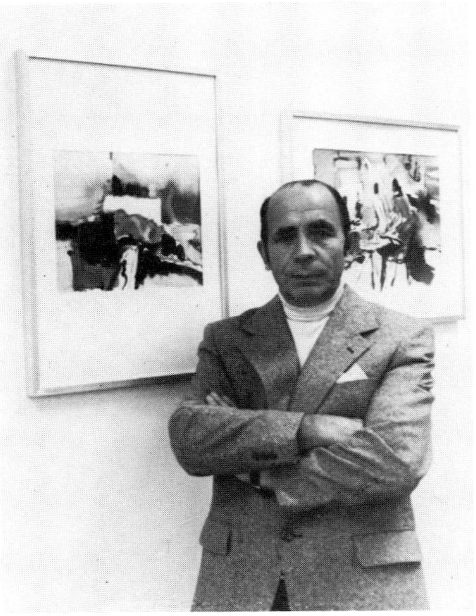

Fritz Störk, einer der Stillen im Lande, hat aus eigener Kraft den Weg eines Augenmenschen vom Abbilden zum Abstrahieren gefunden. Die Form löst sich unverzerrt auf, expressive koloristische Töne führen eine poesievolle Sprache. Es geht dem Künstler um jenes malerische Grundelement, das für sich allein besteht, besticht, bezaubert; das nach Gewicht und Gegengewicht beurteilt werden kann; das mit behutsamem Geschmack die Valeurs setzt. Dabei kommt dem Weiß besondere Bedeutung zu.

W. Formann

Der Aquarellist

Er liebt die zierlichen
fließend beweglichen
Ansichten der Natur.
Das Wasser mit seinen
wechselnden Farben
widerspiegelnd die
dahinziehenden Wolken
am weiten Himmel.
Die nebeligen Töne
des Vorfrühlings –
zartabgestimmtes sonnengelb
auf Sommerwiesen.
Er spürt sie auf,
die Seele der Natur
Empfindungen wachrufend
vermittelnd eine Ahnung
ewiger Werte.

Lydia Rauch
gewidmet Fritz Störk

Kirche in Cala d'Or
1981, 48 × 34 cm

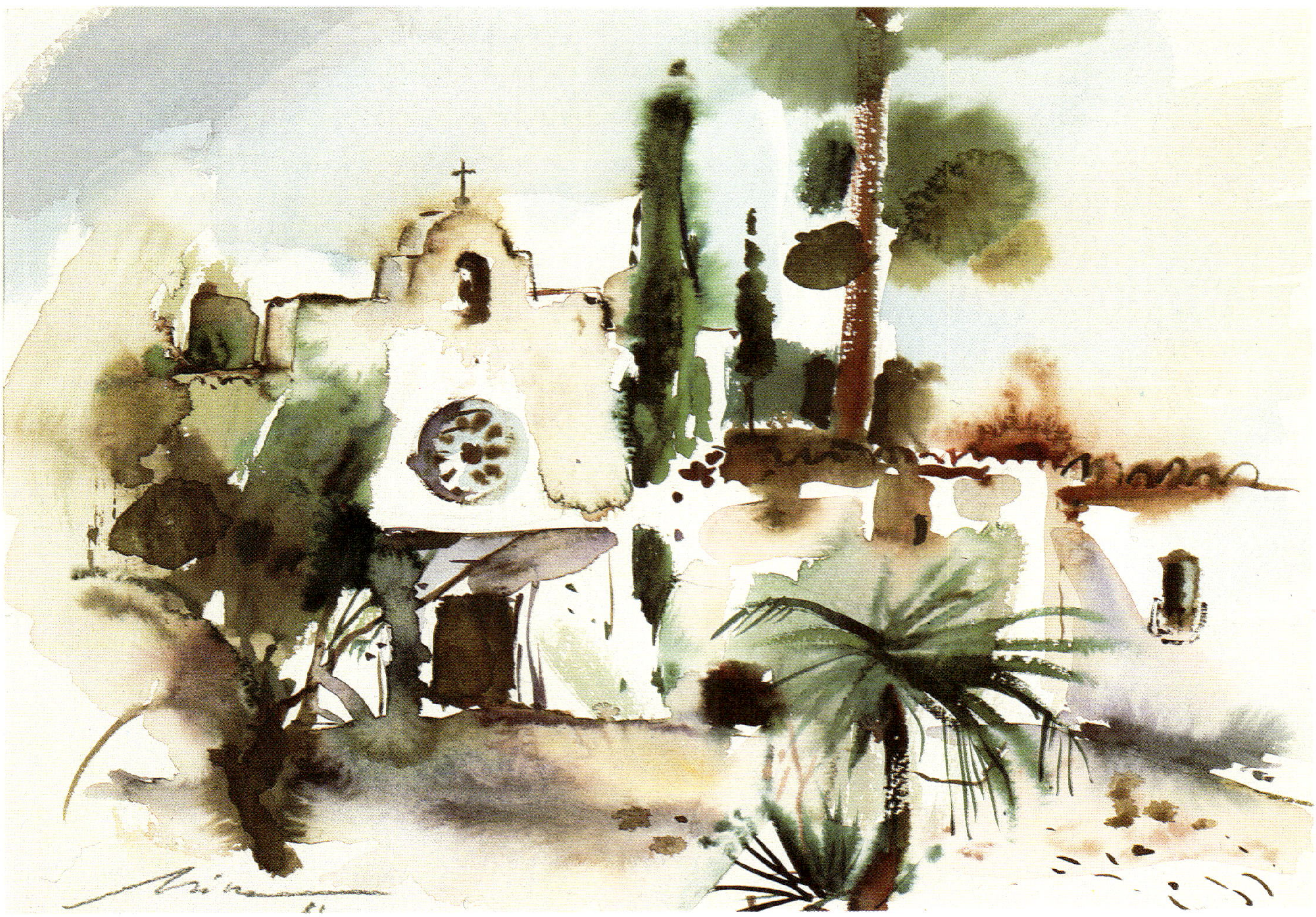

Kurt Panzenberger

1942 geboren in Wien. 1957–1961 Ausbildung als Lithograf. 1961–1964 Tischlerlehre. 1967–1971 Studium der Innenarchitektur, Akademie für angewandte Kunst in Wien (Prof. Cermak / Prof. Soulek). Anschließend Tätigkeit als Innenarchitekt. 1978 Beginn als freischaffender Maler. Seit 1967 Malreisen nach Istanbul, Griechenland, Paris, Istrien, in die Provence, nach Madeira, Martinique, Puerto Rico, Spanien, Schottland, Padua, Venedig, Marokko und immer Burgenland, Wald-, Wein-, Mühl- und Innviertel.

Ankäufe: *Kulturamt der Stadt Wien; Bundesministerium für Unterricht und Kunst; Amt der Niederösterreichischen Landesregierung; Amt der Oberösterreichischen Landesregierung; Albertina; Zentralsparkasse der Gemeinde Wien; Österreichische Kontrollbank; Österreichische Ärztekammer; Pensionsversicherung der Angestellten, Wien.*

Einzelausstellungen: *1978 Galerie Christian Brandstätter, Wien; Zürich Kosmos Versicherungen, Wien; Stadthaus Werne, BRD; 1979 UNIDO, Art Club, Wien; Galerie Maringer, St. Pölten; Galerie am Schottenfeld, Wien; 1980 Galerie Thurnhof, Horn; Galerie Academia, Salzburg; Anerkennungspreis, Aquarellwettbewerb „SINAIDE GHI", Rom; 1981 Galerie am Doktorberg, Kaltenleutgeben, NÖ; Galerie Weidan, Schärding, OÖ; Galerie Schwarzer, Wien; Anerkennungspreis, Dr. Ernst-Koref-Stiftung, Linz; 1982 Galleria alla vetrata, Padova; Galerie Zentrum, Wien, Galerie „Pavillon – Kunst im Salettl", Wien Forum Villa, Meridiana, Zürich; Schloß Mühlwang Galerie, Gmunden; Kleine Galerie, Wien; Mitglied des Wiener Künstlerhauses; 1983 Galerie Moser, Graz; Galerie Grüner, Linz; TZ Galerie, Wien; 1984 Galerie Antikerkeller, Bern; Galerie an der Stadtmauer, Villach; Preis bei Aktion: „Künstler malen in Betrieben", Wien.*

Beteiligungen: *1979 Malen im Burgenland – Kulturzentrum Mattersburg; 1980 Weihnachtsmarkt, Künstlerhaus, Wien; 1981 Art 12/81, Galerie Prisma, Basel; 1982 Weihnachtsausstellung, Galerie Würthle, Wien.*

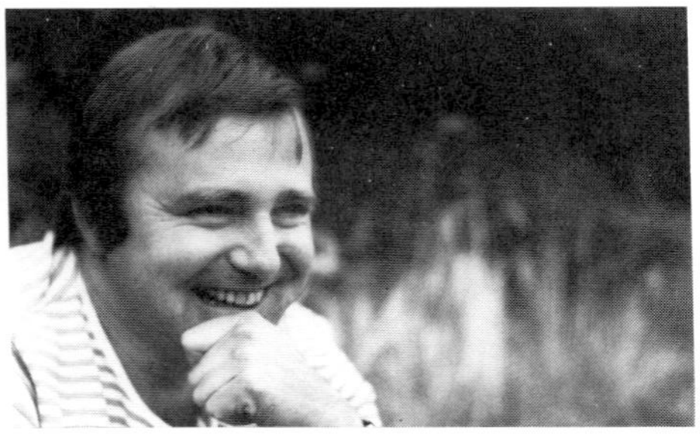

Gebannte Flüchtigkeit

Man vernimmt: Aquarelle, wie sie sein sollen; atmosphärisch, intuitiv, zauberhaft Licht und Farben einer Landschaft einfangend und noch dazu Impressionen bunten, abenteuerlichen Südens; Tanger, Martinique, Madeira. Skeptisch wird die Kunde registriert; erschöpft sich denn die Ästhetik spontan hingeworfener Wasserfarben nie, was kann Kurt Panzenberger der sich so leicht abgreifenden Aquarellästhetik Neues hinzufügen? Die Skepsis löst sich in Überraschung auf. Was hier an spontaner Bannung des Impressiven geleistet wird, ist tatsächlich handgreiflicher Eroberung bislang unbelichteter ästhetischer Schichten.

Ein technisches Mittel übt seinen besonderen Zauber aus, es ist die feinst bis fleckenartig hingespritzte Farbe, die sich bei Panzenberger jedoch nicht zu statischer Flächigkeit homogenisiert, sondern für subtilste optische Beweglichkeit sorgt. Dieses dezente Bindemittel verleiht den zarten Pinselspuren, den verrinnenden Flächen, den ausgesparten weißen Kuppeln mancher Wüstenstadt, den Hafenansichten die unnachahmliche Lebendigkeit südlichen Lichtes.

„Bilder einer Reise", wie der 1942 in Wien geborene Maler seinen Zyklus nennt, reiht Panzenberger in die erste Garnitur der interessantesten Aquarellisten ein. Was ihn dabei noch besonders heraushebt, ist die noch nicht zu Formeln versteifte Sensibilität, die Frische und Unmittelbarkeit in der Fixierung flüchtiger Eindrücke.

Thomas Gugg

Manche sind heroinsüchtig oder Rennfahrer, ich bin seit zwanzig Jahren an „Aquarellitis" erkrankt. Heilung verspricht nur unaufhörliches Malen und die Aufzucht von ähnlich süchtigen Kunden, die meine Triebbefriedigung ermöglichen.

Kurt Panzenberger

Nach dem Zweiten Weltkrieg hat sich im Anschluß an Herbert Boeckl bei verschiedenen jüngeren Malern eine spezifische Art des Aquarellierens herausgebildet. Vor kurzem ist in diesem Zusammenhang der Name eines neuen Malers aufgetaucht: Kurt Panzenberger. Eine Reise in die Karibik, nach Martinique und zuletzt nach Tanger führte zu einer Serie von unmittelbar ansprechenden Blättern mit duftig aufgehellten Valeurs.

Das Wichtigste ist die Atmosphäre, das Stimmungshafte. In manchen Beispielen sind jene Elemente, die dem malerischen Aufbau Halt geben, bis auf ein Minimum reduziert, und dennoch ist aufgrund der feinen Farbabstufungen, die einem Naturgesetz zu folgen scheinen, ein genauer, zum Nachvollziehen einladender Eindruck wiedergegeben.

Das Naß-in-Naß-Malen ergibt in Panzenbergers Blättern Übergänge und körnige Strukturen, die in ihrer Gesamtheit schlagartig Erinnerungen wecken, an Landschaften und Zustände, die man entweder selbst gesehen und erlebt, von denen man aber vielleicht nur geträumt hat.

Dr. Werner Thuswaldner

aus: „Aquarell als gesteuerter Zufall"

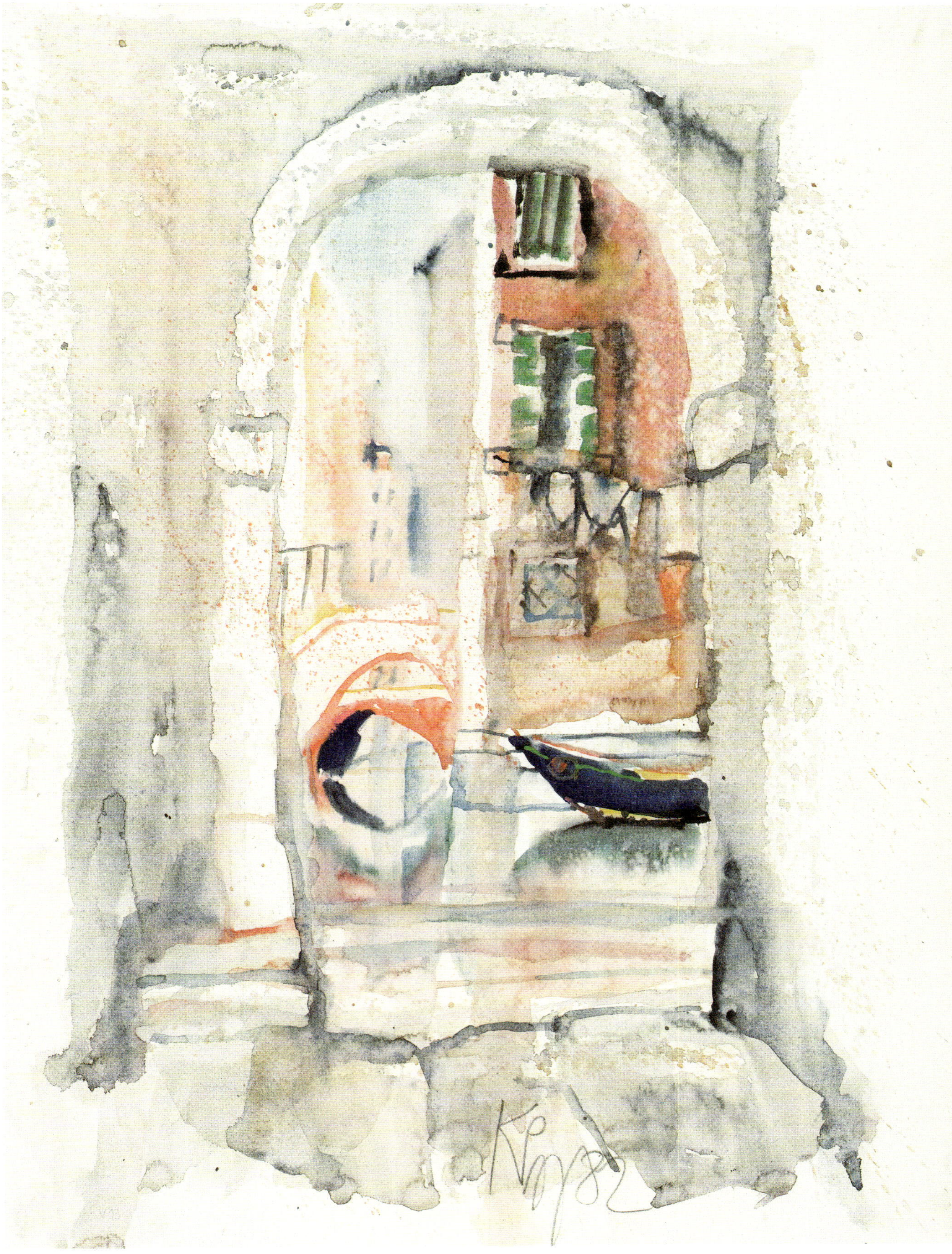

Venedig,
Rio di San Boldo
1982, 50 × 65 cm

Edwin Wiegele

1954 geboren am 20. August. **1975–1979** *Ausbildung zum Kunsterzieher (Prof. Tragatschnig).* **1980–1981** *Studienreisen nach Italien. Tagebuch einer Venedigreise. Aufenthalte in Rom, Palermo und Venedig. Preis der Stadt Palermo. Bilderwerb der Accademia int. d'arte moderna in Rom.* **1982–1983** *Mitglied und Juror der Accademia internazionale d'arte moderna – Rom. Preis für Aquarell bei Wettbewerb „Italia 2000" (Neapel). „Kunst in Kärnten" (Wanderausstellung durch Kärnten).*

Personalausstellungen: *Wien, Bruck/Mur, Klagenfurt, Villach, Hermagor, Pörtschach, Reifnitz, Ossiach, Spittal, St. Veit, . . .*

Ausstellungsbeteiligungen: *Im In- und Ausland. Werke in öffentlichem und privatem Besitz.*

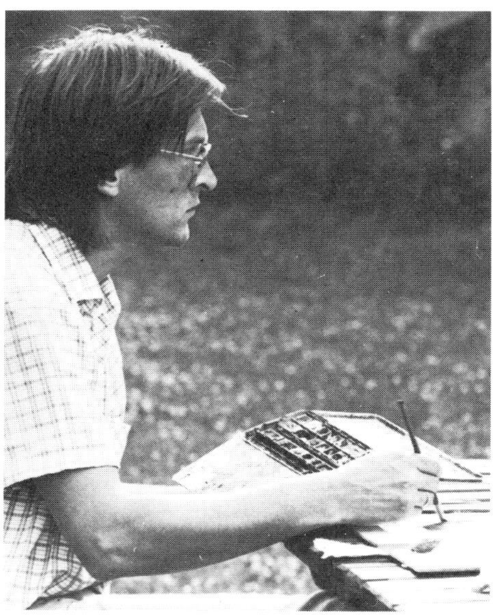

. . . Wiegele hat seine Liebe für Spiegelungen entdeckt. Ein Motiv und seine Reflexion prägen synthetisch eine Anzahl von Arbeiten. Es hat den Anschein, als beschäftigte den Künstler die Spiegelung fast mehr als das Ausgangsmotiv. Das sich auf der Wasseroberfläche ständig Verändernde, Verschwimmende entspricht in seiner Charakteristik wohl stark Wiegeles Auffassung von Formumsetzung im Aquarell . . .

Dr. Gisela Hopfmüller

Gedanken zu Aquarellen und sonstiges

Die Sehnsucht und der Traum von einer menschengerechten Wirklichkeit zwingen mich auszubrechen; ich bin auf der Suche nach Landschaftsflecken, die noch unberührt sind. Diese Ausschnitte sind dann Anlaß meiner bildnerischen Auseinandersetzung mit der Landschaft. Die Wasserfarbenmalerei steigert meine Freude an spontaner Arbeit. Der Reiz in Sekundenschnelle mit dem Pinsel Naß in Naß aufgetragene Farbflächen sofort beeinflussen zu können, macht jede neue Umsetzung zum Erlebnis. Nachdem Farbflächen gesetzt werden und miteinander zum Teil zusammenfließen, werden erst zu allerletzt sparsam Konturen gedeutet und herausgestellt, ab und zu sogar mit Kohle verstärkt.

Meine Zeichnungen beinhalten erlebte Situationen, sie entstehen ebenso spontan, häufig fast in einem Zug.

Der Künstler sollte versuchen, seine Empfindungen mit seinen von Gott gegebenen Mitteln einem größtmöglichem Menschenkreis weiterzugeben. Ich liebe die Kunstwerke nicht, die lange Erklärungen brauchen, um verstanden zu werden. Im Unterbewußtsein liegen die stärksten Kräfte. Man sollte als Künstler trachten, mehr auf die Stimme der Gefühle zu hören und spontan umzusetzen. Diese kreativen Kräfte zusätzlich zu mobilisieren, das sollte unser Ziel werden, sie können jederzeit angerufen werden.

Die Qualität eines Bildes wird im Moment des spontanen Augenblicks, im elementaren Aufbau eines Werkes bestimmt. Die Vollendung ist Sache der Technik, die erlernbar ist.

Am meisten schätze ich bescheidene Meister ihres Faches, die sich nicht so wichtig nehmen. Wir sind Lebewesen des Universums, so wie es auch Pflanzen sind. Diese wachsen langsam, mit dem Ziel großzuwerden. Alles was künstlich verändert wird, ist auf die Dauer tödlich. Es wächst zwar schnell und prächtig, fällt aber bald zusammen. So ist es auch in künstlerischen Bereichen.

Edwin Wiegele

Mitgeprägt von der „Nötscher Schule" und seinem Vorbild William Turner fand Wiegele zu dem Stilmittel, in dem er unzweifelhaft Meister ist: das Aquarell!

Zarte Farben, oft verschwimmend, geben der Landschaft über immer wieder variierende Strukturen ihre Form und ziehen lebende Natur aus dem Dunstkreis zerstörter Wirklichkeiten.

Emmerich Speiser

Regentag in Venedig
1981, 51 × 38 cm

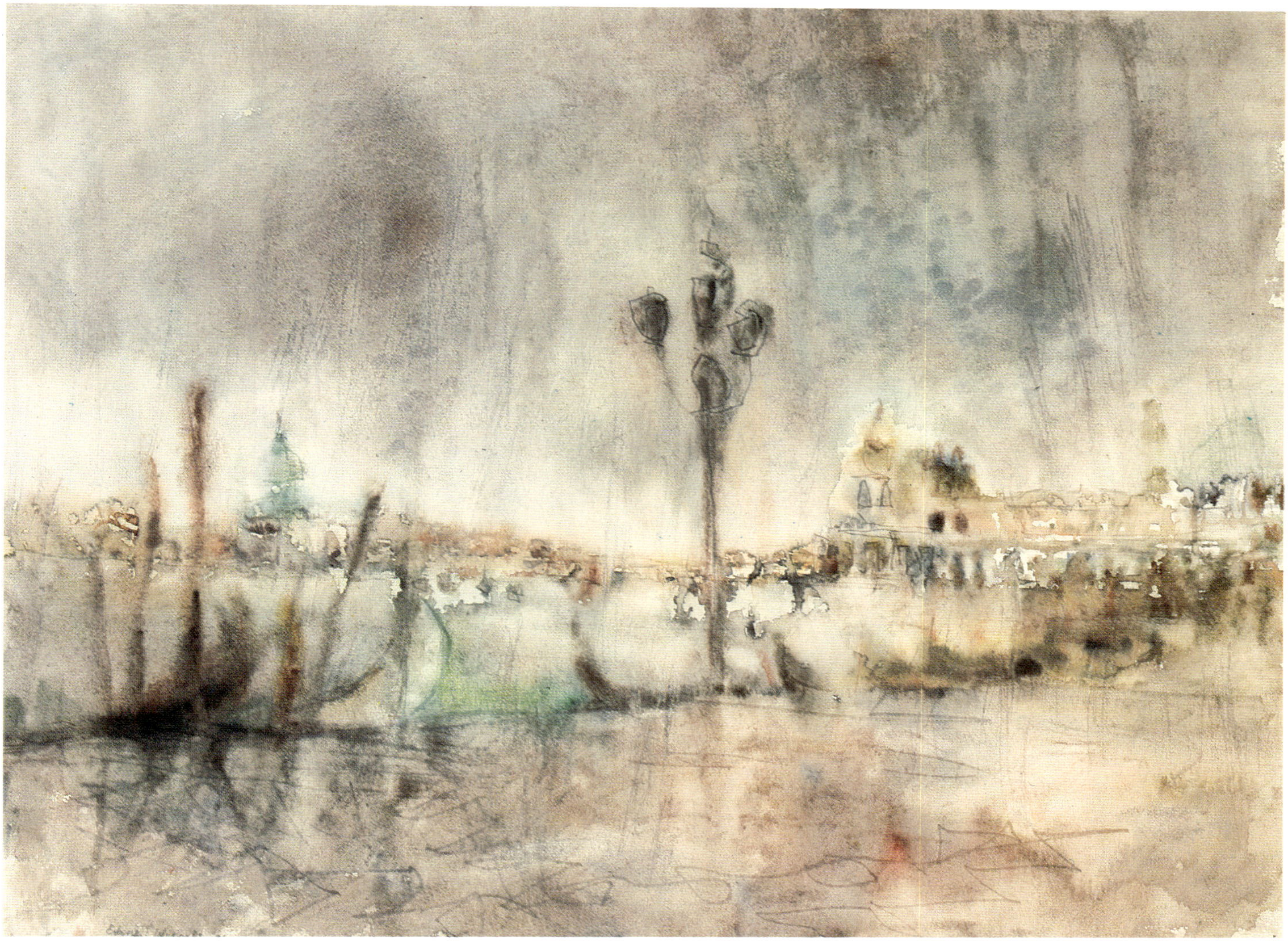

Christa Gemeiner

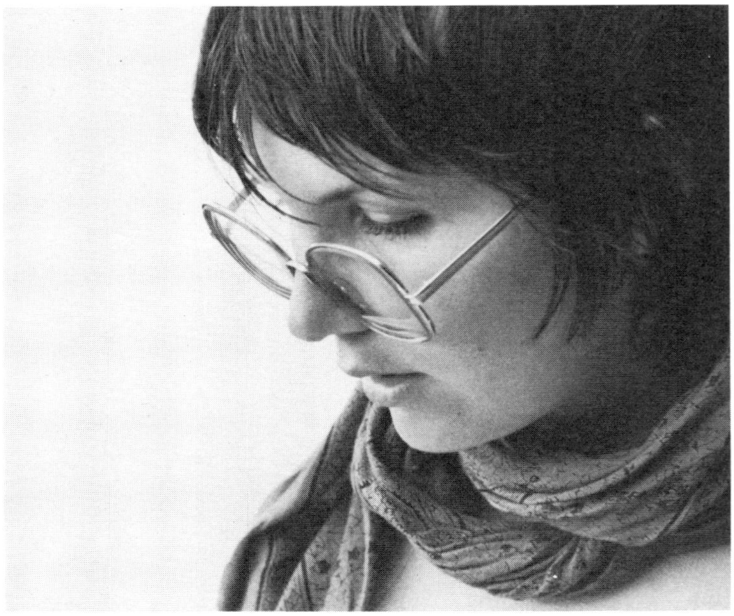

1953 geboren im Burgenland. 1971 Matura des Mu. Päd. RG. Wien. 1977 Studienabschluß an der Hochschule f. Angewandte Kunst, Wien (Studium der Innenarchitektur bei Prof. Soulek). Anschließend Tätigkeit als Innenarchitekt.

Aquarelle sind bisher entstanden in Istrien, der Provence, Spanien, Schottland, Italien, Griechenland, Waldviertel und Burgenland.

1980 4. Preis des internationalen Aquarellwettbewerbs „Fondazione Sinaide Ghi", Rom; 1981 Anerkennungspreis der Ernst-Koref-Stiftung, Linz; 1982 Galerie Weidan, Schärding; Galerie am Schottenfeld, Wien; Café Central, Wien.

Was mich an der Malerei interessiert, ist, ohne lange Analysen und Reflexionen spontan mitten in der Landschaft das umzusetzen, was ich sehe und empfinde, und zu Papier zu bringen.

Dazu eignet sich die Aquarelltechnik ausgezeichnet, obwohl sie natürlich jahrelange Erfahrung fordert, um aus überwiegend Zufall überwiegend Bewußtes und Gewolltes zu machen.

Das Ergebnis sollte dann für sich sprechen.

Christa Gemeiner

Venedig, Santa Maria della Salute
1982, 65 × 50 cm

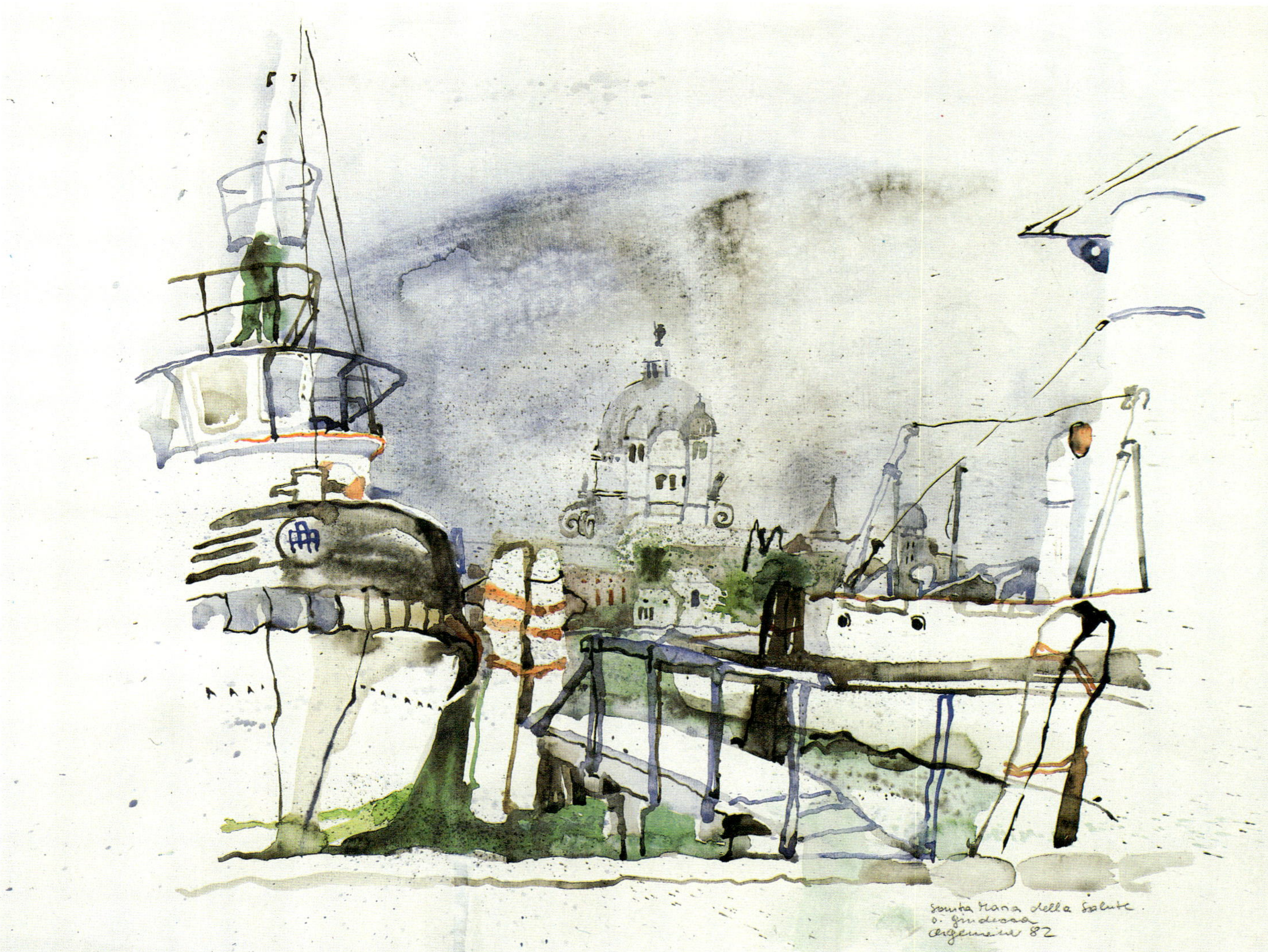

Waltraut Repa

Geboren in Wien. Studium an der Akademie der Bildenden Künste und der Universität in Wien. Meisterschule für Malerei, Prof. Pauser und Prof. Andersen. ***1966*** *Diplom für Malerei, Lehramtsprüfung. Studienaufenthalt im Atelier de Séguret, Provence. Aktiver Leistungssport bis zur Olympiade in München 1972. Fünffache Staatsmeisterin im Florettfechten.*

1972 *Erste Einzelausstellung: Galerie im Stüberl, Zwettl;* ***1973*** *Ankaufspreis: Die Bahn heute;* ***1975*** *Galerie Hartmann, Wien, Türkenstraße;* ***1977*** *Kleine Galerie, Wien, Neudeggergasse;* ***1978*** *Galerie am Arbeitsplatz, Zürich Kosmos Versicherungen;* ***1979*** *Galerie VHS, Wien, Favoriten; Galerie am Doktorberg, Kaltenleutgeben;* ***1981*** *Galerie Zentrum, Wien;* ***1983*** *Galerie Alte Schmiede, Wien.*

Das Faszinierende an den Bildern Repas liegt wohl in dem Phänomen, daß ihnen nichts Destruktives anzuhaften scheint. Ausgangspunkt ist immer die Natur, doch nicht die gewohnte Erscheinungsform, sondern das Andersartige interessiert die Künstlerin. Dinge, die jetzt anders sind als sie ursprünglich waren, seien sie von der Natur geformt oder von Menschenhand geschaffen. So entstehen Landschaften aus erstorbenem Material, „dem aber ein tiefes Nachleuchten aus geheimnisvollen Lebensbezirken seine besondere Anziehungskraft" verleiht, um die Dichterin Jeannie Ebner zu zitieren. Solche Bilder sind in ihrer momentanen Stimmung eingefangen, lassen jedoch bei überraschender Vielseitigkeit nie Untergangsstimmung aufkommen. Obwohl destruktive Elemente zu einem Bildganzen zusammengefügt werden, will Repa auf ihre Weise das Urphänomen des Werdens und des Vergehens anschaulich machen. Wie etwas wird und was daraus wird, wenn es zerfällt, verrottet, reizt sie. Trotzdem sind es nicht Bilder des Todes, sondern Bilder voll lebensbejahender Farbfreudigkeit und voll optimistischer Hoffnung, wie solche nur mit echt weiblichem Instinkt erfahrbar gemacht werden können.

Daneben bewegt sich Repa auch in einem völlig andersartigen Sujet: es sind vom atmosphärischen Reiz überhauchte Landschaften, welche das Glück wahrgenommener Schönheit vermitteln. Wie immer geht es der Malerin um das Erkennen der Natur oder der menschlichen Umwelt, mit der Absicht, den inneren Gehalt aufzuzeigen.

Rudolf Bachleitner

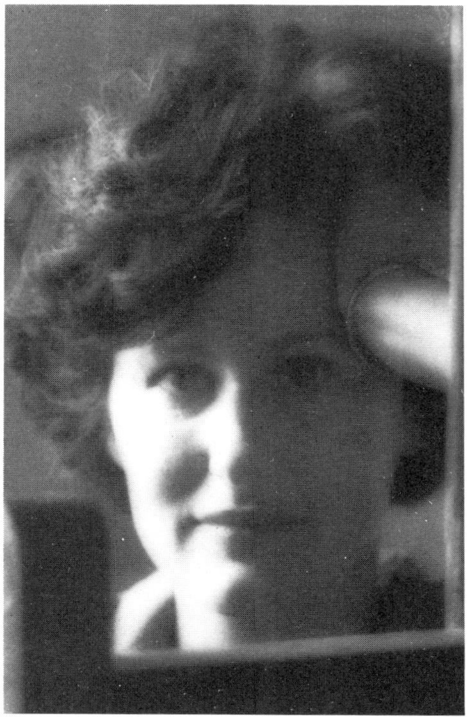

Zu meinen Bildern: Ausgangspunkt meiner Arbeiten ist immer die Natur. Etwas erregt mein Auge und mein Inneres – ich bringe es zu Papier. Im Atelier überarbeite ich oft auch erst nach längerer Zeit ein Bild, oder fertige es neu an – befreit vom Motiv und dadurch freier. Ich mache kein reines Abbild von der Natur, sondern versuche innerhalb der 4 Kanten des Papiers etwas Neues, Eigenes entstehen zu lassen.

In diesem Sinne ist es oft schwer, ja sogar unmöglich, das Ausgangsmotiv wiederzuerkennen.

Waltraut Repa

. . . Dschungelhaft üppige Landschaften drehen und biegen sich im heftigen Farbenmonsun. Städte, die vorbeieilen, wie aus einem Zug gesehen. Aus einem Zug mit bunten Fensterscheiben. Einmal ein Dickicht von Eindrücken, andersmal locker gesetzte Pinsel-Schriftzeichen.

Jan Tabor
Wiener Kurier

Hafen
1983, 65 × 50 cm

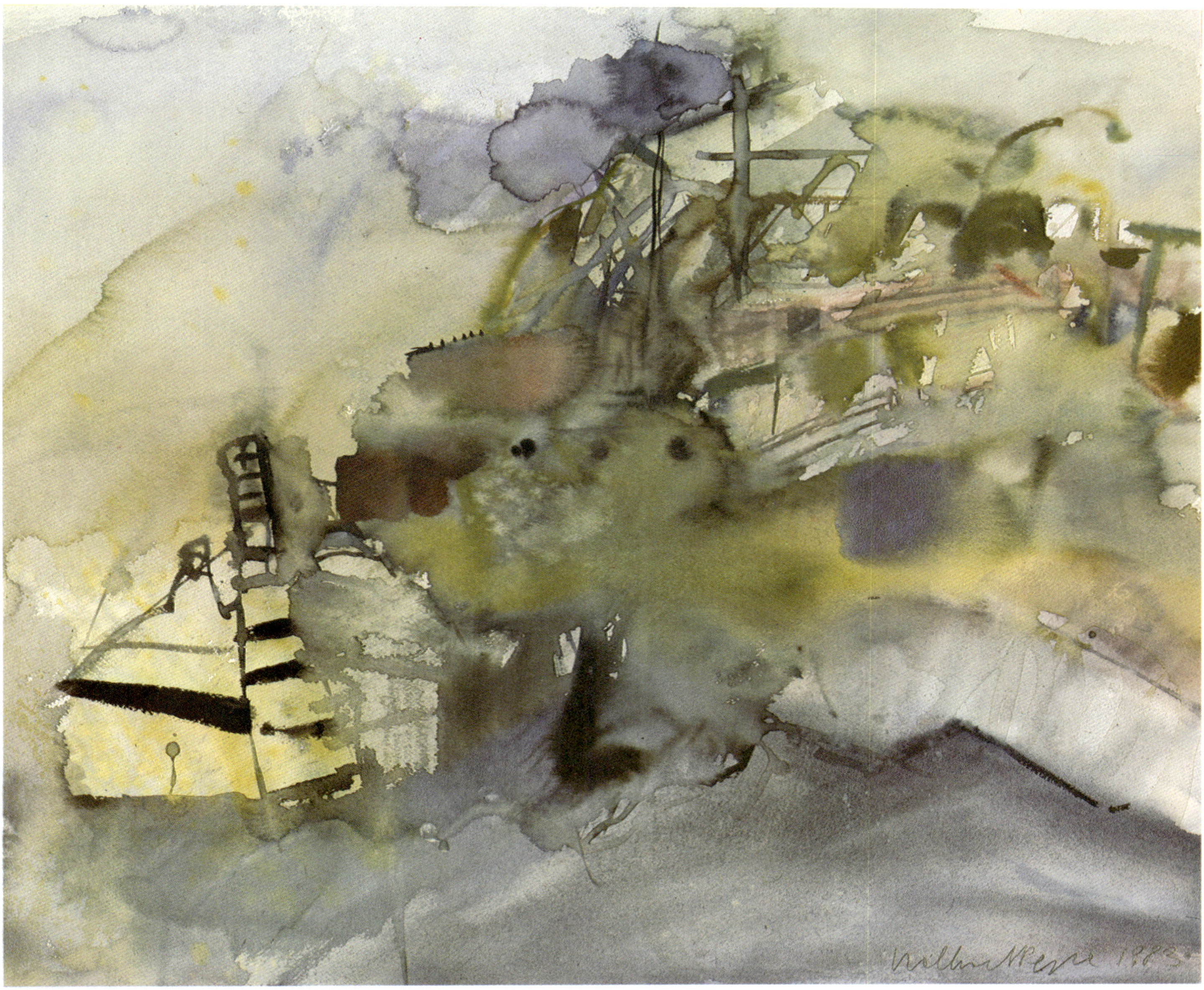

Gustav Just

Geboren ***1939*** *in Wien.* ***1954–1957*** *Ausbildung zum Holzbildhauer.* ***1957–1960*** *Fachschule für Möbelbau.* ***1960–1964*** *Höhere Abteilung für Holztechnik. Ab* ***1965*** *beruflich tätig in Architekturbüros. Ab* ***1970*** *Designer für Möbel und Inneneinrichtung. Ab* ***1981*** *freiberuflich tätig als Innenarchitekt. Lehrer an der HTL Mödling.*

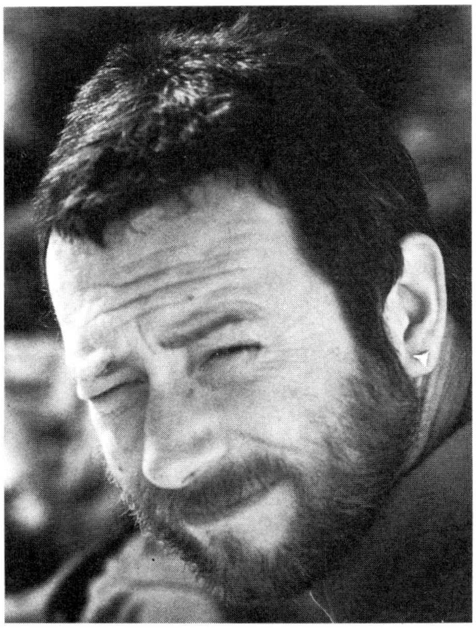

Ich rauche gern – leider. Aber ich male auch gern! Kann sein, daß mancher auch dazu „leider" sagt. Aber es macht sehr großen Spaß – und „Kollege" Henry Miller hat gemeint, daß das das Wichtigste dran ist.

Gustav Just

Malen? – Wirklichkeit? – Realismus? – Kunst? – Pinselführung? – Zufall? – Wichtig?

Handwerk kann zur Kunst werden. Handwerk verlangt Wissen. Wissen um Menschen, Menschlichkeit; um Natur.

Gustav Just hat Instinkt, Gefühl, Menschlichkeit, Schlichtheit – ein Selbstverständnis zur Umgebung, aber auch Provokation im Sinne von Konfrontation.

Ich verehre sein Handwerk.

Ich bewundere seine Kunst.

Götz Kauffmann

Simmeringer Dampfkraftwerk
1980, 65 × 45 cm

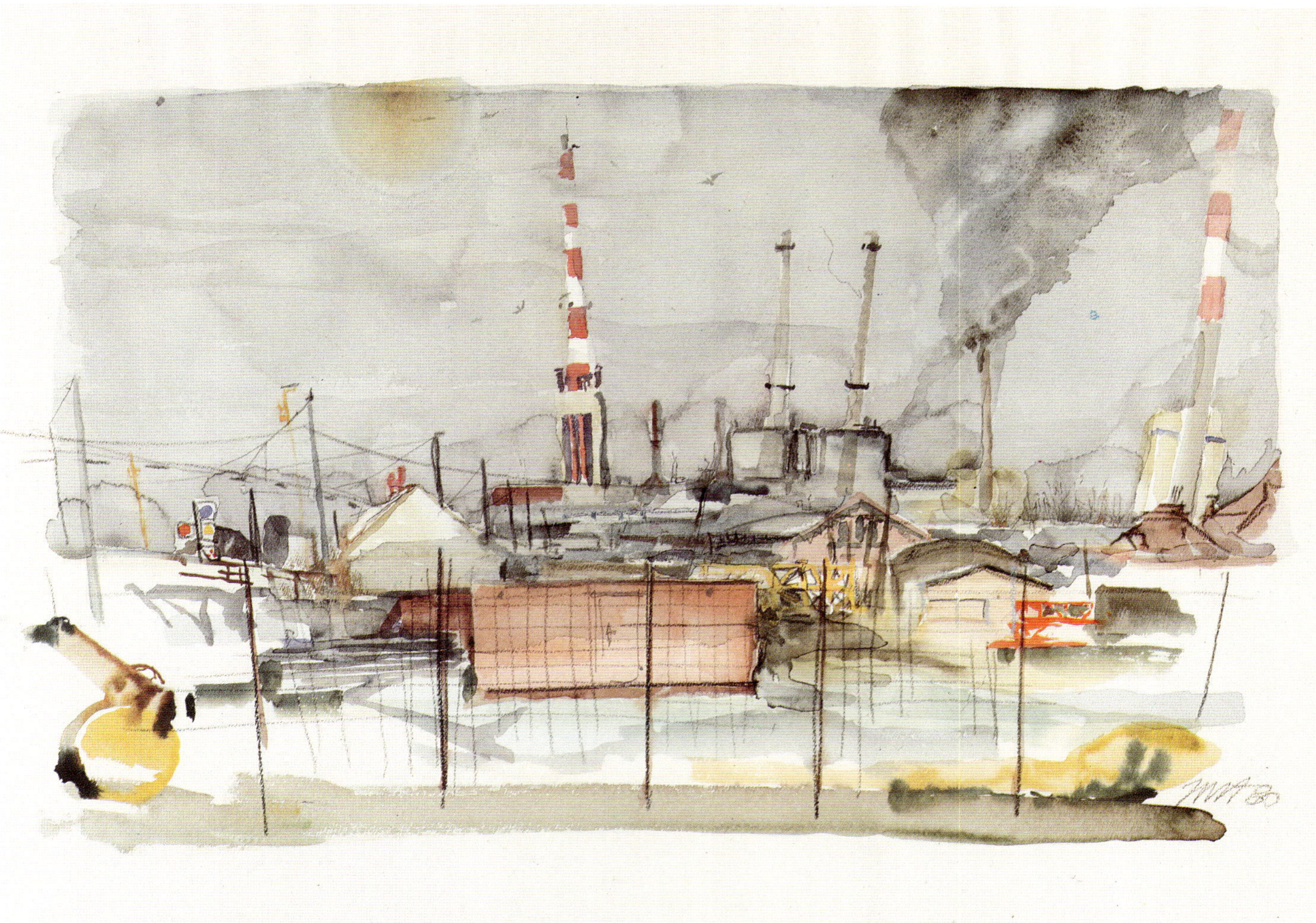

Dominik Rebhan

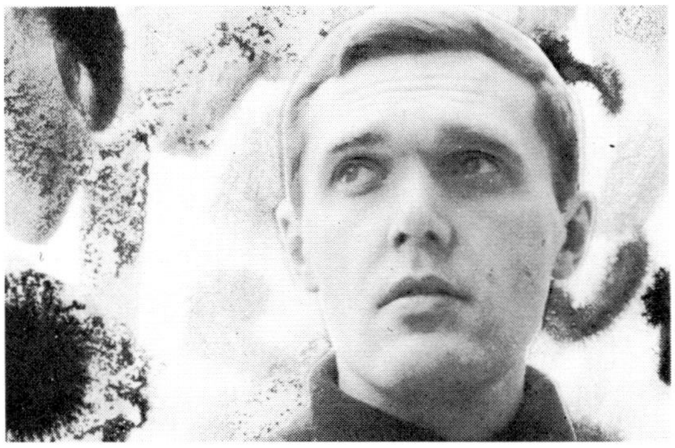

*Geboren **1929** in Feldbach, Stmk. Ausbildung: Graphische Lehr- und Versuchsanstalt, Wien. Arbeiten im Besitz der Albertina, Wien, Kulturamt der Stadt Wien und im privaten Besitz.*

Ausstellungen: ***1961** Jazzkeller Fatty Georg; **1962** Konzerthaus (Kollektive), Klagenfurt, Kopenhagen; **1963** Junge Generation (Kollektive), Washington (Galerie Bader); **1964** Berlin, Duisburg, Galerie Willy Verkauf, Wien (Kollektive); **1965** Secession, 20 Jahre österr. Druckgraphik (Galerie W. Verkauf); **1966** Galerie Kontakt, Linz (Kollektive); **1968** Galerie Club Attico die Roma, Olmütz (ČSSR); **1970** Galerie im Gewerkschaftshaus; **1973** Galerie Herzog, Wien; **1975** Galerie Arcade, Mödling; **1976** Galerie am Doktorberg, Kaltenleutgeben; **1978** Alte Schmiede, Wien; **1979** Galerie Dorotheum, Wien; **1980** Ausstellung in der Thaliastraße; **1981** Döbling, Heimatmuseum.*

Die letzten Träume

Nimm nach deiner Arbeit – vielleicht hast du im Akkord geschuftet, Drähte mit Farbe markiert, Windungen gewickelt – in einem Liegestuhl Platz. Strecke dich faul, schließe die Augen und halte das Gesicht gegen die Sonne. Durch die geschlossenen Lider wirst du Farben sehen, rot zuerst, dann bewegen sich andere Farben, formen sich zu Kreisen, Flecken, nehmen unwirklich Gestalt an. Du triffst Berge und Kuppeln aus Glas, scheckige Elefanten, Landschaften, in zarte Farben getaucht, du wirst mit einem gewaltigen Ruck von deiner häßlichen Fabrik entfernt. Du bist in einer Welt gelandet, die dir alleine gehört.

Man könnte sagen, daß Dominik Rebhan, dessen Bilder an alle diese Stimmungen deiner Welt erinnern, ein bequemer Maler sei. Er protestiert nicht, er schwenkt keine Fahnen. Er spuckt nicht und er beißt nicht. Er entfacht keine ideologischen Diskussionen. Seine Welt ist nicht Vietnam, sie ist nicht angreifbar, du kannst sie nicht schlagen, in ihr wirst du dir keine Wunden an Felskanten reißen.

Also müßte man sagen: Rebhan schweigt. Und Schweigen macht schuldig. Wer nicht protestiert, klatscht unserer Welt Beifall. Aber genauso gut kann man behaupten, daß Rebhan einer der wenigen ist, die dich aus deiner häßlichen Umwelt hinausführen. Er ändert sie nicht. Aber nach der Fabrik nimmt er dich bei der Hand und führt dich spazieren. Und er bietet dir dafür nicht Limonadenkitsch, die Welt, die du kennst, nur mit Zucker übergossen. Er zeigt dir bewußt eine ganz andere Welt, in der du forschen kannst, wie Kinder forschen. Du kannst geheimnisvollen Bächen nachgehen, in der Ferne unwirkliche Hügel erkennen, du begegnest Löwen und großen Schmetterlingen. Und wenn du Lust hast, bist du selber der Elefant und deine Frau fliegt als Schmetterling neben dir her, meinetwegen auch deine Geliebte, hier messen wir gar nicht so streng.

Realisten sind stur genug, nach Wert und Unwert von Freundinnen zu fragen, ob sie sich rentieren und ob Schmetterlinge nützlich sind. Oder wenigstens als ideologisches Argument für oder gegen etwas zu gebrauchen.

Sie sind es. Schon deshalb, weil der einfachste Fabrikarbeiter und der letzte, erbärmlichste Soldat von ihnen träumt, jede Nacht und jeden Tag.

Rebhan malt behutsam diese Träume. Er bewahrt sie auf und ist unbequem genug, daran zu glauben, daß sie für jeden von uns wenigstens sekundenlang Wirklichkeit werden.

Winfried Bruckner

New York, Empire-State-Building
1982, 40 × 30 cm

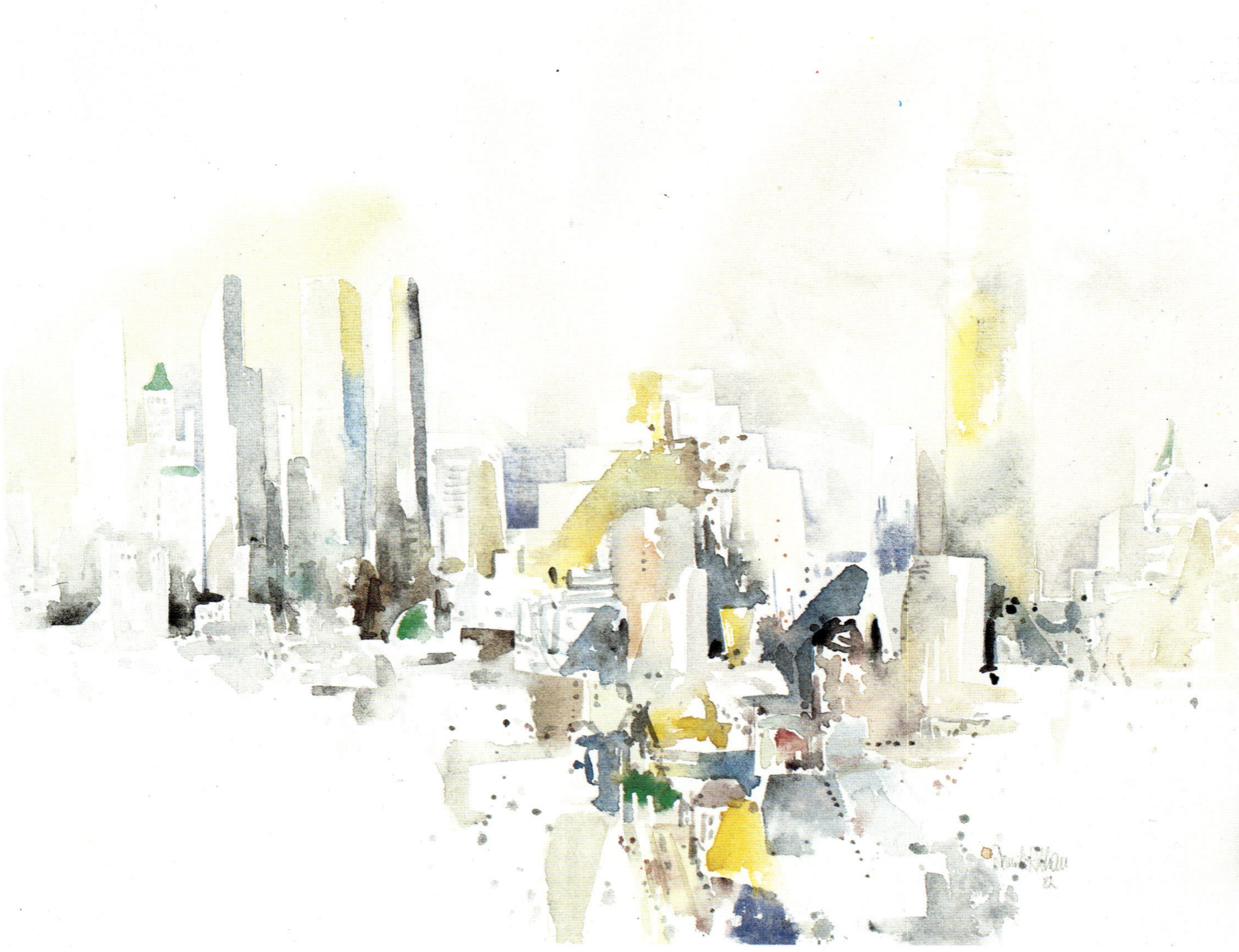

Hans Kruckenhauser

Am 9. April ***1940*** *in Bregenz geboren.* ***1959–1964*** *Studium an der Akademie der bildenden Künste in Wien.* ***1963*** *Meisterschulpreis.* ***1964*** *Ehrenpreis des Salzburger Kunstvereines für Graphik.* ***1965–1967*** *Assistent an der Sommerakademie in Salzburg bei Kurt Moldovan.* ***1966*** *Medaille d'or de l'École des Beaux-Arts pour peinture des nus, Paris. Seit* ***1968*** *Hochschulassistent an der Akademie der bildenden Künste.* ***1969*** *Theodor-Körner-Preis. Seit* ***1979*** *freischaffend in Salzburg und Paris.* ***1980*** *Großer Preis der Wirtschaft für Malerei. Studienaufenthalte in Paris, Venedig und London.* ***1971*** *Förderungspreis der Republik Österreich für Aquarell.*

Ausstellungen: ***1968*** *Kollektive Galerie Welz, Salzburg; Dr. H. P. Hoheisel, Frankfurt; Theodor-Körner-Preis;* ***1970*** *Dr. H. P. Hoheisel, Frankfurt;* ***1971*** *Förderungspreis zum Staatspreis für Aquarellmalerei;* ***1972*** *Kollektive Galerie auf der Stubenbastei; Galerie am Hohen Markt, Krems;* ***1973*** *Kulturamt der Stadt St. Pölten; Galerie am Hohen Markt, Krems;* ***1974*** *Galerie Welz, Salzburg; Dr. H. P. Hoheisel, Frankfurt; Salzburger Aquarellsymposium des ORF;* ***1975*** *Galerie auf der Stubenbastei;* ***1976*** *Galerie Elefant, Landeck;* ***1977*** *Galerie Welz, Salzburg; Galerie Contact, Wien;* ***1981*** *Dr. H. P. Hoheisel, Frankfurt;* ***1982*** *Galerie Meier;* ***1983*** *Galerie Contact, Wien.*

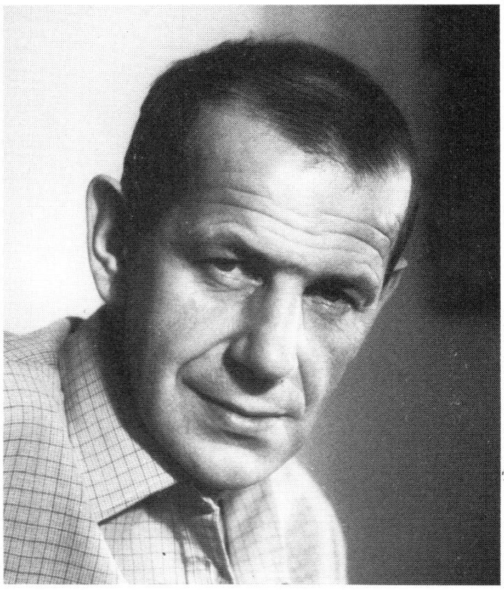

Kruckenhausers Aquarelle sind von besonderer Art. Sie stellen sich nicht dar als flüssige Produkte eines Schnellmalers, sondern als wohlüberlegte, genau disponierte, vor allem aber aus dem Inneren kommende Sprache. Der Künstler bemächtigt sich nicht der Landschaft im raschen Zugriff des Selbstbewußten, sondern er horcht in sie hinein. Aus diesem zugeneigten Verweilen wird in einem langen Prozeß der Dialog. Kruckenhauser mag es nicht, seine Motive gleichsam am Reiseweg zu sammeln. In einem sehr offenen Gespräch wenige Stunden vor der Vernissage bekannte er: „Für mich ist es am schönsten, wenn ich irgendwo eine längere Zeit verweilen kann, um alles auf mich wirken zu lassen und in mich hineinzunehmen!" Dieses „irgendwo" ist für ihn beispielsweise die französische Normandie, ist Paris, ganz besonders auch Venedig.

Paris
1980, 76 × 56 cm

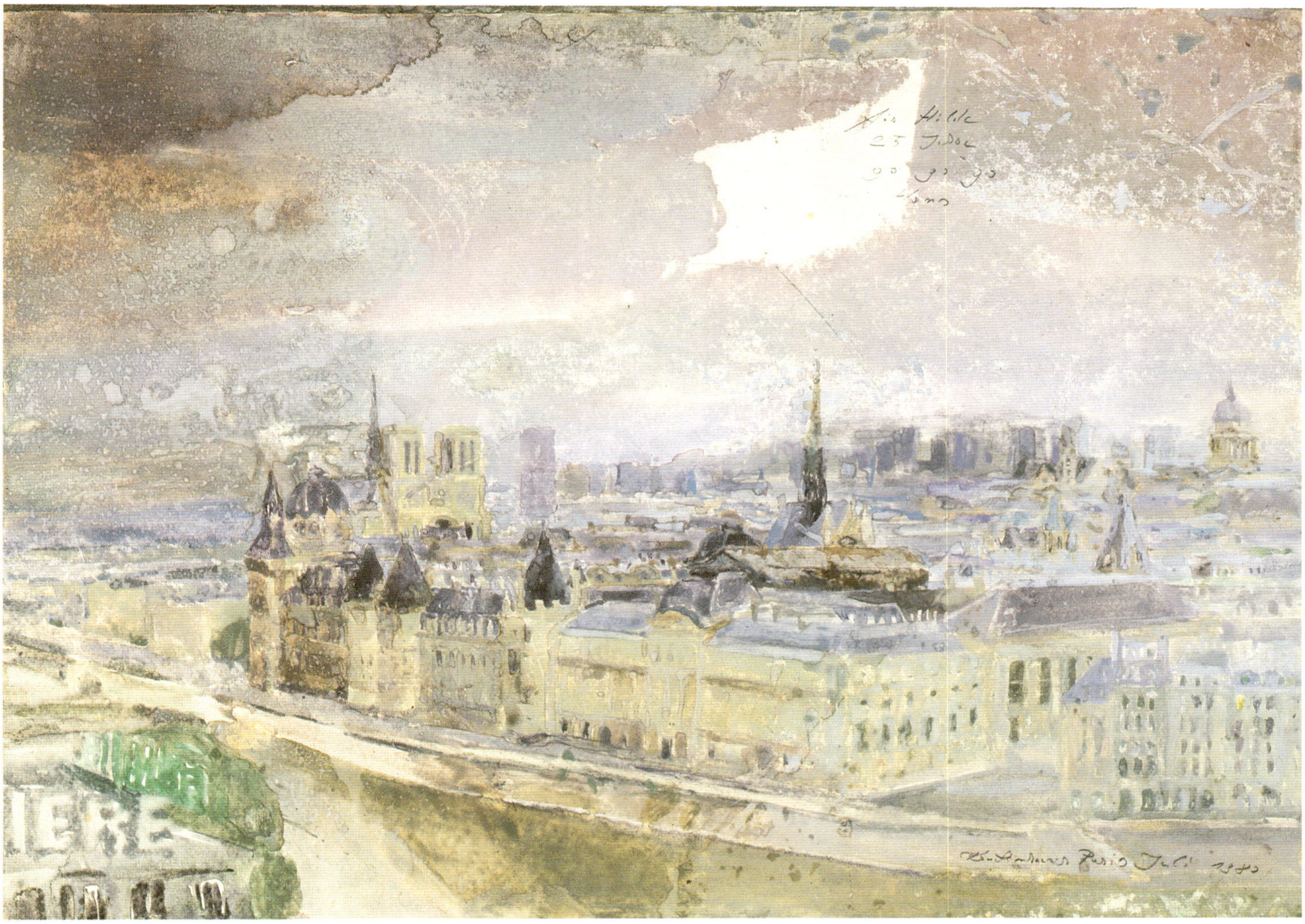

Herwig Zens

Man muß die Gegenstände der Umwelt von der Mitte her begreifen. Das Wirkliche ist das Geheimnis unseres Daseins
Herwig Zens

1943 geboren in Himberg bei Wien. 1961–1966 Studium an der Akademie der Bildenden Künste in Wien. 1962 Besuch der Sommerakademie von Oskar Kokoschka in Salzburg. 1967 Diplom für Malerei. 1970 Förderungspreis der Galerie Neudeggergasse in Wien. 1972 Förderungspreis des Landes Niederösterreich. 1975–1976 Lehraufträge an der Pädagogischen Akademie und der Akademie der Bildenden Künste, Wien. 1977 Längerer Aufenthalt in Griechenland. 1980 Leitung eines Graphikseminars in Jugoslawien. 1981 Herausgabe eines Buches „Strukturen der Kunst" gemeinsam mit Prof. Walter Stach. Derzeit als freier Mitarbeiter des Kulturservice des Bundesministeriums für Unterricht und Kunst tätig.

Ausstellungen: *1966 Krems; 1967 Wien, Linz; 1968 Wien, Salzburg; 1969 St. Pölten, München, Ulm; 1970 Perchtoldsdorf, Krakau, Paris, Salzburg, Wien; 1971 Ried, Krems, Düsseldorf, Padua, Wien; 1972 Baden, Salzburg, Mödling, Antibes, Wien; 1973 Salzburg, Darmstadt, Nürnberg, Sterzing, Villach, Bad Wildungen/Kassel, Wien, Graz; 1974 Darmstadt, Wien, Villach, Lienz, Zwettl; 1975 Rom, Feldkirch, Bregenz, Aarau, Wien; 1976 Salzburg, Deutschlandsberg; 1977 Wien, Stuttgart; 1978 Salzburg, Wien; 1979 Porec, Langenlois; 1980 Graz, Zagreb, Seebarn, Bitola, Krems, Novo Mesto, Klagenfurt, Liezen, Sibenik, Lienz, Pula, Heidelberg, Celje, Imst, Koper, Maribor, Nova Gorica, Sarajevo, Krusevac; 1981 Vöcklabruck, Heidelberg.*

Reisen: *Europa, Türkei, Persien, Ägypten, USA.*

Zens ist Maler. Am Anfang seiner künstlerischen Arbeit wurde er vom Expressionismus angeregt. Als Künstler bedient er sich der Sensibilität der Tuschefeder, der Radiernadel oder der Mischtechnik, wobei bei ihm der Bleistift malerische Formen annimmt.

Eine gewisse grüblerische Grundeinstellung hält Zens von jedem Experimentalismus fern. Seine Gegenstände erwachsen mit expressiver Kraft, welche die Formen bewußt grotesk erscheinen läßt. Sammeln, Bearbeiten und Wiedergeben ist das gleichzeitige Engagement, das Zens mit Lockerheit und Sensibilität zum Ausdruck bringt.

F. Fonatti, Architekt

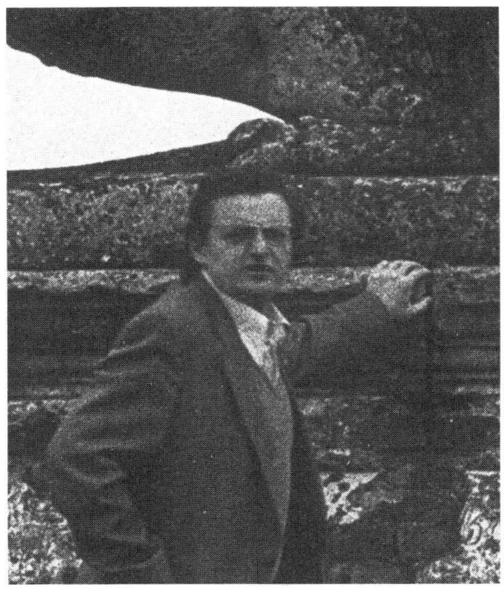

Landschaften.

Im Dunst der Ferne versinkt die Stadt.
Wo der Horizont beginnt, entdeckst Du Deine Landschaft.
Die Traumlandschaft.
In den Wasseroberflächen spiegeln sich die Schatten der Häuser.
Vom Wind bewegt ragen die zitternden Dächer in den Himmel, den es nicht gibt.
Geknickt sind Deine Bauwerke, bedeckt mit schlammigen, lehmigen Farben.
Verrottet und verroht erscheinen strahlend die Städte einer unzivilisiert-zivilisierten Menschheit.
Monumente einer trostlosen Besessenheit.
Es ist still auf Deinen Bildern.
Die Schatten zerfließen in reglose Landschaften, werden zu Riesenaugen mit verwachsenem Blau und einer Traurigkeit die nichts ausspart.
Der Lärm ist verebbt, erstorben gleichsam.
Die Gassen münden in Wasserpfützen.
Landschaften von Menschen.
Menschenlandschaften Deine Städte.

Lucas Solange
aus: Rede auf Zens

Palmenhaus in Schönbrunn
1983, 37 × 27 cm

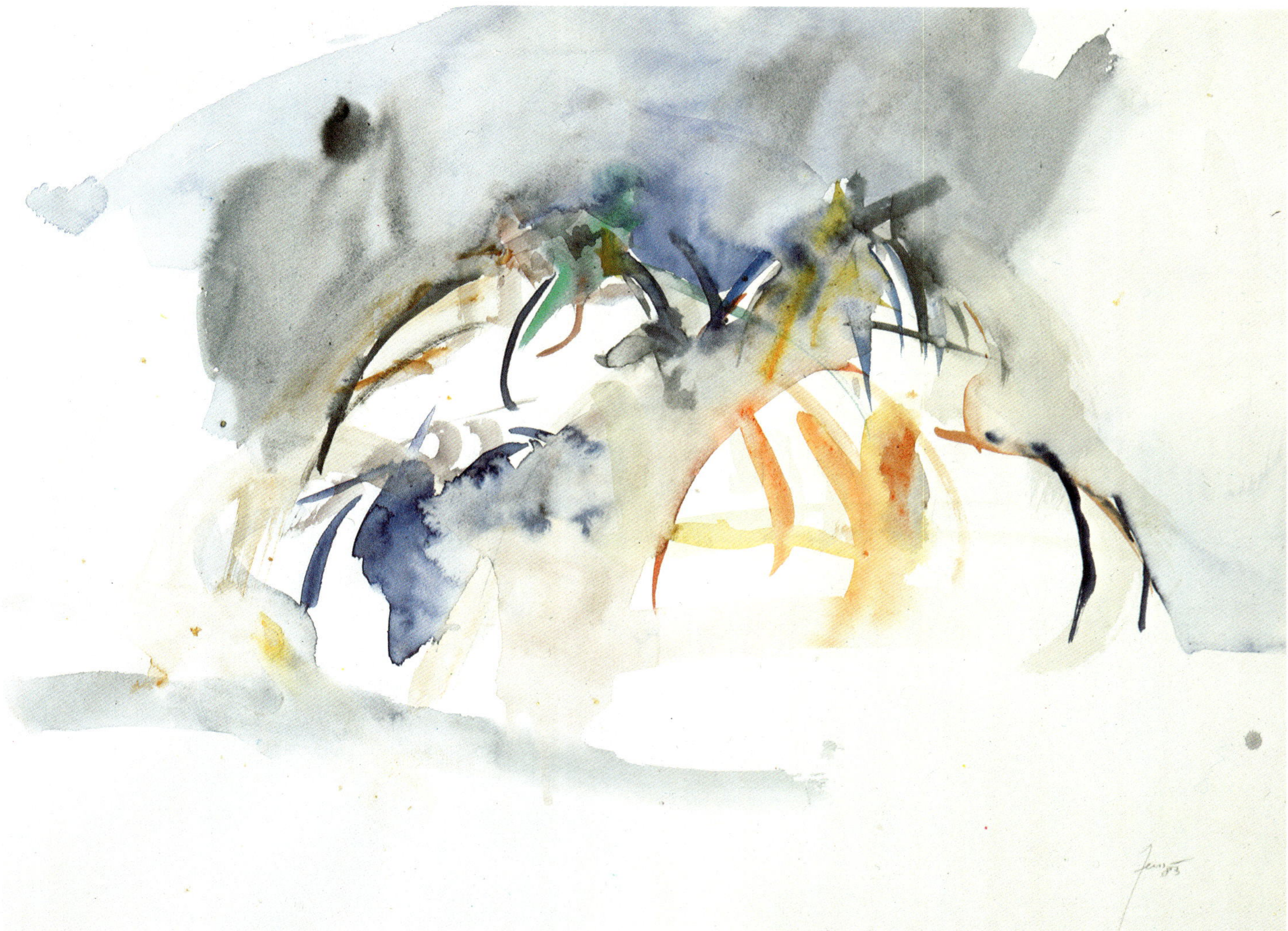

Das Stilleben

Und zog sich in sein Atelier zurück

Bei keinem anderen Thema ist der Maler so allein mit sich und seinem Motiv wie beim Stilleben. Und er ist auch nie so allein verantwortlich für die Komposition, denn er allein ordnet die Gegenstände, er allein bestimmt das Licht, in das er seine Krüge, Vasen, Tücher, sein Obst und seine Blumen stellt. Seine Stimmung allein ist es, die ihn ein helles, buntfarbiges, oder ein dunkel getöntes Bild malen läßt, die Gegenstände sind geduldig, sie passen sich der schöpferischen Laune an, werden nicht müde, gähnen nicht, stehen still und haben Zeit zu warten. Des Malers Willen ist es, der zum Obst noch ein Musikinstrument, zum gefälligen Faltenwurf noch eine hohe schlanke Flasche stellt, er schafft sich seine Wirklichkeit nach seiner Stimmung und seinem malerischen Bedürfnis.

Giorgio Morandi hat sein Leben lang nur Stilleben gemalt. Vasen, Flaschen, Krüge, hin und wieder Blumen. 50 Jahre lang. Und doch ist es eine ganze Welt, eine malerische Welt von Stilleben und der Einsamkeit und einer unendlichen Poesie.

Ilse Kesselgruber

*Geboren **1947** in Wien. Studium der Malerei an der Akademie der bildenden Künste in Wien. **1974** Abschluß mit Diplom, seither freischaffend.*

Ausstellungen und Ausstellungsbeteiligungen: *in Wien, Lambach, Bruneck, Rom, Luxemburg.*

Preise: ***1978** Anerkennungspreis für Aquarellmalerei der Stiftung „Sinaide Ghi" in Rom; **1981** Förderungspreis der Theodor-Körner-Stiftung, Wien.*

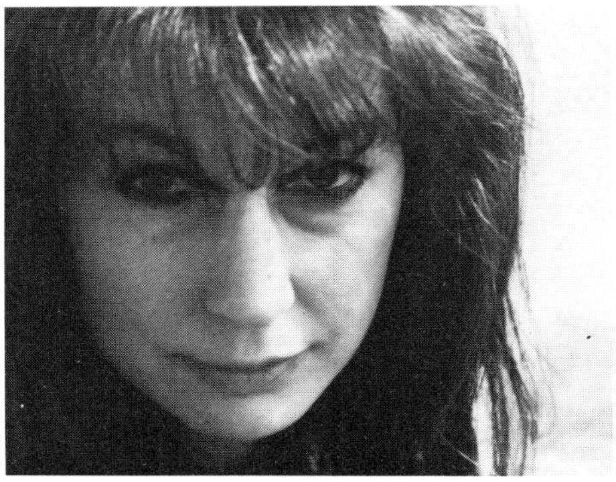

Von allen malerischen Techniken ist die des Aquarells entschieden die anspruchsvollste und schwierigste. Wie bei keiner anderen gilt es bei ihr Kalkül und Spontaneität zu vereinen, um jene durchsichtige Leichtigkeit und innere Logik zu erzielen, die die besten und schönsten Werke dieser Technik auszeichnet. Vor allem wenn es als ‚reines' Aquarell, ohne Verwendung von Deckweiß und deckenden Farben und damit ohne Korrekturmöglichkeit, gehandhabt wird, verlangt dieses Medium die größtmögliche Beherrschung der Mittel: der in zarten Lasuren gesetzten Farben, die das Weiß des Papieres durchwirken lassen müssen, um ihre strahlende Leuchtkraft zu erhalten. Ein Zuviel läßt die Farben erstarren, opak und schwer werden, ein Zuwenig kann versäumen, sie zum Leben zu erwecken.

Dazu verlangt die Setzung der Flächen und Flecken ein solides zeichnerisches Können, das durchwirken und in den Formen enthalten sein muß und der malerische Vortrag und Vorgang ist der Bedachtnahme auf die Temperatur, die das Eintrocknen und damit den Arbeitsrhythmus bestimmt, ebenso ausgeliefert wie der psychischen Disposition, die äußerste Konzentration verlangt. Der geringste Fehler kann die Logik des Blattes zerstören, stundenlange Arbeit vergeblich machen. Vor allem wenn man so anspruchsvoll vorgeht, wie es Ilse Kesselgruber in ihren Aquarellen tut, die ohne Vorzeichnung aus der freien, auf die Form bezogenen Setzung der Farbe vor der Natur entstehen und dabei das Weiß des Papiers auch als Spannungsfeld, als konkrete räumlich-formale Aussage, als Licht oder plastisches Mittel dialektisch einbeziehen.

In ihnen ist das Topographische einer Landschaft schon durch die Motivwahl zum Typischen gesteigert, um den Charakter eines Ortes zu deuten. Die Farbe hat dabei die Aufgabe, vom Optischen her das Substrat der erlebten Tageszeit, der Atmosphäre und des Wesens der Landschaft zu sein und Plastisch-Räumliches zu suggerieren. Das aber ohne in eine zu subjektive Interpretation zu verfallen. Im Gegenteil. In diesen Aquarellen finden wir bei allem erstaunlich großzügigen und spontanen Vortrag in der tektonischen und doch dynamischen Vereinfachung der Darstellung eine poetische Sachlichkeit, die bewußt mit dem romantischen Expressionismus der jüngeren österreichischen Vergangenheit und überlegt Bezug auf die ‚Klassik' nimmt ohne eklektisch und ‚klassizistisch' zu sein.

Die bewegte Musikalität dieser Arbeiten verleiht der erstaunlichen Renaissance des Aquarells in Österreich eine neue und wesentliche Facette.

Claus Pack

Stilleben
1979, 50 × 34 cm

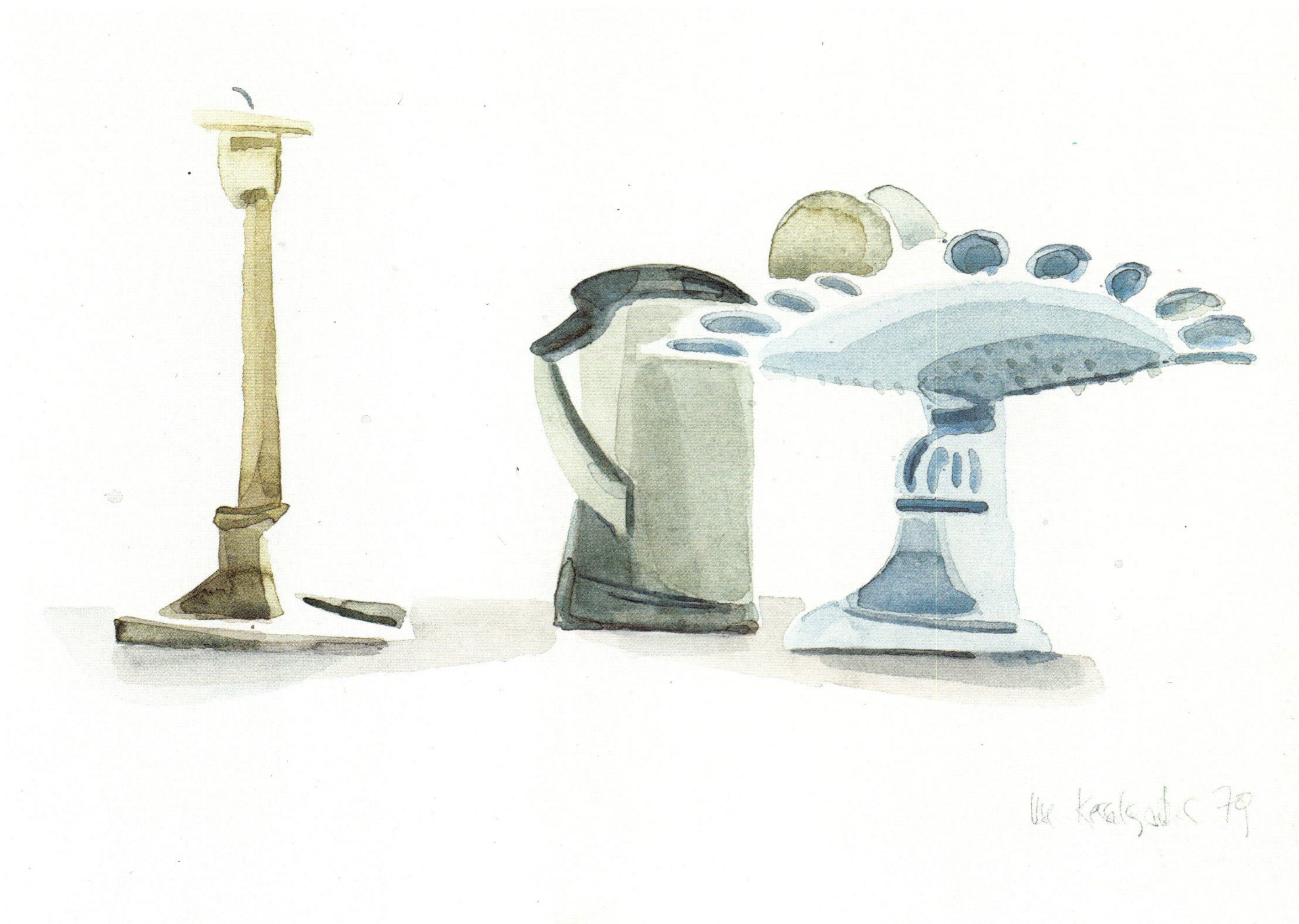

Karl Stark

1921 Am 4. November in Glojach, Steiermark, geboren. 1936–1940 Bildhauerklasse an der Kunstgewerbeschule in Graz. 1941–1945 Militärdienst. 1945–1947 Meisterschule für Malerei in Graz bei Prof. R. Szyszkowitz. 1947–1951 Studium an der Akademie der bildenden Künste in Wien, Meisterschule für Malerei bei Prof. A. P. Gütersloh und Prof. H. Boeckl. Anschließend zahlreiche Kollektivausstellungen im In- und Ausland. Nach dem Kriegsende Studienreisen, um in den bedeutendsten Museen die alten Meister und die Klassiker der Moderne zu studieren. 1973 Herausgabe einer Monographie von Claus Pack.

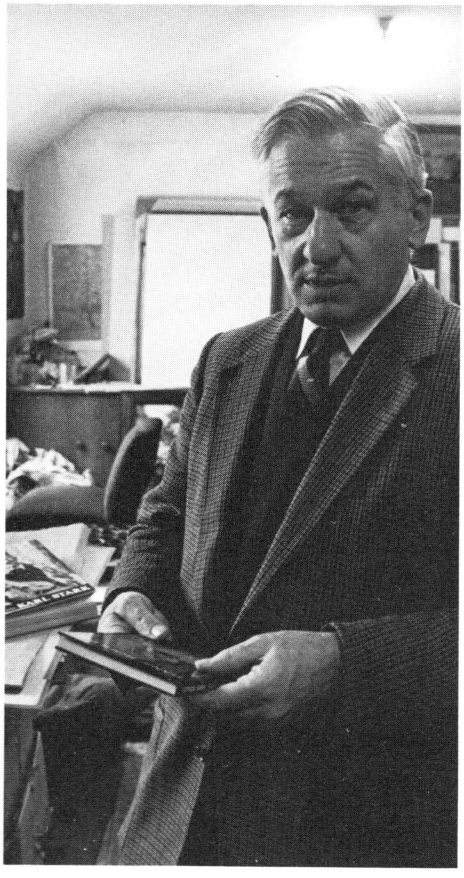

Man muß in seiner Kunst unbestechlich sein, und um es in seiner Kunst zu sein, sich bemühen, es im Leben zu sein.

Karl Stark

Die Aufgabe von Stark liegt im schwierigen Bemühen des „Bewußtwerdens" der künstlerischen Gestaltungskräfte, die nach seiner Überzeugung, am Anfang unseres Jahrhunderts – im Aufbruch der Moderne – von schöpferischen Künstlern unbewußt, fast ausschließlich im jugendlichen Alter aus dem Emotionellen und Triebhaften erlebt wurden.

Das Bewußtmachen der im Künstlerischen sichtbar werdenden Seelenkräfte, welches nach Ansicht des Malers erst in der zweiten Lebenshälfte, als bleibender Besitz, möglich wird und das zentrale Anliegen der Kunst unseres Jahrhunderts ist, stellt den Menschen in eine neue moralische und ethische Dimension, der seine Lebens- und Weltanschauung aus dem Geistigen schöpft und ihn dadurch die Verführung der Neuzeit, den Materialismus, die Weltsucht, überwinden läßt.

Das Elementare, das in den Arbeiten Karl Starks an den Dingen in Erscheinung tritt, ist eingebettet in eine poetische Verhangenheit. In den Landschaften in ein Dämmern, in dem es still aufleuchtet oder wie in Wettern blitzt und strahlt. In den Akten lagern die Körper von nun an in den Bildraum verspannt, mit oft angeschnittenen Formen, leuchtet das Fleisch in kühnen farbigen Umsetzungen, die seine materielle Schwere aufzulösen trachten. Und die Blumen tauchen aus farbigen Räumen und Nebeln, die wie sie selber leuchten, scheinen sich aufzulösen, zu werden und zu vergehen. Landschaften, Blumen und Akte wurden von da ab immer mehr zu Ausdrucksträgern der Emotion des Künstlers, zu unmittelbaren Setzungen seiner inneren Gestimmtheit, seiner Weltschau.

So führt das immer großzügiger werdende Strömen der Farbe in den Landschaften mit ihren golden brennenden Himmeln, dem großflächigen Dämmern des Elementaren zur Erinnerung an Turner, an dessen ähnliche farbige Bestrebungen, die zu einer kosmisch bewegten Schau der Welt unter dem Kennzeichen des Kampfes und des Wandels der Elemente geführt hatte.

Es zeigt sich in den Blumen in einem noldehaften Leuchten der Farbe, aus dem uns die Blüten augenhaft anzublicken scheinen, und entgegenblühen und verwelken. Dabei wirken sie aber konkreter, dinghafter, weniger dekorativ bei aller flächigen Verklärung, sind stärker auf Welt und Umwelt bezogen.

Stark gliedert sich damit ebenso in die große Tradition der europäisch-romantischen Bewegung ein, wie in die des österreichischen Expressionismus, stellt sich aber gegen beide durch seine rein vom Malerischen her kommende Haltung, wie durch die Betonung der Bildtektonik, wobei er sich im Aufbau der Bilder die Erkenntnisse der klassischen Malerei von Raumkulissen, Repoussoirs und Schichtverbindungen zu eigen gemacht hat.

Als Maler psychischen Ausdruckes ist Karl Stark wohl „expressionistisch" – ohne im herkömmlichen Sinn „Expressionist" zu sein. In bezug auf die Betonung des Bildbaues und der räumlichen Gliederung hat er Tendenzen des Expressionismus ebenso überwunden, wie er Elemente des Tachismus und der gegenstandslosen Malerei zwanglos verarbeitet hat.

Claus Pack

aus: Landschaften, Blumen, Akte
Verlag Galerie Welz 1979

Rote Blumen
1958, 33 × 52 cm

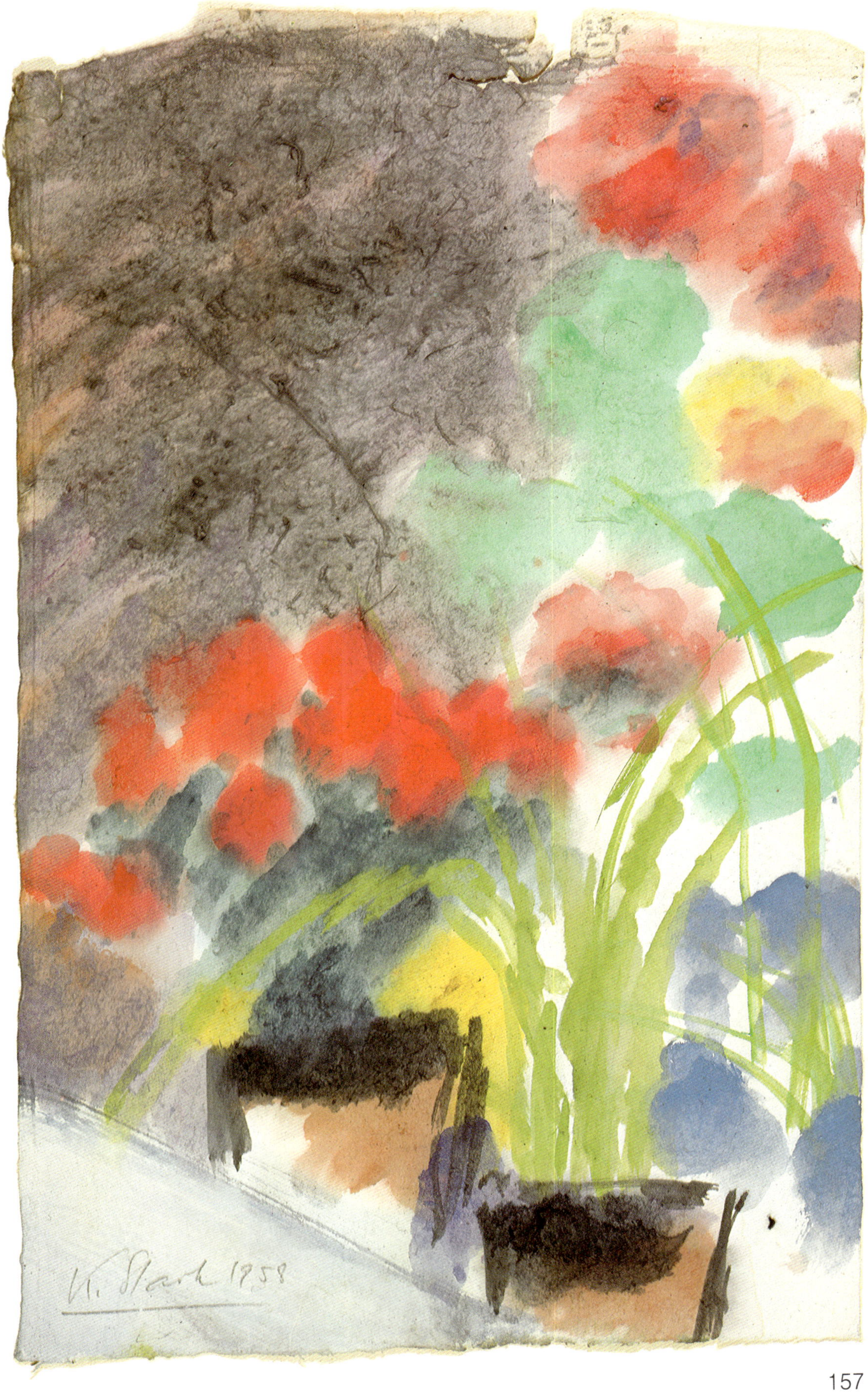

Karl Korab

*Geboren am 26. April **1937** in Falkenstein, NÖ. Studium an der Akademie der bildenden Künste, Wien. Lebt in Sonndorf, NÖ.*

Ausstellungen: ***1960** Galerie „Junge Sammler", Wien; **1963** Galerie Peithner Lichtenfels, Wien; **1968** Künstlerhaus Galerie, Wien; **1969** Galerie Ariadne, Wien; **1970** Galerie im Stock, Wien; Galerie Pudelko, Bonn; **1972** Aoki Gallery, Tokio; Galerie Loeb, Paris; Galerie Hartmann, München; Graphik Salon Söhn, Düsseldorf; Galerie am Steinernen Haus, Frankfurt; **1973** Fischer Fine Art Ltd., London; Galerie Welz, Salzburg; **1974** Galerie Krugier, Genf; Galerie Kornfeld, Zürich; Kulturamt der Stadt Regensburg; **1975** Jasa Fine Art, München; European Gallery, San Francisco; Galerie Ulysses, Wien; Kunstverein, Mannheim; Aberbach Fine Art, New York; Galeria Svensk, Stockholm; Sandoz Preis; **1976** Kunsthalle, Stockholm; Akademie der Künste, Berlin; Aberbach Fine Art, London; Galerie Bloch, Innsbruck; **1977** Fondation Veranneman; Kruishoutem-Belgique; **1978** Galerie De Seine-Fiac 78, Paris; Galerie Farber, Bruxelles; Galerie Hilger, Wien; **1979** Galerie in der Staatsoper, Wien; Dominikanerkloster, Krems; Galerie Welz, Salzburg; **1980** Galerie Droschl, Graz; **1981** Horn Gallery, New York; **1982** Neue Galerie, Wien; Galerie Welz, Salzburg.*

Arbeiten im öffentlichen Besitz: *Graphische Sammlung Albertina, Wien; Städtische Sammlung, Bonn; Neue Galerie – Wolfgang-Gurlitt-Museum, Linz; Niederösterreichisches Landesmuseum; Musée d'art moderne, Paris; Neue Pinakothek, München; Bibliothèque Nationale, Paris; Sammlung BASF, Ludwigshafen.*

Bücher, vom Künstler gestaltet:

Karl Korab: „Das Waldviertel". Mit Abbildungen nach Originalzeichnungen. Farb- und Schwarz-Weiß-Photographien von Karl Korab. Verlag Molden Edition, Wien – München – Zürich. 1. Auflage 1974; 2. Auflage 1978. 1. Österreichischer Staatspreis für das „Schönste Buch Österreichs". Silbermedaille der Buchmesse Leipzig.

Karl Korab: „Ein Dorf". Poetische Dokumentation einer aussterbenden Lebensform. Photos und Zeichnungen von Karl Korab, Text von Axel Corti. Verlag Molden Edition, Wien – München – Zürich, 1980. Vorzugsausgabe mit 6 signierten Originalradierungen von Karl Korab. 2. Österreichischer Staatspreis für das „Schönste Buch Österreichs". Kodak-Photobuchpreis, Stuttgart.

Karl Korab: „Irland". Photos und Zeichnungen von Karl Korab, Text von W. B. Yeats. Verlag Christian Brandstätter, Wien, Oktober 1982.

Karl Korabs Kartenspiel. Spielkarten nach Originalentwürfen. Verlag Molden Edition, Wien – München – Zürich, 1973.

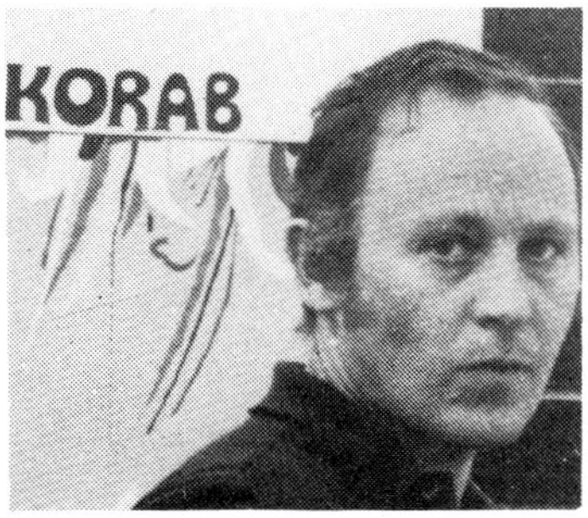

Kandinsky hat 1912 die zwei polaren Gestaltungsmöglichkeiten und Formprinzipien des 20. Jahrhunderts als das ‚große Abstrakte' und das ‚große Reale' charakterisiert. Ebenso wie das ‚große Abstrakte' überschreitet das ‚große Reale' die sichtbare Wirklichkeit und gibt ihr einen neuen Aspekt. Von dieser Definition ausgehend, steht Korab dem ‚großen Realen' sicherlich näher. Auch in den Arbeiten der letzten Jahre, in denen sich Korab immer stärker von der vorgegebenen Realität der Gegenstände löst und zu streng gebauten formalen Kompositionen fand, bleibt dennoch der Dingcharakter gewahrt.

Susanne Berchthold

In der Unterhaltungsmusik kennt man den Begriff des ‚sound', des ‚Klangs' als Inbegriff des Ausdrucks für eine bestimmte, sehr charakteristische Klangfarbe eines Orchesters oder auch eines Solisten, und man kennt auch den Effekt, den ein neuer ‚sound' auslösen kann, das plötzliche, spontane Angerührtsein, das Empfinden, einen neuen, nicht dagewesenen, dabei ungeheuer ansprechenden Klang zu vernehmen, dem man in seiner Originalität und Ursprünglichkeit intuitiv verfällt. Derartig spontanes Angerührtsein ist auch in der bildenden Kunst in gleicher Weise möglich, sicherlich aber auch genauso selten, wie in der Musik. Es dürfte nicht verfehlt sein, Karl Korab einen derartigen spontan anrührenden ‚sound' zuzugestehen, eines Klangs, der frei ist von Effekthascherei, in seiner Originalität und Ursprünglichkeit aber eine unmittelbare Faszination ausübt.

Gerhart Söhn

„. . . aber ich sehe da einen Mißbrauch, wenn man sich in der Malerei abreagieren möchte und da seine Wehwehchen, seinen Kummer etc. abladen möchte; für mich ist die Malerei eine ganz klare Angelegenheit, ein Bewußtmachen von Erlebnis und von Vorstellungen, die man von der Welt hat."

„. . . Die ungegenständlichen Bilder resultieren aus den Erfahrungen, die ich an der Natur mache, nicht aus dem, was mich umgibt. Ich gehe sehr viel hinaus und zeichne auch im Freien. All das verarbeite ich dann auch in meinen Bildern."

Karl Korab
aus einem Gespräch mit Gottfried Layr

Wie jeder Maler malt Korab im übrigen im Grund immer an einem einzigen Bild, das, ehe er es (wenn überhaupt) vollendet zur Darstellung bringen kann, zahlreiche Entwicklungsstufen benötigt. Der Reiz der Ansammlung einer ganzen Reihe solcher Stufen ist es, an ihnen ablesen zu können, wie sich bildgewordene Gedanken schrittweise entwickeln und abändern und wie sie sich wieder zusammenschließen, eine kennzeichnende Einheit bilden, deren Teile sich gegenseitig erklären.

Kristian Sotriffer

Stilleben
1979, 52 × 40 cm

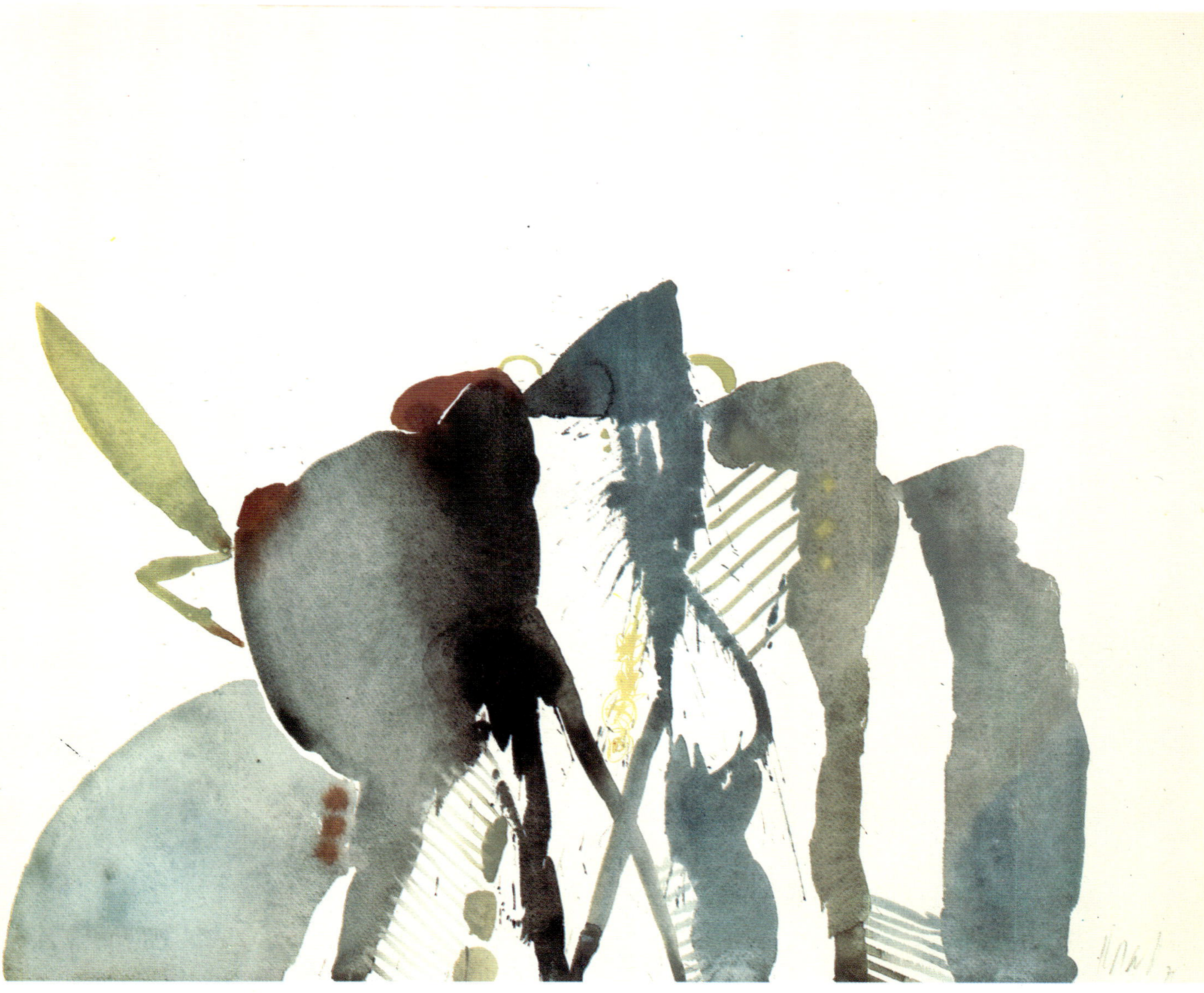

Sr. Elfriede Ettl

*Geboren **1914** in Frauenkirchen, lebt in Eisenstadt. **1933** Eintritt in die Kongregation der Schwestern vom göttlichen Erlöser. Bis zur Auflösung der Ordensschule durch das NS-Regime **1938** Lehrerin am Theresianum in Eisenstadt. **1940–45** Studium an der Akademie der Bildenden Künste in Budapest. Lehramt für Mittelschulen. **1945–74** Kunsterzieherin an der AHS in Eisenstadt, Theresianum. Magister Artium. Seit **1967** Mitglied der „Künstlergruppe Burgenland". **1972** Verleihung des Titels Oberstudienrat. **1980** Kulturpreis des Landes Burgenland für die Bildende Kunst.*

Personalausstellungen: ***1970** Frauenkirchen; **1972** Fulda, Vonderau-Museum; **1973** Eisenstadt, Landesgalerie; **1977** Hard, Vorarlberg; **1979** Eisenstadt, Landesgalerie „Eisenstadt-Zyklus"; **1980** Eisenstadt, Haus der Begegnung „Glaube, der die Erde liebt"; **1980** Güssing, Kulturzentrum „Burg Güssing"; **1982** Frauenkirchen „Burgenland-Aquarelle"; **1982** Eisenstadt, Landesgalerie „Kroatenzyklus – Burgenland".*

Ausstellungsbeteiligung: *Im Rahmen der „Künstlergruppe Burgenland" im In- und Ausland, so z. B. Agram, Marburg, Rom, Wien, Salzburg, Wr. Neustadt, Eisenstadt. Internationale Ausstellung Bildender Künstler „Pannonia 71", „Pannonia 73", „Pannonia 75", Moldavien, UdSSR u. a.*

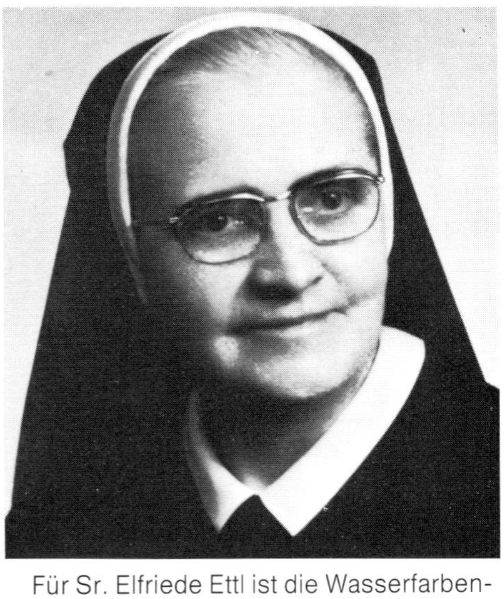

Für Sr. Elfriede Ettl ist die Wasserfarbenmalerei eine Chance, spontan zu kreativieren, parallel zur Natur Strukturen auf das Blatt zu setzen, Farben anzuschwemmen.

Otto Breicha

Eine Farbe ruft die andere
Gespräche mit der Malerin Sr. Elfriede Ettl

Das Abenteuer des Malens wird spürbar, wenn Sr. Elfriede Ettl sagt: *„Wichtig für ein Aquarell ist die Unmittelbarkeit, das Jetzt. Es muß rasch gearbeitet werden. Die Farbmischungen geschehen fast unbewußt. Das macht den guten Aquarellisten aus. Es gehört viel Mut dazu, die Farben einfach rinnen zu lassen! Der Zufall spielt beim Aquarellieren immer eine Rolle. Es gibt beim Aquarell etwas, was man bewußt setzt und etwas, was einfach geschieht. Wenn es nur vom Bewußten her ginge, würde die Sache ungemein trocken werden. Würde man nur darauf warten, daß es passiert, dann wäre es eine Zufallsleistung. Es muß beides gekoppelt sein. Man malt und es malt in einem."*

Die Skizzen sind notwendig. Der Bildaufbau wird immer an Ort und Stelle festgelegt, weil *„sonst daheim das ganze in der Luft hängt"*. Elfriede Ettl malt nicht die vordergründige Realität. Sie malt die größere Wahrhaftigkeit die dahinter steckt. *„Die Schlüssellöcher dürft ihr nicht suchen an euren Häusern!"* sagt sie den Leuten. Und auf die oft gestellte Frage: „Warum sind bei Ihnen die Wände schief?" erklärt sie: *„Die schiefen Wände vermitteln das Lebensgefühl. Alles ist bewegt und rhythmisch. Es kann gar keine geraden Mauern geben."* Für Sr. Ettl ist Kunst die Veränderung der Wirklichkeit. *„Es muß etwas sein, was der Mensch dazugibt."*

Aber zurück zum Lebensgefühl. *„Als Bauerntochter habe ich möglicherweise einen sinnlicheren Bezug zur Dingwelt als andere"*, formulierte die Künstlerin anläßlich einer Ausstellung. *„Das zeigt sich auch in meinen Aquarellen. Obwohl ich auch Tiefenzonen male, ziehe ich mir die Dinge meist magisch in den Vordergrund und kann mich so farbig erst richtig bewegen. Ein Fuß steht bei mir in der Realität, der andere baumelt ..."* Von Oskar Kokoschka, dessen „Schule des Sehens" sie 1954 besuchte, ist sie darin bestärkt worden, daß nicht das gegenständlich gebundene Sehen, sondern das kreative Sehen zählt. *„An dem mit den Sinnen Erschauten muß eine schöpferische Umwandlung geschehen. Im ersten Moment sehe ich real. Die kreative Art zu sehen muß man üben. Sie ruft viele Assoziationen hervor. Eine Farbe ruft die andere!"*

„Ein Aquarell lebt von der Farbigkeit! Wo der Weißgrund durchscheint, wirkt die Farbe transparent. Sie ist wie ein Schleier über das Blatt gelegt. Genau das entstofflicht ein Aquarell, vergeistigt es. (Ein Ölbild ist viel dinglicher als ein Aquarell.) Und das Licht spielt eine große Rolle. Ich unterscheide ein Oberflächenlicht, ein Tiefenlicht und dann das hellste Licht, den ausgesparten Weißfleck. Der muß das Bild mittragen. Er schwebt wie ein Fokus über dem Blatt und sammelt das Licht. Er darf aber nicht willkürlich gesetzt sein, sondern muß in den Bildaufbau miteinbezogen werden, sonst zerfällt das Blatt."

Für die künstlerische Entwicklung Elfriede Ettls war er sicher von Bedeutung, daß sie einem Orden angehört. *(„Für gewöhnlich glaubt man von uns Schwestern, wir könnten nur Maiglöckerl malen!")* Die Geborgenheit des Ordens engte sie nicht ein, sondern gab ihr vielmehr die Möglichkeit der kontinuierlichen Entwicklung, die auch den Mut zu immer neuen Wegen miteinschließt. Sr. Ettl lief weder hinter der Anerkennung noch hinter Verkaufszahlen her. *„Ich bin nicht aus auf den Verkauf. Mir ist jedesmal, als würde ich ein Kind hergeben müssen. Ungeduldig war ich nie. Heute muß jeder gleich eine Ausstellung haben. Die jungen Künstler lassen sich zu wenig Zeit. Wenn einer mit etwas Erfolg hat, dann darf er sich nicht festnageln lassen auf das. Er muß sich immer das Weiterexperimentieren offen lassen."*

„Ich habe mich sehr lange an keinen Kritiker gewendet. Ich habe mir gedacht: ‚Wenn an meiner Arbeit was dran ist, wird es einmal jemand aussprechen. Wenn es niemand ausspricht, so habe ich zur Freude anderer und zu meiner eigenen Freude gearbeitet. Und das ist auch was. 1978 habe ich in Wien mit einer Künstlergruppe in der Galerie Basilisk ausgestellt und da hat der Hofrat Schmeller, der damals Direktor vom Museum des 20. Jahrhunderts war, ein Bild angekauft. Das war mir die Bestätigung! Dem Schmeller gefällt es!"

Und schließlich hat bereits 1954 Oskar Kokoschka auf eines ihrer Blätter geschrieben: „Oh, liebe Schwester Elfriede, wie gut Sie sehen!"

Hannelore Bürstmayr

Habit des
hl. Franz von Assisi,
38 × 55 cm

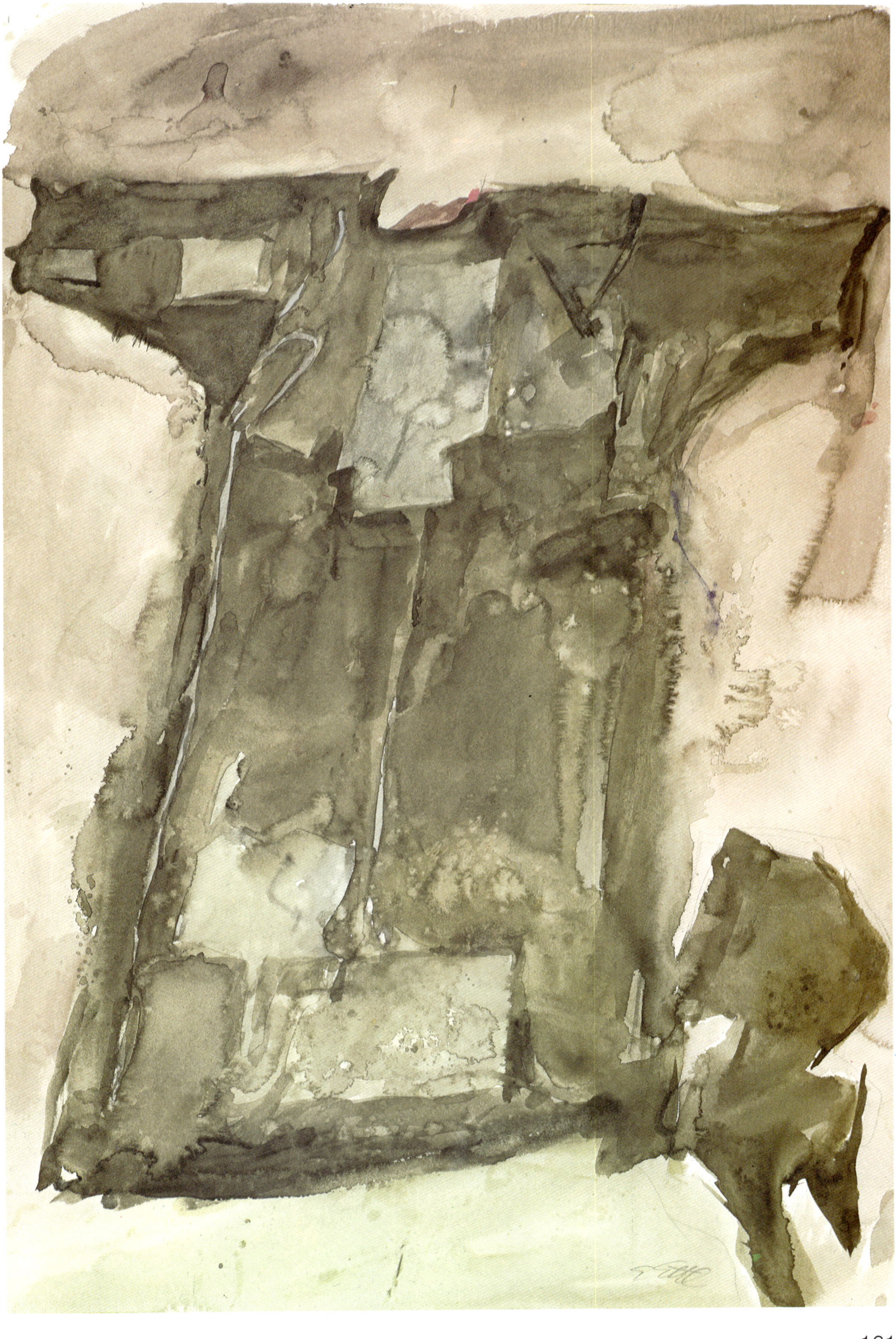

Klaus Klingler

1937 in Salzburg geboren. ***1955–1960*** *Akademie der bildenden Künste in Wien bei Robin C. Andersen und Herbert Boeckl; Sommerakademie Salzburg bei Oskar Kokoschka.* ***1964*** *und* ***1965*** *Assistent von Max Peiffer Watenphul (Sommerakademie Salzburg). Zahlreiche Ausstellungsbeteiligungen.*

Einzelausstellungen: ***1965*** *Salzburger Kunstverein;* ***1972*** *Keltenmuseum, Hallein;* ***1973*** *Café Braun, Hallein; Museumspavillon, Salzburg;* ***1974*** *Galerie Kleines Kra, Berlin;* ***1975*** *Galerie Otto Bejvl, Linz;* ***1979*** *Galerie Simmerl, Saalfelden;* ***1980*** *Galerie Academia, Salzburg.*

Werke *sind in der Graphischen Sammlung Albertina, der Landesregierung und der Stadt Salzburg, dem Museum C. A. Salzburg, der oberösterreichischen Landesregierung, der Tiroler Landesregierung (ÖGW 1978) und zahlreichen Privatsammlungen.*

Das Spektrum der Stilleben ist bei Klingler breit, wenngleich er Blumen bevorzugt. Es ist das Kostbar-Stoffliche, das der Künstler hier aus der Fülle der Wirklichkeit zu isolieren und dem Bewußtsein näherzubringen sucht: das Rauhe und das Zarte, das Samtige und das Durchsichtige, das Zerbrechliche und das Glänzende. Auch hier wird alles Unwesentliche weggelassen, „abstrahiert", um das Gefüge und den Rhythmus des Vegetativen darzustellen.

Im Gegensatz zu früheren Arbeiten geht Klingler stärker analytisch vor, löst die vorgegebenen Formen mit größerer Intensität auf. Vor allem die Bildarchitektonik scheint neu durchdacht: Frei von der Alternative Gegenständlich oder Ungegenständlich verbindet sie Klingler nunmehr mit der lyrischen und musikalischen Beziehung zwischen Form, Ton und Farbe. Ob nun diese visuelle, lyrisch-musikalische Beziehung mehr (wie bei den Stilleben) oder weniger (wie bei den Landschaften) abstrakt ist, ist ohne Bedeutung. Was den Betrachter der Bilder von Klingler betrifft, gilt die Aussage Leonardo da Vincis: Aus Bildern ist nur das herauszulesen, „was man als Vorstellung in sich trägt". Jedes Bild ist auf die Mitwirkung des Betrachters angewiesen. Von den Arbeiten Klaus Klinglers ist das zu erfahren. Nur indem man sieht, setzt die Wirkung der Bilder ein.

Michael W. Fischer

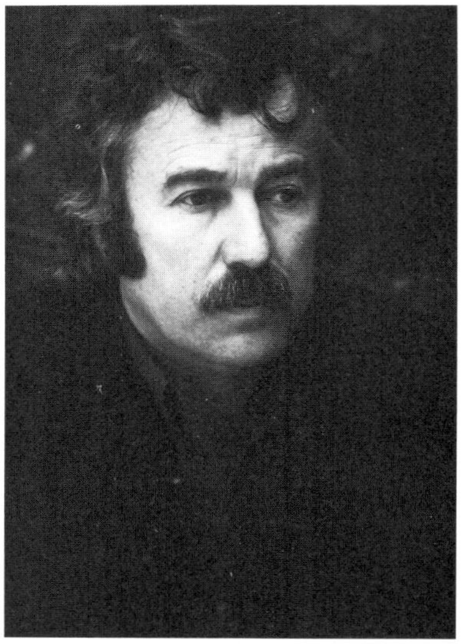

Klaus Klingler ist ein sensibler, leicht verletzlicher Mensch. Grelle, bloßstellende Karikatur ist seine Sache nicht mehr. Er blickt tief, leidet, schweigt, lächelt. *„Ich lass' die Farben einfach zusammenrinnen"*, sagte er mir, *„genau wie die Natur es macht. Ich ahme nur die Natur nach."* Es erinnert ein wenig an den Ausspruch Fritz Kreislers, daß Geigenspielen nicht schwer sei, man müsse nur den richtigen Finger zur richtigen Zeit an die richtige Stelle legen.

Klaus Klinglers Bilder besitzen das Merkmal wahrer und großer Kunst: Bloßes Ansehen genügt nicht, man muß mit ihnen leben, dann kommt man ihren Geheimnissen näher, ganz ergründen kann man sie ohnehin nie. Die Landschaften sind mystisch, von einer beängstigenden und leicht zerstörbaren Schönheit. Die Menschen sind undurchsichtig und fremd, aber ungeheuer lebendig. Ich wäre nicht sonderlich überrascht, wenn eines Tages statt einer Klingler-Graphik ein leeres Papier an meiner Wand hinge, weil die Menschen, die noch tags zuvor darauf waren, über Nacht nach Hause gegangen wären. Klaus Klinglers Bilder sind ein Stück verständlich werdender Natur und dadurch, wenn wir es nur wollen, ein Stück unserer selbst.

Georg Kreisler

Ich arbeite am liebsten vor der Natur. Ihre Vielfalt an Einfällen hinsichtlich Form und Farbe ist unübertroffen und immer wieder inspirierend und hilft, den Manierismus, die Wiederholung zu umgehen. Zuviel geht heute unter Kunst, was eigentlich eine Produktion für Kunstsupermärkte ist.

Auf dem Kunstmarkt hat die Vermassung und Vermarktung um sich gegriffen.

Klaus Klingler

Abfallkorb
1983, 65 × 50 cm

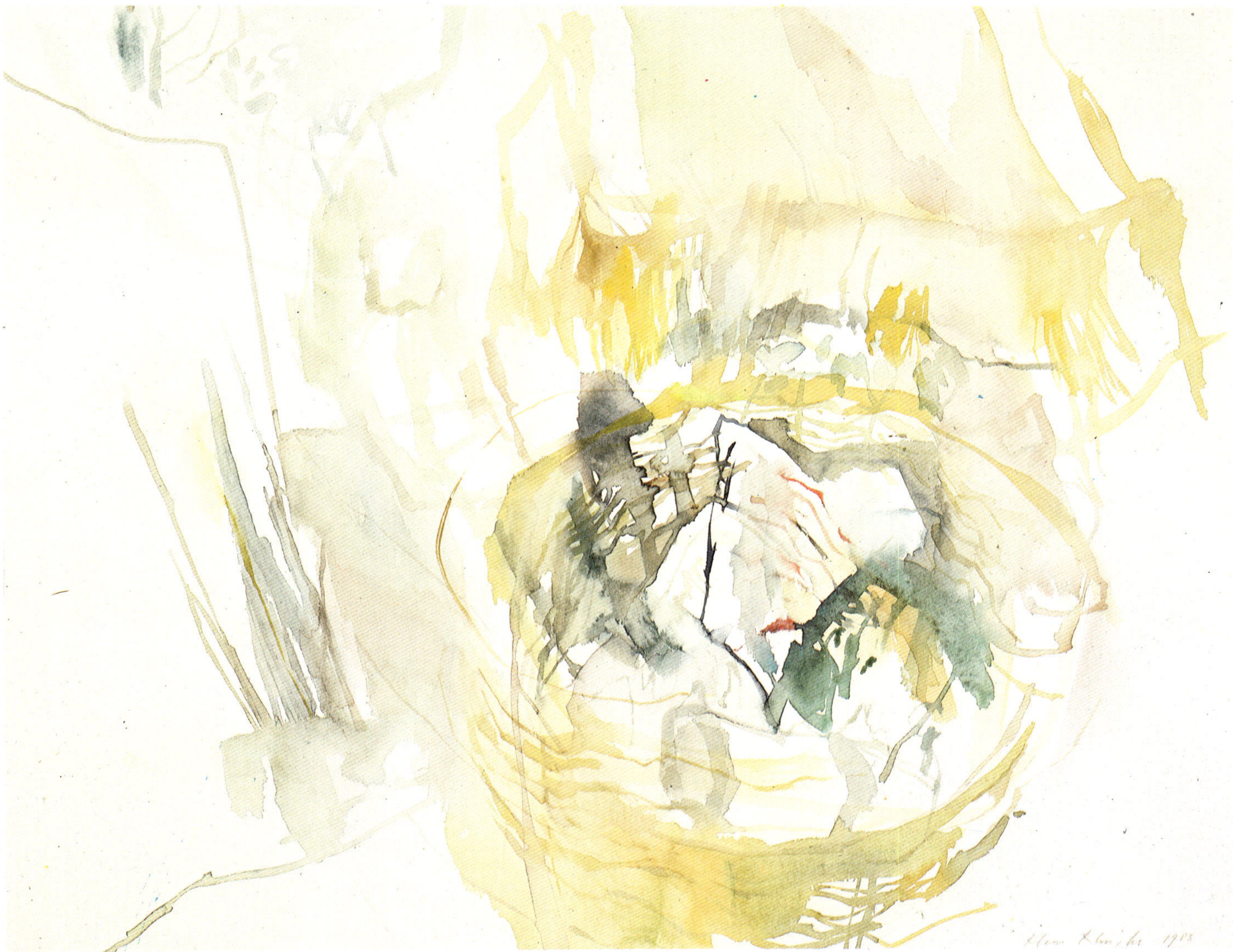

Jörg Leitner

1934 geboren in Kapfenberg, Österreich. Studierte an der Montanuniversität in Leoben. Malt seit dem 16. Lebensjahr und widmet heute einen großen Teil seiner Zeit der Malerei.

1977 Palais Palffy, Wien; 1978 Galerie Union de Banque, Paris; Galeria la Lanterna, Triest; Little Gallery Vienna, Mailand; Galerie Moser, Graz; Art Center (USA), Little Rock; 1979 Galerie Mayte Munoz, Barcelona; 1980 Galerie Prisma, Wien; Little Gallery Vienna, Mailand; Mason Galleries, New York; 1981 Galerie Dida; Schloß Walchen, Vöcklamarkt; 1982 Galerie Kreisler, Barcelona; Galerie Agora 3 (Spanien) Sitges; Galerie Schloß Mühlwang, Gmunden; Galerie Prisma, Wien; 1983 Galerie am Doktorberg, Kaltenleutgeben b. Wien; Galerie Böck, Innsbruck; Galerie Dida, Graz; Palau de Caramany (Spanien), Gerona; 1984 Neufeld Galerie, Lustenau.

Denn was fasziniert vor allem an den neueren Aquarellen Jörg Leitners mehr als die Transparenz einer sich auflösenden Wirklichkeit, die auflöst, um durchschaubar zu machen und nachweist, daß so eine Auflösung nicht Zerstörung von Realität bedeutet, sondern auf die Entdeckung neuer Welten hinausläuft, die hinter dem impressionistischen Vordergrund neu schaubar, erahnbar wird. Hinter allerlei Art von abbildhafter Natur tut sich in dem Durchschauungsprozeß die Wirklichkeit hinter Gräsern, Bäumen, Silhouetten und Horizonten auf. Sie bleibt ein Geheimnis der Imagination, die für den Nachempfindenden immer da ist . . .

Ekkehard Schönwiese

Leitners Aquarelle wirken spontan, fast impressionistisch, spiegeln seine Liebe zur Natur, seine Empfindsamkeit wider. Denn was macht jemanden zum wirklichen Aquarellisten? Doch nur der ist Aquarellist, der über eine schnelle Entscheidungskraft über Kreativität, strenge Disziplin. Sensibilität und über eine bedingungslose Engagiertheit in seiner Arbeit verfügt; das exakte Studium der Natur ist Voraussetzung, um ein guter Landschaftsmaler zu sein.

Renate Schaider

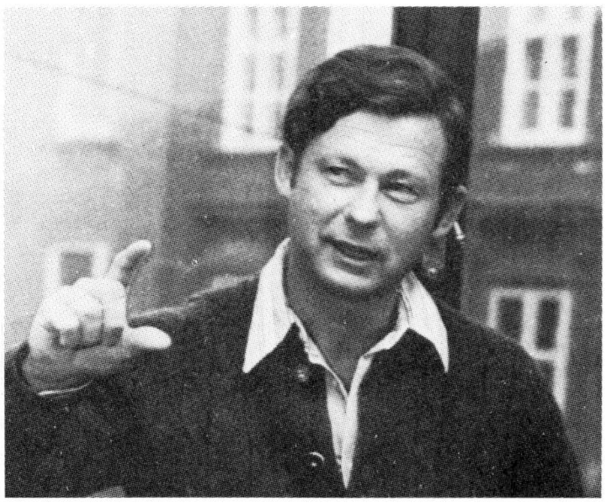

Das Malen mit Wasserfarben läßt so viele Möglichkeiten offen, wie fast keine andere Maltechnik. Darum ist das Aquarellmalen meine Lieblingstechnik geworden, der ich mich fast ausschließlich widme. Sie läßt es offen, ob man schnell und spontan oder konstruierend, transparent oder dicht, naß in naß oder trocken malen möchte. Von mir wird jeweils die Methode verwendet, die dem Motiv und der Stimmung angepaßt ist, oft auch mehrere Methoden in einem Bild und Kombinationen aus diesen Erfahrungen. Jedes Aquarell ist ein Erlebnis für mich. Schnelle Entscheidungen, die erforderliche Kreativität, Sensibilität und bedingungsloses Engagement vereinen sich vor dem weißen Blatt, um zu diesem Erlebnis zu werden. Ständige Weiterbildung führt immer wieder zu neuen Schritten und läßt mich das Gesehene und Empfundene festhalten, nicht immer so, wie es sich zeigt, vielmehr so, wie es meinem Eindruck entspricht. Ich suche nicht krampfhaft nach Neuem, es entwickelt sich aus der Arbeit heraus – nicht gewollt und nicht spektakulär, quasi von selbst, aber dafür harmonisch.

Jörg Leitner

Blumen,
1980, 56 × 76 cm

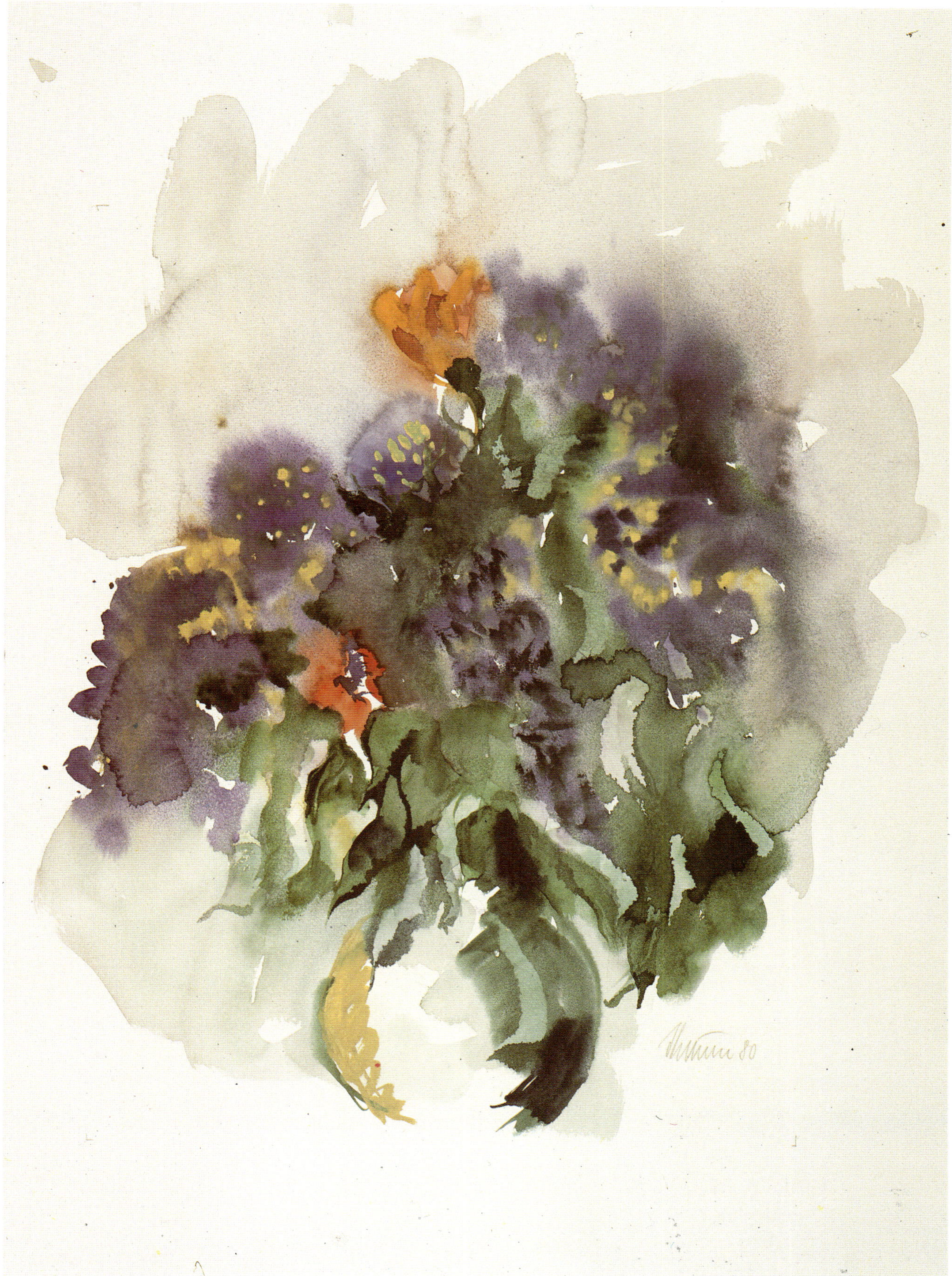

Hilda Uccusic

Biographie: *1938 geboren am 7. Oktober in Lille. 1956–1962 Studien an der Akademie der bildenden Künste, Wien (Prof. R. C. Andersen, Prof. Herbert Boeckl). 1958 Füger-Anerkennungspreis (Akademie der bildenden Künste). 1959 Teilnahme an der Schule des Sehens bei Oskar Kokoschka in Salzburg. 1961 Kunsterzieherpreis der Akademie der bildenden Künste. Seit 1964 wohnhaft in Oberpullendorf, Prof. am BRG. 1977 Ehrenzeichen des Landes Burgenland. 1983 Preis der Burgenlandstiftung.*

Ausstellungen: *1962 Kleine Galerie, Wien; 1978 Galerie Würthle, Wien; Burgenländische Landesgalerie im Schloß Esterházy, Eisenstadt; 1979 Galerie Moser, Graz; Galerie Slama, Klagenfurt; Galerie Schwarzer, Wien; 1981 BAWAG-Fondation, Wien; 1983 Galerie Moser, Graz.*

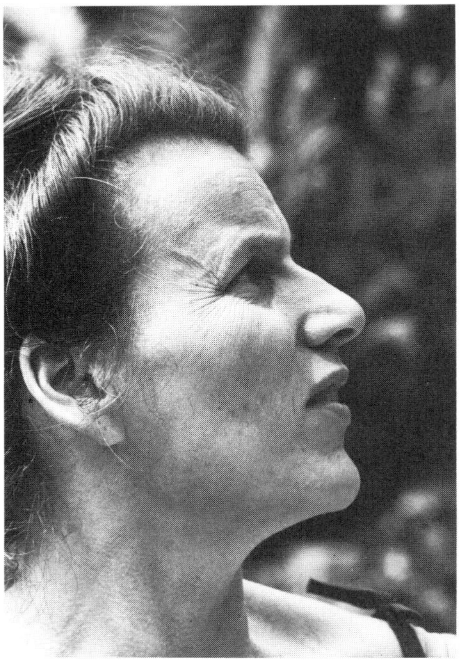

„Ich brauche ein Seh-Erlebnis, dann wachsen die Aquarelle und Zeichnungen ganz von selbst. Warten habe ich gelernt – oft entstehen nach vielen Jahren erst Bilder von Motiven, die mich schon lange fasziniert haben. Die Wirklichkeit ist so reich, so vielfältig, daß ich Bilder nicht erfinden muß. Ich kann es auch gar nicht.“

Hilda Uccusic

Hilda Uccusic erlebt, beobachtet, registriert, was ihre Welt kennzeichnet – eine kleine Welt, eine Insel, eine Zelle, von der aus sie wirken, weil sie von ihr aus das Atmen der Dinge wahrnehmen und aufzeichnen kann. Auf diese Weise lernt sie und lehrt sie andere sehen; auf Zusammenhänge achten, Ordnungen kennenzulernen und in ihrem Sinne zu erfassen. Nur in kleinen, überschaubaren Räumen kristallisiert sich für den Menschen sicht- und fühlbar heraus, was ihn in ihnen heimisch, vertraut werden läßt, ihm Sicherheit gibt, die er dann weitergeben kann – nicht nur als Künstler.

Das Zeichnen und Aquarellieren kommt ihrem Wesen, dem düstere Gedanken offenbar fremd sind, entgegen. Den Augenblickseindruck verwandelt sie mit Feder und Farbe spontan zu heiteren, aber nicht oberflächlichen Ausschnitten jener Wirklichkeiten, von denen sie sich umgeben sieht. Sie hat sichtbare Freude daran, weiterzugeben, was ihr ins Auge fällt, und so ist ihr Verhältnis zur Kunst auch ein denkbar unproblematisches. Daran läßt sich auch für den nichts Verdammenswertes finden, dem aufgefallen sein muß, daß die Kunst längst andere Wege gegangen ist und auch andere Aufgaben gefunden hat.

Aber alles an seinem Ort und zu seiner Zeit. Der Ort dieser Künstlerin ist nicht der des Grüblers und ihre Zeit ist eine quasi stillstehende wie überall dort, wo man dem Wachsen noch zusehen und Einheiten erleben kann, die sich nicht so rasch verändern. Viele ihrer Bilder sind ein Plädoyer für die wachsende Struktur – nicht nur in der Natur sondern auch in Bereichen, wo Menschen zusammenleben.

Kristian Sotriffer

Wo andere ihre Idyllen keimfrei halten, zeigt Uccusic auch die Verwundungen, die der Mensch seiner Umwelt zufügt. Straßen, Masten, Leitungen kommen ins Bild, werden registriert und akzeptiert. Uccusics Bilder sind Reflexionen über die Beziehungen, die zwischen Natur und Mensch, aber auch zwischen gestern und heute bestehen.

Walter Titz

Hilda Uccusic betreibt eine unauffällige Magie. Sie besitzt die Fähigkeit, das Wesen der Dinge zu begreifen und begreifbar zu machen, und zwar indirekt: in einem neu erschaffenden Schein.

Erschaffen: Das ist das Stichwort zu ihrer Arbeit. Sie begnügt sich nicht mit mathematischen Reihungen und analytischen Konstruktionen wie die Maler gestriger Neuigkeiten; sie bleibt auch nicht in der emotionellen Phase der Arbeit stecken wie die Meisterlein vorgestriger Stimmungen. Sie will uns nicht den Akt der geistigen Auseinandersetzung und also die hinreißende Anmut des eigenen privaten Zauderns zeigen, sondern die Welt als etwas Vorstellbares.

György Sebestyén

Stilleben mit Usambara-Veilchen
1974, 53 × 35 cm

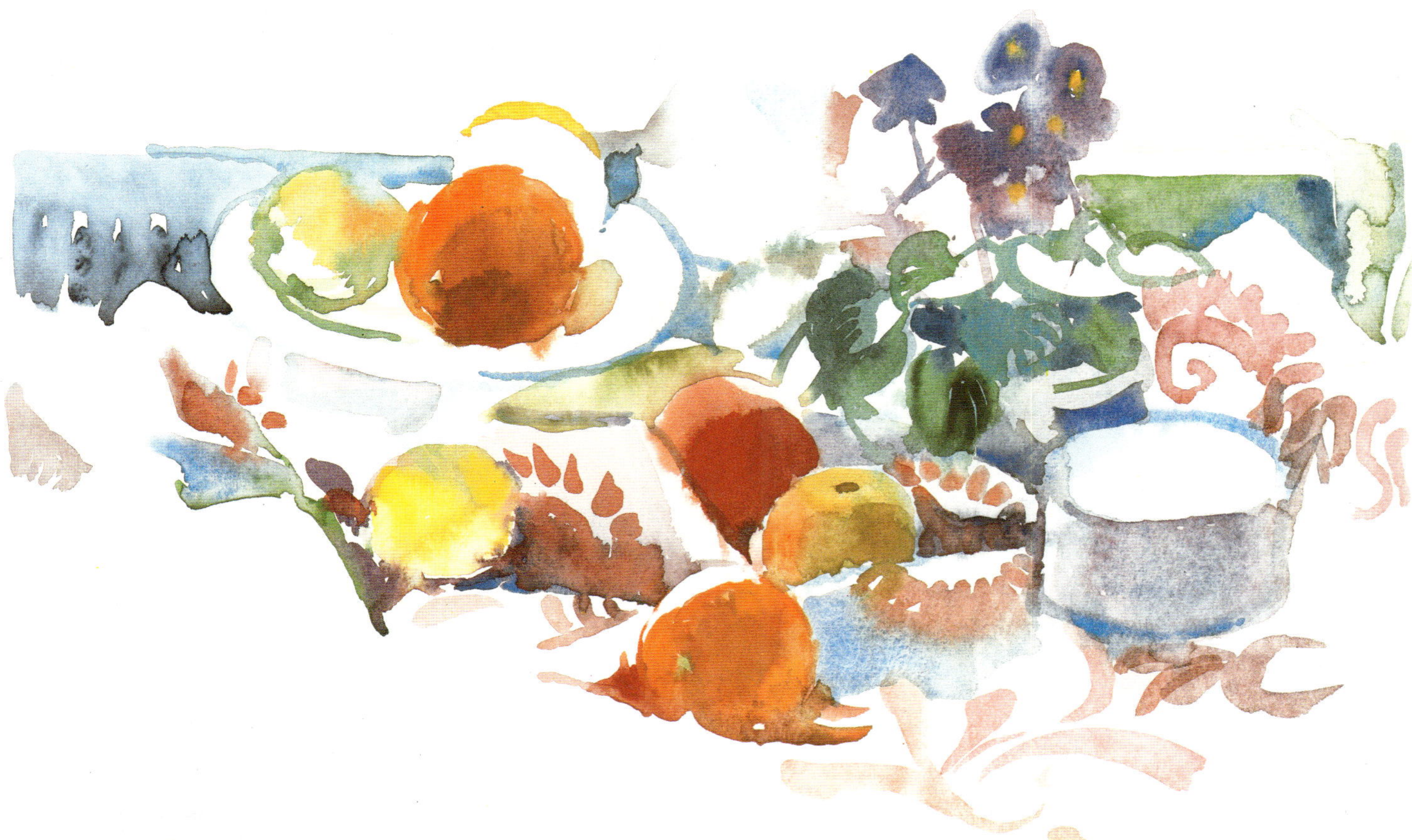

Fritz Fischer

Geb. ***1925*** *in Wien. Studium an der Akademie der bildenden Künste in Wien. Lehrtätigkeit an der Hochschule für angewandte Kunst in Wien* ***(1957–1963).*** *Derzeit tätig als freischaffender Maler.*

Personalausstellungen: *Wien (Gal. Würthle, Gal. Wolfrum, Gal. J. G. Blutgasse, Gal. Seilerst.), Innsbruck (Kunstpavillon); Rotterdam (t'Venster); Neulengbach (Gal. im Gerichtsgebäude), Alte Schmiede, Wien.*

Weitere Ausstellungen: *Wien, Salzburg, Innsbruck, Karlsruhe, Stuttgart, Bern, Ankara, Kairo, Sao Paolo (Biennale).*

Öffentliche Aufträge: *Handelsministerium: Wohnhaus Pernerstorfergasse (Mosaik); Privat: Fa. Anders KG. Inzersdorf (Mosaik); Stadt Wien: Neue Aufbahrungshalle Neustift a. Walde (Mosaik); Weissenböcksiedlung Wien (Sgraffiti); Hallenbad Ottakring, Wien (Mosaik); Volksschule Liechtental Wien (Mosaik); Hallenbad Döbling (Mosaik).*

Preise: *Meisterschulpreis (Akademie der bild. Künste); Förderungspreis (Akademie der bild. Künste); 1. Österr. Graphikerpreis (Innsbruck); Theodor Körner Preis (Stadt Wien).*

Ankäufe: *Museum des 20. Jahrhunderts, Wien; Graphische Sammlung Albertina, Wien; Stedelykmuseum, Amsterdam; Unterrichtsministerium, Wien; Stadt Innsbruck; Stadt Wien; u. v. a. Sammlungen des In- und Auslandes.*

Publikation und Illustration: *Moderne Graphik in Österreich (Claus Pack); Zwischen Kirkenes und Bari (Gerhard Fritsch); Alpträume (Frederic Brown); sowie zahlreiche Zeitungen und Zeitschriften.*

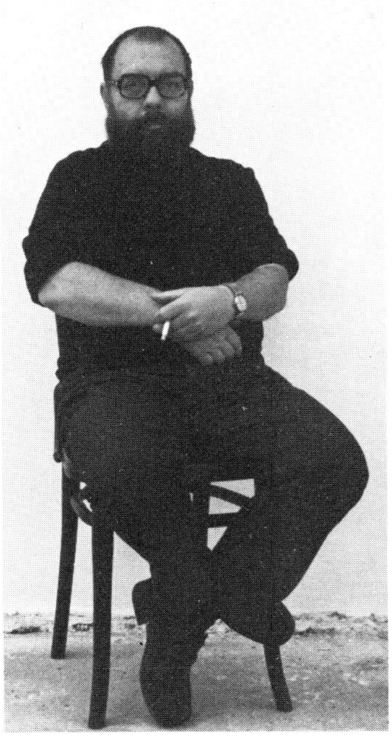

Unter dem Bisamberg

Mir wollte eine alte Geschichte nicht aus dem Kopf, ich hatte sie einmal in Düsseldorf zur Hälfte gelesen, und ich fragte meinen Freund Fritz Fischer, ob er sie wohl kenne, New York ist dreiviertel unter Wasser, es ist unerträglich heiß, der Hudson kocht, und in der Höhe des 16. Stockwerks der Wolkenkratzer greifen die jagdlustigen Alligatoren an.

Er dachte mit aufmerksamen Augen einige Sec. nach und sagte: Ballard.

Stimmt! J. G., sagte ich. – Er wußte Bescheid. Auf diesem Gebiet konnte man ihm nichts vormachen.

Hauptsächlich jedoch malt er. Er ist ein ausgezeichneter, ein sympathischer Maler. Die Wirklichkeit ist für ihn ein cezannesches Rätsel, in dem er, beharrlicher Beobachter, die farbigen Koordinaten löst, heiter mit Stammersdorf und der Welt in Frieden & eins, nur die Farbe grün mag er nicht besonders.

Früher hatte er sich mit Avantgardisten oder Söhnen oder Professoren herumgestritten, aber er hatte einen versöhnlichen Einfluß auf Schülerinnen und Schüler, obwohl er lieber irgendwo leben würde, wo er mit Malcolm Lowry streiten kann, an einer Theke. Mexikanische Stadt mit 11 Buchstaben.

Wenn er nicht malt, löst er Rätsel. Und wenn er malt, auch. In seinen Augen brennt dann gelbes Feuer. Äußerlich geht in ihm nichts vor. Er könnte in einer Mönchszelle oberhalb des Klosters St. Peter hausen. Umso ungeheuerlicher und abenteuerlicher ist die Hölle in seinem Inneren. Mosaiksteinchen fügt er quasi aus dem Handgelenk an Gemeindebauten. Aber das alles täuscht.

Er untersucht die Wirklichkeit mit der gleichen Bedächtigkeit, mit der ein Privatdetektiv ein Apartment durchsucht, in dem der Besitzer nach einem Handkantenschlag von einer psychedelischen Komposition träumt. Er schaut unter Teppiche und Läufer. Wenn er dann nach dem Malen aufsteht, stößt er das Stockerl ganz leicht mit den Waden zurück, um dem Rücken frei zu haben.

Mit Haselnußaugen malt er glänzende Porträts, in denen die seitlichen Farben aus den Schatten heraustreten, die alles über die Persönlichkeit des Porträtierten aussagen, umso mehr, wenn sich dieser mit der Frau der dritten Art abmalen läßt. Befehl aus dem Dunkel. In Ölfarbe gelingen ihm die geschmeidigsten Lösungen. Im Freien hokkerlt er sich nieder wie Toulouse-Lautrec, der Cezanne beim Malen zuschaut. Er denkt an Kotzebue.

In Kompositionen zwischen science und fiction gehen ihm dann die flaschengrünen, unkriminellen Farben durch den Kopf wie einer keltischen Voralpengottheit. Zufall gibt es nicht.

Alfred Schmeller

Selbstporträt mit Muschel
1980, 60 × 44 cm

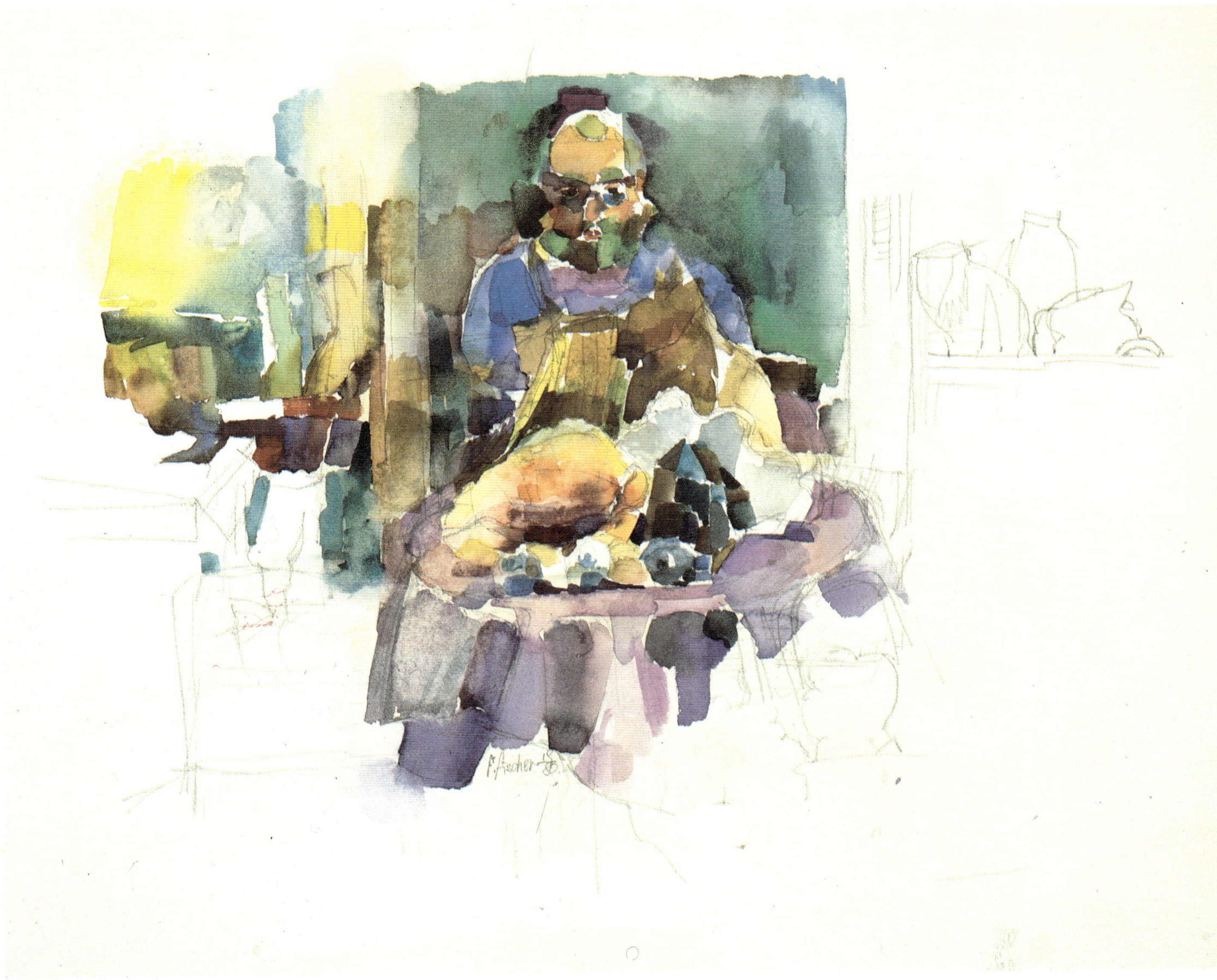

Karl Tomasovsky

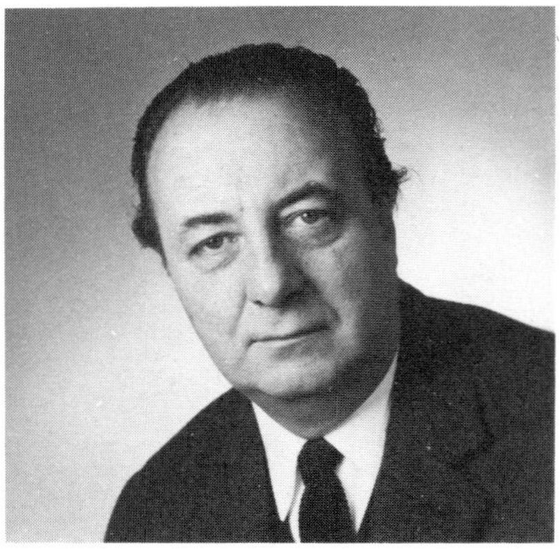

Geboren am 14. September ***1918*** *in Wien.* ***1932–1936*** *Bundeslehr- und Versuchsanstalt für Textilindustrie, Wien.* ***1936–1940*** *Akademie für angewandte Kunst (Diplom).* ***1939–1941*** *Lehrer an der Bundeslehr- und Versuchsanstalt für Textilindustrie.* ***1940–1941*** *Assistent an der Akademie für angewandte Kunst, Wien.* ***1941–1945*** *Kriegsdienst.* ***1946–1950*** *Designer für die Textilindustrie.* ***1951–1952*** *Aufbau einer Wollweberei in Reykjavik/Island.* ***1953*** *Rückkehr nach Österreich; seither freischaffender Designer für die in- und ausländische Textilindustrie. Seit 1977 ausschließlich freischaffender Maler.*

Ausstellungen und Ausstellungsbeteiligungen: *„Alte Schmiede", Wien; Galerie am Doktorberg; Galerie „Hinter'm Rathaus"; Galerie Plank, Wien.*

Werke im Besitz *der Albertina, Kulturamt der Stadt Wien, Mosaik für das Feuerwehrmuseum in Wien; Keramikreliefs an öffentlichen Bauten in Wien; usw.*

. . . Natürlich wird – da es sich ja hauptsächlich um die Wirkung der in den Landschaften beinahe Noldeartig gesteigerten und selbst in den Stilleben-Hintergründen immer noch zu fast greifbar kolorierten Schatten anschwellenden Farben handelt – im Formalbereich sehr weitgehend reduziert. Man darf sich allerdings trotzdem keine rein „abstrakten" oder vielleicht sogar geometrisch vereinfachten Hügel oder Blumen vorstellen. Es gibt auch keine im eigentlichen Sinne impressionistische Auflösung in einzelne Farbtupfen oder Farbflekken, obwohl Tomasovskys Arbeiten diesen Bildern sehr nahekommen und an optischen Reizen kaum nachstehen. Die „Abstraktion" vollzieht sich vielmehr bereits in der Anschauung, so daß die Farben leicht und locker hingesetzt werden können, de facto aber immer auf das in der Vorstellung vorgegebene Bildganze sowie auf das Wesen des Dargestellten selbst Bezug nehmen: Die weiß getünchten Mauern der bäuerlichen Gehöfte drängen sich durch dichte Baumkulissen oder werden mit ihren behäbigen Dächern auf den sommerlichen Feldern wie auf einem Meer von Farbe davongespült, während die schweren, samtdunklen oder ganze Bündel von Farbsignalen aussendenden Blumen immer den Charakter des Blütenhaften, des Sich-Verströmenden beihalten. Nur daß die Natur an farbigem Glanz beinahe noch übertroffen wird.

Elisabeth Heller

Rosenvase,
1982, 31 × 40 cm

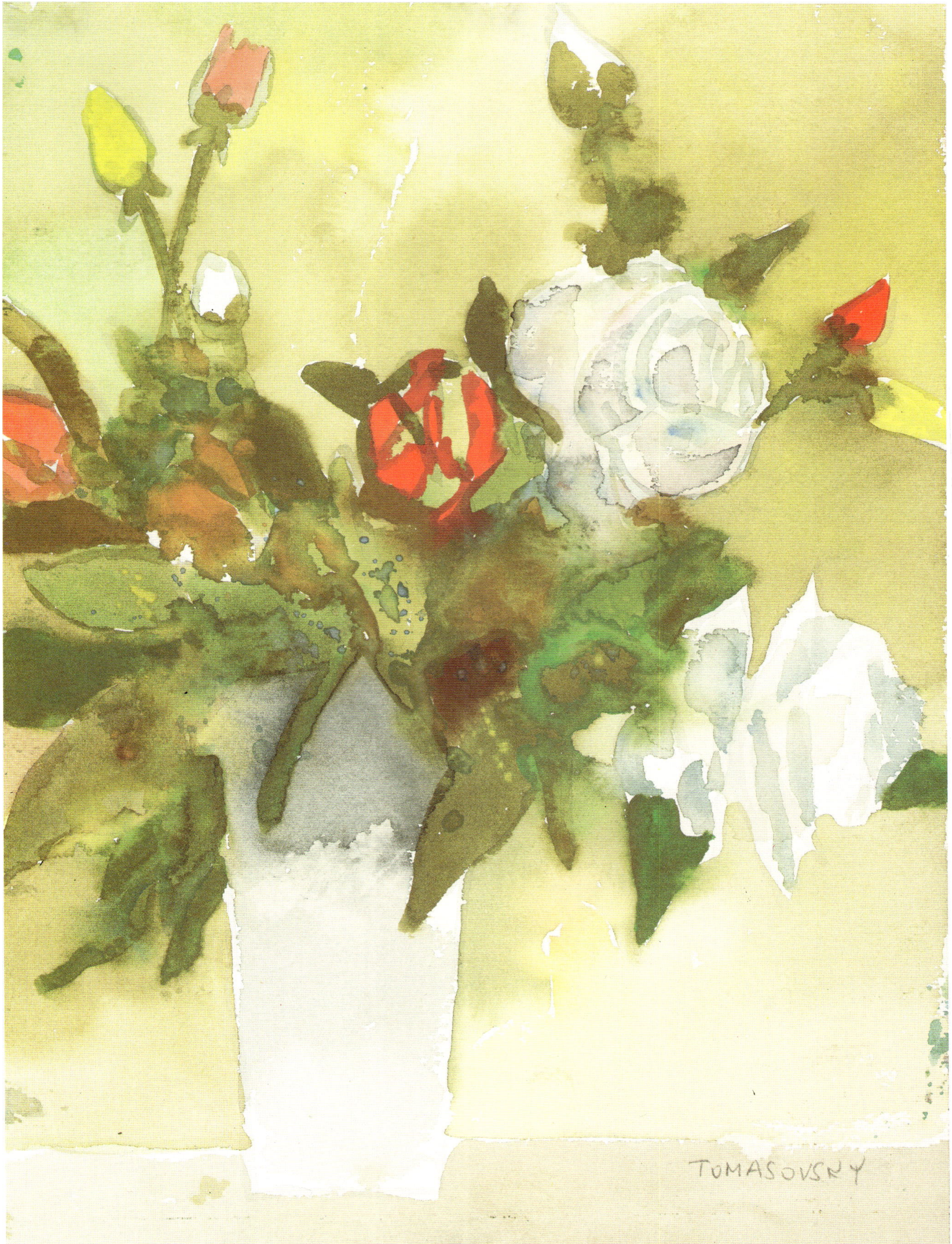

Phantastische Malerei

Flucht aus der Realität

Das Märchen ist in der phantastischen Kunst malerische Wirklichkeit geworden, aber auch die Angst; und die Psychoanalyse hat im Phantastischen Realismus, wie im Surrealismus, ihre bildgewordene Ergänzung gefunden.

Träume, Angst oder Freude, Todessehnsucht und Unheimlichkeiten aller Art, mystische Gedanken und sehr weltliche, haben Raum in Bildern, die der realen Welt scheinbar nicht verpflichtet sind. In Wahrheit sind sie es natürlich doch. Denn gerade sie sind Anschauungen besonderer, doppelter Art. Die Maler, die sich der phantastischen Malerei hingeben, schweben zwischen Poesie und Realität, zwischen Wirklichkeit und Phantasie, und sie schweben mit vollem Bewußtsein in diesem Zwischenreich. Hier sind sie sicher vor der Verfolgung der kleinen Rechthaber, die immer wissen wie dies und jenes aussieht, auszusehen hat. Hier in ihrer Traumwelt, sind sie es, die allem Form geben, den Schlangen und Lemuren, den Hexen, menschenfressenden Pflanzen und der alles verschlingenden Macht der Erotik. Herr sind sie über Leben und Tod. Einsame sind sie, die von ihren Visionen getrieben werden, eingesperrt in ihre unzeitgemäßen Betrachtungen. Das war schon im Manierismus so und ist heute nicht anders – auch nicht weniger gültig. Der Maler des Phantastischen und Surrealen geht neben der sichtbaren Wirklichkeit einen anderen Weg, einen, den der Besserwisser nicht kennt. Die fremde Landschaft, der Nachtmahr, der Bucklige und Schamlose, das Schöne und das Häßliche, das Ernste und Skurrile, das Weltliche und Religiöse. Alles: *„das Phantastische kann traumhaft oder errechnet erscheinen, visionär oder surreal, als Nähe fremder Welten oder als Fremdsein des Nächsten, bei aller Traumhaftigkeit, Irrealität oder Verfremdung muß es erlebbar bleiben, um uns zu treffen und uns erschrecken zu lassen.“* (Wieland Schmied)

Erhard Stöbe

1943 in Wien geboren. 1961–1967 Studium an der Akademie der Bildenden Künste, Wien. 1967–1968 Aufenthalt in Italien. 1970 Aufenthalt in Dänemark. 1972 Reisen in den Mittleren und 1974 Nahen Osten. Seit 1978 Lehrbeauftragter an der Hochschule für angewandte Kunst in Wien.

Einzelausstellungen: *1967 Galerie Junge Generation in Wien; 1969 Galerie Na Karlove Namesti in Prag; Galerie Hildebrand in Klagenfurt; 1971 Secession Clubgalerie in Wien; 1972 EP-Galerie in Düsseldorf; Galerie Atlantis in Duisburg; Galerie Dierks in Aarhus; 1973 Galerie auf der Stubenbastei in Wien; Galerie Meier-Stauffer in Klagenfurt; Kulturhaus der Stadt Graz; 1974 Galerie Peithner-Lichtenfels; Atelier Gerersdorfer in Wien; Galerie Slama in Klagenfurt; 1975 Galerie Elefant in Landeck; Galerie am Sparkassenplatz in Innsbruck, 1976 Galerie G in Steyr; EP-Galerie in Düsseldorf; 1977 Galerie auf d. Stubenbastei, Wien; 1978 Galerie Slama, Klagenfurt; 1979 Atelier Gerersdorfer, Wien; Hock, Aachen; Galerie Aduatz, Graz; 1980 Galerie Yppen, Wien; 1982 Galerie Steineck, Wien; 1983 Künstlerhaus Klagenfurt, Österreich-Galerie.*

So wie es im Boxsport manchmal auf den „lucky punch“ ankommt, gibt es im Kunstbetrieb Ausstellungen, die ihren Maler über Nacht bekanntmachen. Erhard Stöbe ist 1971 dieser glückliche Treffer geglückt. Mit einem Mal war er bei allen im Gespräch, die die gewissen Tips austauschen. Er war und ist der Fall eines painters' painter, eines Malers für Maler. Er forciert weder Ausstellungsaktivität noch sonstige Karriere. Er verändert seine Themen allmählich, behutsam, vorsichtig. Er läßt sich als Maler Zeit. Er ist, wenn es darauf ankommt, ein herzlich altmodischer Mensch, der die Wasserfarbenmalerei im Grunde so praktiziert wie die englischen Aquarellisten im vorigen Jahrhundert; der, wenn er die Farben rinnen läßt, tagträumt und diese seine daydreams malerisch ausstattet mit dem Charme welker Tapeten, mit der Poesie ausgeräumter Zimmer.

Otto Breicha

Tommasi di Lampedusa „La Sirena“ N
1976, 61 × 44 cm

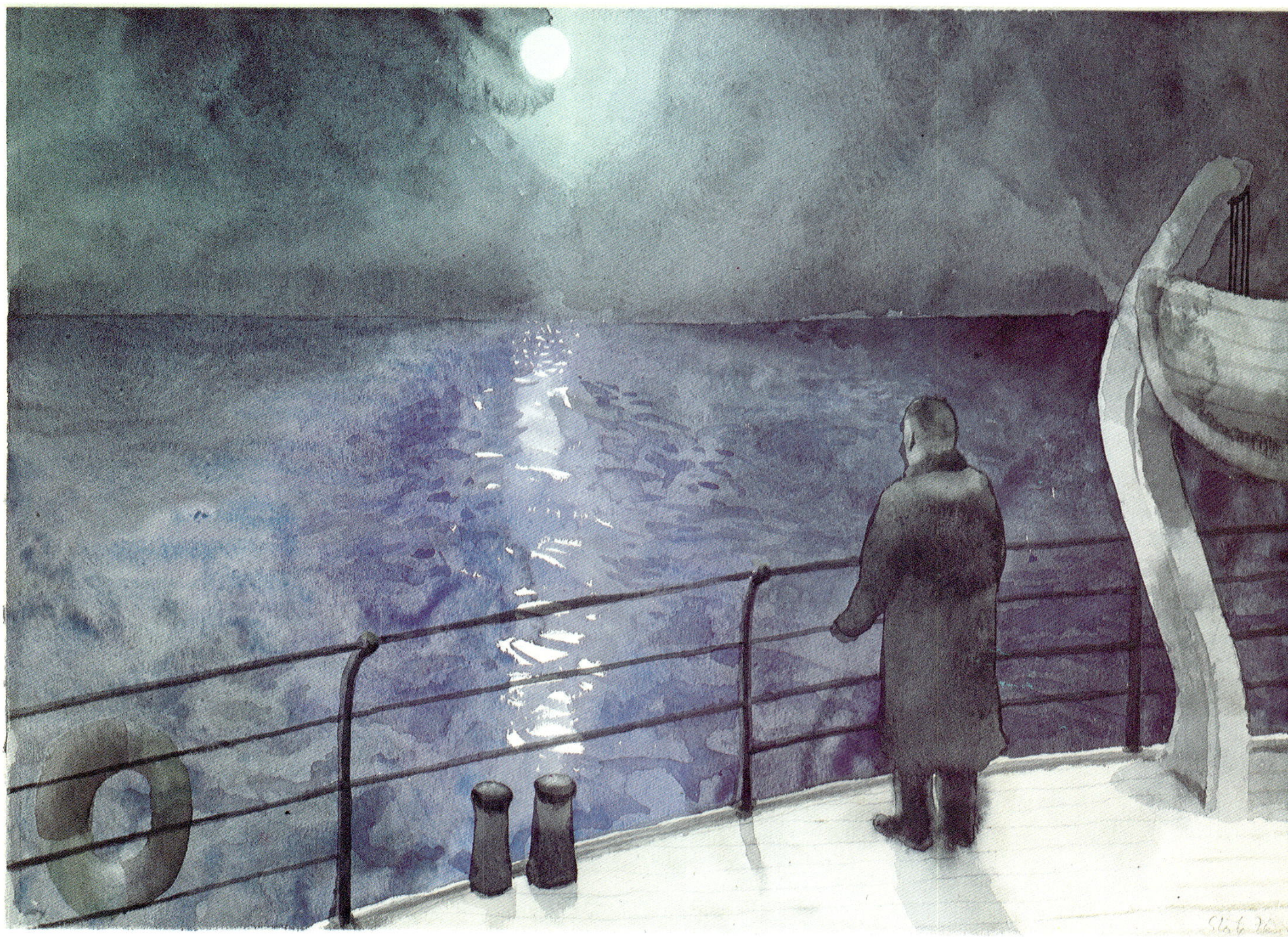

Christa Pold-Podkowicz

Geboren in Wien. ***1957–1962*** *Ausbildung Modeschule Hetzendorf unter Prof. Otto Liewehr (Modeklasse). Nach Abschluß Praxis in der Modebranche mit Schwerpunkt Entwurf und Studium der Jugendpsychologie und Erziehungslehre.* ***1965*** *Lehrtätigkeit an der Modeschule der Stadt Wien im künstlerischen Bereich: Figurales Zeichnen, Aktzeichnen, Modegrafik.* ***1966–1975*** *Neben dem Lehrberuf als freischaffende Designerin für verschiedene Firmen in Sport- und Kindermode in Österreich und dem Ausland tätig. Gastvorträge bei Schulungsseminaren über Mode in Theorie und Praxis.* ***1975*** *Geburt der Tochter Sophie. Zurücklegen aller freischaffender Tätigkeiten.* ***1977*** *Reisen nach Amerika, Moskau, in die Türkei u. a. sind impulsgebend für die Zuwendung und intensive Auseinandersetzung mit der Aquarellmalerei.* ***1982*** *Einzelausstellung in der Künstlerhaus-Palette, Wien, „Motivation Landschaft".* ***1984*** *Beteiligung „Harlekinade", Galerie Prisma, Wien.*

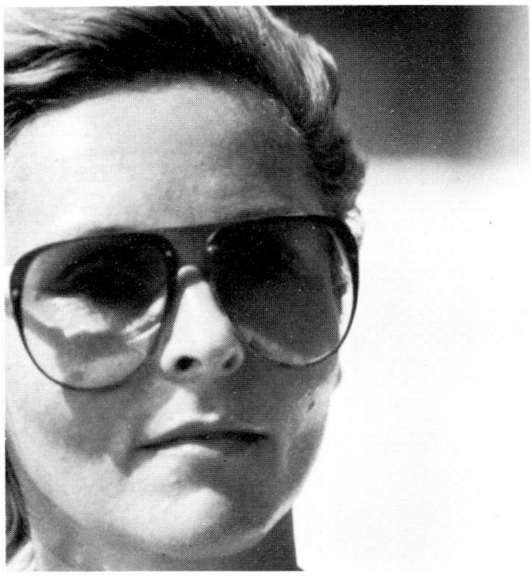

Für Christa Pold-Podkowicz bedeutet Landschaft „Motivation". Die Künstlerhaus-Galerie in der „Palette" zeigt nahezu miniaturhaft gemalte Aquarelle, deren dichte Verwobenheit farbiger Strukturen mitunter an textile Gewirke erinnert. Es werden damit interessante Querbezüge zu ganz andersartigen Medien und Materialien hergestellt. Aber auch ohne sie entfalten diese intimen Blätter einen eigenartigen Reiz.

Maria Buchsbaum

Carnevale Veneziano
1983, 36 × 26 cm

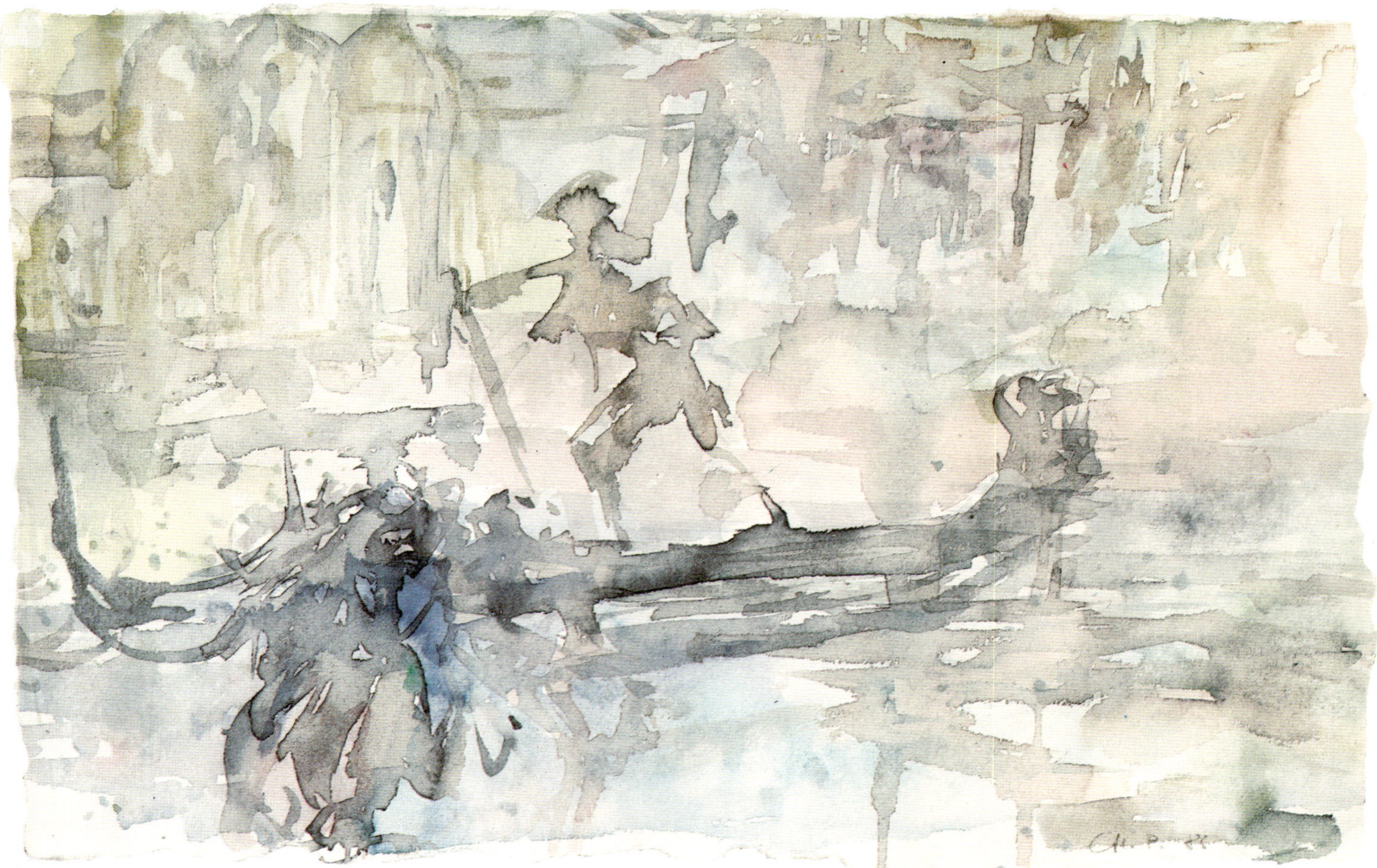

Hansjörg Vogel

1918 geboren am 8. September in Wien. 1943 Studienbeginn an der Akademie der bildenden Künste in Wien bei Professor Sergius Pauser. 1949 Goldene Fügermedaille. 1950 Abschluß des Studiums als Akad. Maler, Diplom; Berufung an das Kunsthistorische Museum als Restaurator. 1955 Gobelinentwürfe und Kartons mit der Wiener Gobelinmanufaktur. 1956 Anfertigung des Kartons für den Gobelin „Amor und Psyche" von Oskar Kokoschka im Festspielhaus Salzburg. 1957 Lehrauftrag an der Akademie der bildenden Künste bei Prof. Pauser. 1962 Werbeleiter eines Großunternehmens. 1965 neuerliche Berufung als Lehrbeauftragter an die Akademie der bildenden Künste, Wien. 1968 Anfertigung des Kartons für den Gobelin „Zauberflöte" von Oskar Kokoschka im Museum für Kunst und Gewerbe, Hamburg. 1970 Assistent an der Meisterschule für Malerei, Prof. Rudolf Hausner. 1978 Verleihung des Titels „Professor".

Personalausstellungen: *1972 Galerie Welz, Salzburg; 1974 Galerie Welz, Salzburg; 1977 Galerie Schwarzer, Wien; 1980 Galerie in der Staatsoper, Wien; 1983 Galerie „G", Linz.*

Ausstellungsbeteiligungen: *1972 Große Kunstausstellung, München 1972; 1974 Hommage à la Phantasie, Gal. Jasa, München; 1975 Art 6/'75, Basel; 1975 Galerie Alte Schmiede, Wien; 1976 Arte Fiera, Bologna; 1977 Akademie heute, Akademie der bildenden Künste, Wien; 1978 Kunstmesse '78 Wien, Sezession; 1979 Kunstmesse '79 Wien, Kursalon; Art 10/'79, Basel; Wissenschaftsmesse, Salzburg; 1982 „Österr. Zeichnung d. Gegenwart" Linz, Salzburg, Wien, München; 1983 Galerie Schwarzer, Wien.*

Öffentliche Ankäufe: *Bundesministerium für Unterricht u. Kunst, Wien; Residenzgalerie, Salzburg; Graphische Sammlung Albertina, Wien; Österreichische Botschaft, Moskau; Oberösterreichische Landesregierung, Kulturabteilung.*

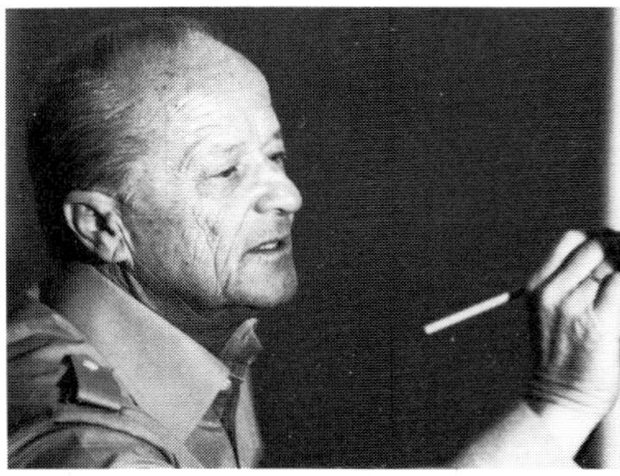

Gleich eingangs möchte ich betonen, daß ich nicht zu jenen Künstlern scheinbar progressiven Zuschnitts zähle, die durch die arrogante Verwendung einer, nur dem Insider verständlichen Sprache, die nötige „gesellschaftliche Relevanz" ihrer Kunst belegen müssen.

Vielmehr würde ich mich jenen Künstlern zuzählen, die, wenn sie schon malen müssen, den Primat der Farbe anerkennen, das handwerkliche Können nicht überbewerten, aber auch nicht negieren wollen.

Immer häufiger wende ich mich der Aquarellmalerei zu. Um, bei meinen Blättern, auf die Entstehung aus einer unendlichen Anzahl farbiger Striche hinzuweisen, bezeichne ich diese Aquarelle als „Pinselzeichnungen". Weil diese rein farbigen Strichlagen aber nur die Funktion der Farbmischung im Auge des Betrachters zu erfüllen haben, keinesfalls auffälliger Selbstzweck sein sollen oder dürfen, sind sie eingebettet in farbige Lasuren. Damit lassen sich sowohl Schärfe und Härte wie weiche Übergänge und räumliche Tiefe zur Darstellung bringen.

Diese, eigentlich „divisionistische", Malweise entspricht meinem ganzen Wesen und künstlerischem Wollen – insbesondere der möglichst getreuen Wiedergabe, ja geradezu der topographischen Aufnahme einer Landschaft, eines Berges, eines Steines, der Natur schlechthin.

Mir erscheint das allein schon ein höchst erstrebenswertes Ziel zu sein – sieht doch jede Generation sich und die Umwelt in einer ganz neuen Form.

Hansjörg Vogel

Die altmeisterliche Technik des virtuosen Oberflächenrealismus und der klassischen Komposition, die hier so meisterhaft und nach den Gesichtspunkten einer kulinarisch-augensinnlichen Malerei zelebriert wird, ist nur das Lasso, mit dem Vogel den Betrachter einfängt, um ihn dann in einen Strudel von Assoziationen zu reißen, in dem er seine eigene Phantasie mobilisieren muß und doch immer wieder vor neuen Fragen landet. Das ist allemal unbequem.

Es sind Bilder zum Ablesen, zum Nachdenken, keineswegs beruhigende Genuß- und Allheilmittel, auch wenn ihr kulinarischer Stellenwert nicht unterschätzt werden soll. Daß Kunstwerke auf alle Lebensfragen auch eine Antwort geben müßten, ist eine unbillige Unterstellung. Allzulange hat man, und nicht zuletzt die Kunstwissenschaft, dem Kunstwerk zur Pflicht gemacht, auf Fragen klare, unmißverständliche und unwiderrufliche Anworten zu geben.

Dieses Wechselspiel, diese Spannung von Rationalem und Irrationalem ist natürlich nicht voraussetzungslos, der künstlerische Stammbaum Vogels reicht weit zurück in die Vergangenheit abendländischer Malerei. Seine Kunst erinnert an den klassischen Surrealismus ebenso wie an die Pittura Metafisica eines de Chirico, an den Magischen Realismus der Zwischenkriegszeit wie an den Manierismus des 16. Jahrhunderts. Und mit dem Neuen Realismus unserer Tage verbindet sie die fast photographisch exakte Darstellung seiner Bildvokabeln.

Doch trotz aller Bindungen an die besten malerischen Traditionen entsteht hier eine Bildwelt von überaus persönlichem Zuschnitt. Vogels Bilder bündeln, wie ein Brennglas, Vergangenheit und Zukunft, die Summe aller Vorfahren und gleichzeitig die Summe aller Möglichkeiten des Menschen.

Gerhard Mayer

Plakatwand XI
1981, 71 × 50 cm

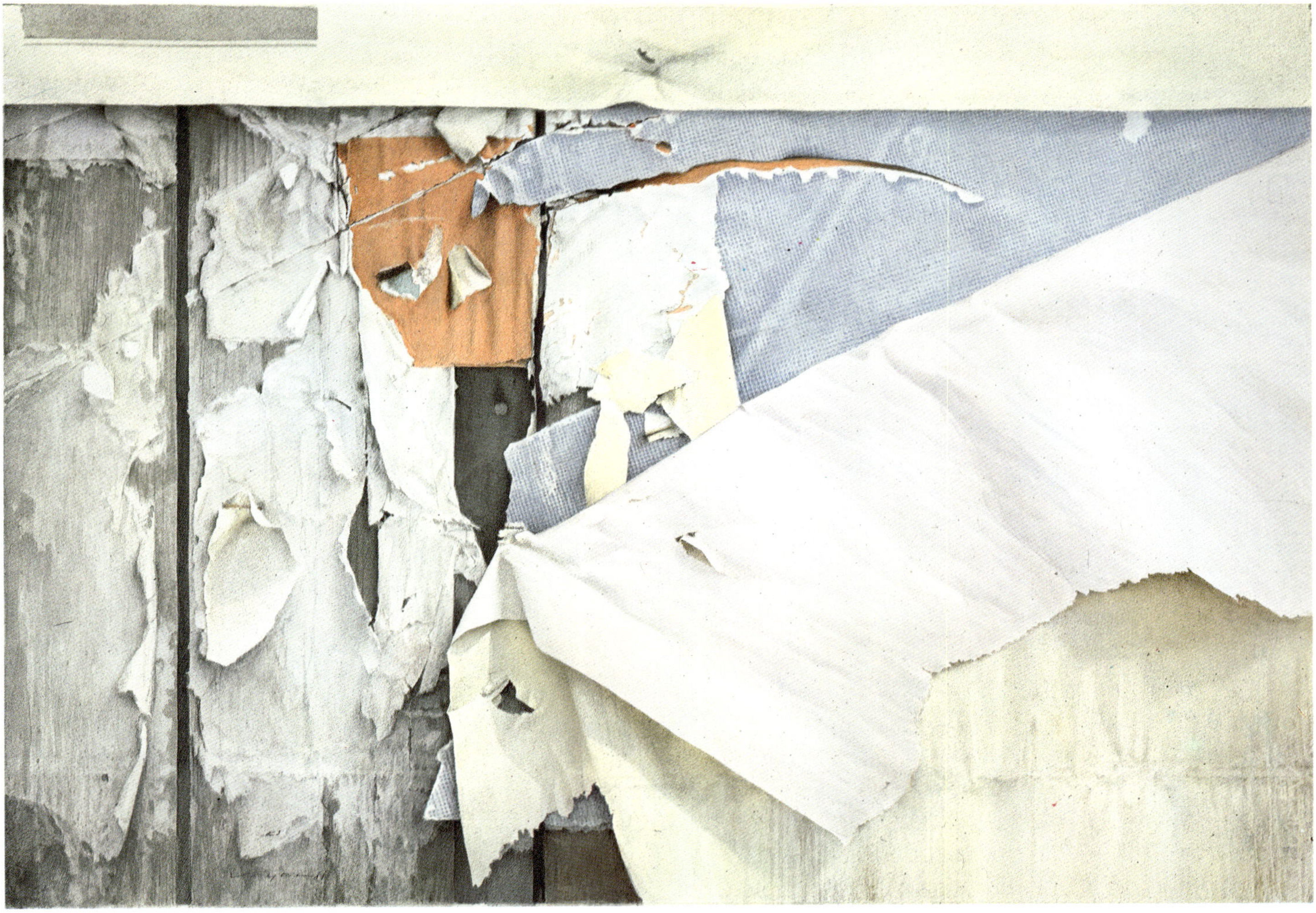

Gottfried Helnwein

Biographie: *1948 geboren in Wien. Gymnasium, Höhere Graphische Lehr- und Versuchsanstalt, Wien (Mitschüler: Josef Bramer, Manfred Deix). 1969 Akademie der bildenden Künste, Wien. Meisterklasse Prof. Hausner. 1970 Meisterschulpreis. 1971 Kardinal-König-Preis. Gründung der Gruppe Zötus mit Franz Zadrazil u. a. 1972 Erstes Cover für Zeitschrift „profil". 1974 Theodor-Körner-Preis. 1982 Film des Bayrischen Fernsehens über den Künstler. Zahlreiche Veröffentlichungen seiner Werke im „Spiegel", „Time" u. a. Magazinen. Beginn der Arbeiten am Großprojekt „Idole des 20. Jahrhunderts".*

Ausstellungen: *1971 Teilnahme an Ausstellung der Gruppe Zötus im Künstlerhaus, Wien; Galerie D, Mödling; 1972 Pressehaus, Wien; 1974 Galerie Jasa-fine-art, München; 1979 Galleria del Naviglio, Mailand; Albertina, Wien; 1980 Galerie „Pavillon-Kunst im Salettl", Wien; 1981 Baumgartner-Galerie, Washington D. C. 1983 Großausstellung im Stadtmuseum, München; Ausstellung des Werkes „Das blaue Salettl" in der Galerie „Pavillon-Kunst im Salettl", Wien.*

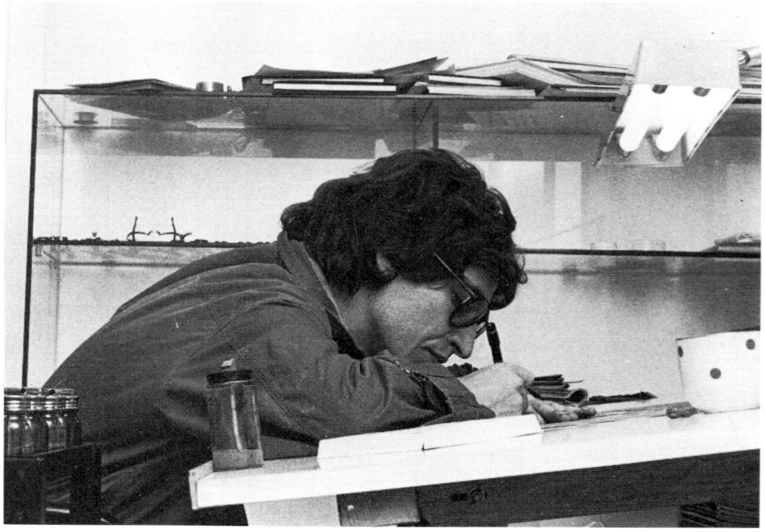

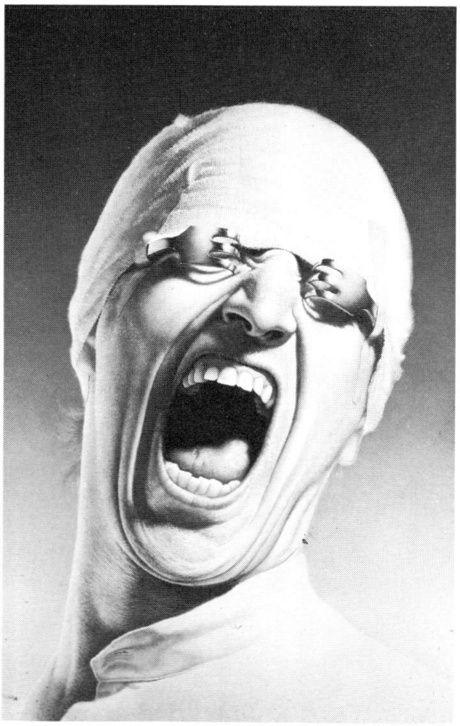

„Blackout". 1983

Das blaue Salettl
1983, 45 × 63 cm

Josef Bramer

1948 geboren in Wien. Graphische Lehr- und Versuchsanstalt, Wien. Akademie der Bildenden Künste, Wien, Meisterklasse Prof. Rudolf Hausner.

Ausstellungen: ***1971** Galerie Nagel, Wien; Das große Format, Künstlerhaus; Meisterschulpreis der Klasse Professor Hausner; Galerie im Stock, Wien; **1972** Ausstellung „Konfrontationen", Finanzministerium, Wien; Rathaus Scheibbs; Pressehausgalerie, Wien; **1973** Ausstellung Galerie Academia, Salzburg; Beteiligung an der Ausstellung „Das Portrait heute", Zentralsparkasse, Wien; Künstlerportrait im Zweiten Deutschen Fernsehen; Galerie Zentrum, Wien; **1974** Galerie „G", Steyr; Galerie Hartmann, München; Kunstmesse Düsseldorf; **1975** Galerie Zentrum, Wien; **1976** Kunstmesse Düsseldorf; **1977** Galerie Zentrum, Wien; **1978** Kunstverein Iserlohn, BRD; Ausstellung „Contemporary", USA; **1979** Grand Palais, Paris; Postsparkasse Wien; Museum Dortmund; **1980** Kunstmesse Basel, Galerie Hilger; „Bilder einer Landschaft", Amsterdam; Ausstellung bei den Scheibbser Wochen; **1981** Galerie „Pavillon" Kunst im Salettl, Wien; **1982** Rathaus Stockerau; Galerie Infeld, Wien; **1983** Galerie Gärtner, Berlin; NöArt-Galerie, Wien.*

Bibliographie: ***1973** Ausstellungskatalog Edition Galerie Zentrum, Text: Dr. Karlheinz Roschitz; Economy Nr. 7 „Geldanlage Bramer"; **1974** Die Wiener Schule des Phantastischen Realismus, Text: Johann Muschik; **1977** Monographie Josef Bramer, Edition Galerie Zentrum, Text: Dr. Karlheinz Roschitz; The Geijutsu Seikatsu Japan; Profil Nr. 43, Oktober, Maler Josef Bramer; **1979** Viertel ober dem Wienerwald, Verlag NÖ Pressehaus, Text: Dr. Karlheinz Roschitz; Austria Today, „Josef Bramer"; **1980** Bäume – Träume Waldlandschaften, NÖ Gesellschaft für Kunst und Kultur; **1982** Ausstellungskatalog, Aquarellzyklus, Galerie Infeld.*

Mit dreiundzwanzig Jahren, 1971, trat Josef Bramer mit seinen Arbeiten erstmals an die Öffentlichkeit, und es war unschwer, in ihm eine der echten Begabungen der Nachkriegsgeneration zu erkennen. Was er vor allem mitbrachte, war der Mensch Bramer, der einfach dachte, einfach fühlte, der nicht mehr sein wollte als er war und nichts von dem besaß, was unter modischer Gefallsucht so unangenehm in Erscheinung tritt und dafür mit einem kurzen Leben bestraft und vergessen wird.

Der Einfachheit des Denkens und der Verhaltenheit der Gefühle stellt Bramer eine Beherrschung der Mittel entgegen, die virtuos genannt werden kann. Diese Virtuosität ist nicht Selbstzweck, und die Themen, denen Bramer sich zuwendet, dienen ihr nicht als Vorwand, um in glühenden Farben und bizarren Einfällen sich auszuleben und zu schwelgen, sondern eben als Mittel, um möglichst klar und deutlich verständlich zu machen, was ihn, den Künstler, als Mensch angeht und bewegt.

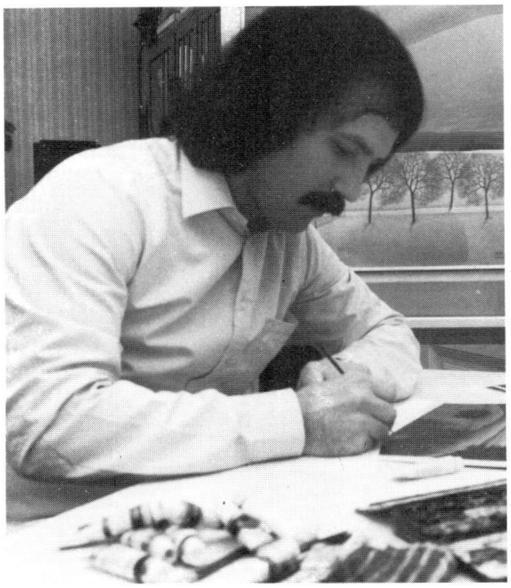

Damit gibt Bramer seiner Arbeit Gedankeninhalte, die mit Malerei um der Malerei willen nichts zu tun haben. Er malt nicht das Glitzern des Sonnenlichts auf zwischen Wiesen und Strauchwerk eilig dahinfließendem Wasser, er malt keine Wolkenberge, die eine friedliche Landschaft dramatisch verwandeln, keine Mädchen, die sehnsuchtsvoll in die Ferne starren und auf ein Glück warten, von dem sie nicht aufhören zu träumen, keine Stilleben, die die große Kunst des Malers zur Schau stellen. Nichts von alledem. Bramer malt den Menschen, der den Wunsch hat, mit sich und der Welt, in die er sich gesetzt findet, zurechtzukommen und mit Problemen, die während seiner Lebensspanne an ihn herangetragen werden, fertig zu werden.

Diese Bilder sind innerlich von einer Sauberkeit und Reinheit, die sogleich ins Auge fällt und anspricht. Seine Landschaften erscheinen nicht gegenständlich, obgleich sie mit größter Akribie und Genauigkeit gemalt sind, in ihnen ist die Stimmung, die ein kühler, wesenloser, beruhigender Traum in uns auslöst, vorherrschend. Bilder, in deren Nähe sich verweilen läßt.

Wenn man Bramers Bilder betrachtet oder über sie schreibt, drängen sich immer wieder Vorstellungen und Empfindungen auf, die mit den Worten Stille, Einsamkeit, zarte Musik den Eindruck am besten wiedergeben, den ihr Anschauen hervorruft.

Es sind poetische Bilder, deren bestürzend vollkommene Technik, mit der sie gemalt sind, begeistern, und deren stiller, edler Glanz im Innern den Betrachter bezaubert und, was so selten geworden ist, beglückt.

Franz Tassié
aus einem Essay über Josef Bramer

Niederösterreichische Landschaft
1982

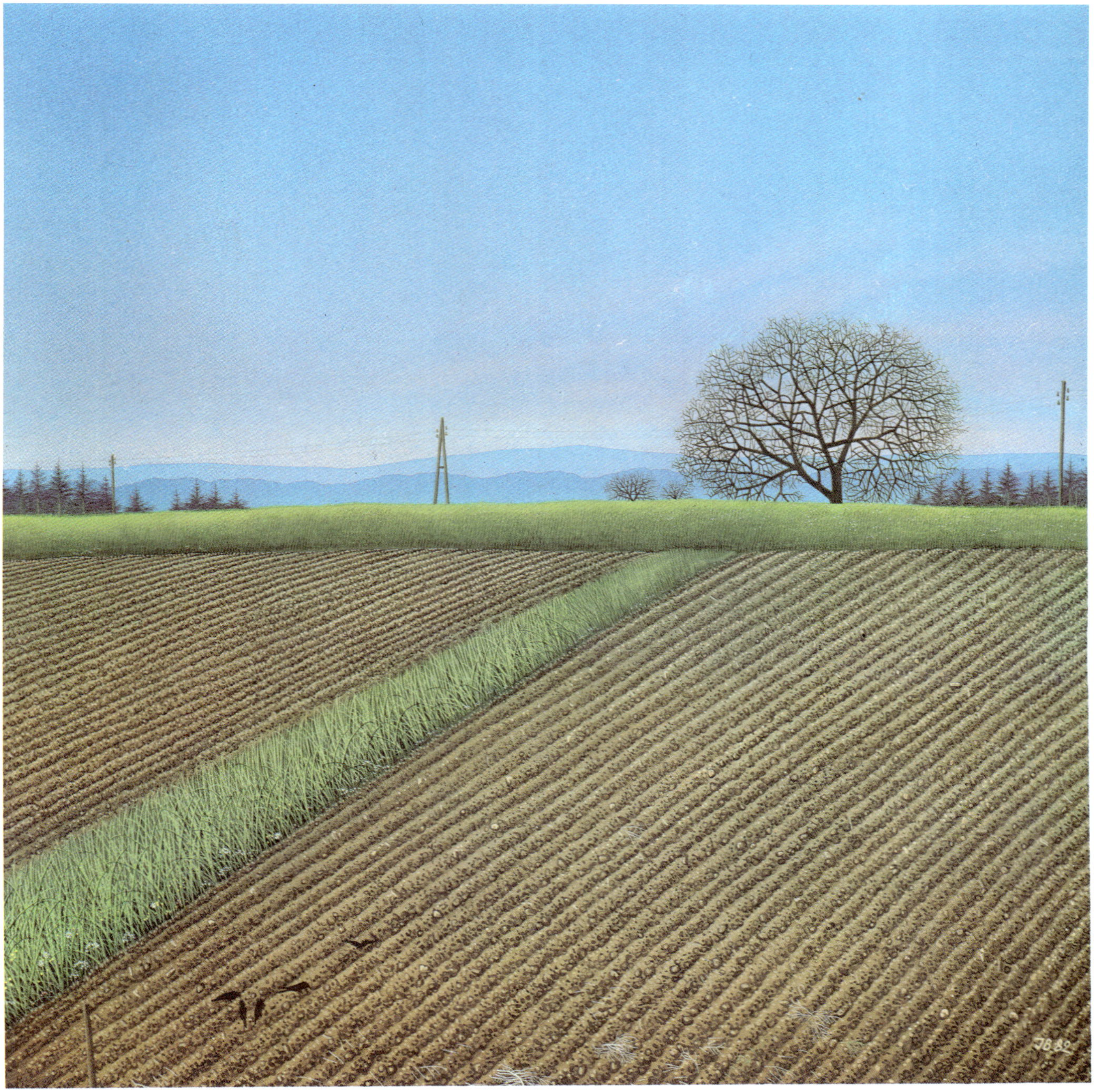

Arik Brauer

1929 in Wien geboren, war von 1945 bis 1951 gemeinsam mit Ernst Fuchs und Anton Lehmden Schüler von Albert Paris Gütersloh an der Akademie der bildenden Künste in Wien. Sein Werk wurde bald dem Phantastischen Realismus zugerechnet. Nach einem Wanderleben als Maler, Sänger, Lautenspieler und Tänzer, das ihn durch Europa und Afrika führte, ließ er sich 1964 im israelischen Künstlerdorf Ein Hod nieder, wo er bis heute an einem phantastischen Haus baut und malt. Der musikalische Entertainer Brauer veröffentlichte 1971 seine erste Langspielplatte mit Liedern. 1973 wurde seine Fernsehshow ‚Alles, was Flügel hat, fliegt' gesendet. Brauers Bilder und Graphiken befinden sich in Museen des In- und Auslands und werden auf internationalen Ausstellungen gezeigt. Außerdem hat er Bühnenausstattungen und Wandfresken geschaffen.

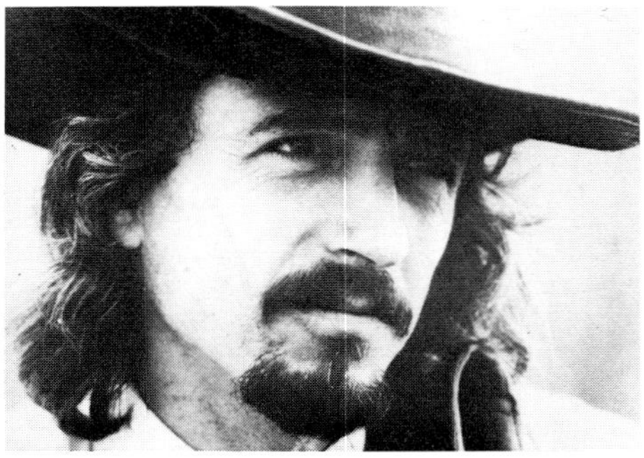

Wenn du die Wahrheit suchst, begibst du dich in einen Dschungel, aus dem du nie mehr herausfindest. Aber du siehst viele bunte Blüten.

Arik Brauer

1945 betrat ich die noch rauchende Akademie der bildenden Künste in Wien. Die breiten Stiegen, die vielen Staffeleien, die schönen Studentinnen – ich war sehr beeindruckt, und es kostete mich zwei Semester, um zu begreifen, daß mir das Modellabzeichnen mit Preßkohle keine Freude machte. Die Bilder meiner Phantasie wollte ich auf der Fläche erscheinen sehen, und zwar so fein und überzeugend gemalt, daß der Beschauer an ihre Wirklichkeit glauben mußte. Bestärkt wurde ich in meiner Tendenz durch einen schmalen Jüngling, der mit kurzen Hosen über die Treppen floh und Studenten wie Professoren mit eigenartigen surrealistischen Bleistiftzeichnungen erschreckte: Ernst Fuchs. Weiters war da ein finsterer Träumer, der mit niemandem sprach und gespenstische, faszinierende Tuschmalereien machte. Für ihn, Anton Lehmden, schien die Akademie nur als geheizter Raum zu existieren. Wir wurden zu dritt in ein abgelegenes Turmatelier abgeschoben, wo wir wunderbare, schöpferische Jahre verbrachten. Ich hatte in dieser Zeit kein Geld und konnte mir keine Ölfarben kaufen. Aber ich hatte einen Kollegen, der malte sehr dick, bis zu 3 Zentimeter, besonders die Glanzlichter. In unbeachteten Momenten durchstach ich öfter die hautige Oberschicht dieser Farbwürste mit einer Nadel und ließ etwas Farbe herausquellen. Die solcherart gemolkenen Bilder gewannen dadurch sicher an Haltbarkeit, und ich begann mit der gewonnenen Farbe eine sparsame Lasurtechnik zu entwickeln.

Arik Brauer

Die sogenannte Moderne ist heute die beherrschende und etablierte Richtung in der Kunstszene. Was als Revolution begann, wurde somit zum Akademismus unserer Tage. Der Untergrund von einst erwuchs zum Establishment von heute. Die Vertreter und Ideologen dieser Rest- und Unkunst beherrschen alle wesentlichen Macht- und Schlüsselpositionen des Kulturlebens, soweit es sich um bildende Kunst handelt. Sie gebrauchen ihre Macht mit der Konsequenz eifersüchtiger Fanatiker. Sie sitzen an den Schaltstellen, in allen wichtigen Kulturzeitschriften und großen Tageszeitungen. Sie beraten die Medienintendanten, und sie stellen vor allem alle wichtigen Museumsdirektoren. An den Kunstakademien werden die Studenten, die lernen sollten, wie man eine Hand zum Beispiel zeichnet, zuvörderst darin unterrichtet, wie man eine Badewanne in einer Galerie aufstellt. „Fortschrittliche" Lehrer lassen die Kinder in der Zeichenstunde sinnlos Farbe herumschütten oder Journale zerschneiden und aufkleben oder rostige Nägel in Schachteln legen oder irgend etwas anderes „Progressives" tun. Kreativ sein ist alles, so lautet die einstmals gut gemeinte, mittlerweile aber zu Tode geredete Devise, der sich die Avantgarde der Mittelmäßigkeit allenorts bedient.

Vertreter und Organisatoren der sogenannten Moderne wollen keineswegs als nur die Nachfolger von Till Eulenspiegel für wenig Geld ein wenig Spaß machen, nicht Faschingsfeste und Karnevalsveranstaltungen intellektuell aufwerten. Ein rostiges Stück Eisen in der Schule auf den Tisch legen, die Kinder auf die Schönheit des Rostes aufmerksam machen, um das Eisen dann wegzuwerfen, genügt ihnen nicht. Sie wollen dieses zum „Objet trouvé" hochstilisierte Unding am liebsten im Louvre anstelle der Mona Lisa hängen sehen. Sie wollen unter keinen Umständen den richtigen, den ihnen zustehenden Platz in der Zivilisation suchen und finden. Sie verstecken sich hinter der bildenden Kunst, der die Menschen noch immer eine berechtigte Ehrfurcht entgegenbringen, um sich in diesem diffusen, aber warmen Licht zu erwärmen.

Ich entsinne mich denn auch an folgende Bemerkung eines befreundeten Kunstkritikers: „Im Zeitalter des Raumfluges kann man nicht mehr Männchen und Blümchen malen." Auf meine Frage: „Warum nicht?" bekam ich allerdings keine befriedigende Antwort.

Arik Brauer
aus: „Das Runde fliegt" dtv-Kunst, 1983

Im kranken Wald
35 × 48 cm

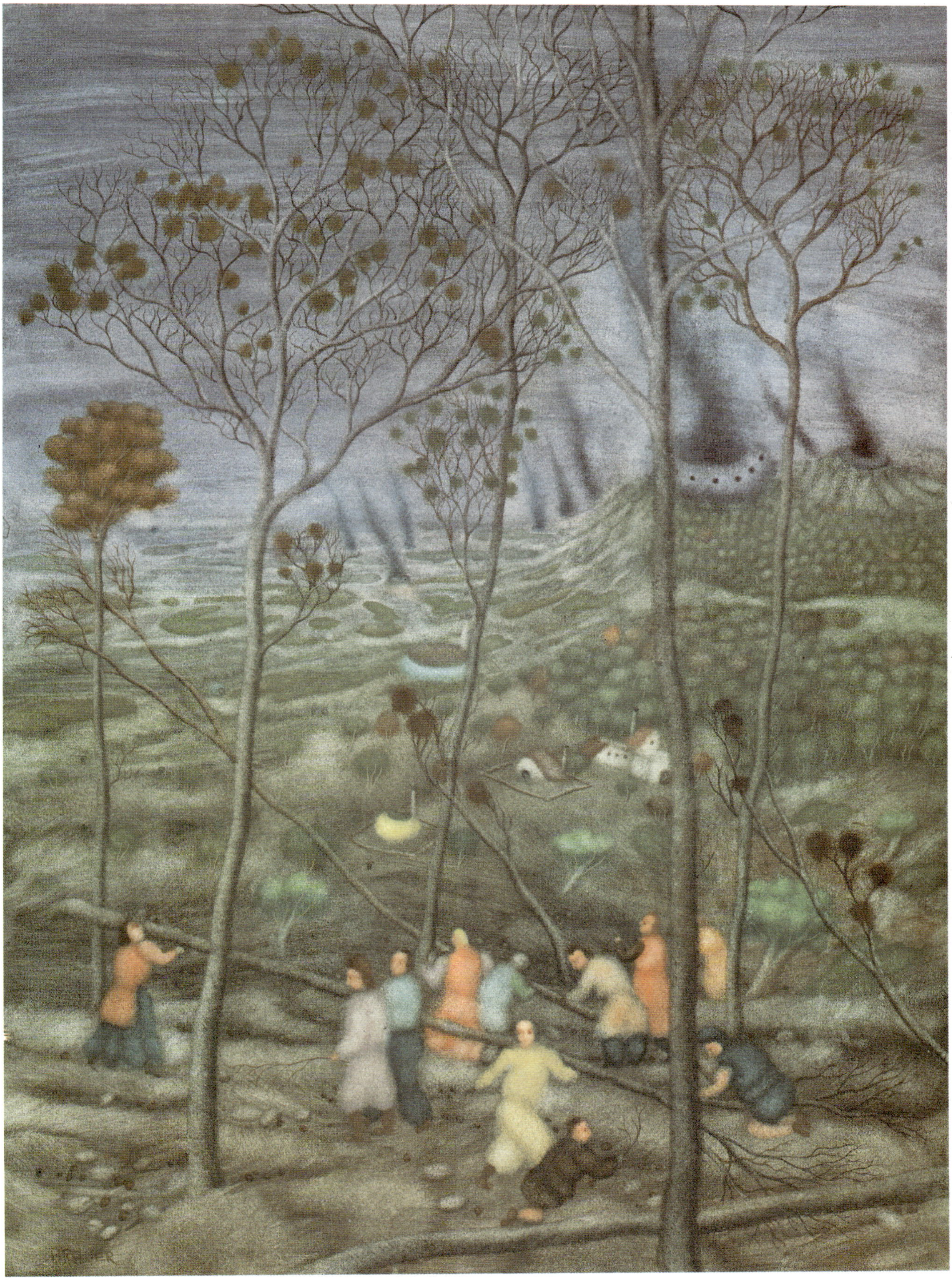

Michael Coudenhove-Kalergi

10. April ***1937*** *geboren in Prag.* ***1952–1958*** *Studium an der Kunstgewerbeschule in Graz bei Prof. Rudolf Szyszkowitz und* ***1958–1964*** *an der Akademie der bildenden Künste in Wien bei Prof. Josef Dobrowsky.* ***1960*** *Meisterschulpreis der Akademie der bildenden Künste, Wien.* ***1961*** *Goldene Füger-Medaille.*

Ausstellungen: *Galerie Ernst Fuchs; Einzelausstellungen in Wien, München, Paris, Hannover, Salzburg und Düsseldorf; zahlreiche Ausstellungsbeteiligungen im In- und Ausland; zuletzt Einzelausstellung von Venedig-Aquarellen in der Galerie „Pavillon – Kunst im Salettl", Wien.*

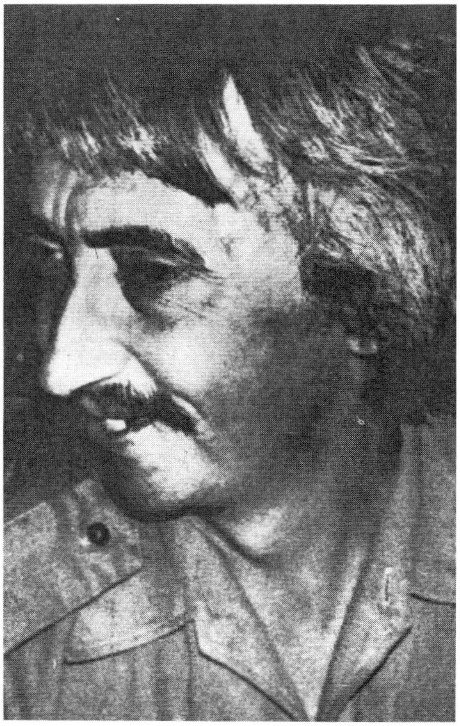

Die dekorativen Reize einer versunkenen Welt schwereloser, transparent gewordener Triumphbogen und Kuppeln, Paläste und Pavillons, die barocken Spiralen, die in die Grotesken einer Muschelwelt hineinführen, sind zurückgestimmt auf eine sanfte Erinnerung an eine nicht mehr gegenwärtige Welt der schönen Künstlichkeit.

Café Salettl,
Pavillon
1983,
42 × 56 cm

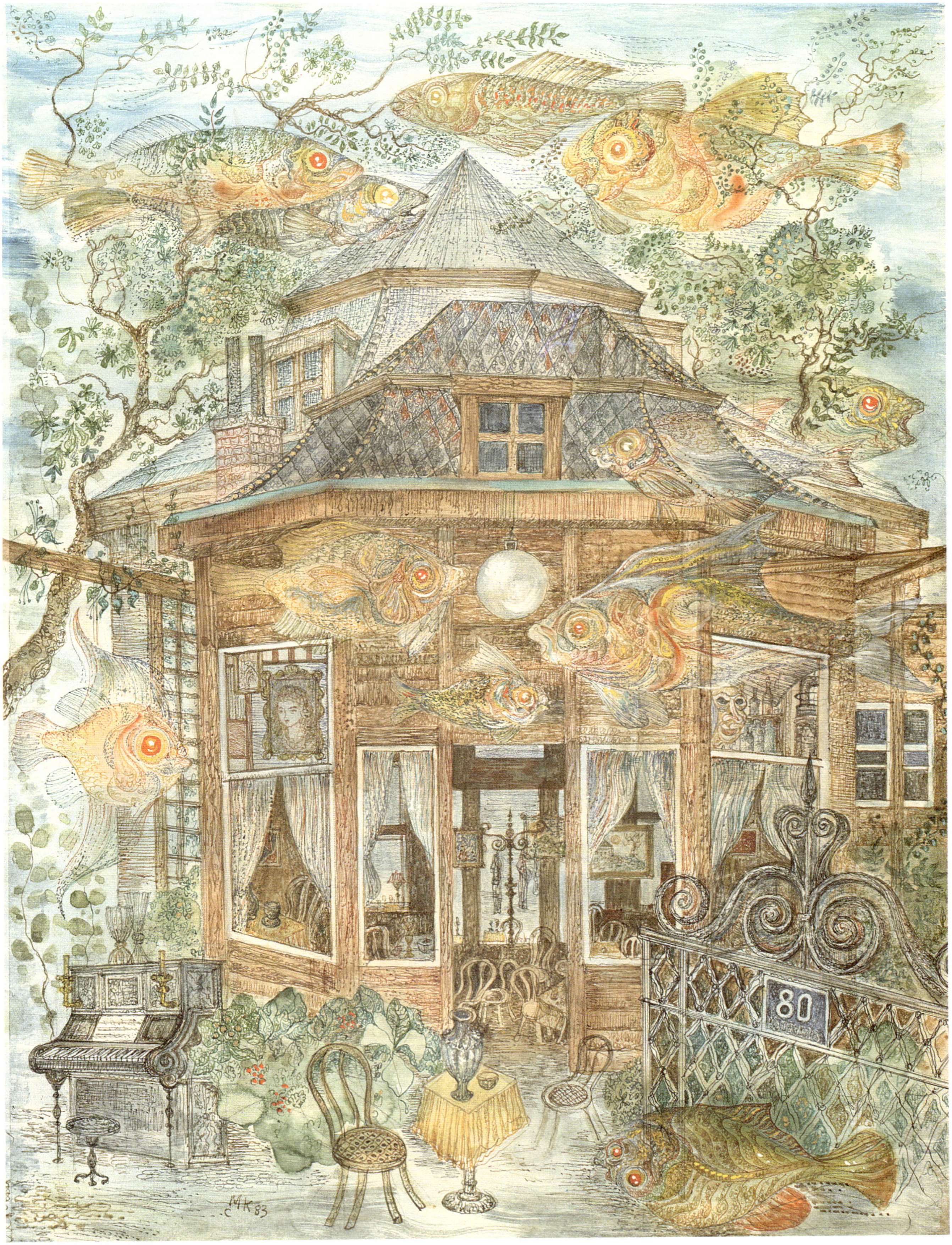

László Varvasovszky

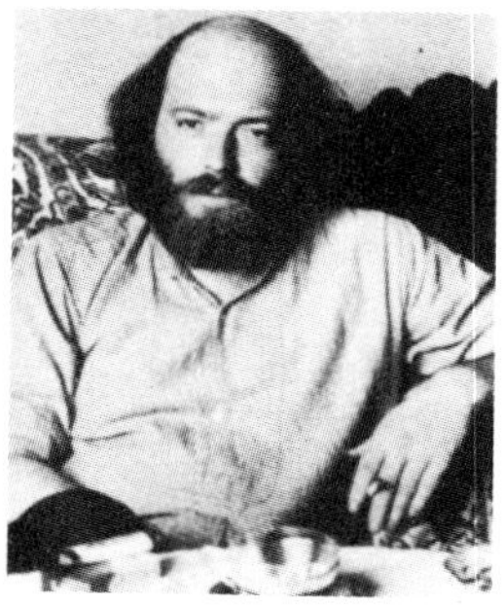

Geboren **1947** *in Wien. Lebt in Graz und Wien.* **1967–1972** *Studium an der Hochschule für angewandte Kunst in Wien.* **1972** *Diplom für Bühnen- und Filmgestaltung.* **1972–1976** *Zunächst Assistent, dann Bühnenbildner an den Vereinigten Bühnen Graz. Ab* **1976** *Hochschulassistent an der Hochschule für Musik und darstellende Kunst in Graz. Tätig als Grafiker, Maler, Bühnenbildner und Autor. Ab* **1973** *Einzelausstellungen in Wien, Linz, Salzburg, Graz. Ab* **1969** *Ausstellungsbeteiligungen in Österreich, Deutschland, Frankreich, Italien.* **1972** *Österr. Grafikwettbewerb / Preis der Stadt Wien. Grafik-Ankäufe in privaten und öffentlichen Sammlungen (Tiroler Landesmuseum; Neue Galerie, Graz).* **1975** *Beginn der Auseinandersetzung mit dem Medium Aquarell.* **1979** *Beginn der Auseinandersetzung mit dem Medium Radierung.*

Publikationen: *Kinderbücher* **1978** *„Das Schneebärenbuch", Insel TB;* **1980** *„Honki im Schattenland", Insel-Bilderbuch; Produktion von „Honki im Schattenland" als Kinderstück im Rahmen des Steirischen Herbstes;* **1981** *„Traumhäuser", Mappe mit 18 Radierungen, Edition Tusch, Wien; „La Légende de Taliensin le Gallois", „Les musiciens de Brême", „Jean sans peur", „Petit frère cornedebouc", Editions Gallimard;* **1982** *„Le plaisir des mots" (Illustrations-Beteiligung), Editions Gallimard; Ausgaben der Bücher in französischer, holländischer, italienischer und spanischer Sprache; „Die Bremer Stadtmusikanten" (Illustration), Insel TB; „Das Geburtstagsbuch für Kinder", Insel TB;* **1984** *„Circus der Clowns", Insel-Bilderbuch.*

Häuser
1977, 27 × 19 cm

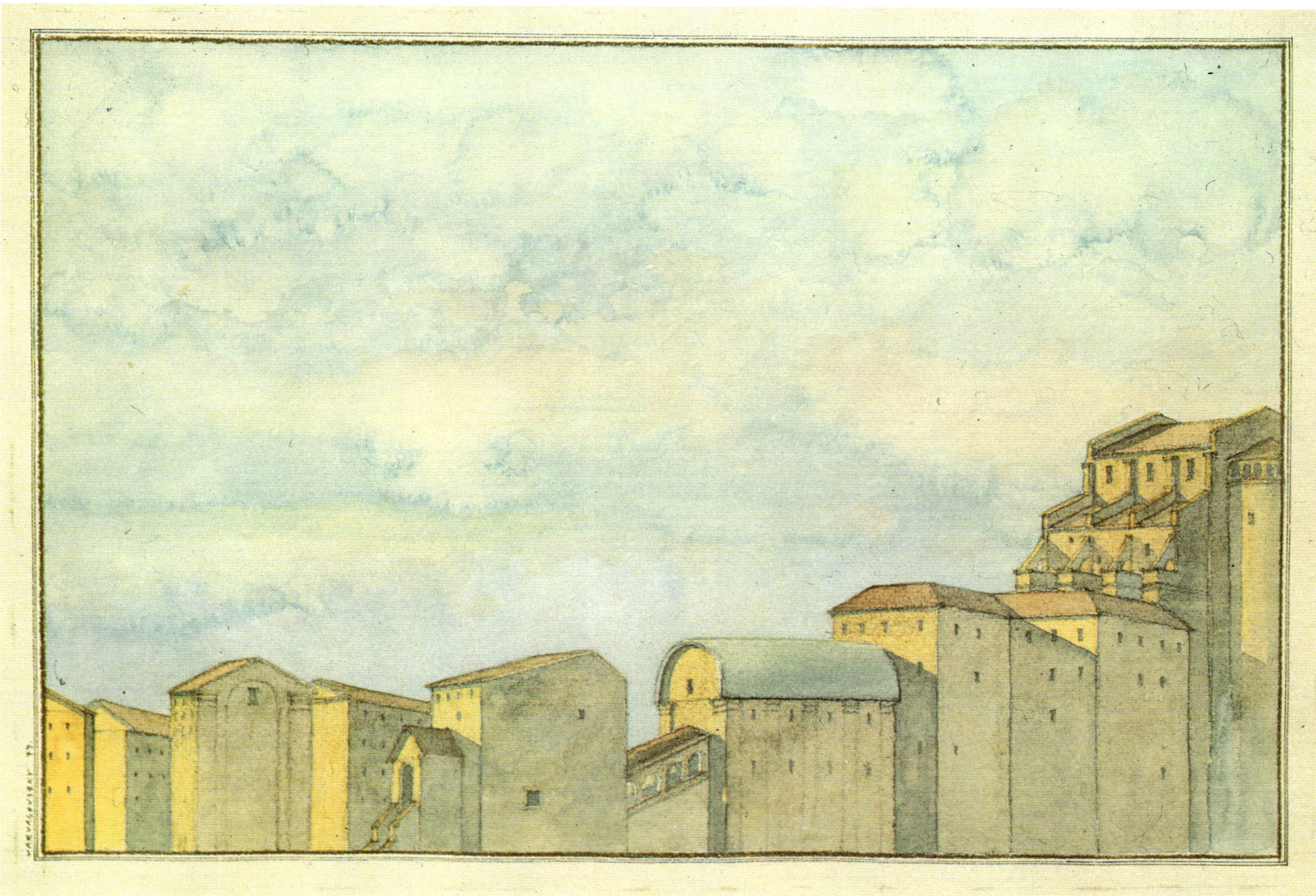

Das Gegenstandslose und das Abstrakte

Die reine Form, Leben zu Geist geworden

„Das, was man sieht, was man gesehen hat, läßt sich nicht ganz vergessen, daher gibt es keine ausgedachten, keine wirklich gegenstandslosen Bilder. Ein Gegenstand macht das Bild erst sinnvoll.“ (Josef Mikl)

Die Sehnsucht nach der Harmonie hat die Künstler in diesem Jahrhundert zur Gegenstandslosigkeit und zur Abstraktion geführt. Ohne Abstraktion kann und konnte kein Maler je ein Bild schaffen, aber zur reinen Form, zur gestalteten Komposition ohne erkennbaren Bildinhalt, kamen erst die Künstler des 20. Jahrhunderts. Ein Werk sollte keine Anschauung mehr brauchen, sollte nur mehr Geist sein. Punkt, Linie, Fläche, die Bausteine jedes Bildes, müssen sich ja nicht zu Gegenständen verdichten, sie können losgelöst als reine Form Gestalt annehmen. Deshalb nicht weniger den Gesetzen der Komposition, wie dem goldenen Schnitt etwa, verpflichtet, sind sie doch für sich ein eigener Kosmos geworden. Es waren Künstler aus vielen Ländern, aus verschiedenen Kulturen, die nicht nur abstrakt malten, sondern auch ihre Gedanken darüber niederschrieben, sehr zum Verständnis des Publikums. Es gibt theoretische Schriften von Kandinsky, Klee, Nicholson, Mondrian, Malewić, sie alle haben das Bedürfnis gehabt über das Schöpferische hinaus auch eine Theorie zu entwickeln, für sich und andere.

Sensibel, ungemein poetisch, und darum vielleicht fürs Aquarell besonders passend, vor allem Paul Klee:

„Neu gestärkt durch meine naturalistischen Etüden, darf ich dann wieder wagen, mein Urgebiet der psychischen Improvisation zu betreten . . . so wird meine Persönlichkeit zu Wort kommen, sich in größter Freiheit befreien können“ (Tagebuch).

Aber auch das mag gültig sein für dieses Kapitel der abstrakten österreichischen Aquarellisten:

„Mit der Abstraktion ist die Realität bewahrt. Man findet eine Brücke zu den Erfahrungen der Wirklichkeit. Den Konfliktstoff des Lebens mit offenen Sinnen bewältigen, seinem Sinne nachspüren und dabei einen möglichst entwickelten Punkt erstreben“ (Tagebuch).

Karl Mostböck

Geb. 1921 – Grein a. d. Donau. Techn. Grafiker. Als Maler und Grafiker Autodidakt.

Gruppenausstellungen: *Secession Wien, Linz, Salzburg, Dubrovnik, München; Interkunst Wien; Art 77 Washington, USA; Art 77 Basel; Kunstmesse Köln 1977.*

Einzelausstellung: ***1964** Galerie Kontakt, Linz; **1967** Galerie Tao, Wien; **1968** Galerie Tao, Wien; Galerie Zentral, Linz; **1975** Galerie Sazenhofen, Salzburg; **1977** Galerie G, Steyr; Galerie G, Linz; **1978** Kunstmesse Basel; Galerie Radicke; **1981** Hypo Galerie, Linz.*

Werke sind in der Grafischen Sammlung Albertina, dem Bundesministerium für Unterricht, dem NÖ. Landesmuseum, dem OÖ. Landesmuseum, der Neuen Galerie Linz und zahlreichen Privatsammlungen vertreten.

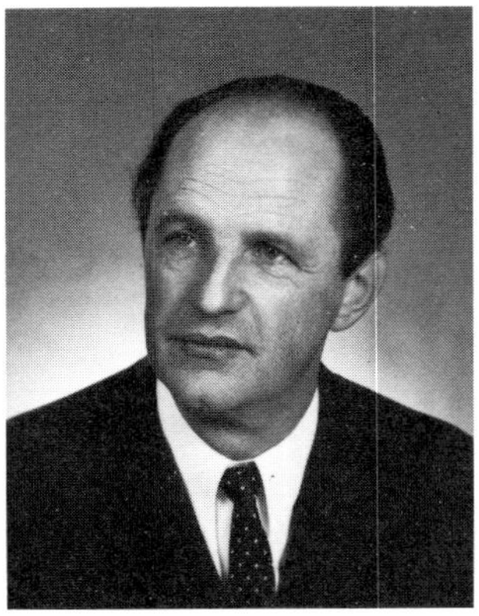

Mostböcks Bilder kommen nicht aus hastigem Erfolgsstreben, sondern aus innerer Ruhe, nicht aus der Oberfläche, sondern aus der Tiefe. Sie beruhigen, ohne einzulullen, weil sie zurückweisen auf die Stille des Seins, aus der sie aufsteigen.

Fritz Fröhlich

Seit zwölf Jahren malt Mostböck „Zenbilder", wie er selbst sagt. In der Tat erscheinen diese Werke bei flüchtigem Hinsehen japanisch beeinflußt. Aber genausowenig wie andere (vor allem Franzosen und Amerikaner), die sich mit der japanischen Kalligraphie und Tuschmalerei auseinandergesetzt haben, ist Mostböck ein Zen-Maler. Die eigene Ästhetik und Kunsttheorie hat immer zur Konfrontation mit gleichzeitigen Strömungen und formalen Anregungen geführt. Nicht zuletzt waren es die Mißverständnisse, die dabei zu den fruchtbarsten Ergebnissen geführt haben.

Mostböck sammelte am Beginn seiner Zen-Phase (Mitte der sechziger Jahre) ästhetisch annehmbare, semantische Abstraktionen, durchaus gegründet im „tzujan", der in der Übereinstimmung von Person und Gestik gegründeten Spontaneität, aber wie die Japonisten ohne „i tsai pihsien", der schon im Geist völlig klar vorhandenen Form, die es nur noch auszuführen gilt. Im Grunde hat er wieder – und das macht seine eigenständige Leistung aus – an seine vorkonstruktivistische Phase anknüpfen können. Er war nie ein emotionaleruptiver Tachist, der die Leinwände attakkierte, noch ein weit ausgreifender Semantiker. Seine Linienfeindschaft überträgt sich auch auf neuer Ebene in eine Ablehnung fest definierter Zeichen. Wo das Schwarz festgefügt sich von der Bildumwelt abhebt, ist er unzufrieden.

Sein diffus-idealistisches Gefühl der Offenheit, dem das Aquarell als Technik entgegenkommt, seine Abwehr gegen symmetrische Hierarchien, gegen festgefügte Tektonik, sein Erleben organischer Zusammenhänge, das ihn heute ökologisches Bewußtsein verkünden läßt – all das war in Ansätzen immer da und traf sich mit den Zen-Grundsätzen, soweit sie sich überhaupt transponieren lassen. In der Symmetrie ist eine Ordnung immer schon präformuliert, sie läßt keinen Spielraum für die entstehenden Ereignisse. Für den Zen ist die Einheit der Welt, aller Dinge wesentlich. „Das bedeutet, daß in dieser Malerei der Farbfleck den Vorgang vor der Linie hat" (Umberto Eco).

Neben den Zen-Bildern, wie wir sie ruhig mit dem Maler nennen können, brachen immer wieder Landschaften und Stilleben in die Abstraktionen ein, wobei nur sehr selten Zen-Landschaften entstanden.

Obwohl diese Aquarelle zum Schönsten zählen, was in den letzten Jahren in dieser Technik geschaffen wurde, konzentrierte sich Mostböck weiter auf Zen-Abstraktionen, die seinem Wesen besonders entsprachen.

Zen ist für Mostböck Formel seines Protestes gegen die pervertierte Technik, geistlose Verbauung, Umweltverseuchung, Borniertheit und Verlogenheit, gegen falsche Ansprüche. Zen ist für ihn seine persönliche Suche nach der sich mit der Natur aussöhnenden heilen Kultur. Es ist vorauszusehen, daß ihm die Landschaft wieder ein Anliegen wird, unter Rückgriff auf frühere Phasen, doch auf einer neuen Ebene. In der Freiheit seines Zen wird er seine Vergangenheit historisierend einbeziehen, umgestalten – manche Anzeichen kündigen das an.

Für viele Künstler Asiens ist Gestaltung ein religiös-meditativer Prozeß, das gilt für den Zen-Maler in gleicher Weise wie für den Shilpi-Yogin Indiens. Mit dem Interesse an diesen Kulturen ist das Ideal der Wahrhaftigkeit der Künstler, die sich – ordnender Faktoren absoluter Werte berlaubt – auf sich selbst zurückverwiesen sehen, aktuell geworden.

Die Ritualisierung der Gestaltung im Surrealismus, Happening, Aktionismus, Schaffen individueller Mythologien, u. a. Symptome verweisen darauf.

Mostböck hat diesen Kult in keiner Weise vollzogen. Aber wie seine Kunst ihm Befreiung aus einer engen Umwelt gab, ihn der Bedrückung provinzieller Umstände enthob, hat sich sein Wesen geläutert. Nicht daß er ein Zen-Meister geworden wäre, aber im Nützen dieser Möglichkeit hat er sich so emanzipieren können, daß er die beklemmenden tagtäglichen Erfahrungen nicht zu fliehen oder abzustumpfen braucht. Der menschliche Aspekt ist von seinem Schaffen schwer zu trennen. Seine Werke sind die Spurensicherung eines unprätentiösen Lebensanspruches.

Thomas Zaunschirm

Zeichen
1982, 37 × 32 cm

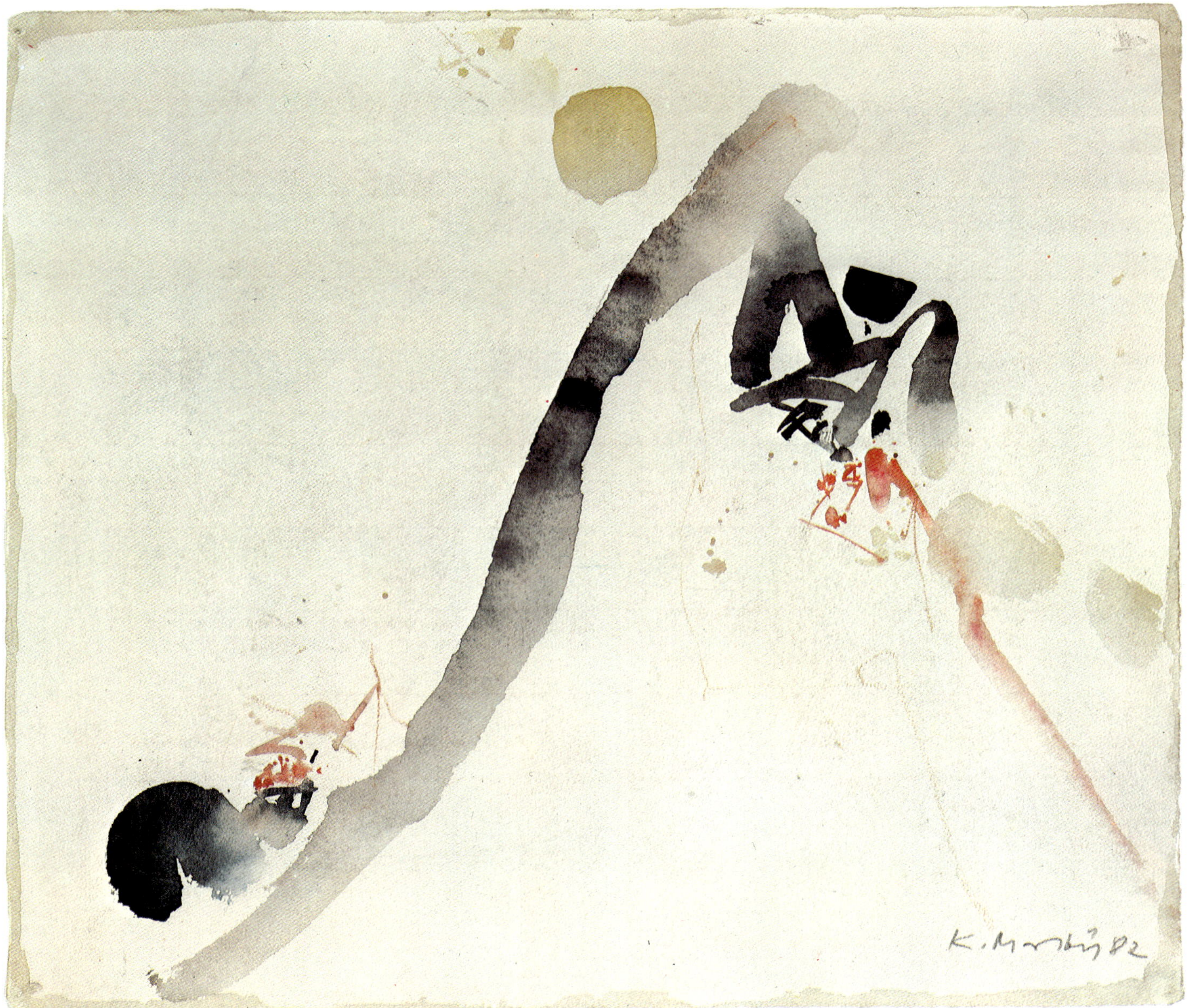

Meina Schellander

1946 geboren in Klagenfurt. 1966 Matura an der BLnBA/Klagenfurt. 1966–1970 Akademie der bildenden Künste, Wien; Diplom. Lebt und arbeitet freischaffend in Wien und in Kärnten.

Wichtige Aktivitäten (Ausstellungen, Realisationen), Preise (Auswahl): *1970 3 Bilddinge, Wr. Stadthalle; Zustandsprozesse innerer und von außen initiierter Natur (Zeichnungen, Montagen innerh. einer Objektkonstellation; ab 1970 teils subjektive Gedankeninhalte (Kopfergänzungen A–Z, plast. Formeln ab 1973), teils umweltbezogene Dinge (Tonbrücke 1972–1974, Schlag-, Spielgerät f. mehrere Personen; Findling-Krastral 1973, Projektrealisation; 3 Phasenwinkel 1976, 1. Preis b. Wettbewerb f. bild. Kunst zum oberösterr. Bauernkriegsgedenkjahr; Mozart-Objekt 1977, dialekt. Reihe, fahrbar); ab 1973 schöpferische Transplantationen (Konzepte, Projekte); 1975–1976 Staatsstipendium f. bild. Kunst, BMfUK; 1976 Preis der Stadt Wien (Förderung); ab 1976 analytische Konzepte (Zeichnungen, Aquarelle, Objekte, Plastiken: Hineinschauen in ein Ganzes, eine Bildanalyse); ab 1976 Parallelarbeiten: Aquarellfarben auf Aquafix, Bilderserien u. a. Hier und jetzt 1–20, Latenter Tag 1–20, Tagwechselwerk 1–5, Gelenkte Ebenen 1–20, Innerhalb dessen 1–50; 1978 Galerie Freund, Klagenfurt; 1980 1. Preis b. 1. österr. Römerquelle-Wettbewerb, Wien; 1981 Galerie Renée Ziegler, Zürich; Museum d. 20. Jhdts., Wien: Buchpräsentation 33 Figur/Quant 33, Ritterverlag, Klagenfurt; ab 1981 m. d. Verlag auf der Frankfurter Buchmesse; ab 1981 Ausbau der maler. Tätigkeit zu Einheitenfugen (Bilder m. teilw. räuml. Mont.; 1982 Ausführung d. Platzbildes (y-Platz), Platzgest. innerh. einer Wohnanlage in Klagenfurt (m. d. Arch. Holler u. Murero, Büro 21, Klagenfurt); Projektarbeit: Rastplatzgestaltung Sternberg b. Wernberg b. Villach (Autobahn Klagenfurt–Villach, Ktn.); 1. Erarbeitung dieses Projektes 1974; zusammen m. d. Arch.-Team Büro 21/Klagenfurt, Arch. Rosenberg, Damtschach/Wien, Arch. Hack/ Villach u. Bildhauer Otto Eder; beide Entwürfe abgelehnt (Min. f. B.); 1983 Galerie Maerz, Linz; in Planung: 1983 Entwürfe f. 2 mehrfarbige Fassadengest. v. Innenhöfen, Wien 22. (m. Arch. Ebner); 1984 Museum Moderner Kunst, Wien (Malerei, räuml. Montagen 1977–1984); 1985 Künstlerhaus Klagenfurt, Österreichgalerie (Malerei, räuml. Montagen).*

Ausstellungsbeteiligungen: *ab 1968 in Österreich, Deutschland, Schweiz, Italien, Jugoslawien, Holland, USA, Ägypten (1982/83 14. Biennale in Alexandria, Österreichbeitrag).*

Mitglied *v. Kunstverein f. Kärnten, Wiener Secession, Grazer Autorenvers., Intakt Wien.*

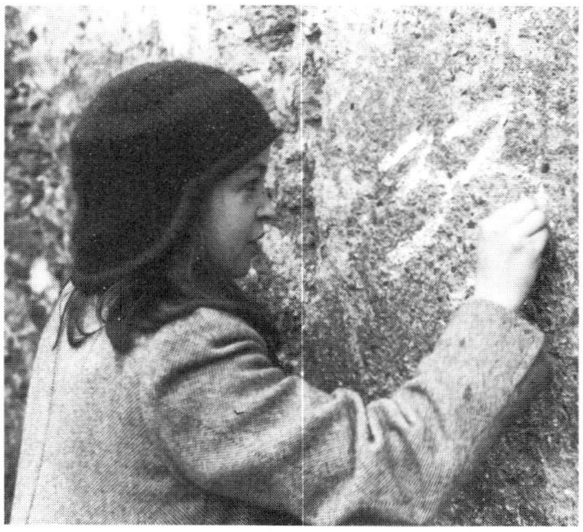

Arbeiten im Besitz *von in- und ausländischen öffentlichen und privaten Sammlungen u. a.: Albertina, Wien; Museum Moderner Kunst, Wien; Neue Galerie, Linz; Kärntner Landesgalerie; Wilhelm-Lehmbruck-Museum d. Stadt Duisburg, BRD; Kupferstichkabinett, Berlin; Wilhelm-Hack-Museum, Ludwigshafen, BRD; German. Nationalmuseum, Nürnberg, BRD; Gewerbemuseum, Basel, Schweiz.*

durch den täglichen Kampf mit äußeren Gewalten gezwungen, will ich eine konzentrierte innere Gegenkraft entwickeln, einen schöpferischen Widerstand schaffen und leben. aus dieser Grundhaltung entstehen parallel zu den langfristigen Projekten meine sogenannten PARALLELARBEITEN unmittelbar, aus einem Farbstau heraus.

sie sind nicht beliebig, sondern bestimmt – nicht Kompromiß, sondern notwendige Ergänzung; Denken und Empfinden sind hier ebenbürtige Faktoren; sie halten mich und Sie auch?

Meina Schellander

Gelenkte Ebenen 14
Aquarellfarben auf Aquafix
1983, 59 × 99 cm

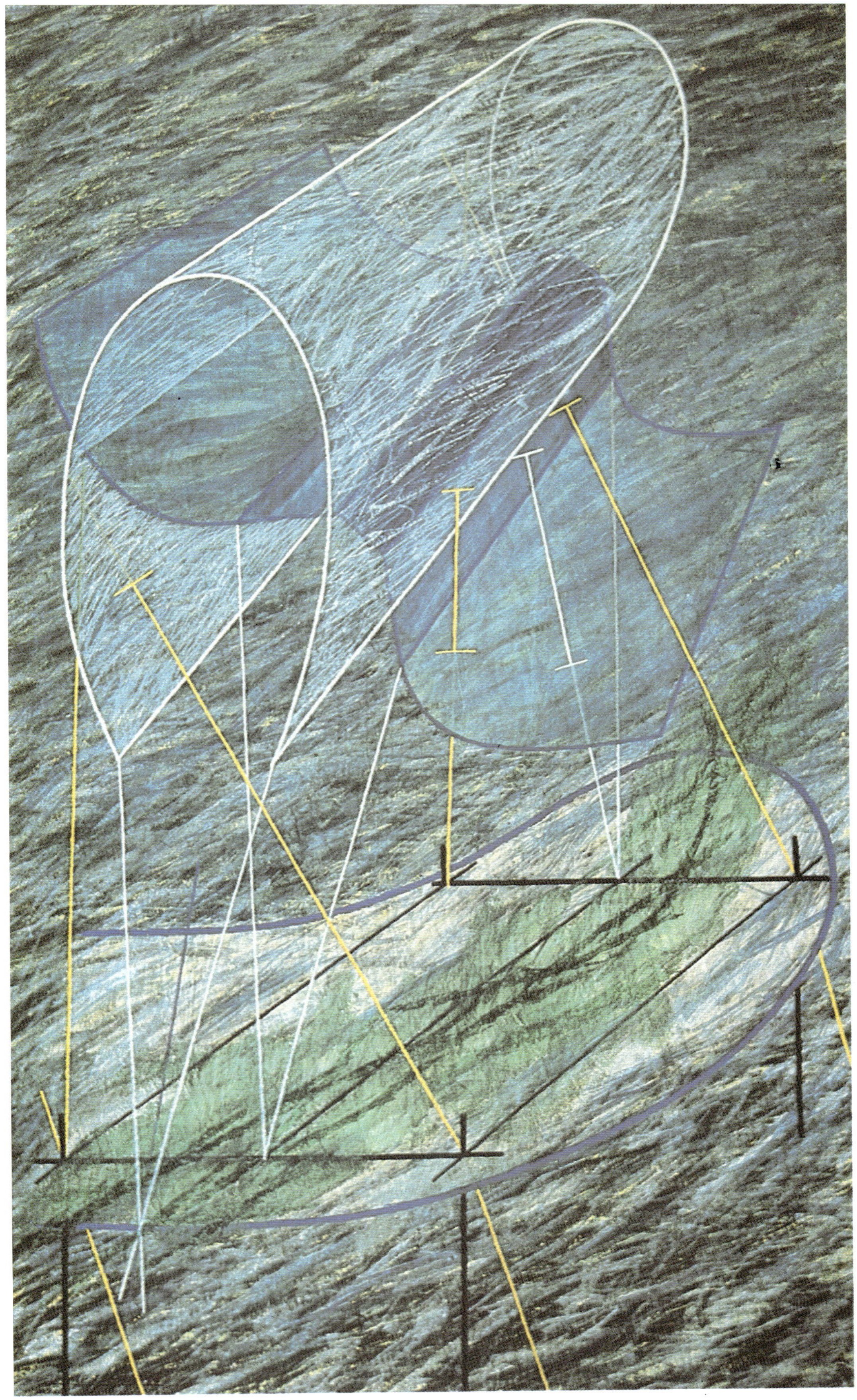

Gerhart Baresch

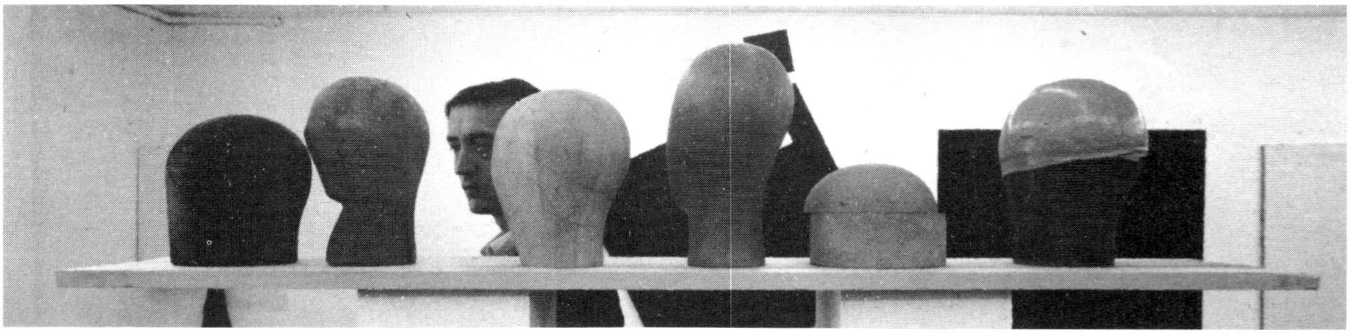

Geboren ***1939*** *in Hollabrunn.*

Es kann aus Dir nur herauskommen, was in Dir drin ist.[1] *Und die Kunst ist es, aus einem herauszubringen, was in einem drin ist. Ganz besonders schwierig ist das beim Aquarell – weil es unheimlich schwierig ist, Wasser, Farbe und das Bild, das Du in Dir hast, in eine Einheit zu bringen, ohne daß Dir eins davon einfach davonläuft.*

Ich hab's mit den Definitionen ein bißchen schwer. Aquarellist ist einer, der als Malmittel Wasser verwendet – wie ist es dann mit einem, der als Malmittel Terpentin verwendet? Nicht auszudenken ist, was ein „gemischter" Künstler empfinden muß, wenn man ihn so nennt.

Ein Bild „Aquarell" zu nennen, kann doch nur heißen, daß damit die Technik – und das nicht immer richtig – gemeint ist. Wenn dem so ist, kann doch nur von verschiedenen Formen der Technik gesprochen werden, und jeder „Künstler" ist dann eigentlich „Techniker". Hier ist dann nicht mehr die Kunst das Medium, sondern das Medium die Kunst.[2]

Ich möchte mich aber nicht wirklich an Definitionen festhalten. Zum Festhalten habe ich Bilder, die man sehen kann. Da sieht man teilweise, was in mir drin ist. Teilweise deshalb, weil das Umsetzen der Bilder nach außen oft schwierig ist. Ein 80jähriger Gitarrist[3] *hat gesagt, er beginne erst jetzt, das Instrument zu erlernen.*

Was man nicht malen kann, kann man auch nicht schreiben. Daher male ich lieber.

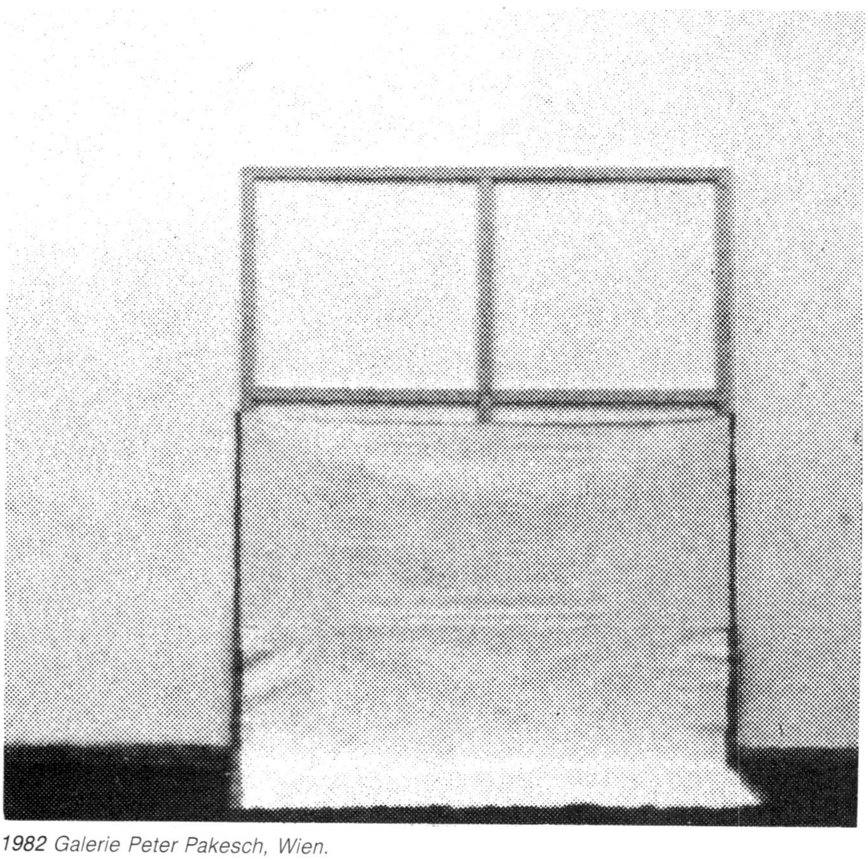

1982 *Galerie Peter Pakesch, Wien.*

1 ein Tiroler Bauer
2 Marshal McLuhan
3 Andres Segovia

Ohne Titel
1983, 68 × 50 cm

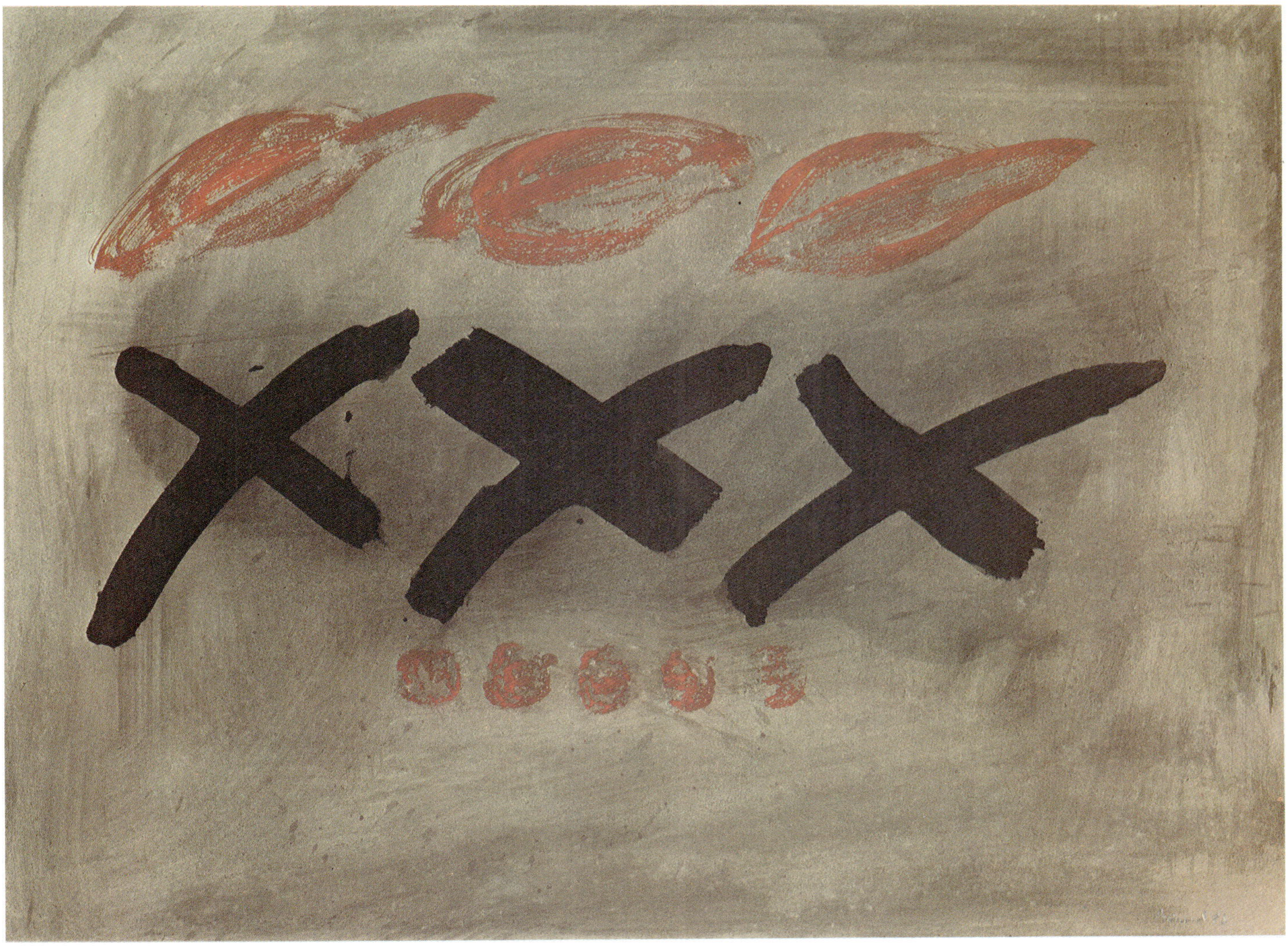

Herbert Stejskal

*Geboren **1940** in Salzburg. **1959–1963** Studium an der Akademie für angewandte Kunst, Wien (Prof. E. Bäumer). 2jähriger Studienaufenthalt in Italien. **1966–1967** Mitarbeiter von Emilio Vedova in Venedig und Montreal für die Gestaltung eines audiovisuellen Environments im italienischen Pavillon der Weltausstellung EXPO 67 in Montreal. Experimente mit farbigen Glascollagen bei Venini in Murano. **1966–1969** Assistent von Emilio Vedova an der Internationalen Sommerakademie für bildende Kunst, Salzburg. Arbeit mit Projektionen. Seit 1970 intensive Beschäftigung mit den Möglichkeiten der Serigraphie. **1970–1980** Technische Leitung der Int. Sommerakademie für bildende Kunst, Salzburg. Seit **1976** Lehrauftrag für Graphik an der Hochschule Mozarteum, Salzburg, Abteilung Kunsterziehung. **1975** Förderungspreis und Ehrenpreis des Salzburger Kunstvereins. **1976** Anton-Faistauer-Preis für Malerei. Seit **1979** Vorstandsmitglied und Ausstellungsleiter des Salzburger Kunstvereins im Künstlerhaus.*

Einzelausstellungen: ***1971** Galleria „La Lanterna", Triest; **1972** „Romanischer Keller", Salzburg; **1973** Galerie Palais Walderdorff, Trier; **1977** Galleria „L'Incontro", Vicenza; **1978** Galerie Welz, Salzburg; **1979** Galerie in der Staatsoper, Wien; Galerie Grüner, Linz; Künstlerhaus, Klagenfurt; **1980** Kulturzentrum Minoriten, Graz; **1981** BMW-Galerie, München; Österreichisches Kulturinstitut, Rom – Galleria La Pigna; **1982** Galerie Welz, Salzburg; **1983** „Kunst und Technik", Mercedes-Benz, Salzburg; Galerie Grüner, Linz.*

Beteiligungen an zahlreichen Gruppenausstellungen im In- und Ausland, u. a.: ***1971** „Salzburger Künstler", Künstlerhaus, Wien; „Forum West", Salzburg; **1972** Graphikausstellung der Salzburger Landesregierung; Ausstellungen mit der Künstlergruppe „G 73" in Salzburg, Kunstverein Erlangen/BRD, Kunstverein Krems, Club der Begegnung in Linz, Kunstverein Köln/BRD; Esch sur Alzette, Luxemburg; Ausstellung der Salzburger Landesregierung „Die Landschaft in der modernen Kunst"; **1981** „10 Salzburger Künstler", Gallerie La Pigna, Rom, Österr. Kulturinstitut.*

Werke im Besitz von: *Wolfgang-Gurlitt-Museum, Linz; Kulturamt der Stadt Salzburg; Kulturabteil des Landes Salzburg; Bundesministerium für Unterricht und Kunst, Wien; Landessammlungen Rupertinum, Salzburg; Museum Carolino-Augusteum Salzburg; Sammlung BMW, München, und zahlreichen privaten Sammlungen.*

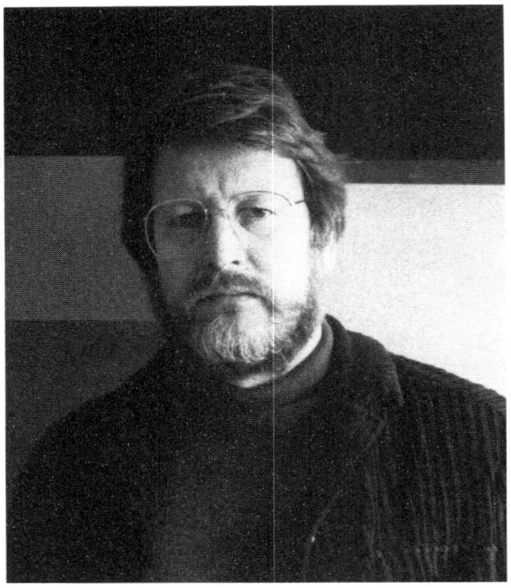

Herbert Stejskal ist kein „Landschaftsmaler" in einem traditionellen Sinn, aber er ist es gleichwohl auf dieser anderen Ebene der Wahrnehmung und Wiedergabe von Erlebnissen, Eindrücken und Emotionen, die er durch die Verwandlung seiner Kunst in dem Betrachter wiedererwecken will.

In der künstlerischen Aussage beschränkt sich der Maler klug auf wenige Formulierungen die mit Disziplin und Ernst gestaltet werden. Stejskal ist ein Maler der reifen läßt, in vielen Schichten malt und sich auch in den Aquarellen nicht dem spontanen Einfall überläßt, sondern dem gelenkten Prozeß mehr vertraut. Man könnte seine Art zu arbeiten auch bedächtig nennen, wenn man daran denkt, daß es von Be-dacht, also von be-denken kommt. Dabei kann keine Rede von intellektueller Attitude in seinen Bildern sein. Es ist, im Gegenteil, sogar sehr viel seelischer Hintergrund spürbar, der auch entscheidend ist für die Entwicklung des Malers.

Angelica Bäumer

Ein flüchtiger Blick suggeriert den Eindruck von Ordnung, Strenge und Harmonie, und in einigen Fällen hat sich Stejskal asketische Reduktion auferlegt: Geometrische Mittel bestimmen den Aufbau, die Primärkontraste von waagrecht und senkrecht angeordneten Farbflächen machen die Bildkomposition aus. Das ist aber keineswegs in vorzeitiger Altersweisheit erstarrte Malerei, denn wenn man sich mit den Bildern einläßt, erkennt man ein wohlkalkuliertes Kräftespiel, an dem alle Elemente Anteil haben, und dieses Spiel ist nicht bloß in der Fläche, sondern auch im Raum im Gange.

Werner Thuswaldner

aus: „Festgefügte und bedrohte Ordnungen"

Phasen
1983, 60 × 46 cm

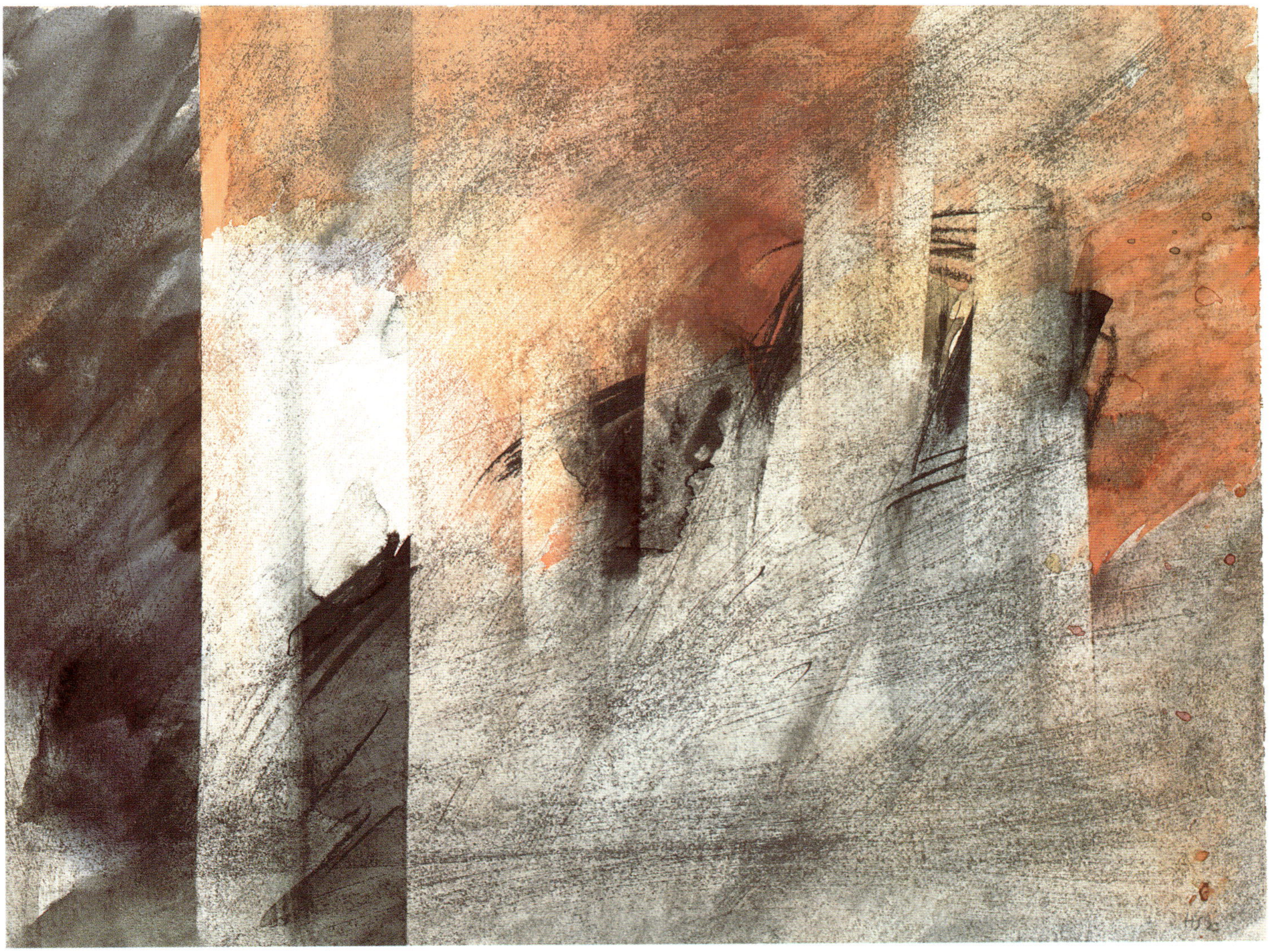

Hans Staudacher

Geboren am 14. Jänner ***1923*** *in St. Urban am Ossiachersee, Kärnten. Autodidakt. Mitglied der Wiener Secession, des Forum Stadtpark, Graz, und des Kärntner Kunstvereins, Klagenfurt. Zu den wichtigsten internationalen Preisen für Malerei, mit denen der Künstler ausgezeichnet wurde, zählen der Premio Marzotto* ***(1958)*** *und einer der Hauptpreise der Biennale von Tokio* ***1965****.*

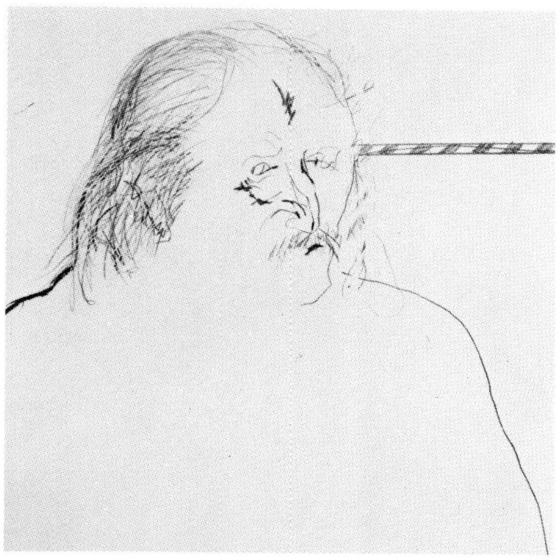

Karl Anton Fleck: Staudacher, 1977

„Malerei und Poesie erzählen nicht mehr, sie handeln." Hans Staudacher prägte diese – zu einem Leitsatz seiner Malerei gewordene – Feststellung im Jahr 1960. Es war das Fazit einer kurzen, doch wesentlichen und geistvollen Reflexion über sein ab 1958 zum Großteil dem Lyrischen Informel und dem Lettrismus zuzuordnendes Schaffen. In den Bildern und zahllosen graphischen Blättern der bis heute reichenden Periode liegt Staudachers unverkennbar eigenständige Leistung für die österreichische Kunst nach 1945.

Was Staudacher zum wichtigsten und konsequentesten Vertreter Lyrischen Informels in Österreich stempelt, ist vor allem seine unverkennbare Eigenart, die malerisch-graphische Qualität und Intensität seiner spontanen Bilder und Gouachen.

Der Kunsthistoriker und Museumsdirektor Werner Hofmann charakterisierte den Kärntner in einem 1956 verfaßten Katalogtext als Künstler, der *„im Leben die Fülle und nicht die Regel sieht"*.

Hans Staudacher ist, was man in der üblichen Terminologie einen „abstrakten Maler" nennt. Seine Arbeiten sind dem schon erwähnten Lyrischen Informel zuzuordnen, einer durch die Geste bestimmten, spannungsreichen und die gesamte Vielfalt einer erregten Handschrift spiegelnden Malart, die im Deutschen Wols und dem Franzosen Georges Mathieu zwei ihrer wichtigsten Urheber besitzt. Die in gleicher Weise durch graphische wie durch malerische Momente geprägten Werke des Kärntners verdeutlichen in ihrem unerschöpflichen formalen und koloristischen Reichtum, in all ihren Akzentsetzungen, Spannungen und rhythmischen Reflexionen, in ihrem Überschwang und ihrer nicht weniger oft feststellbaren Zurückhaltung die ungewöhnliche Aufnahmebereitschaft und schöpferische Potenz ihres Urhebers. Staudachers Bilder und Blätter, seine großen Formate wie seine miniaturartigen Studien, sind – und damit soll einem weitverbreiteten Vorurteil und Mißverständnis der Riegel vorgeschoben werden – trotz ihrer Spontaneität, ihrer oft mit bloßer Willkür verwechselten Freizügigkeit, immer Produkte eines durch hellwachen Verstand und Gefühl bestimmten, bewußten bildnerischen Vollzugs, der auf einem die Balance von Intellekt und Intuition beherrschenden, andauernden Sichrechenschaftgeben des Künstlers beruht. Staudacher selbst – und das beweist auch seine Entwicklung – verwahrt sich freilich mit Recht gegen eine Klassifizierung als rein abstrakter Maler. Er will damit vor allem sein Anderssein gegenüber Richtungen wie der Geometrischen Abstraktion und dem Konstruktivismus zum Ausdruck bringen, die ja alle durch eine wesentlich stärker vom Intellekt bestimmte Vorgangsweise gekennzeichnet sind. Sie verbannen das Abbildhafte auch im Sinne bloßen Assoziierens. Staudacher hingegen sucht gerade diesen Konnex, unterstreichen doch derartige Zusammenhänge die von ihm so ganz und gar undogmatisch betrachtete Balance von Kunst und Leben.

Nicht das Abbild, sondern das Bild als Resultat autonomer Gestaltfindung und der damit verbundenen neuen Sinngebung liegt in seiner Zielsetzung. Dazu zählt Staudachers starke Bindung zur Natur in gleicher Weise wie die Assoziationsfetzen aus dem modernen Alltag, das Fragmentarische unserer Beziehungen, die Rasanz des Heute oder die improvisatorischen Möglichkeiten des Jazz. Ablenkung und Meditation sind gleichberechtigt, gleich notwendig. Das Zeichen, die schnelle Mal-Geste wird für viele seiner Kompositionen maßgebend. Er selbst prägte den Ausdruck der „Nu-Bilder". Sie entstehen in der Regel als Serien aus dem Augenblick heraus, unterworfen den Bedingungen der „künstlerischen Tagesform". Das improvisatorische Spiel von Linien, Flecken und Farben erfährt seine Bereicherung im Einbezug von Buchstaben, Wortfetzen und Satz-Aussagen. Staudacher ordnet sie den kompositorischen Gegebenheiten strikte unter. Geschriebenes und Gemaltes verschmelzen gleichberechtigt ineinander. In seinen „Stempelpoesien" zitiert er bekannte Zeitgenossen, benützt aber auch die Collagewirkung rhythmisch gesetzter Lettern, Makulaturen und anderer, vergleichbarer Materialien aus dem für ihn wichtigen Bereich des Abfalls.

Die Verbindungen, die Abhängigkeiten von Kunst und Leben, sind für Hans Staudacher kein Schlagwort. Malerei ist für ihn Selbstvollzug auf der Basis der für angemessenen Bedingungen. Malerei ist in ihrer Intensität und Schnelligkeit, in ihren Querverbindungen und ihrem Zitatenschatz auf Aktivierung des Betrachters gerichtet. Sie gibt die ganze Hektik, Rasanz und gewollte Perfektion gleichnishaft wieder und setzt damit „Pausenzeichen der Vernunft", wie es der Künstler einmal selbst ausdrückte. Der Zusammenhang zur Wirklichkeit ist vielseitig verschlüsselt. Malerei vermittelt Denkanstöße und nicht Patentlösungen.

Peter Baum

aus: Lyrisches Informel und Lettrismus
Hans Staudacher, Edition Tusch 1974

Tusche-
Feder-
„Aquarell“
1977,
50 × 70 cm

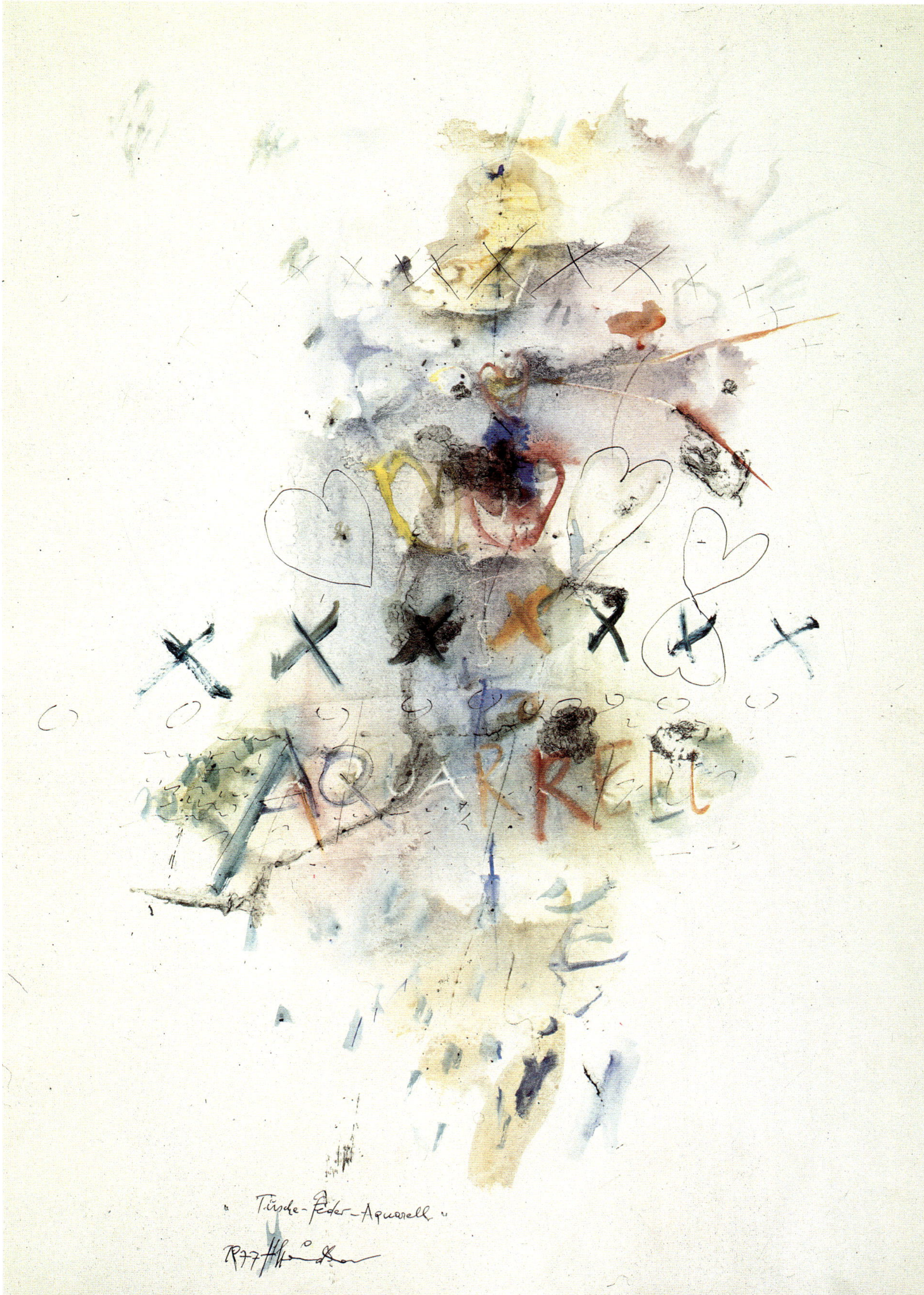

Friedrich Danielis

1944 in Bad Reichenhall geboren. 1955–1964 Schule in Salzburg, autodidaktes Malen. 1962 Beginn der Eitemperamalerei. Die Bilder entfernen sich zunehmend von der Natur. 1964 Das erste Zauberflöten-Bild. Übersiedlung nach Wien. 1967 Beginn der Pastell- und Aquarellmalerei. Übersiedlung nach London. 1970 Langer Aufenthalt in Venedig. 1971 Arbeit am Tiepolo-Zyklus in Venedig und Mailand. 1973 Erste Gobelin-Entwürfe. 1974 Entwurf eines Zauberflöten-Gobelins. Entstehung dreier Gobelins in Zusammenarbeit mit Fritz Riedl in Mexiko. 1975 Beginn der Gouache-malerei. 1977 Beginn des Babylon-Projektes. Langer Aufenthalt in New York. 1978 Beendigung des Babylon-Projektes. 1980 Das Zauberflöten-Projekt, Entwürfe für eine Bühne. Deckenfresko „Triumph der Vernunft“. 1981 Langer Aufenthalt in New York. Sommer in Venedig. 1982 Winter in New York. Arbeit am Bühnenkonzept von „Il Figliol Prodigo“.

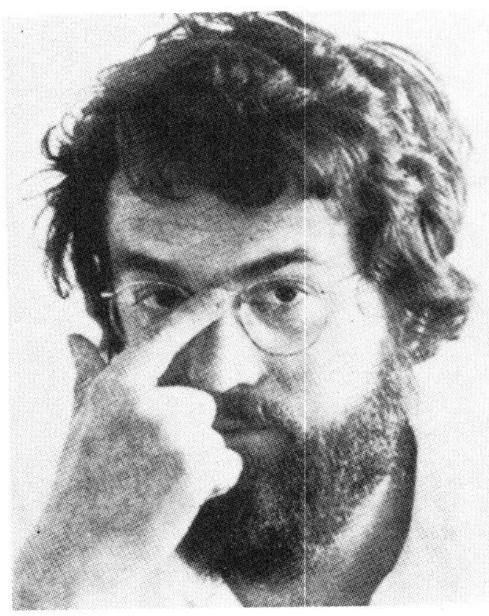

Die hellen, lichtdurchfluteten, durchscheinenden Bilder des Malers Friedrich Danielis sind Ausdruck von Sehnsüchten, Erwartungen und Gefühlen, wie sie Menschen in ihrer Hoffnung nach einer besseren Welt schon immer befallen haben. Einem Empfinden Ausdruck zu geben, hat unsere rationalisierte, materialisierte, ihre Gedanken weniger an die Freiheit des Geistes als des Körpers heftende Zeit mehr und mehr verlernt. Es gilt auch nicht mehr als opportun, sich in Vorstellungen zu ergehen, die mit unserer Wirklichkeit und dem Wunsch, sie zu verändern, nichts mehr zu tun zu haben scheinen.

Dennoch kann Danielis sich auf Gedanken berufen, die in einer Zeit geboren wurden, in der man nicht davor zurückscheute, seinen Empfindungen freien Ausdruck zu geben. Es war überhaupt eine sehr moderne Zeit, als einer ihrer Maler prophezeite, erst allmählich würden die Künstler die Symbolik der Natur so in ihre Gewalt bekommen, daß sie des erklärenden Beiwerks entraten könnten, um sich dem Beschauer mitzuteilen. Danielis hat in gewisser Hinsicht verwirklicht, was Otto Runge damit gemeint hat.

Er malt sein Paradies, und er versteht dessen Verwirklichung auf intimen, kleinen Formaten in transparenten, zart schimmernden Farben nicht als Weltflucht. Er meint, was man nicht habe, könne man sich doch wenigstens vorstellen und wünschen. Und Danielis hat sich bei denen umgesehen, die wie er, bestimmten Visionen von einer möglichen anderen Welt nachgingen: nicht nur bei Malern, sondern auch bei Dichtern und Musikern. Bei ihm fließen Bäume, Pflanzen und Steine mit dem Himmel, den Wolken und dem Licht zusammen; über seine Farben hat Ludwig Tieck geschrieben:

„Wie wundersam, sich nur in eine Farbe als bloße Farbe recht zu vertiefen. Wie kommt es denn, daß das helle ferne Blaue des Himmels unsere Sehnsucht erweckt und des Abends Purpurrot uns rührt, ein helles goldenes Gelb uns trösten und beruhigen kann, und woher nur dieses unermüdete Entzücken an frischem Grün, an dem sich der Durst des Auges nie satt trinken mag?“

Es sind übrigens Farben, die auch bei Cézanne das konturenlose Ineinander, den Zusammenfluß der Formen und ihrer Ordnungen, die Immaterialität der Substanzen zur Folge haben. Danielis läßt in den weichen, bewegten Fluß seiner Strukturen Evokationen von Felsen aus Rubin, Seen aus Smaragd, von sich spiegelndem Tau, schillernden Regenwäldern und gläsernen Steinen einfließen. Seine Bilder sind Gärten, Projektionen einer inneren Welt. Dabei denkt er wahrscheinlich wieder wie Runge:

„Ich wollte, es wäre nicht nötig, daß ich Kunst treibe, denn wir sollen über die Kunst hinaus, und man wird sie in der Ewigkeit nicht kennen.“

Kristian Sotriffer

A long sunset
and a
short night
1981,
26 × 34 cm

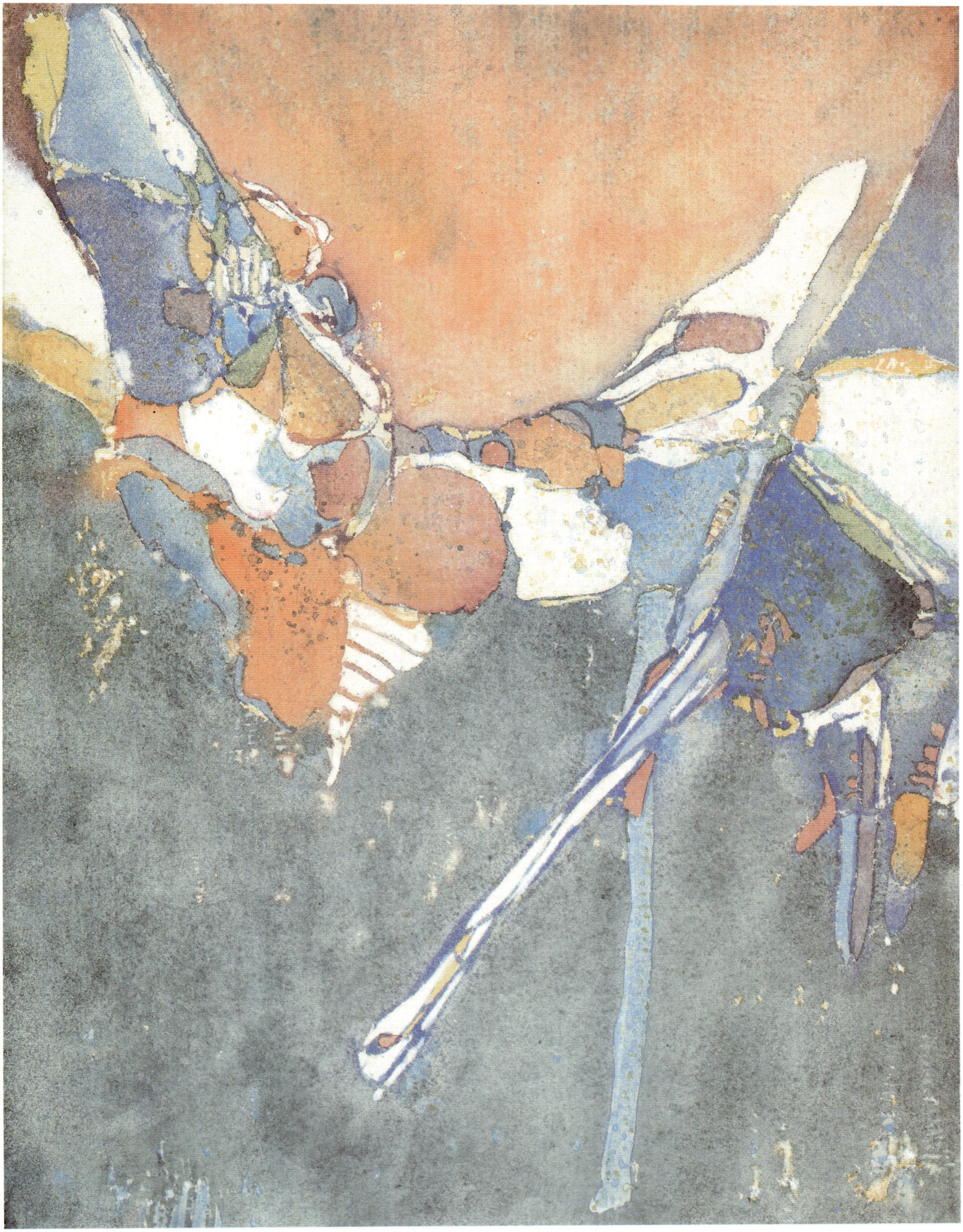

Hermann Kremsmayer

Geboren 1954 in Salzburg. 1974 Akademie der bildenden Künste, Wien. 1975 Galerie Academia, Salzburg. 1976 und 1979 Kunstpreis der Salzburger Wirtschaft.

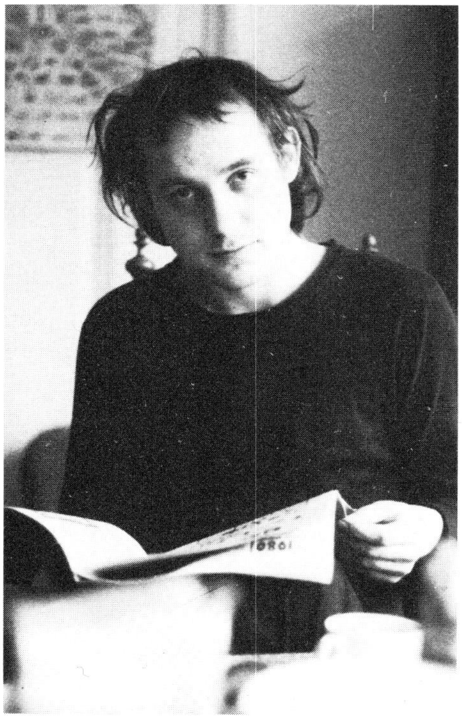

Hermann Kremsmayer malt Farben. Sie signalisieren, interpretieren, unterstreichen nicht, sondern sie sind Farben. Die Bilder sind dicht gemalt. Oftmaliges darübermalen, zerstören und verstärken läßt reiche Strukturen entstehen. Weiß tritt sowohl als das Weiß des Papiers als auch als gemalte Farbe auf.

Hermann Kremsmayer's Formenvokabular ist auf wenige Formen beschränkt. Keilrahmen, Papierknäuel, Farbkästen, Malunterlagen . . . lassen sich oft erahnen. Er unterwirft diese erfahrenen Realitäten einem malerischen Prozeß und malt neue Bildrealitäten. Die Bedeutung eines Keilrahmens geht somit als Keilrahmen verloren und hat nur mehr Form und Farbbedeutung. Durch diesen Prozeß werden diese sehr persönlichen Erfahrungen allgemein, selbstverständlich.

Hermann Kremsmayer malt flache Bilder. Durch das Weglassen jeglicher Art von traditioneller Perspektive zeigen die Bilder eine neue Raumauffassung.

Ecken, rot, Überschneidungen . . . sind in seinen Bildern nicht aggressiv, nicht geometrisch. Farben und Formen sind in Hermann Kremsmayer's Bildern Poesie.

Henriette

Zwischenraum
1983, 76 × 56 cm

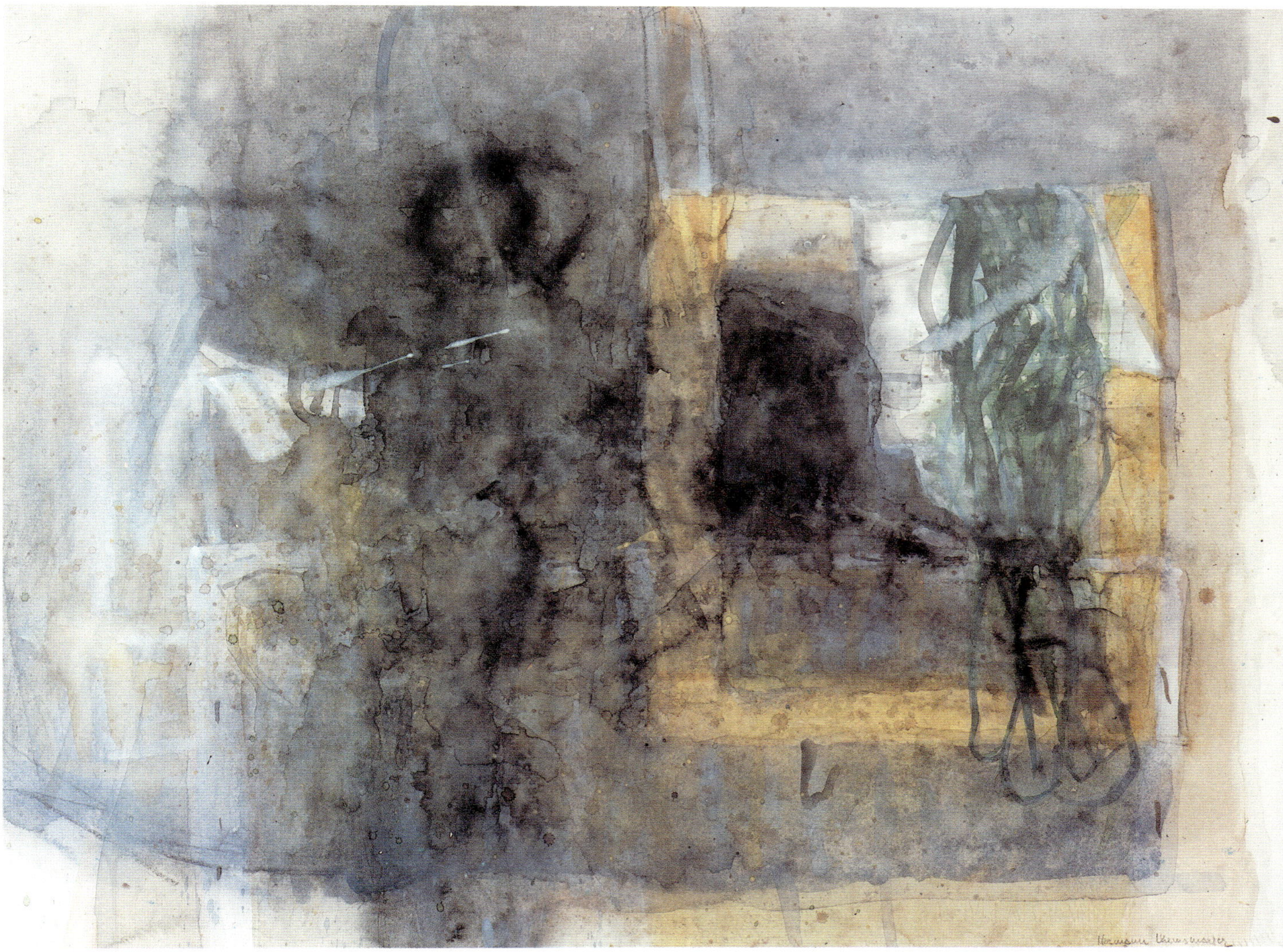

Karl Brandstätter

*Geboren **1946** in Lautz/Villach. Studium und Preise: **1965** Akademie der bildenden Künste, Wien. **1966** Förderungspreis der Stadt Salzburg. **1967** Arbeit in der Sommerakademie, Klasse jeweils Johnny Friedlaender, Paris – Radierung. **1968** Stipendium des französischen Staates für Paris, danach von 1968 bis 1977 arbeitet und lebt Karl Brandstätter in Paris. **1970** Diplom der Akademie der bildenden Künste, Wien. **1976** Publikumspreis „Extempore Klagenfurt", „Woche der Begegnung". Stipendium für Ägypten. **1978** Kulturaustausch mit der Stadt Wiesbaden. **1980** Briefmarke „Moderne Kunst in Österreich".*

Einzelausstellungen: ***1970** Galerie Slama, Klagenfurt; **1971** Galerie Schloß Seefels, Pörtschach; **1972** Galerie Trippach, Goslar; Galerie im Tomschehof, Villach; Galerie Jaeschke, Braunschweig; Galerie Koch, Hannover; **1973** Künstlerhaus, Klagenfurt; **1974** Galerie Lamutov, Kostanjevica na Krki, Jugoslawien; Rathausgalerie St. Veit; Atlantis-Buchhandlung, Duisburg; **1975** Galerie Sparkassenhof, Innsbruck; Kellergalerie Kleve; Zentrum für Kunst, Vaduz; La Gravure, Lausanne; Graphisches Kabinett Vonderbank, Frankfurt; **1976** Galerie Schillerhof, Graz; Galerie Academia, Salzburg; Galerie im Tomschehof, Villach; **1977** Expo Boisereé, Köln; Galerie Slama, Klagenfurt; Expo Pohlschröder, Paris; **1978** Künstlerhaus, Klagenfurt (Mit Bühnenbild zu „Ausverkauf"); Bad Nauheim; Städtische Galerie, Lienz; Galerie im Stadtturm, Völkermarkt; **1979** Galerie Edition E. Hilger, Wien; Galerie Bernardi, Aachen / Staatstheater Baden-Baden; **1980** Galerie „W", Wuppertal; Galerie Pierre Hautot, Paris; Galerie Slama, Klagenfurt; **1981** Galerie „Z", Graz, Vorprogramm Steirischer Herbst; Graphisches Kabinett, Braunschweig; **1982** Galerie Sirun, Freudenberg; Galerie Hilger, Wien; Kulturni Center Murska-Sobota; Galerie im Lila Haus, München.*

Ausstellungsbeteiligungen: *Intart V, II. Biennale Intart **1978**; La Jeune Gravure Contemporaine, Paris **1970**; Le Trait, Paris **1971**; Biennale de Gravure, Seoul-Korea **1972**; 1. Salon international d'art contemporain, Paris; 5. Internationale Grafik-Biennale; Frechen **1978**; „L'Estampe aujourd' hui", Bibliotheque Nationale, Paris **1979**; 13. Grafik-Biennale, Ljubljana **1979**; WIPA-Wien **1981**; Verschiedene Ausstellungen des Kärntner Kunstvereines; Centro Friolano; Arti Plastichi II. Intergraf; Festival Orginele; Kunstdruk, Oostende; New-York, Art Fair 83; Wash-Art, Washington, Art Faire **1983**; Buchmesse, Frankfurt.*

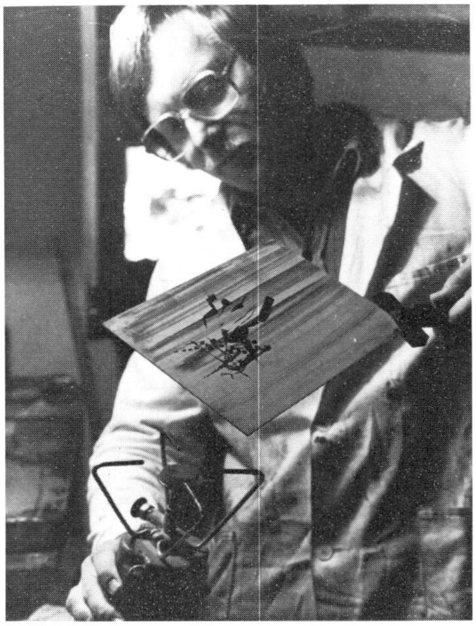

Anfangs war es mir sehr wichtig, meine Freunde von dem, was ich tue, zu überzeugen und daß die Malerei etwas absolut Wesentliches ist. Nur kommt man halt im Lauf der Zeit darauf, daß es Leute gibt, die für Kunst völlig unempfänglich sind, und die man auch durch ein persönliches Gespräch nicht begeistern kann. Gerade für diese Menschen ist es wichtig, Toleranz gegenüber der Kunst zu zeigen, so daß diese sich leichter entfalten kann."

Karl Brandstätter

In seiner Entwicklung gelangte Karl Brandstätter von verhältnismäßig kompakten zu feingliedrigen Formen, von wenigen primären Farben zu einer der Monochromie sich nähernden Farbigkeit, wobei mit fortschreitender Differenzierung dem Hell-Dunkel eine immer größere Rolle zukam. Heute zeigen seine Radierungen und Gouachen meist ein in einem imaginären Raum schwebendes, zartes Geflecht, das vom Gegenständlichen her kaum faßbar ist und unmittelbar zum Auge spricht. Hauptthema ist die weibliche Figur, daneben die Landschaft, die jedoch nicht in realistischem Sinn gesehen sind, sondern als Anlaß zum Spiel der Phantasie. So treten bei den Figuren extreme Proportionsverzerrungen auf, dazu kommen oft bizarre Arabesken, die die Fläche in Bewegung zu versetzen scheinen.

Den Ansatz zu seiner Auffassung fand Brandstätter im Atelier Johnny Friedlaenders in Paris zu einer Zeit, als die Rezeption von Surrealismus, Lyrischer Abstraktion und Informell immer noch nachwirkte. Zu diesen Eindrücken kamen die durch Picasso, Braque und Matisse, wie überhaupt die französische Kunst und Kultur prägend wirkte. Die Lust an Raffinesse und Geschmack, bisweilen auch am Schockanten deuten ebenso darauf hin wie die poetischen Titel in französischer Sprache.

Ausgeprägt ist Brandstätters Liebe zum Metier, unermüdlich versucht er sich in allen Varianten, vor allem der Gouache, die ihm bisher mehr als Experimentierfeld diente, aber zunehmend an Bedeutung gewinnt. Von den selteneren Aquarellen müssen die in Ägypten entstandenen hervorgehoben werden, die übrigens zu den gelungensten Blättern überhaupt zählen.

Es fällt auf, mit welcher Konsequenz Brandstätter seine Linie verfolgt, obwohl ihm die Umstände kaum entgegenkommen. Dieses Festhalten an dem für ihn als richtig erkannten Weg führte zu Lösungen, deren Originalität nicht zu übersehen ist.

Karl Newole

Grüne Ecke
1983,
57 × 76 cm

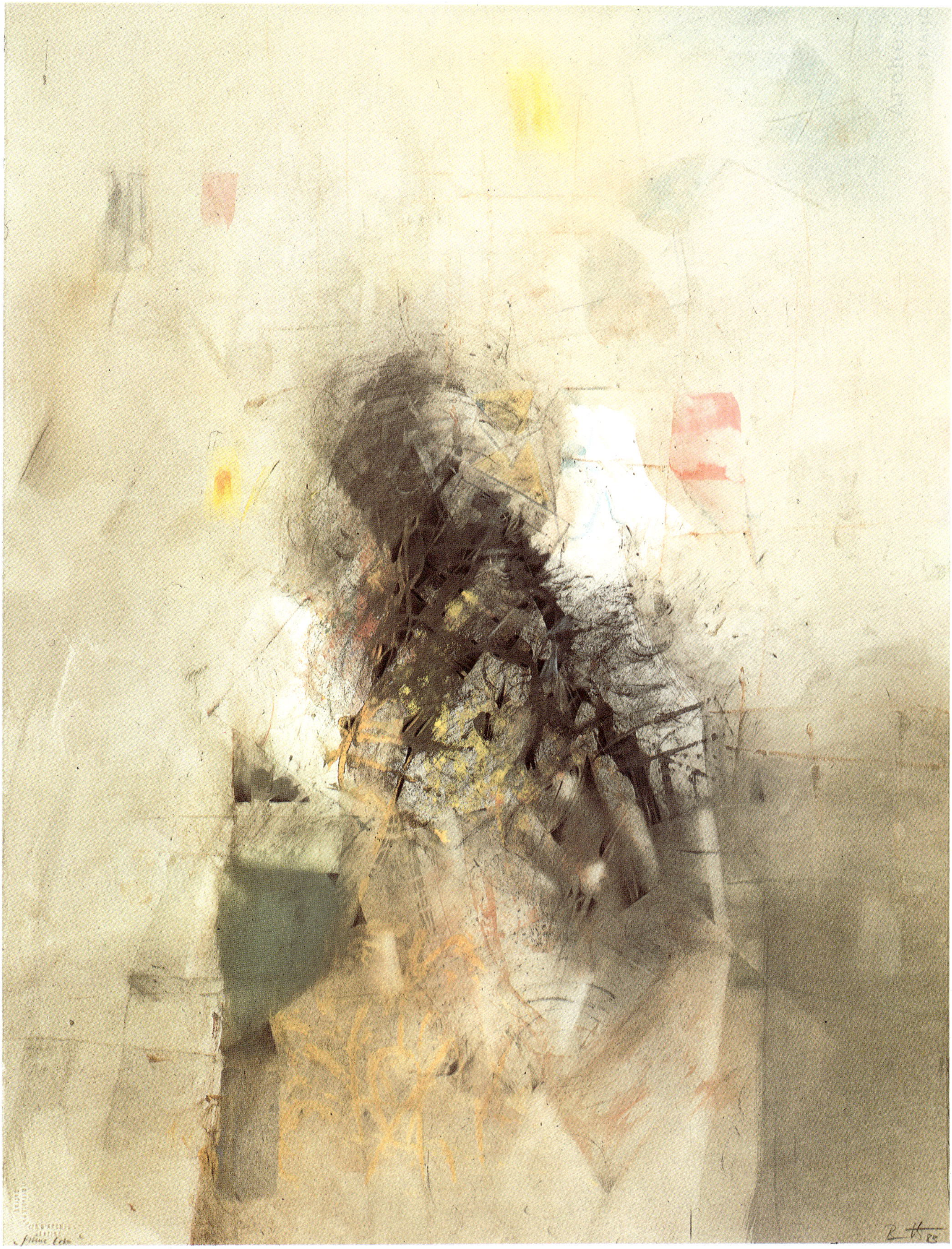

Maria Moser

*Geboren **1948** in Frankenburg, OÖ. Studierte an der Akademie der bildenden Künste in Wien von **1968–1973** bei Prof. Eckert. Erhielt **1974/75** ein Stipendium nach Ägypten. Lebt nun als freischaffende Künstlerin in Frankenburg.*

Ausstellungen: ***1975** Internationales Kulturzentrum, Cairo; **1976** Art & Design Galerie, Hildesheim; Galerie am Bunker, Oldenburg; **1977** ABC Galerie, Braunschweig; Galerie Hilger, Wien; Galerie Feichtinger, Linz; **1978** Galerie Hilger, Wien; Hypo-Galerie, Linz; **1979** Galerie Forum, Wels; **1980** Ursulinenhof, Linz; Galerie auf der Stubenbastei, Wien; Galerie Armstorfer, Salzburg; Verein für Kunst u. Kultur, Eichgraben; Atelier Gerersdorfer, Wien; **1981** NÖ-Art Galerie, Künstlerhaus, Wien; Galerie Grüner, Linz; Galerie Pavillon Werd, Zürich; **1982** Galerie Weidan, Schärding; Atelier Eder, Linz; Edition Alt-Erlaa, Wien; Atelier Gerersdorfer, Wien; **1983** Galerie Walther, Düsseldorf; Galerie Phönix, Limburg/Lahn; Atelier Gerersdorfer, Wien.*

Wichtige Beteiligungen: ***1979** Jugendtriennale, Nürnberg; **1981** Wanderausstellung „Aspekte der Zeichnung in Österreich von 1960–80"; **1981/82** Triennale in New Delhi; **1983** Grafikbiennale in Grenchen; Kunstmessen in Basel und Düsseldorf; Frankfurter Buchmesse; **1984** Hirshorn Museum, Washington – „Drawings since 1974".*

Preise: ***1973** Preis d. Österr. Länderbank; **1977** Förderungspreis des Wiener Kunstfonds; Talentförderungsprämie des Landes OÖ.; **1979** Staatsstipendium; **1980** Preis beim 17. Österr. Grafikwettbewerb in Innsbruck.*

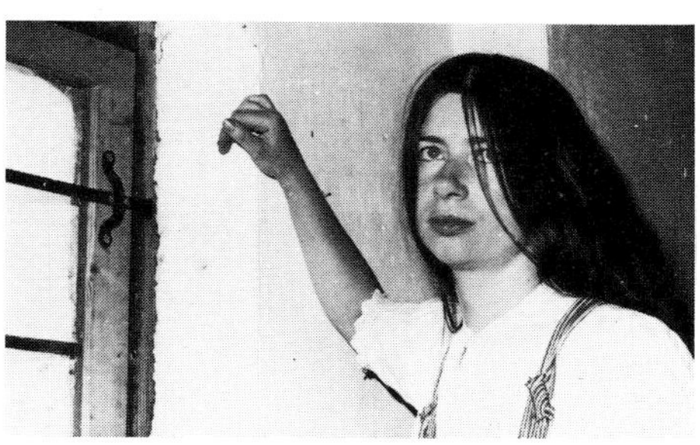

Menschen, die mit einem Ich ausgerüstet sind, die nicht unbedingt fertige Gedankengänge, eine abgeschlossene Sache vorfinden müssen, werden es nicht allzu schwer haben, Einstiegsmöglichkeiten in meine Bilder zu finden. Einstiegsmöglichkeiten, das sind in diesem Fall Symbole, Relikte, technischer oder archaischer Art, die fast immer im Mittelpunkt meiner Arbeit stehen, eine Hilfe für den Betrachter, den Schritt vom Bekannten zum Unbekannten zu wagen und somit einen Beitrag zum schöpferischen Prozeß zu liefern. Ich will und kann keine Antwort, sondern nur Denkanstöße geben. Es liegt am Betrachter, sich in meinen Bildern zu erleben, zu prüfen und geheimnisvolle Seelenräume zu betreten. Ich will die Inhalte meiner auf diese Weise verschlüsselten Arbeiten also nicht ganz preisgeben, ich kenne sie oft selber kaum, sie sollen verschieden interpretiert und gelesen werden können.

Ich stelle an den Betrachter den Anspruch, ähnlich dem Archäologen Schicht um Schicht seiner Seelenlandschaft abzutragen, um „Funde" freizulegen.

Man könnte es als eine Art Spurensuche bezeichnen. Mehr oder weniger unbewußt prägt mich der Wunsch, mich selbst eingebettet in ein Herkommen, eine Tradition, in eine Geschichte zu sehen, der Wunsch mich nicht nur nach außen, in eine Zukunft, sondern nach innen, nach unten, in die Tiefen des Mythos zu expandieren. Ich sympathisiere also mit einer Seinsform, die von einer industrialisierten, technifizierten, in ihrem Konsumverhalten neuen Fetischen dienenden Lebens- und Denkweise verschüttet wird.

Mut machen meine Bilder wahrscheinlich nicht. Das Rätsel, das sich dem Betrachter darstellt, ist eigentlich eine Analyse unserer Welt, die keine eindimensionale ist und in der verschiedene Denk- und Sinnesschichten überlappen. Ich will das Unheimliche der Technik vor Augen führen.

Das innerlich Erlebte und Empfundene ist für mich nur mit Mühe zu reproduzieren, das sieht man meiner Arbeitsweise an. Es gibt während des Arbeitsprozesses oft Durchgangsphasen über ein Chaos, das zu neuer konstruktiver Ordnung führen muß. Bei vielen meiner Bilder merkt man diesen Kampf. Das Papier wird durch oftmaliges Überarbeiten zerquält, verletzt und wieder collagiert. Ich kämpfe gegen Routine, Wiederholung und Perfektion, gegen den allzuschönen Schein und Gefälligkeit.

Die technische Fertigkeit steht für mich im Hintergrund, denn täuschende Oberflächen gibt es in unserer Welt genug.

Maria Moser

Tempel III
1981, 100 × 70 cm

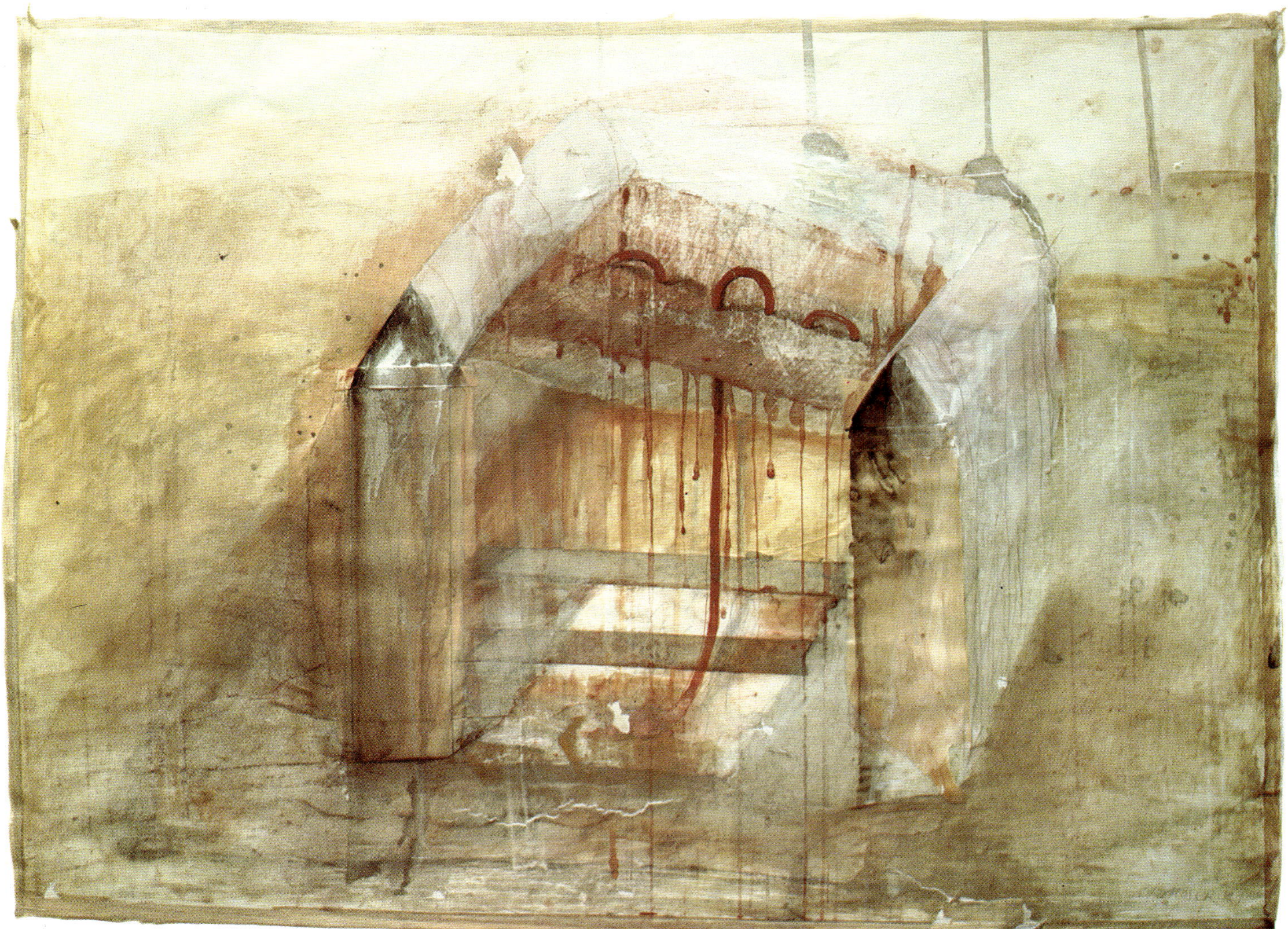

Ines Höllwarth

Geboren am 5. Juli ***1939*** *in Salzburg, lebt in Salzburg.* ***1962/63*** *Akademie für angewandte Kunst, Wien, Malerei und Glasmalerei bei Prof. Eduard Bäumer.* ***1963/68*** *Akademie der bildenden Künste, Wien, Malerei und Kunsterziehung bei Prof. Franz Elsner.* ***1969*** *Diplom für Malerei und Lehramtsprüfung.* ***1968/70*** *Seminar für Glasgestaltung an der Akademie für angewandte Kunst, Wien. Abschlußarbeit mit seriellen Plexiglaselementen.* ***1970/75*** *Mitarbeiterin am Museum des 20. Jahrhunderts für Museumspädagogik und Kreativprogramme für Kinder unter Dir. Dr. Alfred Schmeller.* ***1975/76*** *Romstipendium des Bundesministeriums für Wissenschaft und Forschung.* ***1975/76*** *Arbeitsstipendium der Salzburger Landesregierung.* ***1976*** *Anton-Faistauer-Preis des Landes Salzburg für Malerei.* ***1974/80*** *Leitung des „Kreativprogrammes für Kinder" der Internationalen Sommerakademie für bildende Kunst in Salzburg. Seit* ***1975*** *Teilnahme an den Rauriser Malertagen. Seit* ***1976*** *Lehrauftrag an der Hochschule Mozarteum, Abteilung Kunsterziehung für Textiles Werken und Gestalten. Seit* ***1977*** *Künstlerische Leitung der Rauriser Malertage.*

Einzelausstellungen: ***1971*** *Galerie Tao, Wien: Collagen und Plexiglasobjekte;* ***1972*** *Galerie Leptien, Frankfurt: Plexiglas und Grafik;* ***1973*** *Galerie an der Hochschule, Linz-Auhof: Grafik;* ***1975*** *Galerie Quellenhof, Bad Tatzmannsdorf: Malerei; Traklhaus, Salzburger Kunstverein: Malerei und Grafik – Informelle Bilder und gestische Zeichnung;* ***1976*** *Galerie Gogl, Wien: Unbehagenszeichnungen;* ***1977*** *Studiogalerie Kirste, Mainburg: Objekte und Malerei. Gewölbegalerie Schloß Rosenberg, Zell am See.* ***1978*** *Galerie Kurzentrum Badgastein: Zeichnungen; Galerie in der Goldgasse, Salzburg: Zeichnungen;* ***1981*** *Museum moderner Kunst, Wien, Palais Liechtenstein: Zeichnungen; Künstlerhaus-AG in der Sterngasse, Nürnberg: Zeichnungen;* ***1982*** *Galerie Elefant, Landeck: Zeichnungen; Teilnahme an zahlreichen Gruppenausstellungen und Symposien im In- und Ausland.*

Werke in öffentlichen Sammlungen: *Bundesministerium für Unterricht und Kunst, Salzburger Landesregierung und Stadt Salzburg, Marktgemeinde Rauris, Landesgalerie Eisenstadt, Staatliche Graphische Sammlung, München, Landesgalerie Innsbruck.*

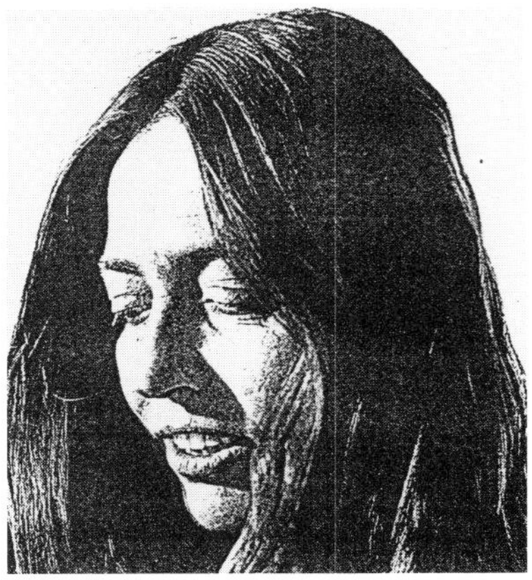

. . ., so läßt sich ab 1978 eine Lockerung der Bildkomposition feststellen. In dieser Zeit bevorzugte Ines Höllwarth mittlere Querformate auf Papier, sie vermeidet nun Übermalungen, spart weiße Flächen aus und setzt die rhythmischen Akzente in horizontal angelegten Aufwärts- und Abwärtsschwüngen. Sie verwendet nun auch mehr blaue, gelbe und rote Mischtöne sowie weiße, aufhellende Akzente. Insgesamt vermitteln die großzügig angelegten Gouachen den Eindruck spontaner, lockerer und befreiter Stimmungen. 1979 folgen weitere Gouachen, in denen es Ines Höllwarth gelingt, räumliche Tiefenwirkung durch zahlreiche weiße Übermalungen und mit nun kleiner und dichter strukturierten Farbakzenten zu erzielen. Für mich nenne ich diese Serie „Wetterlandschaften", vermitteln sie doch gleichzeitig innere und äußere Stimmungen in manchmal milden und sanften, dann wieder explosiven, gewitterähnlichen Kompositionen.

1980 war Ines Höllwarth vorrangig mit arbeitsintensiven öffentlichen Aufträgen befaßt, sodaß wenig Zeit für die freie Arbeit an der Staffelei blieb. Im Folgejahr entstand dann eine Serie kleinformatiger Gouachen, vorwiegend in blauen, roten und grünen Tönen gehalten, mit locker übereinander gesetzten Farbflächen. Charakteristisch für diese Arbeiten von 1981 ist die Verdichtung zur Bildmitte hin; sie vermitteln den Eindruck kompakter Zentren, die zum Bildrand hin locker ausklingen. Aus dem gleichen Jahr stammen vier hochformatige weiße Blätter, auf die in senkrechtem Rhythmus in den Signalfarben blau, rot und gelb, mit vehementer Geste kräftige Zeichen gesetzt sind.

Barbara Wally

Sommergarten
1982, 50 × 38 cm

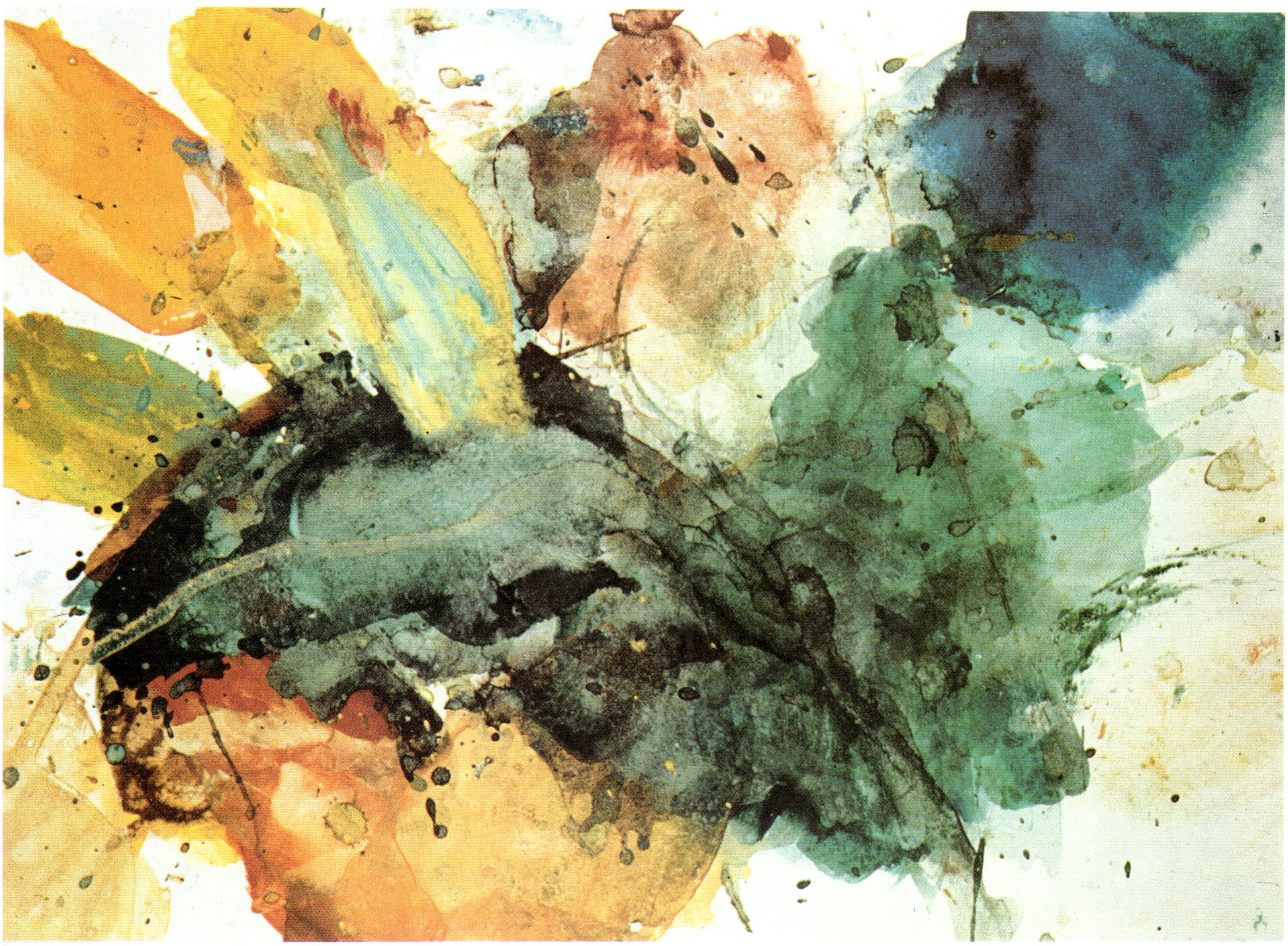

Gottfried Fabian

*Geboren **1905** in Dresden. **1924–1932** Studium an der Universität Leipzig. Kunstakademie Dresden, Akademie für Kunsthandwerk und Technische Hochschule Dresden. **1932–1939** als Maler und Kunsterzieher in Dresden tätig. Lebt seit **1949** in Voitsberg/Steiermark. Mitglied der Gruppe 77 in Graz.*

Preise: ***1956** Kunstmedaille der Stadt Graz; **1961** Kunstpreis der Stadt Weiz; Joanneum-Kunstpreis, Graz; **1965** Förderungspreis der steierm. Landesregierung; **1968** Kunstpreis der Stadt Köflach; **1972** Preis des Bundesministeriums für Unterricht und Kunst beim Köflacher Kunstpreis; **1977** Würdigungspreis des Landes Steiermark.*

Werke: *Neue Galerie am Landesmuseum Joanneum, Graz; Neue Galerie der Stadt Linz a. d. Donau; Grafische Sammlungen Albertina, Wien; Stedelijk Museum, Amsterdam; Sammlung Mendelsohn, London; The Israel Museum, Jerusalem; Stadt Wien; Bundesministerium für Unterricht und Kunst, Wien; Museum des XX. Jahrhunderts, Wien; Grafiksammlung des Louvre, Paris.*

Personalausstellungen: ***1956** Stedelijk Museum, Amsterdam; **1962** Neue Galerie, Graz; Galerie im Griechenbeisl, Wien; **1966** Galerie im Griechenbeisl, Wien; Galerie Dr. Eder, Köflach; **1970** Galleria d'Arte, Venedig; 2. Internationale Biennale, Lignano; **1971** Galerie im Griechenbeisl, Wien; **1972** Galerie 15, Graz – Grafikausstellung; **1975** Neue Galerie, Graz; Galerie Moser, Graz; Murgalerie, Leoben; **1976** Galerie bei den Minoriten, Graz; **1977** Hartberg, Steiermark; **1978** Modern Art Galerie, Wien; **1979** Galerie H, Graz; **1980** Galerie Carinthia, Klagenfurt; Galerie Albertstraße, Graz; **1982** Galerie Dr. Eder, Köflach; Galerie d. Stadt Hall i. T.; Kunstmesse, Basel; Künstlerhaus, Graz; Galerie ORF-Studio, Graz; Art '82, Basel; **1983** Galerie Carinthia, Klagenfurt; Arte Fiera '83, Bologna.*

kurz nach dem letzten krieg planten wir eine ausstellung „österreichische kunst der letzten 50 jahre" – wir, das waren das van abbe museum in eindhoven und das „stedelijk" in amsterdam.

die vorbereitungen zogen sich in die länge, und erst in 1956 konnten wir unseren plan ausführen:

wir besuchten dutzende ateliers, wurden überall gut empfangen und fanden viele werke hoher qualität, aber wenig aufregendes, bis wir einmal spätabends, müde nach einem überfüllten tag, in voitsberg bei fabian anklopften und trotz der späten stunde sofort in seine werkstatt geführt wurden. plötzlich war unsere müdigkeit verschwunden – hier war der schock! wir wählten 24 bilder für unsere schau (die größte anzahl von einem künstler) – etwas absolut originelles. seitdem bin ich mit fabian in verbindung geblieben und habe beobachtet, wie er, fortwährend vereinfachend, immer wieder neue Wege finden konnte . . .

fabian liebt die wahrheit, und darum wirkt seine kunst auf uns wie ein transparentes geschöpf, durch das der blick hindurchgeht und aufatmen läßt in einem gefühl der freiheit.

sandberg

fabian nimmt in seinen entwurf, auch wo ein solcher fast gestisch erscheint, immer noch ein stück erlebter natur hinein, und wenn es allein die aus der realität herausgelösten proportionen wären, denen er zu eigenem leben verhilft. er ist kaum psychoanalytisch oder kardiogrammatisch, wie es die klassischen informellen sind, und er ist eher spontan als gestisch, was innerlich zusammenhängen mag, aber durchaus nicht immer ein und dasselbe ist. fabians graphik ist ein naturereignis: man nimmt sie auf wie einen regentropfen oder sonnenstrahl. eine weiße fläche, einige schwarze striche, ein oder zwei flecken in rot und grün.

in der ersten hälfte der siebziger jahre entsteht – wie unter klammern gesetzt – eine großformatige folge von aquarellen, die man als das wichtigste ergebnis im dialog des künstlers mit der farbe ansehen darf. immer, wenn fabian an die farbe appelliert, bedrängen ihn gefühle, die aus zwischenbereichen der seele stammen. in der farbe ist lyrik; sie setzt das erlebnis fort, wenn die intellektuelle struktur der linie mit ihrem latein zu ende ist.

fabians werk ist ein elementarer beitrag zur österreichischen graphik der nachkriegszeit. seine kunst hat uns alle bewegt, manchmal haust sie im reich der wolken, manchmal in einem kräutergarten, aus dessen pflanzen man heilsamen balsam gewinnt.

richard rubinig

aus: Fabian, Edition Galerie Carinthia 1983

Aquarell und Tusche
1983, 43 × 61 cm

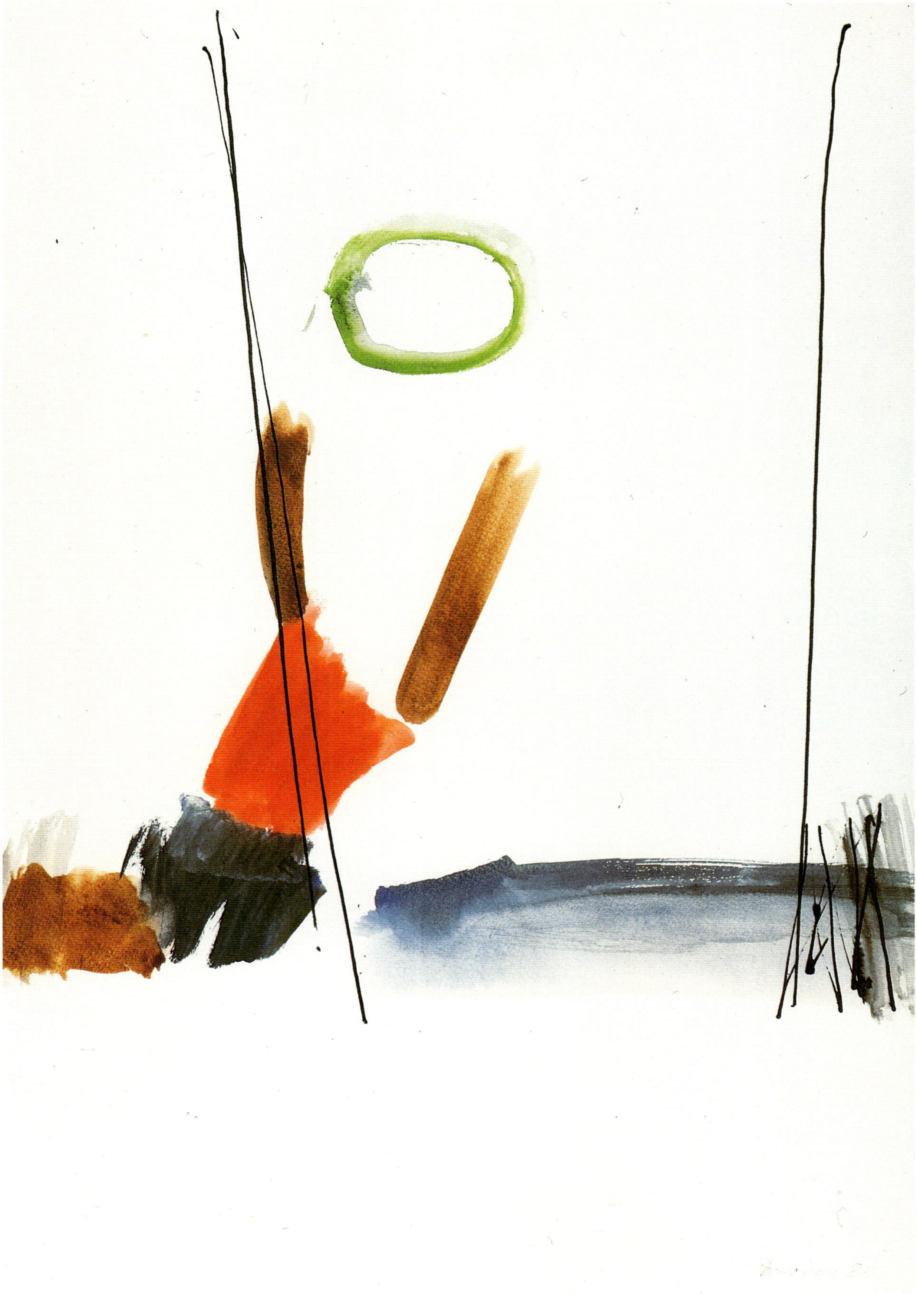

Johann Jascha

Geboren ***1942*** *in Mettmach, OÖ., Mittelschule in Salzburg. Seit* ***1963*** *in Wien, Studium der Malerei an der Akademie der bildenden Künste, Wien.* ***1967*** *Diplom für Malerei.* ***1975*** *Diplom für Medailleurkunst und Kleinplastik.* ***1976*** *Diplom für Zeichnung.*

Mitglied des Club der Begegnung Linz, OÖ. Kunstverein, g-73 Salzburg, Salzburger Kunstverein, Wiener Secession.

Aktivitäten: *Symposien, Aktionen und mimische Auftritte, Environments, Fotokunst, Kunst im öffentlichen Raum, Objektkunst, Prägungen, Reliefkunst, Plastik, Glasmalerei, Zeichnung, Malerei.*

Ca. 100 Ausstellungen von 1973–1983.

Preise: ***1970*** *Wiener Kunstfonds;* ***1974*** *3. Kiwanispreis, Linz; Körnerpreis, Wien;* ***1975*** *Xerox Hauptpreis;* ***1976*** *Hauptpreis OÖ. Bauernkriege;* ***1977*** *Faistauerpreis, Salzburg;* ***1978*** *1. Preis 200 Jahre Innviertel (Münzbild), 7 Münzpreise des Finanzministeriums;* ***1980*** *1. Preis zur Gestaltung der Wartehalle, Landeskrankenhaus Salzburg;* ***1981*** *Förderungspreis der Gemeinde Wien; Dr. Ernst Koref-Preis, 2. Preis.*

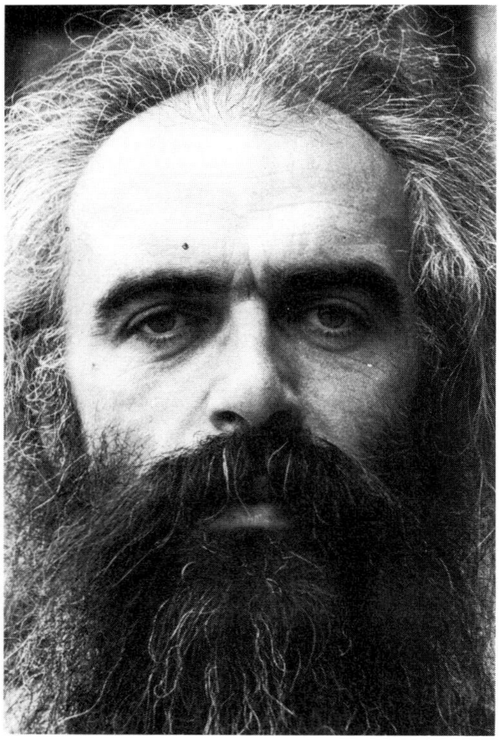

das aquarell, klein fein aber mein; luftig duftig zart nicht hart, erregt ein biedermeier.

nach dem bürokastei, läßt sich in seinem flüssig von freiheit träumen.

rot macht mich grün und so, fließendes rinnendes und spritzer erotisieren die kuschelecke im schöner wohnen.

andeutungen versenken mich ins eindeutige.

erlaubt sind das violett der tropen, das indische gelb, das türkis aus grönland, der kontrast zu fidschi. aus dem salzkammergut läßt sich leicht heimeliges madagaskar pinseln.

nur nicht mit weiß opaken!

die erregung wird nie gefährlich aber auch nicht preiswert, geschweige denn billig für den gesammelten.

der moderne aquarelliert in acryl, versucht wieder die see in blau, natürlich venedig in grau.

man arbeitet unter der trocknenden sonne der tropen und tags darauf im prickelnden schneegestöber zu salzburg.

auch in linz gehen die blätter gut.

es ist einfach herrlich durch die brave kosmische energie der aquarelle unter spannung zu stehen. sie verbieten das malen von wahnsinn, depressionismus, angsten, kranklung und toderei.

durch den diplomschock 1967 aufgeschreckt, mußte ich noch einmal beginnen.

das zeichnen war der anfang und von jahr zu jahr schwappte eine woge farbe über mich. in ölkreide spuckten sich kleine perioden aus.

erst 1981 und 1983 zieht das aquarell, während der ceylonaufenthalte mit böhm, wieder in meine entwicklung ein.

dramatik der kontraste und klarheit der schwarzen linie legen sich zusätzlich als energetische raster ins zeug. oft räumlich getrennt, oft vermengt, liegt graphit der komposition zu füßen. auch papierpaletten werden mit diesem schwarzlot der mienen zu eins geschmiedet.

aus dem vielseitigen leben der fließenden farben bündelt sich die information zur geburt der gesichte. jetzt zeigt sich das wahre gesicht.

Johann Jascha
Wien, 15. 12. 1983

Ceylon
1983, 42 × 60 cm

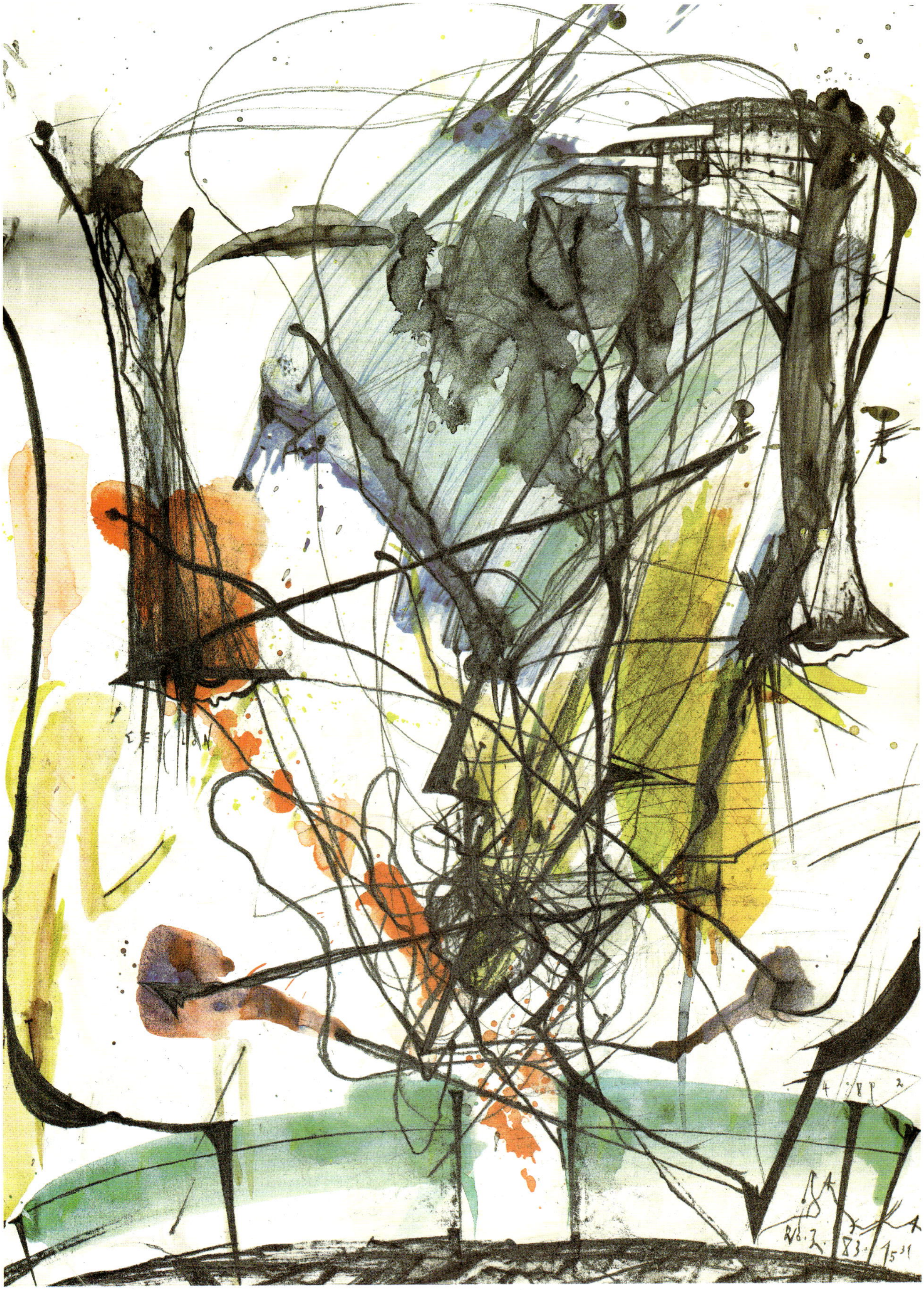

Turi Werkner

Geboren am 28. November ***1948*** *in Innsbruck, dort Schule.* ***1967–1972*** *Akademie der bildenden Künste, Wien.* ***1973–1981*** *London (lebt & arbeitet).* ***1981*** *zurück nach Wien (lebt).*

Lieblingsfarbe: *Rot*
Lieblingszahl: *17*
Lieblingstier: *1. Delphin, 2. Pinguin*
Lieblingsessen: *Erbsensuppe mit Nockerln*
Lieblingsgetränk: *Jameson's Crested Ten*
Beste Abneigung: *Astrologie*

Grüße freundlichst T. W.

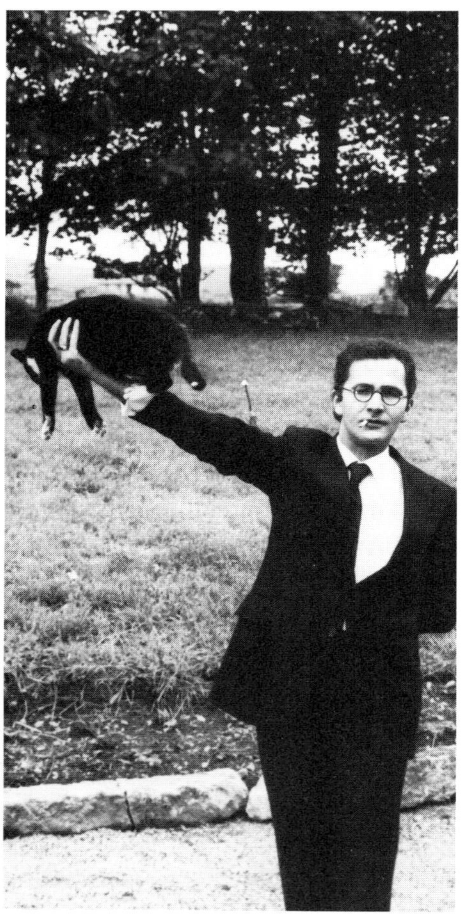

Aquarell,
Tusche
1982,
19 × 21,7 cm

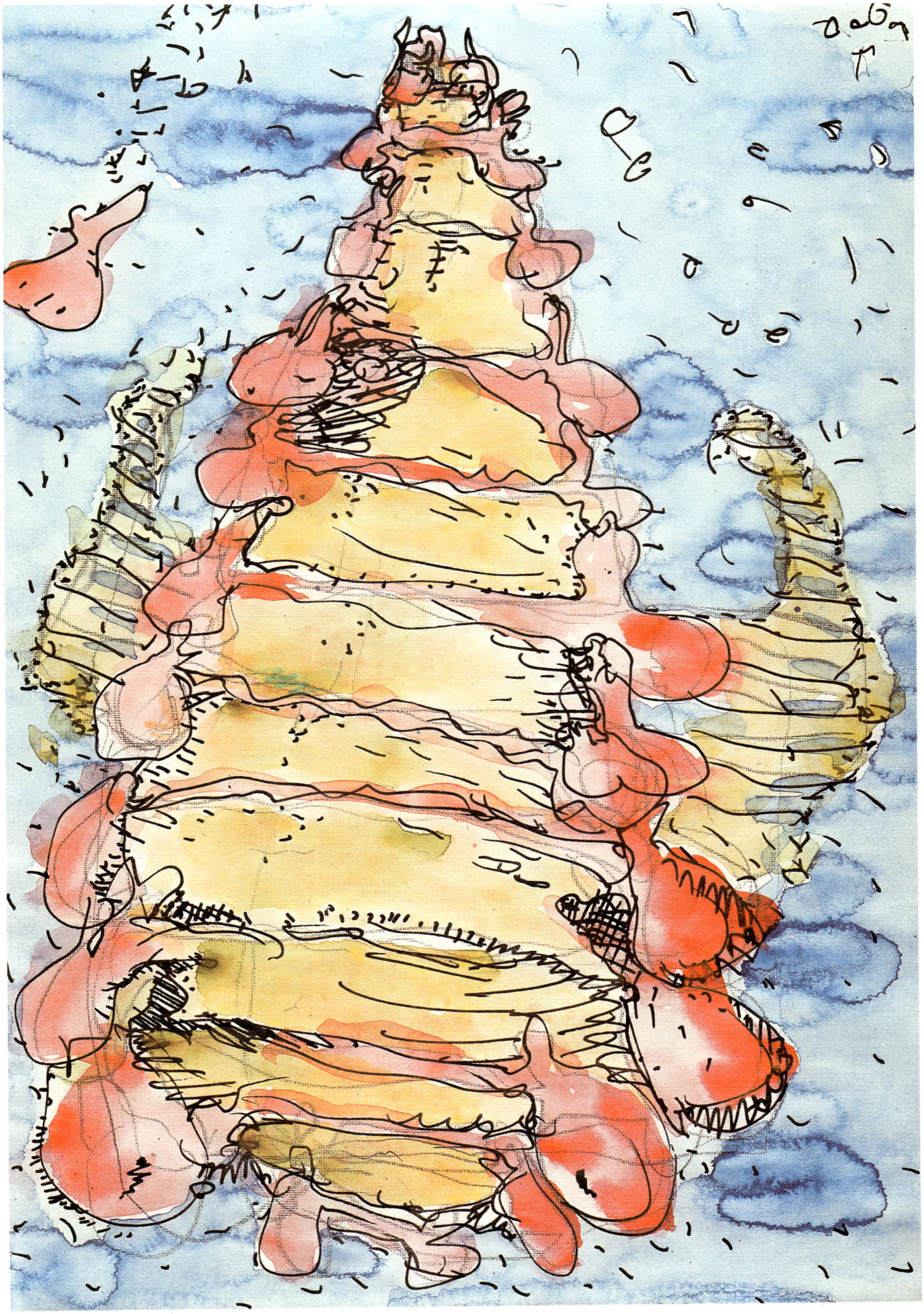

Rainer Viktorin

1945 in Berlin-Dahlem geboren. 1964 Matura. 1964–1970 Sommerakademie Salzburg. 1965–1970 Hochschule „Akademie der bildenden Künste", Wien. 1970 Abschluß mit akademischem Grad eines „Magister Artium". 1968 Beginn der freiberuflichen Tätigkeit als Graphiker, Restaurator und seit 1970 als Maler. 1969–1972 freie Mitarbeit in der Edition „Schroll-Presse", Wien. Seit 1972 ausschließliche Tätigkeit als Maler und Graphiker. 1972–1976 zeitweise freie Mitarbeit in der „Edition Tusch", Wien. Seit 1979 Atelier Basel.

Einzelausstellungen: *1969 Galerie Kaiser, Düsseldorf; 1970 Galerie im Palais Walderdorff, Trier; Galerie Stubhann, Salzburg; 1972 Bibliothèque Universitaire Nanterre, Paris; 1973 Galerie Bökkel, Frankfurt; Galerie Koch (Hannover), Timmendorfer Strand; Galerie Schloß Rosenberg, Zell am See; 1974 Graphisches Kabinett, Stift Göttweig; Galerie Basilisk, Wien; Galerie Arcade, Mödling; Dr. Lange-Fuchs, Kiel; Galerie Wittemann, München; 1975 Galleria Puccini, Ancona; Galleria Sensini, Macerata; 1976 Galerie Basilisk, Wien; 1977 Galerie Macarel, Giessen; Kutschera & Schell, Ludwigshafen; Galerie artarena, Zürich; 1978 Daniel Blaise Thorens, Fine Art Gallery AG, Basel; 1980 Firesü-Club, Braunau, Osternberg; 1981 Galerie Aegidius Rem, Salzburg.*

Preise: *1964 Preis der Stadt Salzburg für Radierung an der Internationalen Sommerakademie; 1971 3. Preis im Österreichischen Graphikwettbewerb der SAFE; 1976 Preis der Salzburger Wirtschaft.*

Mappenwerke: *1967–1968 „Kleine Figurenmappe", Kassette mit 10 Radierungen (teilweise mehrfarbig). 1970 „Schmuckstücke", Mappe mit 4 mehrfarbigen Radierungen, veranlaßt durch Galerie Stubhann, Salzburg. 1971 Miniaturlandschaften, Kassette mit 8 einfarbigen Radierungen. 1968–1969 / 1973 „Kreuzweg", Kassette mit 14 Farbradierungen, ediert durch Gruppe C, Wien. 1974 „Kleine Traumstadt", Kassette mit 12 Kaltnadelradierungen, ediert durch Edition Tusch, Wien. Vorwort: Kristian Sotriffer, Wien. 1972–1977 „Zur Drahtharfe", Kassette mit 18 mehrfarbigen Radierungen zu Texten von Wolf Biermann, ediert durch Ateliers Rainer Viktorin und Verlag Roggen, Steiner u. Steiner, Zürich. Vorwort: Jean-Pierre Hammer, Paris. 1971–1979 „Abdallâh", Mappe mit 5 Kaltnadel-Farbradierungen zu einem Text aus den Märchen von 1001 Nächten, ediert durch Ateliers Rainer Viktorin und Daniel Blaise Thorens, Fine Art Gallery AG, Basel. 1972–1980 „Schwarzhörer", Mappe mit 4 Aquatinta Radierungen ediert durch Ateliers Rainer Viktorin und Daniel Blaise Thorens, Fine Art Gallery AG, Basel.*

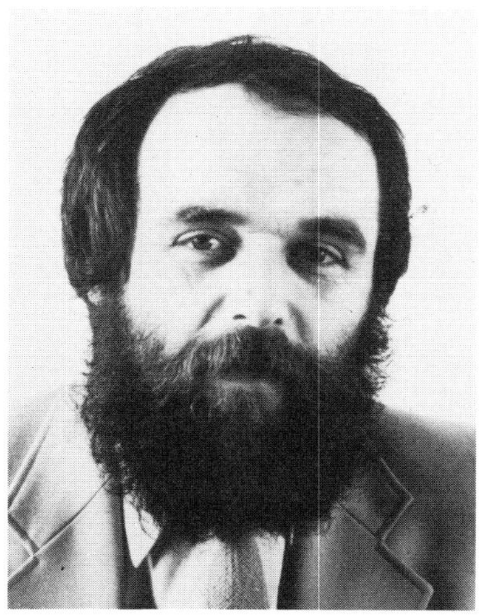

Reisen: *1967 Venedig: Einfluß von Bildern Bellinis in der Galerie der Akademie. Seit jener Zeit das Interesse für Mischtechnik. Erste Kasein-Tempera, Ölmischtechnikbilder. 1968 Barcelona: Im Picasso-Museum entsteht das Interesse für die Abwandlung ein und desselben Bildthemas. Beginn der größeren Serie. 1968 Barcelona: Entstehen einer größeren Anzahl von Landschaftsaquarellen. 1970 Trier: Eine Reihe von hauptsächlich linearen Bleistiftzeichnungen. Erste Skizzen zur „Traumstadt". 1972 Paris: Pastellkreide-Zeichnungen zur „Traumstadt". 1973 Italien: Landschaftsaquarelle, Farbstiftzeichnungen. 1974 Schweiz: Große Pastellkreidezeichnungen („Traumstadt"). Jugoslawien: Zeichnungen und Aquarelle zur geplanten Kassette „Kroatischer Sommer". Südfrankreich-Aufenthalte: Mischtechnikbilder zur „Traumstadt". Farbstiftzeichnungen. Zeichnungen und Entwürfe sowie zirka 20 Aquarelle zur bereits begonnenen Kassette „Piktors Verwandlungen" (Hermann-Hesse-Märchen). 1975 Italien: Aquarelle und Pastellzeichnungen. 1976/1977 Zeitweiser Aufenthalt in der Schweiz: Fertigstellung der 1972 begonnenen Kassette „Zur Drahtharfe" (Farbradierungen). Spanien: Pastellzeichnungen zur Drahtharfe; Aquarelle zur „Traumstadt". 1978 Aquarelle, Landschaftszeichnungen, Vorbereitungsarbeiten für Kassette „Kroatischer Sommer". 1979 Schweiz, Frankreich: Landschaftszeichnungen. 1980 Schweiz: Weiterarbeit an der Mappe „Schwarzhörer". Kasein – Tempera – Öl. 1981 Österreich, Deutschland: Landschaftszeichnungen und Farbradierungen. Schweiz: Beginn der Kassette „Farbhörer".*

Der Weg zum Tor
1974, 15 × 20 cm

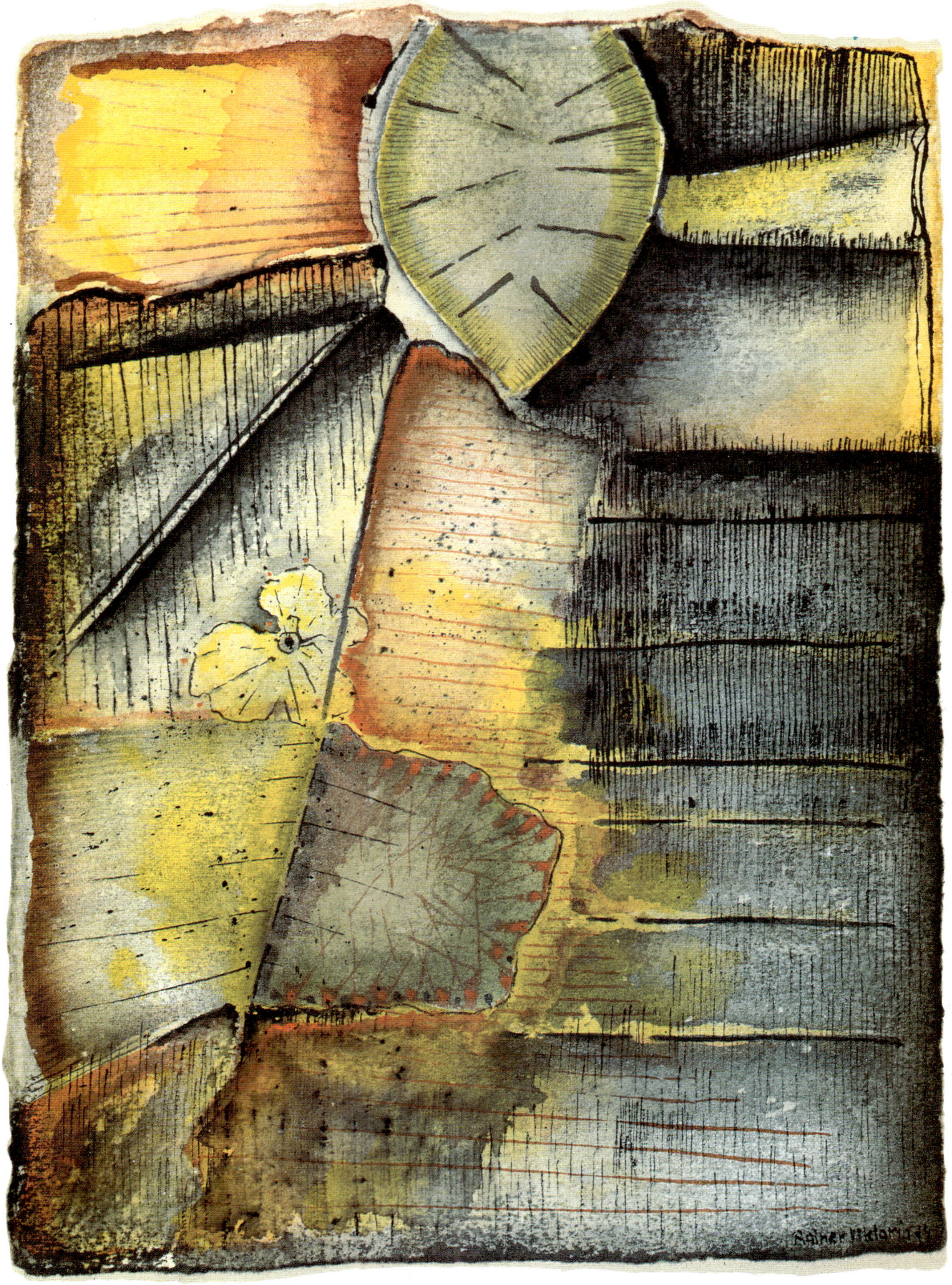

Künstlerregister

Farbige Abbildungsseiten fett gedruckt

Bildnachweis

Seite

7	Foto: *Marianne Haller, Maria Enzersdorf*
10, 11	*Dr. Georg W. Hirtz, Breitenbrunn*
12, 24 links	*Residenz Verlag, Salzburg*
14	*Verlag Jugend und Volk, Wien–München*
17	*Otto Maier Verlag, Ravensburg*
19	*Christoph Reisser's Söhne, Wien*
20, 21, 27, 30	*Verlag Galerie Welz, Salzburg*
24 rechts	*Niederösterreich-Gesellschaft für Kunst und Kultur, Wien*
25	*Historisches Museum der Stadt Wien*
26	*Verlag Brüder Rosenbaum, Wien*
28	*Gesellschaft der Kunstfreunde, Wien*
29, 32	*Forum Verlag, Wien*
33 links oben	*Edition Tusch, Wien*
33 rechts oben	*Econ Verlag, Düsseldorf, Wien*
33 links und rechts unten, 75, 95	*Peter Chrastek, Wien*
36, 90, 94, 114, 200	*Museum des 20. Jahrhunderts, Wien*
88, 106, 117	*Galerie Contact, Wien*
99, 181, 187	*Café Pavillon-Salettl, Wien*
203	*Peter Bischof, Wien*

Die übrigen Abbildungen wurden uns von den teilnehmenden Künstlern zur Verfügung gestellt.